BEATE SANDER

WIE FINDE ICH DIE BESTEN INVESTMENT FONDS

BEATE SANDER

WIE FINDE ICH DIE BESTEN INVESTMENTFONDS

ALLES
ÜBER ARTEN, AUSWAHL, STREUUNG, CHANCEN, RENDITE UND KOSTEN

FBV

Bibliografische Information der Deutschen Nationalbibliothek
Die Deutsche Nationalbibliothek verzeichnet diese Publikation in der Deutschen Nationalbibliografie; detaillierte bibliografische Daten sind im Internet über **http://d-nb.de** abrufbar.

Für Fragen und Anregungen:
info@finanzbuchverlag.de

1. Auflage 2017

© 2017 by FinanzBuch Verlag,
ein Imprint der Münchner Verlagsgruppe GmbH
Nymphenburger Straße 86
D-80636 München
Tel.: 089 651285-0
Fax: 089 652096

Alle Rechte, insbesondere das Recht der Vervielfältigung und Verbreitung sowie der Übersetzung, vorbehalten. Kein Teil des Werkes darf in irgendeiner Form (durch Fotokopie, Mikrofilm oder ein anderes Verfahren) ohne schriftliche Genehmigung des Verlages reproduziert oder unter Verwendung elektronischer Systeme gespeichert, verarbeitet, vervielfältigt oder verbreitet werden.

Die im Buch veröffentlichten Ratschläge wurden von Verfasser und Verlag sorgfältig erarbeitet und geprüft. Eine Garantie kann dennoch nicht übernommen werden. Ebenso ist die Haftung des Verfassers beziehungsweise des Verlages und seiner Beauftragten für Personen-, Sach- und Vermögensschäden ausgeschlossen.

Korrektorat: Sonja Rose
Umschlaggestaltung: Ryan Sanktjohanser
Umschlagabbildung: Shutterstock/hywards, Shutterstock/Who is Danny
Satz: Georg Stadler, München, Beate Sander
Druck: Florjancic Tisk d.o.o., Slowenien
Printed in the EU

ISBN Print 978-3-95972-028-1
ISBN E-Book (PDF) 978-3-96092-036-6
ISBN E-Book (EPUB, Mobi) 978-3-96092-037-3

Weitere Informationen zum Verlag finden Sie unter

www.finanzbuchverlag.de

Beachten Sie auch unsere weiteren Verlage unter www.m-vg.de

Aus dem Inhalt

	Vorwort	08
1	**Was sollte ich über Investmentfonds unbedingt wissen?**	**11**
1.1	Einführung: Allgemeine Informationen	11
1.2	Warum Investmentfonds statt nur Einzelaktien und ETFs?	15
2	**Eine interessante Aktienfonds-Auswahl für deutsche Indizes**	**20**
2.1	Die wichtigen deutschen Börsenbarometer stellen sich Ihnen mit Fondslisten vor	20
2.1.1	Der Leitindex-DAX, um den sich alles dreht	21
2.1.2	Der MDAX mit 50 mittelgroßen Werten schlägt den DAX in zwei Jahrzehnten um Längen	24
2.1.3	Der Hightech-Index TecDAX mit Zukunftsmusik	28
2.1.4	Die Kleinen zeigen es den Großen: Der SDAX auf der Überholspur	30
2.1.5	DAXplus Family 30: Familienfirmen als Herz des deutschen Mittelstands wirtschaften nachhaltig	32
2.2	Eine Bestenliste für die breit gestreute Aktienfonds-Auswahl im In- und Ausland	34
3	**Bei vielen Aktienfonds dreht sich alles um hohe Dividenden**	**38**
3.1	Was Sie über den DivDAX wissen sollten	38
3.2	Vorschlag deutsche und weltweite Dividendenfonds	39
4	**Blick in große ausländische Indizes mit Fonds-Auswahl**	**41**
4.1	Euro Stoxx 50 und Stoxx 50: Mehr als nur ein kleiner Unterschied	41
4.2	USA gibt die Trends vor: Dow Jones, S&P 500 und Nasdaq	46
4.3	Ein Fonds-Ausflug nach Japan und China	51
4.4	Interessante Fonds für Risikobewusste: Emerging Markets und Frontier-Märkte	55
4.5	Ethische, umweltfreundliche und nachhaltige Geldanlage mit Aktienfonds	59

❺ Wählen Sie Fonds auch nach Branchen aus — 64

5.1 Bestandsaufnahme: In welchen Branchen und Sektoren gibt es gute Aktienfonds? — 64

5.1.1 Demografischer Wandel: Gesundheitswesen mit Biotech, Medtech und Pharma rund um den Globus — 64

5.1.2 Zukunftsmärkte: Erneuerbare Energie, Wasserwirtschaft, Klimawandel und Umweltschutz — 67

5.1.3 Edelmetall nach starkem Einbruch im Aufwärtstrend. Energie- und Rohstoffsektor auf Stabilisierungskurs? — 72

5.1.4 Bauindustrie und Immobiliensektor durch Flüchtlinge und demografischen Wandel im Aufwind — 77

5.1.5 Weitgehend stabiler Konsumgütersektor: Wir essen, trinken, heizen, waschen, pflegen uns auch in Krisen — 81

5.1.6 Innovative Industrie: Hightech, Software, Elektronik, Elektrotechnik als Nutznießer des globalen Wandels — 84

5.1.7 Aktienfonds im Zukunftsmarkt „Internet der Dinge" und Informationstechnologie mit Digitalisierung — 88

5.1.8 Aktienfonds: Medien und Telekommunikation; Produktvielfalt durch industrielle Evolution — 92

5.1.9 Nachholbedarf für Auto-Aktienfonds trotz Robotik, Digitalisierung und Arbeit an autonomen Fahrzeugen — 93

5.1.10 Banken, Versicherungen, auch Finanz-Aktienfonds durch Null-Zins-Politik und Strafzins stark gebeutelt — 94

5.1.11 Interessante Aktienfonds im Zukunftsmarkt Infrastruktur/Logistik — 97

5.1.12 Schwere Zeiten für Energieversorger: Kernkraftausstieg, Solarstromflaute, aber Erholung bei Öl — 98

❻ Ihre Aktienfonds-Werkstatt: vier Musterdepots und Baukasten-Aufbaumodell auch zum Basteln — 102

6.1 Drei Musterdepots für sicherheitsbewusste, erfolgsorientierte und risikofreudige Typen — 102

6.2 Das Branchen-Musterdepot als neue Fonds-Alternative — 108

6.3 Das Baukastensystem mit Aufbaumodell für Ihre komplette Aktien-Wertpapieranlage — 113

❼ Fondsmanager stellen ihr Lieblingsprodukt vor — 116

❽ Damit Sie sich bei den wichtigen Fondsarten auskennen und klug entscheiden — 123

8.1	Mischfonds: Ladenhüter oder Evolution?	123
8.2	Dachfonds: meist bei Mischfonds eingereiht	129
8.3	Wertgesicherte Fonds/Garantiefonds: die bessere Alternative zum Garantiezertifikat	132
8.4	Rentenfonds – Leidtragende der Null- und Strafzinspolitik	135
8.5	Geldmarktfonds: großteils ein Alptraum – so sieht schleichende Kapitalvernichtung aus	140
8.6	Hedgefonds – die Gewinne schmelzen; zu hohe Gebühren schrecken ab und treiben Manager in die Pleite	143
8.7	Aktien-Immobilienfonds oft besser als Offene Immobilienfonds! Geschlossene Fonds vernichten häufig viel Geld!	151
8.7.1	Immobilienfonds aus Siegerlisten als Fundgrube für erfolgsorientierte Anleger	151
8.7.2	Vorsicht Falle: Bei Geschlossenen Immobilienfonds drohen hohe Verluste mit Nachschusspflicht	155
9	**Indexfonds mit börsennotierten ETFs als die klassische passiv gemanagte Alternative**	**157**
9.1	Warum boomen Indexfonds? Der Aufwärtstrend wird anhalten trotz Gegenwehr	157
9.2	Zunehmend beliebt: Branchen-ETFs	164
9.3	Dreikampf: Aktien – Aktienfonds – ETFs	170
10	**Deutsche Millionärsfamilien schätzen kreative Investmentfonds in Zukunftsmärkten**	**171**
11	**Angst vor neuen Krisen? Statt Panikstarre mutiges Handeln!**	**175**
12	**Forschungsprojekt: „Ewige" Aktien und Fonds**	**180**
13	**Testen Sie schnell Ihr Fondswissen**	**193**
14	**Anhang**	**198**
14.1	Das Lexikon mit Fachbegriffen und Fonds-Schwerpunkten	198
14.2	Lösungen der fünf Leistungs-Schnelltests	226
14.3	Die wichtigsten Indizes weltweit für raschen Überblick	231
14.4	Fondsstatistik und Siegerfonds aus Bestenlisten	232
14.5	Nachtrag zur Präsidentenwahl USA	236
14.6	Unsere beiden Partner stellen ihr Geschäftsmodell vor	238
14.7	Sachwortverzeichnis: Wo steht was?	247

Vorwort

Liebe Leserinnen und Leser,

Die Zahl der weltweit zugelassenen Investmentfonds liegt bei über 11.000 Produkten. Zum Stichtag 31. Juli 2016 legten deutsche Investoren rund 2,8 Billionen Euro in unterschiedlichen Investmentfonds an. Binnen eines Jahrzehnts – seit 2006 – hat sich die Anlagesumme nahezu verdoppelt. Besonders begehrt und demzufolge am meisten verbreitet mit einem Anteil von knapp der Hälfte sind **Aktienfonds**. Es folgen mit je einem guten Fünftel Misch- und Renten-/Anleihefonds. Für die übrigen Fondsarten, die spekulativen Hedgefonds ausgenommen, blieb ein Zehntel übrig.

Niemand auf der Welt, also auch Sie und ich können nicht ohne Unterstützung aus Tausenden von Publikumsfonds die besten Produkte in Perlenfischerart herausfiltern. Wer da auf die Idee kommt, auf das Zufallsprinzip zu setzen und wie bei einer Lotterie irgendwelche Kennzahlen zu ziehen, gerät womöglich erheblich unter Druck. Es gibt eine Reihe von Investmentfonds, mit denen Sie erfolgreich Ihren Vermögensaufbau und Ihre Altersvorsorge vorantreiben und mit Glück, Geduld und Geschick binnen 10 oder 20 Jahren richtig reich werden können. Aber es besteht auch die Gefahr hoher Verluste, wenn Sie schlechte Produkte auswählen und zudem strategisch fast alles falsch machen.

Ich will Ihnen dabei helfen, die für Sie passenden besten Fonds auszuwählen. Ein Angsthase mit bescheidener Vermögensdecke hat andere Bedürfnisse als ein großspuriger Optimist mit Geld in Hülle und Fülle. Das vorhandene oder noch fehlende Börsenwissen, Alter, Vermögensdecke, Einkommen, Ziele und Erwartungen, berufliche und familiäre Lage, soziale Verpflichtungen, Zeit, Lust und Laune, Vorlieben und Abneigung spielen in diesem Mix mit.

Dieses Buch ist für Privatanleger zugeschnitten und überfordert niemanden. Sie können es Kapitel für Kapitel durcharbeiten, aber auch querlesen und sich die Abschnitte heraussuchen, die Sie aktuell am meisten interessieren. Verlassen Sie sich bitte darauf, dass ich alles verständlich, überschaubar, in ziemlich kurzen Sätzen, von unnötigen Fachausdrücken und Fremdwörtern befreit, erkläre. Lesefreude und Spannung sollen und dürfen nicht zu kurz kommen.

Nach der Einführung mache ich Sie zunächst mit **Aktienfonds** vertraut. Vielleicht wissen Sie, dass vier von fünf Aktienfonds, die in den deutschen Leitindex DAX, Euro Stoxx 50 oder Dow Jones investieren, gegen das Börsenbarometer verlieren. Kein Grund zur Panik! Ein ETF kann gegen den Index weder gewinnen noch verlieren. Mit Aktienfonds sind Sie auf der Siegerseite, wenn Sie sich für aktive, innovative Fondsmanager entscheiden, die aus zahlenmäßig großen Indizes wie MDAX, SDAX, Nasdaq 100, Nikkei 225 oder S&P 500 eine kluge Auswahl treffen.

Gut sieht es für Sie aus, wenn das Fondsmanagement auf Nebenwerte wie den MDAX, TecDAX oder SDAX setzt bzw. erfolgreiche Branchen, Themen, Regionen und Zukunftsmärkte anpeilt. Hier sind bei den Siegern 100 % Kursgewinn in einem Jahr und über 500 % Rendite in einem halben oder ganzen Jahrzehnt möglich. Kein Jägerlatein, keine Schaumschlägerei, sondern beweisbar.

Viele Anleger jammern und klagen ihr Leid über die Null- und Strafzinspolitik und fühlen sich enteignet. Das Sparbuch ist längst nicht mehr ein Quell für Wohlstand, sondern eine schleichende Kapitalvernichtung. Statt frustriert, genervt oder wutentbrannt Geld rauszuschmeißen für unnötigen Konsum, ist es vernünftig, in die besten Aktienfonds mit Blick auf die Dividende als Ersatzzins, in wachstums- und ertragsstarke Branchen, Themen und Zukunftsmärkte zu investieren. Wie dies geschieht, zeigen meine Informationen und ausführlichen Kurslisten in allen Bereichen. Dabei stütze ich mich auf Besten- und Siegerlisten, die Favoriten von Analysten, Vermögensverwaltern, Börsenexperten, Agenturen. Ein mühsames Unterfangen mit dem Ziel, dass Sie erfolgreich und verantwortungsbewusst investieren können. Wichtig und aufschlussreich für Ihre passende Aktienauswahl sind die folgenden Kapitel, die sich auch zum Querlesen und Nachschlagen eignen:

❶ **Sie erwerben das notwendige Grundwissen für die Fondsbeurteilung**

❷ **Ich präsentiere erfolgreiche in- und ausländische Aktienfonds**

❸ **Eine Dividenden-Aktienauswahl als richtige Antwort auf Nullzinspolitik**

❹ **Die Technologiebörse Nasdaq mit viel Kurspotenzial für Aktienfonds**

❺ **Branchen-Aktienfonds in Zukunftsmärkten**

❻ **Vier Musterdepots und ein Baukasten-Aufbaumodell mit Aktienfonds**

❼ **Bekannte Fondsmanager stellen ihr Lieblingsprodukt vor**

❽ **Sie lernen wichtige Fondsarten kennen, um klug handeln zu können**

❾ **Eine Indexfonds-Auswahl als Vergleich erspart langes Suchen**

❿ **Deutsche Millionärsfamilien schätzen kreative Investmentfonds**

11 **Furcht vor neuen Krisen? Statt Panikstarre mutiges Handeln!**

12 **Forschungsprojekt: „Ewige" Aktien und Fonds**

13 **Testen Sie schnell Ihr Fondswissen**

14 **Anhang mit einem Lexikon der Fachbegriffe, den Lösungen für die Schnelltests, Vorstellung der beiden Buchpartner und Sachwortverzeichnis**

Vorrangig geht es darum, strategisch klug und unaufgeregt zu handeln und die großen, das Vermögen zerstörenden Fehler zu vermeiden. Warum legen in Deutschland nur 23 % der Bürger in Wertpapiere an? In Amerika ist die Anzahl mit 52 % mehr als doppelt so hoch. Warum wird dem Sparbuch die Treue gehalten?

Hierzulande glaubt fast jeder Zweite, dass mit kleineren Beträgen gute Geldanlagen unmöglich sind. In Amerika unterläuft nur jedem Fünften eine solche Fehleinschätzung. Sie befinden sich bei der Fülle des Angebots auf der richtigen Seite, wenn Sie die zu Ihnen passenden Siegerfonds auswählen und die Finger weglassen von Produkten, an denen bestenfalls Banken und Spekulanten verdienen.

Mit dem beliebten Sparbuch vernichten Sie schleichend Ihr Kapital. Sie müssen mehrere Sparbücher besitzen, um ohne Zusatzkosten an größere Summen heranzukommen. Bei einem breit gestreuten Depot aus Einzelaktien, ETFs und Aktienfonds können Sie börsentäglich beliebige Summen abheben – schon am nächsten Tag verfügbar. Selbst im Crash gibt es Wertpapiere, die auf Börsenturbulenzen kaum reagieren und die Sie mit Gewinn verkaufen können. Je länger Ihr Anlagehorizont und je breiter Ihr Depot gestreut ist, umso besser funktioniert dies. Zum Schluss ein paar Tipps, damit Sie beste Fonds entdecken auf dem Weg zum Vermögensaufbau und abgesicherten Ruhestand mit finanzieller Unabhängigkeit:

- **Langzeithorizont:** Wenn Sie gute Fonds mindestens ein Jahrzehnt halten, steigern Sie Ihre Rendite erheblich. Zudem senken Sie Ihr Risiko deutlich.
- **Breit gestreut – nie bereut!** Begnügen Sie sich nicht mit einem Fonds. Streuen Sie bei der wichtigsten Gruppe Aktienfonds: Dividenden-, Themen-, Branchenfonds, Indizes und Länder, Zukunftsmärkte. Die Siegerlisten helfen.
- **Umfang:** Legen Sie pro Produkt über 1.000 € an, damit die Gebühren nicht den Ertrag auffressen. Je mehr **Kapitalzufluss,** desto höher ist das Volumen.
- **Ausgabeaufschlag:** Es gibt Angebote von 0 % bis über 5 %. Halten Sie Ihren Aktienfonds „ewig", spielt der Ausgabeaufschlag nur eine Nebenrolle. Ganz anders: Wenn Sie nur für ein, zwei oder drei Jahre anlegen.
- **Jahresgebühr.** Sie entscheidet mit über Ihren Anlageerfolg. Liegt die Gebühr bei 2 %, sind dies in einem Jahrzehnt 20 %, in 25 Jahren 50 % Kosten.
- **Risikoprofil.** Die Fondsanlage darf Sie weder nervös, noch unzufrieden machen und unkontrollierte Reaktionen auslösen. Stufen Sie sich ehrlich ein. Je höher Ihr Anspruch ist, umso mehr Risiko müssen Sie einplanen.
- **Ein Crash ist gut – für Leute mit Mut.** Es ist grundverkehrt, bei einem Crash alle Wertpapiere panikartig aus dem Depot zu schleudern. Viel besser: Nutzen Sie Einstiegs- und Zukaufchancen zu Tiefstkursen.
- **Musterdepots, Baukasten-Aufbaumodell und Forschungsprojekt „Ewige" Aktien gegenüber Aktienfonds fördern Ihre Kreativität.**

Viel Lesefreude und Anlageerfolg mit guten Fonds wünscht Ihnen Ihre Autorin

Beate Sander, Spätherbst 2016
Beate.S.Sander@t-online.de

❶ Was sollte ich über Investmentfonds unbedingt wissen?

1.1 Einführung: Allgemeine Informationen

Nur eine maßgeschneiderte Anlagestrategie verspricht dauerhaften Erfolg und macht dann auch richtig Spaß

Immer wieder werde ich auf Hauptversammlungen und bei Anlegerkonferenzen gefragt: *Haben Sie für mich ein paar tolle Anlagetipps auf Lager?* Meine Antwort lautet: So einfach geht dies nicht! Was für mich richtig ist, kann für Sie falsch sein. Jeder hat andere Vorlieben und Ansprüche. Was der eine liebt, kann dem anderen verhasst sein. Aber einige wichtige Grundregeln gelten für jeden. In einem erfolgreichen Strategieorchester spielen mehrere Einflussfaktoren mit.

Bei vernünftiger Kapitalanlage mit persönlichem Zuschnitt dient als Orientierungshilfe die folgende Grobeinteilung:

➢ Schätzen Sie sich als ängstlichen, vorsichtigen, risikoscheuen Typ ein?
➢ Sind Sie erfolgsorientiert mit ausgewogenem Chancen-/Risiko-Verhältnis?
➢ Lieben Sie Nervenkitzel? Sind Sie risikofreudig; mögen Sie es spekulativ?

Typ 1: Sofern Sie sich aufrichtig als ängstlichen Anleger einschätzen, muss Ihnen bewusst sein, dass es das größte Risiko ist, überhaupt kein Risiko eingehen zu wollen. Übertriebenes Streben nach Sicherheit kann kostspielig sein und ist dennoch nicht zu garantieren. Das Festhalten am Sparbuch bedeutet seit Einführung der Null-Zins-Politik eine schleichende Kapitalvernichtung. Was ist also zu tun? Legen Sie nur übriges Geld längerfristig an. Aber pro Order nicht unter 1.000 €. Sonst fressen die Gebühren möglicherweise Ihre Kursgewinne auf. Als Fondsliebhaber dürfen Sie sich freuen, dass es auch für ausgesprochen sicherheitsbewusste Fondsanleger gute chancenreiche Produkte gibt. Vielleicht interessieren Sie sich besonders für Mischfonds, die in Aktien und Rentenpapiere anlegen, jedoch in unterschiedlicher Ausrichtung, Gewichtung und Auswahl, z. B. Deutschland, Europa, USA, weltweit. Sind innovative Beimischungen erlaubt, wie Gold, Silber, Hochzinsanleihen, ist auch jetzt noch ein Plus möglich. Dividendenfonds sind beliebt, wird doch die Ausschüttung als Ersatzzins bewertet. Viele sicherheitsbewusste Anleger bevorzugen Standardfonds wie auf den DAX oder Dow Jones bezogen. Aber die Gewinnentwicklung ist bei Nebenwerten und Branchenfonds deutlich besser.

Typ 2: **Als erfolgsorientierter Anleger sollten Sie Ihr Fonds-Investment auf TecDAX, Nasdaq, weltweit bzw. auf Ostasien, Südamerika, Osteuropa ausdehnen.** Deutsche und ausländische Nebenwerte sowie interessante Branchen in Zukunftsmärkten sind chancenreich. Bei Aktienfonds gehört jetzt auch eine Growth- oder Value-/Growth-Kombination in Ihr Depot.

Typ 3: **Als risikofreudiger bis spekulativer Anleger mit Lust auf Nervenkitzel gibt es bei Einzelaktien auch ein schnelles Rein/Raus. Aber bitte nie mit Aktienfonds, die langfristig ausgelegt sind!** Sie sollten im Fondssektor Schwellenländer und Frontiermärkte unterhalb Emerging Markets nicht verschmähen. Begeben Sie sich auf Schatz- und Perlensuche, verdienen Fonds mit kleineren Aktien, also Mikrochips, bevorzugt aus dem Prime Standard Ihr Augenmerk. Vielleicht mögen Sie Hedgefonds, wenn auch deren Kursentwicklung aktuell enttäuscht. Dies liegt kaum daran, dass auf steigende und fallende Märkte spekuliert wird. Eher sind die Gebühren und Stücke vom Kuchen, die sich die Manager abschneiden, zu üppig und Transaktionen zu häufig. Wichtig ist, dass Sie Verluste verkraften können. Machen Sie nicht den Fehler, wie in Spielbanken zu beobachten, Verluste mit noch mehr Spekulation und höherem Einsatz ausgleichen zu wollen.

Die wichtigsten Einflussfaktoren für jeden Anlegertyp

Je nachdem, wie Ihr Selbstbild aussieht, gleicht Ihre Anlagestrategie nicht wie ein Ei dem anderen. Ihre Entscheidungen müssen zu Ihrer Persönlichkeit passen. Sobald Sie sich über Ihre Beweggründe, Wünsche, Ziele und Lebenslage im Klaren sind, können Sie Chancen besser nutzen. So vermeiden Sie große Fehler. Und Krisen bringen Sie nicht um Ihren nächtlichen Schlaf. Seien Sie kein Angsthase, sondern zuversichtlich. Zu viel Sicherheit belastet Lebensfreude und Vermögen.

Was sollte jeder Einsteiger bei der Fondsanlage beachten?

- Anlagezeitraum
- Vermögensdecke
- Monatsausgaben
- Investmentziele
- Renditeerwartung
- Lebensalter
- Lebensplanung
- Familienverhältnisse
- Steuerrechtliche Faktoren
- Diversifikation (Streuung)

- Investmentfonds eignen sich nur **für langfristige Anlagen:** mindestens ein Jahrzehnt. Mit ein paar hundert Euro **Vermögensdecke** lässt sich kein gewinnbringendes Fondsdepot aufbauen. Es müssen schon ein paar tausend Euro übriges, also nicht benötigtes Geld sein. Bei Berechnung der **monatlichen Ausgaben** runden Sie unbedingt großzügig nach oben auf, damit Sie die Fehlkalkulation bei unerwarteten Ausgaben nicht in Schwierigkeiten bringt und Besorgnis auslöst.

- Wie lautet Ihr **Anlageziel?** Geht es um Erfolgserlebnisse, um Vermögensaufbau und Altersvorsorge? Sind für Sie die Kursgewinne und Dividenden statt einer schleichenden Sparbuch-Kapitalvernichtung vordringlich? Welche **Rendite-Erwartung** haben Sie konkret? Reicht Ihnen Kapitalerhalt? Dann sind auch die beliebten Mischfonds aus Aktien und Anleihen sowie gute Standard-Aktienfonds geeignet. Wollen Sie ein paar Prozentpunkte pro Jahr erzielen, sollten Sie sich als erfolgsorientiert oder risikofreudig einordnen und entsprechend investieren. Oder verfolgen Sie das ehrgeizige Ziel, pro Jahr 8 bis 10 % einzusacken? Ihnen muss bewusst sein, dass hohe Erträge mit größerem Risiko verbunden sind.

- Wichtig sind **Lebensalter** und **Lebensplanung.** Je früher Sie beginnen, umso besser. Wollen Sie Vermögen aufbauen für Eigenheim, Familie und/oder Firmengründung? Selbst im Ruhestand ist es nicht zu spät, Geld zu vermehren statt zu verzehren. Völlig wirklichkeitsfern ist die Formel: 100 minus Alter = Aktien- und Aktienfondsanteil. Junge Leute wollen oft, können aber nicht wegen vielfältiger Verpflichtungen und Start der beruflichen Karriere. Viele Rentner und Pensionäre haben im Ruhestand genug Zeit und verfügen oft über eine ansprechende Kapitaldecke, um in Aktien, ETFs und Investmentfonds anzulegen. Für diese Gruppe gilt weiterhin: Vermögen vermehren statt zu verzehren.

- Wie sehen Ihre **Familienverhältnisse aus?** Brauchen engste Angehörige Ihre finanzielle Hilfe? Dies gilt sowohl für die Bildung der Kinder und Enkel, als auch die Unterstützung pflegebedürftiger Eltern bei bescheidenem Einkommen.

- Klären Sie **steuerliche Fragen** ab. **Breite Streuung** ist wichtig, um das Risiko zu senken und nicht auf dem falschen Fuß erwischt zu werden. Eine **Einwert-Strategie** macht Sie im Glücksfall reich. Viel wahrscheinlicher aber ist es, dass Sie bei hohem Verlust falsch reagieren und Geld, Nerven, Kontrolle, Beherrschung, Zuversicht und Lebensfreude verlieren.

Kurzinformation über die aktuellen Fondskosten

Vielerorts sinken die Fondskosten – nicht zuletzt wegen der begehrten preisgünstigen ETFs – die Hedgefonds, Aktien- und Mischfonds das Leben schwer machen. Eine Untersuchung von Morningstar zeigt bei 90.000 Fonds, dass die laufenden Gebühren in den vergangenen drei Jahren von 1,09 % auf 1,00 % sanken.

Die Gebühren für Aktienfonds fielen im Schnitt von 1,43 % auf 1,27 %, ein Preisnachlass von 11 %. Rentenfonds verbilligten sich noch stärker, immerhin um 17 % von 0,89 % auf 0,74 %. Bei den ohnehin teuren Mischfonds gab es nur einen kleinen Abschlag von 1,56 % auf 1,47 %. Für deutsche Anleger ist die Gebührengestaltung weniger erfreulich. Hier verteuerten sich die Kosten für Investmentfonds binnen drei Jahren von 1,18 % auf 1,25 %. Der Hauptgrund ist, dass häufig in Mischfonds investiert wird, obwohl deren Rendite wegen abgeschaffter Guthabenzinsen oder sogar erhobener Strafzinsen für Staatsanleihen sinkt. Als Beispiel sei die zehnjährige Bundesanleihe genannt. Bei Aktienfonds gab es einen winzigen Abschlag von 1,49 % auf 1,48 %. Die jährliche Verwaltungsgebühr bei Rentenfonds blieb mit 0,75 % unverändert. Die beliebten Mischfonds, deren mäßige Rendite eine Anlage kaum rechtfertigt, werden im Schnitt mit 1,55 % belastet. Wieder einmal zeigt sich: Deutschland bleibt bezüglich Kapitalanlage ein Angsthasenvolk.

Wohin mit dem Geld in Zeiten abgeschaffter Guthabenzinsen?

All die Untergangsszenarien, die fortlaufend geschürt werden, sei es mit oder ohne Brexit, dem EU-Austritt Großbritanniens, dürften in brutaler Form kaum eintreten, also DAX & Dow nicht halbieren. Entscheidend für die Börse ist, wie sich die Unternehmenserträge der Großkonzerne entwickeln. Ob der amerikanische Markt mit dem Dow Jones, dem S&P 500 und der Technologiebörse Nasdaq 100 steigt oder fällt, hängt auch von der Politik des neuen US-Präsidenten Donald Trump, der Regierungsbildung in Italien und dem Verhältnis Euro/Dollar ab.

Für Fondssparpläne spricht der Cost-Average-Effekt. In Krisen bzw. im Bärenmarkt legen die Anteile zu. Im Bullenmarkt vermindern sie sich. Kostet ein gestückelter MDAX-Aktienfonds 100 €, bekommen Sie mit einem Sparvertrag bei einem Kursrückgang von 10 % einen weiteren Anteil eingebucht. Steigt der MDAX um ein Zehntel, erhalten Sie einen Anteil weniger – grob gerechnet.

Fazit zur Einschätzung der Märkte und Anlageformen

> - Mit einem heftigen **Crash** ist nicht zu rechnen, wohl aber einem Seitwärtstrend mit starken Kursschwankungen nach oben, aber ebenso nach unten.
> - Es spricht nichts gegen einen **Goldanteil** von 5 bis 15 % als „sicherer Hafen".
> - **Software-, Netzwerk-, Internet-, Robotik- und Gesundheits-Fonds** dürften mittel- und längerfristig steigen. Dies gilt wegen der unbewältigten Flüchtlingskrise und dem Mangel an bezahlbarem Wohnraum auch für **Immobilienfonds**.
> - Es spricht nichts gegen eine Übergewichtung von **Dividenden-Fonds** und ausschüttungsstarken Qualitätsaktien.
> - **Kleine Zinsschritte** nach oben sind in den nächsten Jahren zu erwarten, aber gewiss keine Guhaben-Zinsexplosion.

1.2 Warum Investmentfonds statt nur Einzelaktien und ETFs?

Mit den richtigen Themen- und Branchen-Aktienfonds sind Sie bei fairen Gebühren auf der Überholspur und schlagen ETFs

Zählen Sie zu den Anlegern, die nicht täglich ihr Depot im Auge behalten wollen, die weder das notwendige Fachwissen, noch Zeit und Lust haben, ständig den Markt zu beobachten? Hindert Sie eine schmale Kapitaldecke daran, weltweit in Einzelaktien zu investieren? Fühlen Sie sich in schwierigen Zeiten unsicher? Ist Ihre Risikobereitschaft gering? Dann bieten sich neben ETFs vor allem Aktienfonds an. Von den Standardfonds mit großen Titeln aus Dow Jones und DAX verlieren im Schnitt über vier Fünftel gegen den Index. Ganz anders sieht es bei Nebenwerte-, Themen- und Branchen-Aktienfonds aus, die in Zukunftsmärkten aktiv sind.

Die deutsche Fondsbranche hat ihr in Themenfonds verwaltetes Vermögen erhöht: Im 1. Halbjahr 2016 betrug das in Investmentfonds angelegte Kapital rund 2,8 Billionen €. Besonders beliebt sind Dividenden-Aktienfonds. Dies gilt auch weiterhin für Mischfonds, zusammengesetzt aus Aktien und Anleihen. Sie mutieren allerdings zu Ladenhütern, sofern nicht Gold, Silber und Hochzinspapiere als Ausgleich für Strafzinsen bei Anleihen sorgen. Beim Blick auf die Gewinnentwicklung seit 10 oder 20 Jahren ist noch vieles in Ordnung. Schlimmer sieht es bisweilen aus beim Blick auf die Kursentwicklung 2016 und wohl auch 2017.

In der Bundesrepublik werden rund 10.000 unterschiedliche Investmentfondsarten angeboten. Dabei wird zwischen Offenen und Geschlossenen Fonds unterschieden, wobei für unerfahrene Anleger wegen des geringeren Risikos nur Offene Fonds ratsam sind. Mit Geschlossenen Fonds sind Sie angekettet, kommen wegen der langen Laufzeit ohne Ersatzperson nicht heraus. Notfalls müssen Sie Geld nachschießen. Aktiv gemanagte Aktienfonds erfassen neben den weltweiten Indizes unterschiedliche Branchen, Sektoren und Themen. Einige zertifizierte Aktienfonds sind für die staatlich geförderte Riester-Rente zugelassen. Als Sparplan lässt sich der Cost-Average-Effekt ideal nutzen. Der Zusatz „thesaurierend" besagt, dass das Management die Dividende in neue Anteile anlegt.

Obgleich viele Anleger Aktienfonds gegenüber Einzelaktien bevorzugen und sich trotz hoher Gebühren nicht abschrecken lassen, überzeugt die Gewinnentwicklung oft nicht. Mit aktiv gemanagten Aktienfonds lassen sich theoretisch zwar bessere Renditen erzielen als mit Indexfonds (Exchange Traded Fonds), die das jeweilige Börsenbarometer exakt abbilden. Zwei Drittel der Fondsmanager verlieren aber gegenüber dem Index. Bei global ausgerichteten Fonds sind es 80 % bis 90 %.

Mit guten Fonds nutzen Sie das Börsenwissen der Profis

Vielleicht ziehen auch Sie Aktienfonds gegenüber Einzelaktien vor, um das Wissen der Profis zu nutzen. Trotz Ausgabeaufschlag und oftmals hoher Gebühren spricht einiges für diese Anlageform. Während die Gewinnentwicklung bei den auf DAX und Dow Jones bezogenen Standardfonds eher selten überzeugt, gibt es erfolgreiche Themen-, Branchen-, Dividenden- und Nebenwertefonds. Wichtig ist, dass das Management gegenüber dem Referenzindex nicht nur kleine Änderungen vornimmt, sondern sehr aktiv ist und nicht schummelt, um hohe Gebühren einzusacken. Es ist einfach, sich aus dem DAX schrittweise bei zurückgehenden Kursen mit erstklassigen Einzelaktien zu versorgen. Es gibt genug Informationen in der Fachpresse, in Börsenmagazinen und im Internet. Ganz anders sieht es in Schwellenländern und bei Nebenwerten unterhalb vom MDAX und TecDAX aus.

Mit aktiv gemanagten Aktienfonds lassen sich zumindest theoretisch bessere Renditen erzielen als mit ETFs, die das jeweilige Börsenbarometer exakt abbilden. Bei Blue Chips verlieren jedoch acht oder neun von zehn Aktienfonds gegenüber dem entsprechenden Index – Benchmark genannt. Jedoch sollten Sie bedenken, dass eine aktive Einzelaktienanlage über längere Zeit zwar höhere Renditen ermöglicht, aber durch Einstieg, Zukauf, Teil- und Komplettverkauf mit Transaktionskosten belastet wird. Umgekehrt ist bei Zeit, Lust und Kompetenz ein flexibles, rasches Reagieren auf Markttrends und das aktuelle Börsengeschehen möglich.

Investmentfonds übernehmen für Sie die Spartopf-Funktion

Ist das Fondsmanagement gut – Hinweise liefern Rating-Einstufungen – sind Sie mit Themenfonds auf der richtigen Seite. Der Aktienfonds übernimmt die Spartopffunktion. Vom eingesammelten Geld kauft das Management je nach Ausrichtung Blue Chips, Nebenwerte, Biotech-, Rohstoff- oder Hightechaktien usw. So können Sie breit gestreut die gewünschten Märkte abdecken, ohne Millionär zu sein, und werden mit dem Kauf von Anteilen Miteigentümer am Fondsvermögen der Kapitalanlage-Gesellschaft. Nehmen Sie aktuelle Trends wahr, und behalten Sie Schwellenländer im Auge. Informationen über ausländische Nebenwerte sind dünn gesät. Mit Qualitätsfonds vermeiden Sie das gebührenpflichtige Umschichten – ein Ausgleich für Ausgabeaufschlag und Managementgebühr. Umfasst ein Fonds nur wenige Millionen Anlagekapital, wächst das Risiko, dass er aufgelöst wird.

> ➤ **Laut Expertenmeinung bieten passiv gemanagte Indexfonds (ETF) und aktiv ausgerichtete Spitzenfonds längerfristig beste Renditechancen. Fähige Manager bringen eigene Innovationen ein. Diese Chance gilt es vor allem zu nutzen, wenn es Ihnen an Zeit, Wissen und dem notwendigen Kapital mangelt, mit Einzelaktien die wichtigsten Sektoren abzudecken.**

Nutzen Sie die Bewertungen der führenden Rating-Agenturen

Bei der Fondsauswahl helfen Rating-Agenturen wie S&P, Moody's, Fitch Ratings und Morningstar, die besten Produkte aufzuspüren. Das Ranking umfasst quantitative Faktoren wie Rendite, Schwankungsbreite und Risikoprofil. Das Rating bewertet die Qualität, also die Leistungsfähigkeit der Fondsmanager. Interessant ist beim Ranking die Anzahl der Sterne – vergleichbar mit Hoteleinstufungen. Bei vier oder fünf Sternen schnitt dieser Fonds in den vergangenen 3 bis 5 Jahren bei der Rendite gut bis sehr gut ab. Die Rating-Buchstaben, selbst AAA, sind jedoch kein Freibrief für eine künftig positive Einschätzung. Bei Crash, Trendumkehr und Branchenrotation sind die Favoriten von gestern vielleicht die Verlustbringer von morgen. Rating und Ranking erleichtern die Orientierung. Leicht verstecken sich schlechte Fonds im Bullenmarkt, solange sie ein kleines Plus zeigen.

Fondsbewertungen von Standard & Poor's (S&P)

Ranking Rendite und Risiko, auf drei Jahre bezogen	★★★★★	Zählt zu den Top-Zehn-Prozent der Gruppe
	★★★★	Gutes Rendite- und Risikoprofil
	★★★	Mittleres Rendite- und Risikoprofil
	★★	Schwaches Rendite- und Risikoprofil
	★	Gehört zum schlechtesten Viertel der Gruppe
Rating auf Basis der S&P-Analyse über das Management	AAA	Außergewöhnlich hohe Managementqualität
	AA	Sehr gute Qualität des Fondsmanagements
	A	Gute Qualität des Fondsmanagements
	NR	Das Rating wurde entzogen
	UR	Steht unter Beobachtung (Managerwechsel o. ä.)

Die großen Drei dominieren: S&P 40,5 %, Moody's 34,7 % und Fitch 16,8 %. Alljährlich überprüft S&P europaweit ungefähr 1.400 Investmentfonds.

Übertriebene Ängste wie der BREXIT Ende Juni 2016, EU-Austritt Englands, bewirken, dass deutsche Anleger die Börse meiden und an der schleichenden Kapitalvernichtung Sparbuch/Sparkonto festhalten. Über die Hälfte der vom Deutschen Aktieninstitut befragten Personen will keinen Cent in Aktien oder Aktienfonds investieren, wenn 10.000 € für 25 Jahre anzulegen sind. Der Anteil der Aktionäre und Fondsbesitzer hierzulande liegt bei 14 % und steigt trotz abgeschaffter Guthabenzinsen nur leicht. 2015 investierten 9 Mio. Privatanleger direkt oder indirekt in Aktien: ein Plus von 560.000 Leuten. CEO **Dr. Christine Bortenlänger** meint: *„Es ist Potenzial für die Gewinnung von mehr Aktionären vorhanden, das erschlossen werden kann. Insofern zeigt unsere Studie nicht nur Schatten, sondern auch Licht."*

Investmentfonds: für viele Deutsche ein Buch mit sieben Siegeln

Laut einer Finanzdienstleister-Studie glaubt jeder zweite Deutsche, dass Rentenfonds die gesetzliche Rente absichern. Die knappe Hälfte hält eine Fondsanlage für kompliziert und genauso riskant wie Einzelaktien. Wenige können sich unter einem ETF etwas vorstellen. Und wer kennt sich schon mit der Prozentrechnung aus? Ist es günstiger, wenn ich statt 100 € wahlweise 105 € bezahle oder 3 % aufschlage? Die Börse erscheint schwer verständlich. Seit der Finanzkrise 2008/2009 ließ die Begeisterung für Aktien nach. Die Null-Zins-Politik sorgt für neues Interesse.

Als Fondsanleger nehmen Sie mit geschütztem Sondervermögen und dynamischen Sachwerten am Wirtschaftswachstum und über Kursgewinn und Dividende an der Wertschöpfung teil. Sie können Trends nutzen, in Schwellenländer, neue Märkte, Geschäftsmodelle wie Digitalisierung und soziale Netzwerke investieren. Mit den richtigen Fonds vermeiden Sie das gebührenpflichtige Umschichten – ein Ausgleich für die meist hohe jährliche Verwaltungsgebühr.

Passive Indexfonds (ETF) und aktiv gemanagte Spitzenfonds, deutschlandweit, europäisch, international, nach Indizes, Märkten und Themen ausgerichtet, bieten langfristig gute Renditechancen. Fähige Fondsmanager schichten im Rahmen ihrer Vorgaben mit Augenmaß um. Für Sie bleiben diese Aktivitäten gebührenfrei. Ein ETF ist preiswert: kein Ausgabeaufschlag, nur ein geringer Spread (Unterschied zwischen Geld- und Briefkurs) und eine kleine Jahresgebühr, meist schwankend zwischen 0,10 % und 0,50 %. Privatanleger zahlen für Aktienfonds Managementgebühren zwischen 0,1 % und 2,25 %. Strenge Regulierungsauflagen fressen Geld. Hinzu kommt oft ein Ausgabeaufschlag von bis zu 5,25 %.

Konzentrieren Sie sich als Fondsliebhaber beim Neukauf auf wachstumsstarke Märkte. Goldminenaktien liefen bis 2010 bestens, um ab 2011 zweistellig abzustürzen und sich seit 2016 als Angstbarometer großteils zu verdoppeln. Eine ähnlich dramatische Entwicklung zeigt der Rohstoffsektor. Der Gesundheitsbereich mit Biotech bietet nach über halbjähriger scharfer Korrektur gute Chancen. Neuartige Wirkstoffe und Therapieansätze erobern den Markt. Der Traum vom ewigen Leben und der Kampf gegen Krebs und Alzheimer machen Pharma zum Risikopuffer. Das Gesundheitswesen bleibt wegen des demografischen Wandels mit steigender Lebenserwartung für viele Fondsmanager ein großes Zukunftsthema.

Der Ölpreis stürzte ins tiefste Kellerloch, um sich danach deutlich zu erholen. Niedrige Preise sind günstig für Autofahrer und Erdölheizer, Fluglinien und Unternehmen, die viel fossile Energie verbrauchen. Für ölexportierende Länder und ölfördernde Firmen sind es Horrornachrichten. Der lange Zeit abgestürzte Edelmetallsektor feiert ein erfolgreiches Comeback. Kracht es an den Börsen, ist Gold als sicherer Hafen wieder begehrt, physisch und in Form von Wertpapieren.

Als zukunftsträchtig gilt die Immobilienbranche wegen des starken Bedarfs an bezahlbarem Wohnraum – befeuert durch den Flüchtlingszustrom von über 1 Mio. Migranten 2015, aber auch blasengefährdet. Selbst wenn die einheimische Bevölkerung trotz längerer Lebenserwartung wegen der immer noch zu geringen Geburtenrate von nunmehr 1,5 % pro Frau nicht wächst, so steigt doch der Bedarf an größeren Wohnflächen, soweit man es sich leisten kann.

Viel Wachstumsfantasie wird mit vollautomatisierten Fabriken wegen der um sich greifenden Robotik nicht nur im Sektor Autobau, Logistik und Medizintechnik verknüpft. Der Technologie- und Internetsektor sind im Umbruch wegen zunehmender Digitalisierung, Cloud-Computing, Internet der Dinge, Interesse an Sozialnetzwerken und mehr Datensicherheit. Eine weitere Erfolgsformel stellen Nachhaltigkeit, Wachstumsstrategie und Wahrnehmung von Megatrends wie die Industrie 4.0 dar. Was hier noch möglich sein wird, übersteigt unsere Vorstellungswelt. Einen Vorgeschmack bilden Drohnen und Roboter, die manchen Nobelpreisträger und Schachweltmeister alt aussehen lassen. Die Autoindustrie mit TESLA, aber auch Alphabet (Google) treiben das autonome Fahren, vor allem von Senioren stark nachgefragt, neben Elektromobilität mit Riesenschritten voran.

Fazit: Unsicherheit. Umfrage 2016 nach den höchsten Gewinnchancen ab 3 Jahren in Zeiten abgeschaffter Guthabenzinsen

> Ängste, Unschlüssigkeit, geringes Interesse und mangelnde Fachkenntnisse in Finanzfragen sind auch bei der neuerlichen FORSA-Umfrage Ende Juni 2016 das Ergebnis bei erwachsenen Bundesbürgern: 29 %: weiß nicht, 27 %: Aktien, 27 %: Gold, 9 %: Zinsanlagen, 8 %: Fonds.

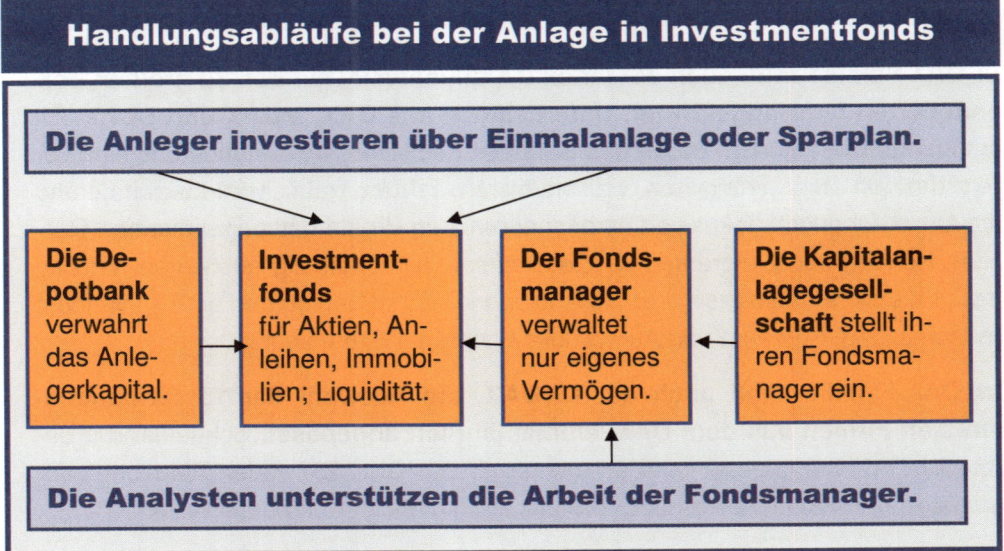

❷ Eine interessante Aktienfonds-Auswahl für deutsche Indizes

2.1 Die wichtigen deutschen Börsenbarometer stellen sich Ihnen mit Fondslisten vor

Die Aktienfondsanlage ist kein Glücksspiel. Wichtig für Sie ist, sich über Ihr Anlageprofil im Klaren zu sein und zu wissen, wie viel übriges Geld für eine längerfristige Anlage vorhanden ist. Sie sollten sich überlegen, ob für Sie eine Einmalanlage oder ein Sparplan mit monatlichen oder vierteljährigen Zahlungen günstiger erscheint. Im Hinblick auf die deutschen Börsenbarometer ist zumindest ein Grundwissen wünschenswert. Schließlich sollten Sie kennen, verstehen und abgrenzen können, worin Sie investieren wollen und wo es besser wäre: „Hände weg"!

Die wichtigsten deutschen Indizes mit Aktien im Segment Prime Standard mit den strengsten Zulassungsaufgaben werden angeführt vom deutschen Leitindex DAX mit den größten börsennotierten deutschen Aktien, vergleichbar mit der 1. Fußballbundesliga. Danach kommen der klassisch ausgerichtete MDAX mit 50 mittelgroßen Titeln, Mid Caps genannt. Gleichrangig einzuordnen ist der TecDAX mit 30 Technologie-, Biotech-, Software- und Internetwerten. Beide Indizes sind vergleichbar mit der 2. Liga. Danach folgt der klassisch geprägte SDAX mit 50 kleineren Aktien, als Small Caps bezeichnet. Beim Fußball wäre dies die 3. Liga.

Zur DAX-Familie zählt auch der Index DAXplusFamily mit den 30 größten börsennotierten familiengeführten Unternehmen aus DAX, MDAX und SDAX. Eigentümergeführte Firmen bilden das Herz des deutschen Mittelstands und sind vor allem deshalb oft so erfolgreich, weil sie nicht kurzfristig auf schnelle Gewinne und gute Quartalsberichte fokussiert sind, sondern zum Wohle der Angehörigen, Mitarbeiter, Kunden und Lieferanten ihr Geschäftsmodell langfristig ausrichten. Wichtig sind für die Unternehmenslenker die Anbindung an die Region und eine intakte von Wertschätzung, Freiraum und Aufrichtigkeit geprägte Firmenkultur.

Zur DAX-Familie zählt auch der DivDAX, die Auswahl der 15 dividendenstärksten Firmen aus dem DAX, einmal jährlich angepasst. Schneidet der beliebte DivDAX wohl besser oder schlechter als der DAX ab? Raten Sie nicht, sondern begründen Sie Ihre Meinung. Die Lösung gibt es im Kurzprofil DivDAX.

2.1.1 Der Leitindex DAX, um den sich alles dreht

Ob Fernsehen, Rundfunk, Tageszeitung oder Wirtschaftspresse. Geht es um die Börse, dreht sich fast alles um den DAX. Gern werden die langfristig erfolgreichsten deutschen Börsenbarometer MDAX, TecDAX und SDAX vergessen. Der **D**eutsche **A**ktieninde**X**, dessen Abkürzung zum Tierbild DACHS anregte, wurde 1988 gegründet und ist bald 30 Jahre alt. In fast drei Jahrzehnten seines Börsenlebens hat er alle Höhen und Tiefen mitgemacht. Der Leitindex konnte, wie es sich an der Börse langfristig gehört, den Kurs seit seiner Geburtsstunde verzehnfachen. Der DAX startete im Juli 1988 mit 1.163 Punkten, wurde aber auf die glatte Zahl von 1.000 Punkten zurückgerechnet bzw. normiert.

> **Es gibt noch zwei andere Börsentiere, Bulle und Bär.** Da der Bulle mit seinen gefährlichen Hörnern aufwärts stößt und einen angreifenden Torero, wie kürzlich in Spanien geschehen, aufspießt, steht der Bulle als Leitfigur für **steigende** Kurse. Der Bär schlägt mit seinen gewaltigen Tatzen von oben nach unten auf sein Opfer ein, ist also das Symbol für fallende Notierungen.

Was fange ich mit den beiden Versionen „Performance-Index" und „Kurs-Index" beim DAX an?

Den DAX – eine typisch deutsche Eigenart – gibt es in zwei Ausführungen: **Der Performance-DAX, um den sich alles dreht, rechnet im Gegensatz zu den ausländischen Börsenbarometern die Dividenden und Sonderausschüttungen in den Kurs mit ein**. Dies führt einerseits zu ansehnlichen Kurssteigerungen im Langzeitvergleich. Andererseits wird oft zu unrecht über hohe Bewertungen gemeckert, was gegenüber ausländischen Börsenbarometern großteils nicht stimmt. 1.000 % Kursgewinn beim DAX seit 1988 sind dennoch keine Lüge. Denn Dividenden gelten als wesentlicher Bestandteil des Vermögensaufbaus. Das Hauptziel sind finanzielle Freiheit und Unabhängigkeit sowie ein sorgenfreier Ruhestand.

Betrachten wir den Performance-DAX, so notierte dieser am 9. Dezember 2016, WKN 846 900, bei rund 11.200 Punkten auf Jahreshoch-Niveau. Das Tief lag bei 8.700 Punkten. Werfen wir einen Blick auf den Kurs-DAX, WKN 846 744, so sind dies aktuell 5.450 Punkte, Jahreshoch 5.740, Jahrestief 4.350 Zähler.

Tipp: Wenn Sie Zeit und Lust haben und über genügend Kapital verfügen, sollten Sie statt DAX-Fonds oder zusätzlich in die Aktien substanzstarker, nachhaltig wirtschaftender DAX-Aktien investieren. So können Sie niedrige Kurse für den Zukauf und Höchststände für etwaige Teilverkäufe nutzen. Das bedeutet Spannung, als Ausgleich für gesparte Ausgabeaufschläge und Verwaltungsgebühren bei breiter Streuung, aber höhere Transaktionskosten.

Höchststand der DAX-Familie: Zeitraum 2000 bis Ende 2016			
DAX	MDAX	TecDAX	SDAX
2015: 12.391 P.	2016: 21.948 P.	2015: 1.889 P.	2016: 9.540 P.

Tiefster Stand der DAX-Familie: 2000 bis Dezember 2016			
DAX	MDAX	TecDAX	SDAX
2003: 2.200 P.	2003: 2.647 P.	2003: 310 P.	2003: 1.622 P.

Kursentwicklung DAX-Familie bis Dez. 2016: 1, 3, 5, 10 J.			
DAX %	MDAX %	TecDAX %	SDAX %
+9/+24/+100/+73	+6/+36/+156/+135	-1/+58/+167/+140	+4/+38/+120/+71

Kursentwicklung der DAX-Familie: 2007 bis Mitte Dez. 2016			
DAX	MDAX	TecDAX	SDAX
2007: 8.067 P.	2007: 9.865 P.	2007: 974 P.	2007: 5.191 P.
2015: 10.743 P.	2015: 20.775 P.	2015: 1.831 P.	2015: 9.099 P.
16.12.16: 11.404 P.	16.12.16: 21.816 P.	16.12.16: 1.767 P.	16.12.16: 9.291 P.
Kursentwicklung in diesem Zeitraum von 7 Jahren (2007 bis 2016)			
Kurs um über 40 % gestiegen	Kurs mehr als verdoppelt (+120 %)	Ein Kursgewinn von über 80 %	Ein Kursanstieg um rund 80 %

DAX-Aktien Top/Flop im Jahr 2016 (Stand: 03.12.2016)			
Siegeraktien 2016	03.12.16	Verliereraktien 2016	03.12.16
❶ Adidas	+53,5 %	❶ Deutsche Bank NA	-34,5 %
❷ LINDE	+16,4 %	❷ Commerzbank	-31,5 %
❸ Siemens	+16,4 %	❸ ProSiebenSAT.1	-31,2 %
❹ ThyssenKrupp	+14,9 %	❹ BAYER NA	-25,6 %
❺ BASF	+13,6 %	❺ E.ON SE NA	-22,7 %
❻ Infineon	+13,0 %	❻ Daimler NA	-20,1 %

80 bis 90 % der Standardfonds für die großen Werte – Blue Chips genannt – schneiden zwar schlechter als das jeweilige Börsenbarometer ab. Aber die Auswahl auf den nächsten beiden Seiten bringt die Sieger, nicht die Verlierer.

Erfolgreiche Aktienfonds für eine DAX-Anlage

Aktienfonds-Auswahl, Schwerpunkt DAX

Name, Fonds-Gesellschaft	WKN	Kurs 16.12.16	Hoch/Tief 1 Jahr	Entwicklung 1, 3, 5, 10 Jahre
ACATIS CS Aktien Deutschland	163 701	275,05 €	284,5/235,3 €	**−1/+33/+114/+120 %**
		Umfang 187 Mio. €, Alter 14 Jahre, Ausgabeaufschlag **5,50 %,** Verwaltungsgebühr **0,25 %,** thesaurierend, Währung €. Dieser Fonds konzentriert sich auf den DAX mit den größten Positionen Allianz, Bayer, HeidelbergCement, mischt aber Nebenwerte bei.		
Allianz Adifonds A EUR	847 103	112,15 €	113,5/92,20 €	**+1/+27/+93/+56 %**
	Umfang 212 Mio. €, Alter 58 Jahre, Ausgabeaufschlag 5,00 %, Gebühr 1,80 %, ausschüttend, Währung €. Der DAX-Fonds übergewichtet Bayer, Daimler, SAP, Continental, Fresenius, Münchner Rück, mischt aber MDAX- und TecDAX-Titel bei.			
DWS Aktien Strategie Deutschland LC	976 986	348,05 €	350,5/281,2 €	**+2/+44/+157/+125 %**
	Umfang 3,1 Mrd. €, Alter 18 Jahre, Ausgabeaufschlag 5,00 %, Gebühr 1,45 %, thesaurierend, Währung €. Bei dem DAX-Fonds sind die größten Positionen Dt. Telekom, Allianz, Fresenius, SAP, Adidas, Continental, Dt. Bank, Münchner Rück, BMW.			
DWS German Equities Typ 0	847 428	**390,20 €**	**390,2**/287,4 €	**+8/+35/+129/+85 %**
	Umfang 355 Mio. €, Alter 22 Jahre, Ausgabeaufschlag **0,00 %,** Jahresgebühr 1,45 %, thesaurierend, Währung €. Die größten Anteile beim DAX-Fonds sind Daimler, Bayer, SAP, Allianz, BASF, BMW, Dt. Post, Continental, Fresenius und Lufthansa.			
DWS Investa	847 400	**165,40 €**	**165,4**/125,8 €	**+5/+31/+126/+85 %**
	Umfang 3,5 Mrd. €, Alter 60 Jahre, Ausgabeaufschlag 5,00 %, Verwaltungsgebühr 1,40 €, ausschüttend, Währung €. Die größten DAX-Anteile sind Daimler, Fresenius, BMW, Adidas, Dt. Telekom, Siemens, BASF, Allianz und Bayer von 10 % bis 3,4 %.			
Fondak	847 101	**158,50 €**	**158,5**/127,8 €	**+3/+26/+93/+51 %**
	Umfang 1,9 Mrd. €, Alter 66 Jahre, Ausgabeaufschlag 5,00 %, Verwaltungsgebühr **1,70 %,** ausschüttend, Währung €. Dieser Fonds, Aufsteiger 2016 bei *€uro am Sonntag,* übergewichtet SAP, Allianz, Bayer, Infineon, Fresenius, Continental, Merck.			
JB MS German Value Multistock B	973 020	358,30 €	368,8/303,6 €	**+1/+25/+95/+67 %**
	Umfang 102 Mio. €, Alter 58 Jahre, Ausgabeaufschlag 5,00 %, Verwaltungsgebühr **1,20 %,** thesaurierend, Währung €. Größte Anteile sind Siemens, Bayer, Dt. Telekom, BMW und Daimler.			

2.1.2 Der MDAX mit 50 mittelgroßen Werten schlägt den DAX in zwei Jahrzehnten um Längen

MDAX-Firmen erinnern an schnell reagierende Schnellboote gegenüber den etwas schwerfälligen Dickschiffen im DAX

Der DAX ist der Leitindex mit den 30 größten deutschen börsennotierten Unternehmen. Geht es um Aktien und Börse, dreht sich um ihn fast alles in den Medien: in Fernsehen, Rundfunk, Fachzeitschriften und Tageszeitungen. Aber bei Kursgewinnen im Langzeitvergleich können die weniger beweglichen Dickschiffe mit den manövrierfähigen Schnellbooten nicht mithalten, sobald es auf rasche Reaktionen ankommt. Flexibilität ist gefragt in Krisen, bei Trendwenden und Entwicklung von Zukunftsmärkten als Folge bahnbrechender Erfindungen und Entdeckungen.

Der MDAX begeistert an seinem 20. Geburtstag mit mehr als einer Kursverdoppelung im Vergleich zum Leitindex DAX

Der MDAX mit seinen 50 mittelgroßen Werten aus klassischen Branchen – wie Industriesektor, Konsumgüter, Immobilien, Maschinenbau, Pharma, Logistik, Banken, Versicherungen – feierte in diesem Jahr den 20. Geburtstag. Er schnitt in zwei Jahrzehnten mehr als doppelt so gut ab wie der Leitindex und schaffte Kursgewinne von über 600 %. Nicht zuletzt auch deshalb, weil hier zahlreiche Familienfirmen notiert sind. Der DAX brachte gerade mal die gute Hälfte zuwege mit einem Plus von 300 %. Seit Sommer 2016 blies der MDAX, WKN 846 741, zur Jagd aufs Allzeithoch und erkämpfte im August 2016 einen neuen Höchststand mit rund 21.950 Punkten. Davon ist der Leitindex weit entfernt. Ihm fehlen rund 1.300 Punkte.

Das Risiko ist beim MDAX nicht höher – die Dividende im Schnitt mit dem DAX vergleichbar

Gern kontern vermeintliche Experten – ähnlich wie die Millionen selbsternannten Bundestrainer, wenn es um die Aufstellung und Strategie der Fußball-Nationalelf geht: Das Risiko sei viel größer, die Kursschwankung heftiger, die Bewertung übertrieben hoch und die Ausschüttung deutlich geringer als beim DAX. Dass dies ungeprüfte Vorurteile sind, zeigen meine Übersichten über Sieger/Verlierer 2016 und Dividenden-Favoriten. Was die Untergangspropheten, die gebetsmühlenähnlich ständig einen baldigen Börsencrash voraussagen, übersehen, ist die Tatsache, dass es kaum Alternativen zu Aktien gibt. Freilich kann ich mit Aktien viel mehr Geld verlieren als durch die schleichende Kapitalvernichtung Sparkonto. Stelle ich es jedoch richtig an, Zeithorizont über ein Jahrzehnt, breite Streuung, Qualitätsaktien und erstklassige Fonds, geht mit ein bisschen Glück nichts schief. Schon gar nicht, wenn ich Nebenwerte-, Auslands- und Branchen-Fonds einbeziehe.

Vier MDAX-Entwicklungsphasen auf dem Weg nach oben

Die menschlichen Entwicklungsstufen sind an bestimmte Altersgruppen mit typischen Merkmalen geknüpft: Säuglings-, Kleinkind-, Vorschul-, Schulkindalter, Jugendalter mit Vorpubertät und Pubertät, Heranwachsende, Erwachsene usw. Sie spiegeln sich wider in zahlreichen Verordnungen und gesetzlichen Bestimmungen mit Ansprüchen, Rechten und Pflichten. Auch der MDAX mit seiner über 20-jährigen Geschichte erlaubt mit Blick und Vergleich auf den DAX den Rückblick auf bestimmte Entwicklungsphasen, an den Erfolg, die Kursentwicklung geknüpft.

MDAX auf dem Weg nach oben im Duell mit dem DAX			
Phase 1	**MDAX**	**DAX**	**Typische Merkmale**
1988 bis 1996	Kursplus **157 %**	Kursplus 154 %	Das manövrierfähige Schnellboot MDAX läuft dem DAX beim Start davon, wird aber abgefangen.
Phase 2	**MDAX**	**DAX**	**Typische Merkmale**
1996 bis 2002	Kursplus 20 %	Kursplus **21 %**	Anfangs eilt der Leitindex davon; doch dann zerstört die Dotcom-Blase den Aufwärtstrend: ein Patt.
Phase 3	**MDAX**	**DAX**	**Typische Merkmale**
2002 bis 2009	Kursplus **46 %**	Kursplus 37 %	Der boomende MDAX stürmt aufwärts, stürzt jedoch in der Finanzkrise viel stärker ab als der DAX.
Phase 4	**MDAX**	**DAX**	**Typische Merkmale**
2009 bis 2016	Kursplus **378 %** **Sieger:** DÜRR, Rational, Leoni, Krones	Kursplus 153 %	Der MDAX rennt unaufhaltsam davon und schafft mehr als doppelt so hohe Kursgewinne. Tabellenführer ist Dürr mit +1.442 %.
FAZIT:	Im MDAX gibt es nur wenige Dickschiffe, aber zahlreiche kleinere Spezialisten, etliche familiengeführt. Beim DAX liegt der Börsenwert pro Konzern im Schnitt bei über 1.000 Mrd. €. Beim MDAX sind es knapp 300 Mrd. €. Die Globalisierung und Internationalisierung halten sich annähernd die Waage. Hier führt der DAX knapp. Der MDAX muss die weitaus bessere Kursentwicklung mit einem um vier Prozentpunkte höheren KGV bezahlen. Bezüglich Dividende sind die DAX-Konzerne großzügiger. Der Leitindex wird von den beiden Großbanken und Versorgern nach unten gezogen.		
Quelle:	Handelsblatt: Kapitel: „Die zweite Börsenliga boomt", Ausgabe vom 05. Oktober 2016, Nr. 192, Autoren Hans Müller & Ulf Sommer		

Was macht den MDAX mit neuem Allzeithoch so bullenstark?

Die größeren Mittelständler – oft familiengeführt – sind beweglicher als die DAX-Großkonzerne mit Fremdmanagern und können auf neue Herausforderungen rascher reagieren. Während der DAX in seiner Zusammensetzung recht stabil ist, veränderte sich der MDAX seit der Einführung 1996 schon 135-mal – aktuell mit dem Ausstieg der Roboter-Spitzenfirma KUKA durch die China-Übernahme MIDEA. Nachrücker ist der Weltmarktführer bei thermischer Speisenzubereitung für Profiköche und Großküchen, RATIONAL. Gerade in Börsenjahren mit großen Neuemissionen sorgt der Aufstieg in den MDAX – an die 2. Fußballbundesliga erinnernd – bei gleichzeitigem Abstieg in den SDAX für willkommene Blutauffrischung.

Wo liegen die Gefahren bei Auswertung der MDAX-Erfolgsstory? Welche Chancen winken risikofreudigen, mutigen Anlegern?

Die besten Aktien sind nicht mehr billig. Im DAX liegt das KGV als wichtigste Finanzkennzahl bei 13,3, im MDAX 17,3 (Dez. 2016). Duftstoff-Produzent Symrise, Baukonzern Bilfinger, Immobilienriese Deutsche Wohnen, Brillenhersteller Fielmann und Aufsteiger RATIONAL weisen Kurs-Gewinn-Verhältnisse von über 25, teilweise 30 auf, sind also keineswegs billig. Zum Jahresende 2016 gesellen sich Innogy und Uniper hinzu. DMG Mori Seiki und Rhön Klinikum steigen ab.

Auch im MDAX gibt es niedrig bewertete Verlustbringer, die erst jetzt wieder anziehenden dividendenstarken Finanztitel Aareal Bank und Dt. Pfandbriefbank, Versicherer TALANX, Kupferverarbeiter Aurubis, Kabel-Weltmarktführer LEONI sowie Autozulieferer HELLA. Hier liegt das KGV zwischen 7 und 11. Bei erfolgreichem Comeback können diese Aktien die Kursgewinner von morgen sein.

MDAX-Aktien Top/Flop im Jahr 2016 (Stand: 03.12.2016)

Siegeraktien	Plus 2016	Verliereraktien	Minus 2016
❶ Covestro	+77,4 %	❶ STRÖER	-38,3 %
❷ Hochtief	+55,8 %	❷ Hugo Boss	-30,0 %
❸ Lanxess	+34,8 %	❸ NORMA Group	-28,6 %
❹ Salzgitter	+34,0 %	❹ Schaeffler	-26,1 %
❺ OSRAM	+21,0 %	❺ CTS Eventim	-25,5 %

MDAX-Dividendenstars im Jahr 2016 (Stand: 25.11.2016)

❶ RTL Group	+6,1 %	❹ TAG Immobilien	+4,7 %
❷ Dt. Pfandbriefbank	+6,0 %	❺ Hannover Rück	+4,7 %
❸ Aareal Bank	+5,9 %	❻ Hugo Boss	+4,6 %

Erfolgreiche Aktienfonds mit Schwergewicht MDAX, öfters beigemischt mit TecDAX, SDAX und noch kleineren Werten

Aktienfonds-Auswahl, deutsche Nebenwerte				
Name, Fonds-Gesellschaft	WKN	Kurs 16.12.16	Hoch/Tief 1 Jahr	Entwicklung 1, 3, 5, 10 Jahre
CS IF11 SmMid Cap DE Equity Fund B	973 882	2.106,15 €	2.148/1.760 €	+1/+25/+130/+95 %
DWS German Small/Mid Cap	515 240	128,35 €	128,4/103,0 €	+3/+43/+171/+91 %
FPM Fds Stockpicker German C	A0D N1Q	298,55 €	298,6/238,6 €	+9/+31/+121/+104 %
MainFirst Germany A	A0R AJN	168,95 €	175,8/137,5 €	-1/+70/+166 %
UBS (D) Equity-Small Caps Germany	975 165	421,10 €	441,3/356,7 €	+2/+18/+90/+78 %
UNI Deutschland XS	975 049	128,05 €	139,1/110,4 €	-5/+44/+131/+170 %

Beschreibungen zu den einzelnen Fonds:

CS IF11 SmMid Cap DE Equity Fund B: Umfang 262 Mio. €, Alter 22 Jahre, Ausgabeaufschlag 5,00 %, Gebühr 1,40 %, ausschüttend, Währung €. Die größten Positionen belegt der MDAX mit Airbus, GEA, Dt. Wohnen. Im TecDAX sind MorphoSys und Wirecard dabei, im SDAX GrenkeLeasing.

DWS German Small/Mid Cap: Umfang 186 Mio. €, Alter 11 Jahre, Ausgabeaufschlag 5,00 %, Gebühr 1,40 %, ausschüttend, Währung €. Die meisten Aktien stammen aus dem MDAX mit Airbus, Steinhoff, Symrise, Evonik, LEG Immobilien. Im TecDAX hat United Internet Anteile von 4 %.

FPM Fds Stockpicker German C: Umfang 54 Mio. €, Alter 12 Jahre, Ausgabeaufschlag 4,00 %, Jahresgebühr **0,00 %,** ausschüttend. Hier dominiert der SDAX mit Klöckner, Grammer, Sixt und SAF Holland. Aber auch der MDAX mit einigen Titeln und der TecDAX sind hier vertreten.

MainFirst Germany A: Umfang 203 Mio. €, Alter 7 Jahre, Ausgabeaufschlag 5,00 %, Verwaltungsgebühr 1,50 €, thesaurierend. Neben Aktien aus dem MDAX und SDAX werden hier viele kleinere Werte berücksichtigt, wie Atoss mit 8 % Anteil, Cenit und All for One Steeb.

UBS (D) Equity-Small Caps Germany: Umfang 100 Mio. €, Alter 23 Jahre, Ausgabeaufschlag 4,00 %, Gebühr **1,80 %,** thesaurierend. Hier dominiert der SDAX mit SIXT, Vossloh, BayWa, Patrizia, Stabilus und SAF Holland.

UNI Deutschland XS: Umfang 663 Mio. €, Alter 10 Jahre, Ausgabeaufschlag 4,00 %, Gebühr 1,55 %, thesaurierend. Dieser Aktienfonds ist in der Handelsblatt-Bestenliste vertreten. Es dominiert der SDAX mit Patrizia, ADO Properties, König & Bauer, PUMA, Hypoport.

Anmerkung: Ein passiv gemanagter ETF bildet den Index ab, also MDAX, TecDAX oder SDAX. Ein innovativer Aktienfonds mit den besten Werten aus allen deutschen Nebenwerten kann deutlich besser als die Vergleichsindizes abschneiden. Er sorgt zudem breit gestreut für gute Marktabdeckung.

2.1.3 Der Hightech-Index TecDAX mit Zukunftsmusik

Der TecDAX mit 30 Hightechaktien ist in wichtigen Zukunftsmärkten erfolgreich unterwegs – auch bei Nebenwertefonds

Der TecDAX ist geprägt durch eine wechselvolle Geschichte. Sie beginnt mit der Installation Neuer Markt 1997. Dies geschieht mit 50 Titeln im NEMAX 50 nach dem Vorbild der amerikanischen Technologiebörse NASDAQ. Zu Grabe getragen wird der noch jugendliche Index im Juni 2003 nach Kursverlusten von über 95 %. Zuvor stürmte er in wenigen Jahren um 2.800 % nach oben. Mit seinem Niedergang stirbt der Traum vom schnellen, riesigen Reichtum ohne Arbeit. Mobilcom und Bertrandt sind die Gründungsmitglieder. Mobilcom verschwindet in der Versenkung. Der Ingenieurdienstleister Bertrandt bewährt sich im SDAX, dem Index für 50 kleinere klassische Unternehmen.

Ob Software, Internet, Biotech oder Erneuerbare Energie: Der TecDAX ist das Gesicht von Industrie 4.0 und Digitalisierung

In den vergangenen drei Jahren schnitt der TecDAX dreimal so gut wie der DAX ab. Wie ist so etwas möglich? Wir finden mit Software, Internet, Biotech chancenreiche Unternehmen in wichtigen Zukunftsmärkten. Ob Industrie 4.0, Digitalisierung, Cloud Computing, vernetzte Welt, Künstliche Intelligenz und Robotik: Hier hören wir Zukunftsmusik. Die erste Geige spielt die Softwarebranche mit so erfolgreichen Unternehmen, wie Bechtle, Cancom, Compugroup, Nemetschek, Software AG. Mit dem Aufschwung der Solarindustrie ab 2004/2005 begann die große Zeit für die Aktien der Erneuerbaren Energien im Neuen Markt. Respektvoll wurde der NEMAX „Sonnen-DAX" getauft, fanden doch hier die erfolgreichsten Photovoltaikfirmen einen Platz. Angeführt von SolarWorld, geleitet vom „Sonnenkönig" Asbeck, damals vom DAX-Aufstieg träumend, heute Absturz mit akuter Insolvenzgefahr.

Der TecDAX begeistert mit üppigen Kursgewinnen bei erhöhtem Risiko und nur wenigen Dividendenstars

Im Vergleich zum DAX, der in den letzten fünf Jahren Kursgewinne von rund 75 % erzielte, war der TecDAX im gleichen Zeitraum mehr als doppelt so erfolgreich (Stand: 02. Dez. 2016). Auch langfristig schlug der TecDAX den DAX um Längen: Gegenüber -6/+12/+73/+68 % beim Leitindex in 1, 3, 5 und 10 Jahren imponierte der TecDAX mit Kursgewinnen von -10/+46/+142/+143 % – außer 2016 mehr als eine Verdopplung ab drei Jahren. Selbst auf der Verliererseite steht der Leitindex nicht sehr viel besser da. Ein Minus von über 30 % bei Deutscher Bank und Commerzbank verhageln das Gesamtergebnis. Der Kursverlust 2016 bei den fünf größten TecDAX-Verlierern liegt zwischen 30 und über 50 %. Viel Freude bereiten die Sieger. Abgewandelt gilt: **Der TecDAX ist gut – für Leute mit Mut!**

TecDAX-Aktien Top/Flop im Jahr 2016 (Stand: 03.12.2016)			
Siegeraktien	**2016**	**Verliereraktien**	**2016**
❶ Siltronic	+70,5 %	❶ SMA Solar	-57,8 %
❷ SLM Solutions Group	+59,2 %	❷ GFT	-41,7 %
❸ S&T	+48,5 %	❸ NORDEX	-41,7 %
❹ EVOTEC	+44,4 %	❹ Stratec	-31,2 %
❺ ADVA	+37,6 %	❺ United Internet	-30,9 %
TecDAX-Dividendenstars Jahr 2016 (Stand: 25.11.2016)			
❶ Telefónica	+6,9 %	❹ Pfeiffer Vacuum	+4,0 %
❷ Freenet	+6,5 %	❺ United Internet	+2,2 %
❸ Drillisch	+4,9 %	❻ SMA Solar	+2,2 %

Lauern Gefahren bei Auswertung der TecDAX-Erfolgsstory?

Die besten Aktien sind nicht mehr billig. Beim DAX liegt das Kurs-Gewinn-Verhältnis als wichtigste Finanzkennzahl bei 13,3, MDAX 17,3, TecDAX 25,3 (Stand: 03. Dez. 2016). Der Bausoftware-Spezialist Nemetschek, der Softwarekonzern RIB, das erfolgreiche Labortechnologie-Unternehmen Sartorius, die 3D-Metalldrucker-Firma SML Solutions und XING, das führende soziale Netzwerk für den Berufsbereich, weisen ein KGV von über 30 auf. Hightechfirmen sind immer höher bewertet als Automobilbauer, Banken und Versicherungen. Zudem rechtfertigt Premium höhere Preise. Preiswert ist nicht gleichzusetzen mit billig.

Auch im TecDAX gibt es niedrig bewertete Aktien. Kurse stürzen ab durch enttäuschte Erwartungen, sinkenden Umsatz und Ertrag, Neuausrichtung des Geschäftsmodells, BREXIT-Folgen, hohe Investitionen, Währungsprobleme, Wettbewerbsdruck usw. Mancher, der zu Boden geht, steht wieder auf, aber eben nicht jeder. Ein eher niedriges KGV Anfang Dez. 2016 zwischen 10 und 15 zeigen ADVA (Telekommunikations-Infrastruktur), Dialog Semiconductor (Halbleiterlösungen), Drägerwerk (Systeme für Notfall- und Akutmedizin, Sicherheitstechnik und Beatmungsgeräte) sowie Freenet (Telekommunikation, Mobilfunkdienste).

Da fast alle deutschen Nebenwertefonds den MDAX übergewichten und TecDAX- und SDAX-Aktien mit unterschiedlich hohen Anteilen beimischen, habe ich alle gewinnbringenden Fonds im Anschluss an die MDAX-Einführung zusammenhängend gebracht. Wer den TecDAX allein abgebildet wünscht, kann einen ETF ordern oder die besten Einzeltitel in Perlenfischer-Manier herauspicken. Also: Übertriebene Kursabschläge für den Einstieg und Höchstkurse für den Teilverkauf nutzen.

2.1.4 Die Kleinen zeigen es den Großen: Der SDAX auf der Überholspur

Der Kleinwerte-Index SDAX mit 50 klassischen Werten steigt wie ein Phönix aus der Asche!

Die meisten Privatanleger orientieren sich, sofern sie Aktien mögen, am Leitindex DAX. Bestenfalls wird noch in den oft veröffentlichten MDAX mit mittelgroßen Werten investiert. Er feierte Anfang 2016 seinen 20. Geburtstag und schnitt in zwei Jahrzehnten mehr als doppelt so gut wie der DAX ab. Anleger für den erfolgreichen TecDAX zu gewinnen, ist schwierig. Vom Kleinwerte-Index SDAX, vergleichbar mit der im Aufschwung befindlichen 3. Fußballbundesliga, ist wenig zu erfahren. War Ihnen der SDAX bislang unbekannt? Dies dürfte sich nun ändern.

Bodenständige Familienfirmen richten ihr Geschäftsmodell langfristig auf Angehörige, Mitarbeiter und Kunden aus. Denn wer auf den Spuren anderer läuft, kann nicht überholen

Familienfirmen – im SDAX vielfach vertreten – gelten als Qualitätsmerkmal. Firmengründer, ausgestattet mit dem Entdecker- oder Erfinder-Gen, achten kaum auf Quartalsberichte und schnelle Erfolge. Wer sein eigenes Unternehmen aufbaut, richtet das Geschäftsmodell eher langfristig aus. Solchen Chefs geht es um das Wohl der Angehörigen, Mitarbeiter und Kunden. Ziel ist nicht die höchste Rendite, um die Gier von Großinvestoren und „Heuschrecken" zu befriedigen.

Schauen wir auf die Kursentwicklung Anfang Dez. 2016 zwischen DAX und SDAX! Vielleicht staunen auch Sie, wie glänzend sich die kreativen Kleinen gegenüber den 30 Großkonzernen behaupten. Der DAX schaffte im 1-/3-/5-/10-Jahresvergleich -6/+12/+73/+68 %, der SDAX mit seinen 50 klassischen Small Caps -2/+30/+102/+71 %. Der DAX kommt in keiner Zeitspanne an die Kursentwicklung vom SDAX heran. Weit abgeschlagen, im Sport wohl ein Debakel! Die 2. und 3. Börsenliga sind ein Spiegelbild des erfolgreichen deutschen Mittelstands. Die beeindruckende Kursentwicklung von Aktien aus dem Industrie-, Immobilien- und Konsumgütersektor bilden dafür den Grundstein.

Risiko beim SDAX geringer als beim TecDAX

Das KGV ist beim Kleinwerteindex SDAX etwas höher als beim DAX und MDAX, aber niedriger als beim TecDAX. Keiner der großen Verlustbringer mit einem Minus von über der Hälfte stammt aus dem SDAX. Beim jetzt nur noch halbjährigen Auf- und Abstieg herrscht mehr Bewegung. Die MDAX-Absteiger und neuen Mitglieder erfolgreicher Börsengänge sorgen für imposante Blutauffrischung.

SDAX-Aktien Top/Flop im Jahr 2016 (Stand: 03.12.2016)			
Siegeraktien	**Plus 2016**	**Verliereraktien**	**Minus 2016**
❶ Grammer	+71,0 %	❶ ElringKlinger	-44,6 %
❷ Washtec	+58,2 %	❷ Patrizia Immobilien	-41,3 %
❸ CeWe Stiftung	+44,6 %	❸ Rocket Internet	-38,2 %
❹ Wincor Nixdorf	+39,8 %	❹ SGL Carbon	-25,9 %
❺ DEUTZ	+39,8 %	❺ GrenkeLeasing	-25,8 %
SDAX-Dividendenstars Jahr 2016 (Stand: 25.11.2016)			
❶ Zeal Network	+8,8 %	❹ Amadeus Fire	+4,6 %
❷ Hamborner Reit	+4,7 %	❺ DIC Asset	+4,4 %
❸ TLG Immobilien	+4,7 %	❻ Leifheit (Abstieg)	+4,4 %

Ein ETF-Nebenwerte-Vorschlag als Alternative bei wenig Kapital

Höchste Zeit, sich vom einseitigen „DAX-Heimatliebedepot" zu verabschieden. Die besten DAX-Aktien gehören weiter in Ihr Depot. Aber Sie sollten **deutsche Nebenwerte übergewichten.** Dies geht mit Einzelaktien und einer Fondsauswahl, wie ich sie im Anschluss an das Kapitel 2.1 bringe. Ein ETF, börsennotiert, preiswert, passiv gemanagt, bildet den jeweiligen Index exakt ab.

Drei deutsche Nebenwerte-ETFs: SDAX, MDAX, TecDAX				
Markt, Index, Emittent	**WKN**	**Kurs 16.12.16**	**Hoch/Tief 52 Wochen**	**Kursentwicklung 1, 3, 5, 10 Jahre**
SDAX	ETF 005	89,10 €	91,55/72,50 €	+3/+36/+110 %
Comstage SDAX®	Umfang 64 Mio. €, Alter 5 Jahre, Gebühr 0,70 %, thesaurierend; größte Posten: Scout 24, Rational (jetzt MDAX), GrenkeLeasing, TLG Immobilien, ADO Properties, Patrizia, Tele Columbus, Indus			
MDAX	593 392	191,15 €	192,3/153,8 €	+5/+34/+147/+120 %
iShares MDAX	Umfang 1,72 Mrd. €, Alter 15 Jahre, Gebühr 0,51 %, thesaurierend; größte Posten: Airbus, Steinhoff, Deutsche Wohnen, Brenntag, GEA, Symrise, LEG Immobilien, Hannover Rück, Metro, MTU			
TecDAX	593 397	16,00 €	17,65/13,50 €	-2/+56/+160/+132 %
iShares-TecDAX®	Umfang 320 Mio. €, Alter 15 Jahre, Gebühr 0,51 %, thesaurierend; größte Posten: Wirecard, Qiagen, United Internet, Freenet, Dialog Semicond., Telefónica, Sartorius, Software AG, Drillisch, Nordex			

2.1.5 DAXplus Family 30: Familienfirmen als Herz des deutschen Mittelstands wirtschaften nachhaltig

Was macht eigentümergeführte Firmen mit dem Gründer- und Erfinder-/Entdecker-Gen zahlreicher Chefs so erfolgreich?

Familienfirmen bzw. eigentümerdominierte Unternehmen als Herz des deutschen Mittelstands wollen sich nachhaltig in ihren Marktnischen behaupten. Firmengründer richten ihr auf Angehörige, Mitarbeiter, Kunden und Lieferanten ausgerichtetes Geschäftsmodell meist langfristig aus. Die 500- bis 1.000-Prozent-Aktien im Fünf- und Zehn-Jahresvergleich stehen für Innovation und Substanzkraft. Keine dieser Familienfirmen startete als Dickschiff, waren dafür aber ausgestattet mit dem Erfinder-/Entdecker-Gen. Auch Google, Microsoft, Facebook, Amazon und NVIDIA begannen nicht als Giganten. Sie schufen ihr Imperium im Laufe der Jahre, getrieben von Ideen, Mut, Begeisterung, Elan, Kampfkraft. Nichts für Angsthasen, sondern kreative Köpfe mit Gespür für Trends im Zukunftsmarkt! Jürgen Meier vom Bankhaus Julius Bär erläutert: *„Als Familienfirma hätte Daimler alle unprofitablen Sparten längst abgestoßen und heute nur mit Mercedes ein kleineres, aber hoch profitables Unternehmen."* Aber auch hier gibt es schwarze Schafe.

Laut Untersuchung des Stuttgarter Instituts für Familienfirmen (IFF) sind die besten deutschen eigentümergeführten Unternehmen substanzstark. Sie wirtschaften im Allgemeinen verlässlich, bilanzieren seriös, erhöhen Umsatz und Ertrag, sodass Zukunftssorgen, sofern die Nachfolge geregelt ist, unbegründet sind. Immerhin erzielen die 50 größten eigentümergeführten Unternehmen, von denen elf börsennotiert sind, Umsätze von rund 1.000 Milliarden Euro. Die in Deutschland tätigen 4.500 Familienfirmen mit mindestens 50 Millionen Jahresumsatz sind Arbeitgeber für fast ein Fünftel der sozialversicherungspflichtigen Mitarbeiter.

Der Index DAXplus Family, WKN A0Y KTN, bildet die 30 größten deutschen Familienfirmen aus DAX, MDAX, TecDAX, SDAX ab

> ➢ **Anfang Dezember 2016 notiert der Familienfirmenindex bei 4.665 Punkten. Dies bedeutet Tuchfühlung zum Jahreshoch von 5.185 Punkten und gehörigen Abstand zum Jahrestief von 4.250 Zählern.**

Mit einem Plus von -9/+36/+101 % im Ein-, Drei- und Fünf-Jahresvergleich ist der DAXplus Family 30 mittelfristig erfolgreicher als der DAX. Der Leitindex (WKN 846 900) schaffte im gleichen Zeitraum (02. Dez. 2016) gerade mal -6/+12/+73 %. Der Index DAXplus Family 30 lässt sich weitgehend mit Themenfonds abdecken. Dies bedeutet auch bei schmaler Kapitaldecke breite Streuung und kluge Auswahl. Die beiden umseitigen Vorschläge sind international zusammengestellt.

Lassen Sie sich von Untergangspropheten, die einen Börsencrash voraussagen, nicht verunsichern. Legen Sie langfristig an. Am schnellen Rein und Raus verdienen Börse, Broker, Banken und geldgierige Gurus, die es auf Ihr Geld absehen. Bedenken Sie, dass es nicht nur auf Kursgewinne ankommt. Viele Familienfirmen zahlen üppige Dividenden. Dies sind willkommene Ersatzzinsen für abgeschaffte Guthaben- und eingeführte Strafzinsen. Gilt dies auch für Sie? Gut schlafen <u>wegen</u> Aktien, statt gut schlafen <u>trotz</u> Aktien!

Mehrjahresvergleich: Blick auf die besten Familienfirmen

Langzeitvergleich: Sieger DAXplus Family (26.08.2016)

DAXplus Family	WKN A0Y KTN	Kursplus 10 Jahre	DAXplus Family	WKN A0Y KTN	Plus 5 Jahre
Nemetschek	645 290	957 %	Patrizia	PAT 1AG	769 %
GFT	580 060	641 %	Nemetschek	645 290	730 %
DÜRR	556 520	621 %	DÜRR	556 520	548 %
Bechtle	515 870	581 %	GFT	580 060	533 %
DAXplus Family	WKN A0Y KTN	Kursplus 3 Jahre	DAXplus Family	WKN A0Y KTN	Plus 1 Jahr
Nemetschek	645 290	394 %	CeWe Stiftung	540 390	40 %
Ströer	749 399	338 %	Software AG	330 400	37 %
GFT	580 060	262 %	Nemetschek	645 290	21 %
Patrizia	PAT 1AG	257 %	Bechtle	515 870	14 %

Zwei Aktienfonds Familienunternehmen europaweit

Name, Fonds-Gesellschaft	WKN	Kurs 16.12.16	Hoch/Tief 1 Jahr	Kursentwicklung 1, 3, 5, 10 Jahre
Bellevue (Lux) BB Entrepreneur Europe B	A0R PSJ	305,60 €	305,6/247,4 €	+3/+23/+68 %
	Umfang 64 Mio. €, Alter 7 Jahre, Ausgabeaufschlag 5,00 %, Gebühr 1,60 %, thesaurierend. Die bekanntesten deutschen Firmen aus dem Index DAXplus Family 30 sind mit Anteilen von jeweils 3,2 bis 3,4 % die MDAX-Titel DÜRR, Jungheinrich und Hochtief.			
FT UnternehmerWerte PT	A0K FFW	75,45 €	75,45/62,25 €	+6/+26/+101/+58 %
	Umfang 65 Mio. €, Alter 10 Jahre, Ausgabeaufschlag **0,00 %**, Gebühr **1,25 %**, thesaurierend. Die größten deutschen Positionen sind Fresenius (DAX) und Schaeffler (MDAX). Hier gefällt der Verzicht auf den Ausgabeaufschlag und eine faire Gebühr.			

2.2 Eine Bestenliste für die breit gestreute Aktienfonds-Auswahl im In- und Ausland

Wer die Wahl hat, hat die Qual, dafür aber viel mehr Chancen

Eine riesige Anzahl von Aktienfonds buhlt um Ihre Gunst. Hier finden Sie die Sieger von Handelsblatt, €uro am Sonntag und boerse.ard. Wählen Sie aus nach Depotstruktur, Risikobewusstsein und Vorlieben. Richten Sie Ihr Augenmerk auf Zukunftsmärkte, interessante Branchen und Internationalisierung. Vergleichen Sie Ergebnisse und Gebühren. Der Ausgabeaufschlag ist weniger wichtig als die jährliche Verwaltungsgebühr. Hier geht es nicht um ein schnelles Rein und Raus, sondern um mehrjährige Anlagen. Bei einem Fondsvermögen im niedrigen Millionenumfang besteht die Gefahr der Auflösung. Überlegen Sie, ob für Sie ein Sparvertrag oder eine Einmalanlage günstiger ist. Unter 1.000 € fressen die Gebühren den möglichen Gewinn weg.

Aktienfondsauswahl, zusammengestellt aus Bestenlisten

Name, Fonds-Gesellschaft	WKN	Kurs 16.12.16	Hoch/Tief 1 Jahr	Kursentwicklung 1, 3, 5, 10 Jahre
Allianz Thesaurus AT	847 501	859,80 €	876,0/717,0 €	+1/+26/+103/+78 %
	Umfang 160 Mio. €, Alter 58 Jahre, Ausgabeaufschlag 5,00 %, Gebühr 1,80 %, thesaurierend. Der Fonds konzentriert sich auf den DAX mit den größten Positionen Bayer, Daimler, SAP, Continental, Fresenius, mischt aber auch MDAX und TecDAX bei. Aufsteiger €uro am Sonntag, März 2016, mit Fondsnote „gut".			
Bakersteel Global SICAV Pr Metals A2	A1C XBS	258,30 €	370,5/134,5 €	+93/+145/-10 %
	Umfang 116 Mio. €, Alter 8 Jahre, Ausgabeaufschlag 5,00 %, Gebühr **2,40 %**, thesaurierend. Der spekulative Fonds investiert in Edelmetallminen. 2. Rang der Siegerliste 2016 ard.boerse.de.			
DekaLux-BioTech CF	DK1 A3Y	388,00 €	474,0/327,1 €	-14/+60/+243/+288 %
	Umfang 257 Mio. €, Alter 9 Jahre, Ausgabeaufschlag **3,75 %**, Gebühr **1,25 %**, ausschüttend. Der Fonds für Risikobewusste mit fairen Gebühren investiert in Nasdaq-Biotechaktien, wie Amgen, Celgene, Gilead, Regeneron, Biogen. Bestenliste Handelsblatt.			
Deka-Technologie CF	515 262	27,35 €	27,35/20,00 €	+15/+76/+135/+131 %
	Umfang 346 Mio. €, Alter 17 Jahre, Ausgabeaufschlag **3,75 %**, Gebühr **1,25 %**, thesaurierend. Der Fonds für Risikobewusste investiert in globale Hightech-Aktien, wie Google, Amazon, Facebook, Microsoft, Apple, Samsung. Bestenliste Handelsblatt.			

Deka-Technologie TF	515 263	**22,85 €**	22,85/16,75 €	**+15/+73/+128/+115 %**
		Umfang 353 Mio. €, Alter 17 Jahre, Ausgabeaufschlag **0,00 %**, Gebühr **1,97 €,** ausschüttend. Der Fonds investiert in die großen Software-, Hightech- und Internetfirmen, wie Google, Microsoft, Amazon, Facebook, Apple, Samsung. Bestenliste Handelsblatt.			
FCP OP MEDICAL BioHealth-Trends	941 135	366,40 €	372,3/268,2 €	**+4/+65/+180/+213 %**
		Umfang 82 Mio. €, Alter 16 Jahre, Ausgabeaufschlag 5,0 %, Gebühr 1,70 €, ausschüttend. Der Fonds für Risikobewusste investiert in große und mittelgroße Pharma- und Biotechwerte, wie Pfizer, Bayer, BioMarin, Medivation. Bestenliste Handelsblatt.			
FF Fidelity America A	986 390	**9,55 €**	9,60/7,00 €	**+16/+77/+163/+145 %**
		Umfang 10,9 Mrd. €, Alter 13 Jahre, Ausgabeaufschlag **5,25 %**, Gebühr 1,50 %, ausschüttend. Dieser Fonds für Risikobewusste investiert großteils in Aktien Dow Jones und S&P 500, wie Pfizer, General Electric, Microsoft, Verizon. Bestenliste Handelsblatt.			
FF Fidelity Global Technology A	921 800	**17,35 €**	17,40/11,40 €	**+23/+107/+177/+181**
		Umfang 845 Mio. €, Alter 17 Jahre, Ausgabeaufschlag **5,25 %**, Gebühr 1,50 %, ausschüttend. Dieser Technologiefonds für Risikobewusste investiert weltweit in große Aktien, wie Google, Apple, Samsung, Qualcomm, Intel, Baidu. Bestenliste Handelsblatt.			
FF Fidelity India Focus A	A0B 8SR	41,50 €	44,00/32,90 €	**+7/+75/+87/+63 %**
		Umfang 1,25 Mrd. €, Alter 12 Jahre, Ausgabeaufschlag 3,50 %, Gebühr 1,50 %, ausschüttend. Der große Fonds investiert in indische Firmen unterschiedlicher Größe und in Gesellschaften, die dort einen Geschäftssitz haben. Bestenliste Handelsblatt.			
Fondak	847 101	**158,50 €**	158,5/127,8 €	**+3/+26/+93/+51 %**
		Umfang 1,9 Mrd. €, Alter 66 Jahre, Ausgabeaufschlag 5,0 %, Gebühr 1,70 %, ausschüttend: Dieser Fonds für Erfolgsorientierte, Aufsteiger 2016 bei €uro am Sonntag, übergewichtet SAP, Allianz, Bayer, Infineon, Fresenius, Continental, Merck, Munich Re.			
FTIF Franklin Templeton Technology A	A0K EDE	11,90 €	12,05/8,20 €	**+12/+83/+129/+196 %**
		Umfang 909 Mio. €, Alter 10 Jahre, Ausgabeaufschlag **5,75 %**, Gebühr **1,00 %,** thesaurierend. Der Fonds für Risikobewusste investiert in amerikanische Technologietitel, wie Amazon, Facebook, Texas Instr., Microsoft, Google. Bestenliste Handelsblatt.			
FTIF Franklin Templeton India A	A0K ECJ	52,75 €	56,95/40,85 €	**+10/+87/+96/+139 %**
		Umfang 3,60 Mrd. €, Alter 10 Jahre, Ausgabeaufschlag **5,75 %**, Gebühr **1,00 %,** ausschüttend. Dieser erfolgreiche Fonds für risikofreudige Anleger investiert in große und mittelgroße Unternehmen sämtlicher Branchen in Indien. Bestenliste Handelsblatt.			

GR Dynamik	A0H 0W9	18,30 €	26,45/9,40 €	+88/+35/-52/-65 %
	Umfang 15 Mio. €, Alter 10 Jahre, Aufschlag 5,00 %, Gebühr **0,00 %,** thesaurierend. Der Fonds konzentriert sich auf Aktien kleinerer und mittlerer Rohstofffirmen. Positiv ist der Verzicht auf die Jahresgebühr. Bei ard.boerse.de schafft der Fonds Rang 6.			
Hellerich WM Sachwert- aktien B	HAF X0R	231,45 €	237,7/203,5 €	+8/+48/+80/+132 %
	Umfang 55 Mio. €, Alter 10 Jahre, Ausgabeaufschlag 5,00 %, Gebühr **1,10 %,** thesaurierend. Der Sachwertefonds für Sicher- heitsbewusste legt in Aktien von Großkonzernen und Mittel- ständlern an und erzielte bei „€uro am Sonntag" die Note 1.			
Invesco Global Smaller Comp Equity	A1J DBJ	59,70 €	59,70/42,80 €	+10/+18/+93 %/k. A.
	Umfang 107 Mio. €, Alter 18 Jahre, Ausgabeaufschlag 5,00 %, Gebühr 1,60 €, thesaurierend, Währung US-Dollar. Der von „€uro am Sonntag" mit „sehr gut" bewertete Fonds bevorzugt Ak- tien kleinerer Firmen vorwiegend aus der Automobilindustrie.			
LAF Lupus Alpha Micro Champions	A0E AM5	91,25 €	91,30/74,60 €	+11/+43/+116/+36 %
	Umfang 16 Mio. €, Alter 11 Jahre, Ausgabeaufschlag 5,00 %, Gebühr **1,00 €,** thesaurierend. Der Fonds für Erfolgsorientierte mit fairer Gebühr, aber niedrigem Börsenwert setzt auf kleine und mittelgroße europäische Firmen. Handelsblatt-Bestenliste.			
MainFirst Germany A	A0R AJN	168,90 €	175,8/137,9 €	-1/+70/+166 %
	Umfang 203 Mio. €, Alter 7 Jahre, Ausgabeaufschlag 5,0 %, Ge- bühr 1,50 €, thesaurierend. Neben zahlreichen Aktien aus dem MDAX und SDAX werden etliche kleinere Werte berücksichtigt, wie Atoss, Cenit, All for One Steeb. Handelsblatt-Bestenliste.			
Pictet Indian Equities I	A0J 4DD	448,00 €	459,4/329,1 €	+16/+94/+116/+85 %
	Umfang 252 Mio. €, Alter 10 Jahre, Ausgabeaufschlag 5,00 %, Gebühr **0,80 €,** thesaurierend. Dieser erfolgreiche Fonds legt mindestens zwei Drittel in mittelgroße und große Unternehmen an, die in Indien ihren Hauptsitz haben. Handelsblatt-Bestenliste.			
SEB Concept Biotechnology D	542 164	101,00 €	120,6/88,10 €	-13/+54/+194/+274 %
	Umfang 150 Mio. €, Alter 16 Jahre, Ausgabeaufschlag **1,00 %,** Gebühr 1,50 %, ausschüttend. Dieser Fonds investiert in große US-Biotechfirmen, wie Gilead, Amgen, Biogen, Celgene, Regeneron, Shire, Alexion, Medivation. Handelsblatt-Bestenliste.			
Stabilitas Silber + Weißmetalle P	A0K FA1	33,55 €	49,00/9,00 €	+122/+41/-38/-76 %
	Umfang 67 Mio. €, Alter 10 Jahre, Ausgabeaufschlag 5,00 %, Gebühr **2,50 %,** thesaurierend. Der auf mittelgroße Firmen zu- geschnittene Fonds wendet sich an Risikofreudige. Es geht um die Gewinnung/Verarbeitung von Silber. Platz 3 boerse.ard.de.			

Struktured Solutions Lithium Index Strategie Fo.	HAF X4V	95,55 €	99,05/35,35 €	**+175/+162/+48 %**
		Umfang 14 Mio. €, Alter 7 Jahre, Ausgabeaufschlag 5,00 %, Gebühr **0,80 %**, thesaurierend. Schwerpunkt bei diesem Fonds für Risikofreudige bilden Exploration, Abbau, Investition in den Rohstoff Lithium. Platz 1 in der Top-Auswahl von boerse.ard.de.
Tocqueville Gold P	A1C 4YR	118,65 €	184,0/81,10 €	**+26/+20/-48 %**
		Umfang 139 Mio. €, Alter 8 Jahre, Ausgabeaufschlag 3,50 %, Gebühr **1,99 €**, thesaurierend. Der Spitzenfonds des offensiven Musterdepots Magazin „€uro am Sonntag" investiert in Edelmetallminen, wie Agnico Eagle, Newmont, Goldcorp, Randgold.
Uni Deutschland XS	975 049	126,65 €	140,5/111,4 €	**-5/+44/+131/+170 %**
		Umfang 658 Mio. €, Alter 10 Jahre, Ausgabeaufschlag 4,00 %, Gebühr 1,55 %, thesaurierend. Der Nebenwertefonds übergewichtet Schaeffler (MDAX) und Patrizia, ADO Properties, König & Bauer, Puma, Hypoport (SDAX). Handelsblatt-Bestenliste.

Warum sich nicht endlich vom Nullzins-Sparbuch verabschieden und in gute Aktienfonds und Einzeltitel anlegen?

➢ **40 % des privaten Geldvermögens der Deutschen schlummern trotz Null- und Strafzinspolitik weiterhin auf Matratzen oder Bankguthaben. Gerade mal 7 % der Bundesbürger sind Aktionäre. Einschließlich Aktienfonds liegt die Quote doppelt so hoch, nämlich bei rund 14 %.** Das ist in unserem Angsthasenvolk aber immer noch jämmerlich niedrig im Vergleich zu den Niederlanden, Schweden oder den USA. Hier ist der Wert der direkten oder indirekten Aktienanlage drei- bis fünfmal so hoch.

➢ **Dies zeigt sich auch deutlich bei der DAX-Aktionärsstruktur. Deutsche Investoren halten nicht einmal 20 % vom DAX-Streubesitz. Es fließt hier auch ein Großteil der Dividenden, also der damit verbundene Wohlstand, ins Ausland.**

Wenn Vizekanzler und Bundeswirtschaftsminister Sigmar Gabriel behauptet, dass *„jemand, der auf dem Sofa liegt und Aktien hat, weniger Steuern zahlt als einer, der jeden Tag arbeiten geht"*, ist dies blanker Unsinn. Ich besitze Aktien, aber liege nicht faul auf dem Sofa. Die Anlage in Einzelaktien und Fonds wird im Allgemeinen vom versteuerten Einkommen bezahlt. Es ist hilfreicher, selbst etwas für Vermögensaufbau und Altersvorsorge zu tun, für Kursgewinn und Dividende eine Abgeltungsteuer von 25 % plus Solidaritätszuschlag und Kirchensteuer zu berappen, als übriges Geld in den Konsum zu stecken. Muss eine Rente mit 63 Jahren und die häusliche Kinderbetreuung, sprich Herdprämie, staatlich finanziert werden, anstatt Aktienkultur sowie unternehmerisches Denken und Handeln zu fördern?

❸ Bei vielen Aktienfonds dreht sich alles um hohe Dividenden

3.1 Was Sie über den DivDAX wissen sollten

Wieso schneidet der DivDAX mit den 15 dividendenstärksten DAX-Titeln nur selten besser ab als der Leitindex?

Alljährlich im Herbst wählt die Deutsche Börse AG die 15 besten Dividendenwerte aus. Momentan haben nur jene DAX-Firmen sichere Plätze, deren Gewinnausschüttung verlässlich steigt mit einer Rendite ab 3 %. Spitzenreiter sind Lufthansa, Allianz, Daimler und Munich Re. Die Rendite errechnet sich so: Dividende multipliziert mit Hundert dividiert durch den aktuellen Kurs oder Kaufpreis. Wer vom DivDAX im Vergleich zum DAX eine bessere Entwicklung erwartet, muss wissen, dass etliche Spitzenaktien nur deshalb nicht zum DivDAX gehören, weil jahrelanger Kursanstieg eine hohe Ausschüttungsrendite begrenzt. Oft ist das Kursplus prozentual höher als die Dividende. Sie können den DivDAX kostengünstig mit einem ETF abdecken oder in einen Dividenden-Fonds investieren, dessen Management in Aktien mit üppigen Ausschüttungen deutschland-, europa- oder weltweit anlegt.

10 Dividendenstars DAX mit Dividendenrendite ab 3,6 %

Aktien/Unternehmen	WKN	KGV 2017	Kurs am 25.11.16	Hoch/Tief 1 Jahr	Div. 2017(e) Div.-Rendite
Pro7SAT.1	PSM 777	12,2	37,05 €	50,95/31,85 €	1,95 €/5,8 %
Daimler	710 000	7,5	63,95 €	85,50/50,85 €	3,35 €/5,2 %
Allianz	840 400	9,8	135,80 €	170,0/118,4 €	7,50 €/4,9 %
Munich Re	843 002	11,2	164,80 €	193,7/140,9 €	8,50 €/4,9 %
BMW	519 000	8,2	77,40 €	104,9/63,80 €	3,40 €/4,2 %
Dt. Telekom	555 750	15,7	14,35 €	17,60/13,55 €	0,60 €/4,2 %
Lufthansa	823 212	5,7	9,30 €	15,40/9,10 €	0,50 €/4,0 %
Dt. Post	855 200	13,2	27,05 €	29,55/19,55 €	1,10 €/3,8 %
Vonovia	A1M L7J	17,2	31,80 €	37,00/24,90 €	1,12 €/3,7 %
BASF	BAS F11	15,3	67,90 €	94,20/56,05 €	2,90 €/3,6 %

3.2 Vorschlag deutsche und weltweite Dividendenfonds

Auch Dividendenfonds sind auf eine langfristige Kapitalanlage zugeschnitten. Wichtig sind eine gute Kursentwicklung im Mehrjahreszeitraum und eine möglichst geringe Verwaltungsgebühr.

\multicolumn{4}{c}{Internationale Dividendenfonds-Auswahl}			
Name, Fonds-Gesellschaft	WKN	Kurs 16.12.16	Hoch/Tief 1 Jahr	Kursentwicklung 1, 3, 5, 10 Jahre
ABAKUS World Div Fd	A0J DNT	86,25 €	86,35/77,40 €	+16/+37/+70/+65 %
	\multicolumn{4}{l}{Umfang 25 Mio. €, Alter 11 Jahre, Ausgabeaufschlag 5,00 %, Gebühr **1,50 %**, thesaurierend. Der Fonds konzentriert sich auf die Aktien globaler Großkonzerne verschiedener Branchen, wie Reynold, Microsoft, Eli Lilly, Heineken, Sabmiller, Bristol Myers.}			
DB Platinum IV CROCI € R1C	A0B 535	230,25 €	231,4/184,3 €	+11/<u>+38</u>/<u>+97</u>/+48 %
	\multicolumn{4}{l}{Umfang 231 Mio. €, Alter 12 Jahre, Ausgabeaufschlag 4,00 %, Gebühr **1,00 %**, thesaurierend. Der Fonds für erfolgsorientierte Anleger investiert in große Unternehmen aus der Eurozone.}			
Deka-Dividenden-Strategie CV (A)	DK2 CDS	155,75 €	160,6/138,8 €	+7/+42/+91 %
	\multicolumn{4}{l}{Umfang 3,12 Mrd. €, Alter 6 Jahre, Ausgabeaufschlag 3,75 %, Gebühr **1,25 %**, ausschüttend. Der große Fonds investiert in dividendenstarke Aktien von Weltkonzernen, wie Allianz, Total, Verizon, Nestlé, Nippon Telegraph, Roche, Reckitt, Unilever.}			
DJE Asia High Dividend (EUR)	A0Q 5KZ	184,45 €	187,9/147,4 €	<u>+20</u>/+44/+51 %
	\multicolumn{4}{l}{Umfang 141 Mio. €, Alter 6 Jahre, Ausgabeaufschlag 5,00 %, Gebühr **1,30 %**, ausschüttend. Der Fokus liegt hier auf günstig bewerteten Aktien aus dem asiatisch-pazifischen Raum. Der Fonds investiert in solide Firmen mit hoher Dividendenrendite.}			
DJE Dividende & Substanz P (EUR)	164 325	368,00 €	368,0/308,8 €	+6/+36/+70/<u>+70 %</u>
	\multicolumn{4}{l}{Umfang 1,21 Mrd. €, Alter 14 Jahre, Ausgabeaufschlag 5,00 %, Gebühr **1,32 %**, thesaurierend. Der Fonds investiert in dividenden- und substanzstarke Aktien langfristig erfolgreicher Firmen.}			
DJE Zins & Dividende PA (EUR)	A1C 7Y8	140,80 €	142,4/127,2 €	+6/+34/+56 %
	\multicolumn{4}{l}{Umfang 272 Mio. €, Alter 6 Jahre, Ausgabeaufschlag 4,00 %, Gebühr **1,20 %**, ausschüttend. Schwerpunkt sind dividendenstarke Aktien und attraktiv verzinste Anleihen für sicherheitsbewusste Anleger. Aus Deutschland sind Hochtief und TUI dabei.}			

DWS Top Dividende LD	984 811	122,35 €	125,0/106,2 €	+10/+48/+80/+90 %
	Umfang 17,25 Mrd. €, Alter 13 Jahre, Ausgabeaufschlag 5,00 %, Gebühr **1,45 %,** ausschüttend. Dieser Fonds für Erfolgsorientierte investiert in Aktien weltweit führender Konzerne, wie Nippon Telegr., Verizon, Cisco, Allianz, Pfizer, Roche, Nestlé, Altria.			
DWS Top Dividende FD	DWS 1VB	131,00 €	131,0/111,4 €	+11/+51 % (3 J. alt)
	Umfang 17,24 Mrd. €, Alter 3 Jahre, Ausgabeaufschlag **0,00 %,** Gebühr **0,90 %,** ausschüttend. Hier passt alles: kein Ausgabeaufschlag, niedrige Verwaltungsgebühr, gute Kursentwicklung. Die Zusammensetzung entspricht dem DWS Top Dividende LD.			
FF Fidelity European Dividend Fund A (€)	A0P GWE	13,70 €	14,30/11,00 €	+2/+25/+62 %
	Umfang 216 Mio. €, Alter 6 Jahre, Ausgabeaufschlag **5,25 %,** Gebühr 1,50 %, ausschüttend. Dieser Fonds ist auf die Aktien europäischer Großkonzerne ausgerichtet mit Übergewichtung von Pharmatiteln, wie Novartis, Roche, Astra Zeneca, GSK.			
FF Fidelity Global Dividend A-Q€	A1J SY0	16,55 €	16,90/14,65 €	+7/+48/+90 %
	Umfang 7,57 Mrd. €, Alter 5 Jahre, Ausgabeaufschlag **5,25 %,** Gebühr 1,50 %, ausschüttend. Der Fonds legt rund um den Globus in dividendenstarke Aktien von Weltkonzernen an, wie Johnson & Johnson, General Electric, Proc. & Gamble, Munich Re.			
FP Euro Dividenden STAUFER A	977 961	89,60 €	89,60/71,60 €	+7/+43/+130/+38 %
	Umfang 221 Mio. €, Alter 19 Jahre, Ausgabeaufschlag 5,00 %, Gebühr 1,50 %, thesaurierend. Der Fonds investiert in dividendenstarke, stabile mittelgroße u. große europäische Firmen. Aus Deutschland sind BMW, Hannover Rück, Software AG dabei.			
M&G Global A€	A0Q 349	23,70 €	23,75/16,30 €	+22/+34/+80 %
	Umfang 2,52 Mrd. €, Alter 8 Jahre, Ausgabeaufschlag 4,00 %, Gebühr 1,75 %, thesaurierend. Dieser Fonds für erfolgsorientierte Anleger investiert weltweit in dividendenstarke Aktien mittelgroßer und großer Konzerne aus unterschiedlichsten Branchen.			
Uni-Dividenden-ASS A	A0B 822	53,10 €	58,20/48,20 €	-3/+16/+55/+8 %
	Umfang 15 Mio. €, Alter 12 Jahre, Aufschlag 4,00 %, Gebühr **1,20 %,** ausschüttend. Der Fonds konzentriert sich auf Aktien kleinerer und mittlerer Rohstofffirmen. Positiv ist der Verzicht auf die Jahresgebühr. Bei ard.boerse.de schaffte der Fonds Rang 6.			

> **Bei den vor 2009 gekauften thesaurierenden Aktienfonds müssen Sie Kursgewinne durch wieder angelegte Dividenden nicht versteuern. Wird die Dividende ausgeschüttet, fällt im Alt- und im Neubestand die Abgeltungsteuer an. Steuerfrei bleibt nur die Ertragsgutschrift, mit der insbesondere viele Immobilienunternehmen ihre Aktionäre erfreuen.**

❹ Blick in große ausländische Indizes mit Fonds-Auswahl

Der Blick über den Zaun erweitert den Horizont. Das gilt auch für Investmentfonds. Orientieren Sie sich weltweit. Zuerst Europa, danach Amerika und zum Schluss Asien und Südamerika.

4.1 Euro Stoxx 50 und Stoxx 50: Mehr als nur ein kleiner Unterschied

Der Euro Stoxx 50 bildet die großen Aktien vom Euro-Raum, der Stoxx 50 von Gesamteuropa ab

Als Vergleich bietet sich die 1. Fußballbundesliga an. Die besten Teams der letzten Saison, nämlich Bayern München, Borussia Dortmund, Bayer Leverkusen und Mönchengladbach, haben sich für die Gruppenphase der Champions League qualifiziert. Es ist der Traum eines jeden Spitzenspielers, international mitzuspielen, am liebsten in der Eliteliga, notfalls eine Stufe tiefer, in der Europa League. Ähnlich verhält es sich an der Börse. Gerade feiert ADIDAS den Aufstieg in die Königsklasse. Die führenden Unternehmen des Euroraums bilden mit 50 Titeln den Euro Stoxx 50, die größten Firmen Gesamteuropas den Stoxx 50 ab. Der Euro Stoxx 50 (WKN 965 338) hat mit einem KGV von 14,6 – Stand Anfang Dez. 2016 – noch Aufwärtspotenzial. Gleiches gilt für den Stoxx 50 (WKN 965 816) mit einem KGV von 15,5. Aktuell notiert der Euro Stoxx 50 bei 3.015 Punkten, ein Minus von 13 % binnen 12 Monaten. Der Stoxx 50 zeigt einen Kurs von 2.810 Zählern, hier sogar ein Buchverlust von 14 % in 52 Wochen.

Generell hinken der Euro Stoxx 50 und der Stoxx 50 dem DAX hinterher. Die Kursverluste sind prozentual meist höher, die Kursgewinne geringer. In Südeuropa sind Staatsüberschuldung, konjunktureller Abschwung bis hin zur Rezession und Arbeitslosigkeit stark ausgeprägt, siehe Griechenland, Spanien, Portugal, Italien. Dies schreckt ab. Dabei überzeugen mehrere der in Südeuropa beheimateten exportstarken Großkonzerne mit gesunder Bilanzierung, ordentlichem Wachstum bei Umsatz und Ertrag sowie hohen Dividenden. Der Austritt Großbritanniens aus der EU und das gescheiterte Referendum in Italien hinterlassen Spuren.

Es locken hohe Dividenden. Doch durch das für einige Länder geltende Doppelsteuerabkommen bleibt kaum die Hälfte übrig

Die Dividende ist mit rund 4 % im Schnitt hoch. Aber durch das für einige Nationen geltende Doppelsteuerabkommen können Sie z. B. bei Frankreich gleich die Hälfte wegstreichen, wenn Sie keinen Ausgleich beantragen. Es lohnt sich erst, wenn die Dividende doppelt so hoch ist wie beim DAX. Zu den Dividendenstars mit Ausschüttungen über 5 % zählen je fünf Unternehmen aus der folgenden Kursliste.

Europa-Aktien mit hoher Dividenden-Rendite (06.12.16)

Euro Stoxx 50 (Eurozone)	WKN	Div.-Rend.	Stoxx 50 Gesamteuropa	WKN	Div.-Rend.
ENGIE	A0E R6Q	8,4 %	Vodafone	A1X A83	7,6 %
INTESA	850 605	8,0 %	Royal Dutch A	A0D 94M	7,2 %
Société Génér.	873 403	6,9 %	BP Plc.	850 517	6,8 %
BBVA	875 773	6,2 %	Zurich Insuranc.	579 919	6,3 %
ENI	897 791	5,8 %	HSBC Holding	923 893	6,2 %

Zu Europas Börsenbarometern gehören einige große Ölwerte, wie Royal Dutch oder Total und etliche Finanztitel (Banken/Versicherungen). Die Ölwerte wurden in der globalen Finanz- und Wirtschaftskrise stark gebeutelt, erholten sich danach spürbar und befinden sich seit der Wahl von Donald Trump zum US-Präsidenten, guter Kontakte zu Russland und Opec-Ölförderquotenbegrenzung im Aufwind. Die Banken leiden aber weiter unter der Null-Zinspolitik sowie Strafzinsen bei Staatsanleihen und hohen Spareinlagen. So bleibt die Kursentwicklung hinter DAX, Dow Jones, S&P 500 und Nasdaq 100 zurück und ebenso gegenüber MDAX, TecDAX, SDAX. Der Buchverlust ist in Korrekturphasen meist höher, der Kursgewinn geringer. In Südeuropa lösen Staatsüberschuldung, Konjunkturabschwung in Italien und Frankreich, hohe Jugendarbeitslosigkeit und nicht bestandene Banken-Stresstests Sorgen aus. Der spanische IBEX erholt sich trotz Regierungskrisen leicht.

Die zahlreichen Großbanken und einige Versicherer treiben die Kurse beim Euro Stoxx 50 und Stoxx 50 in den Keller

Manchmal ist es ein kluger Schachzug, gezielt auf Verlierer zu setzen. Hier ist davon abzuraten. Wahrscheinlich werden die Zinsen noch länger unter 1 % liegen. Es ist auch nicht sicher, ob und wann die Strafzinspolitik gelockert bzw. beendet wird. Nicht nur Banken, auch Lebensversicherungs-Gesellschaften leiden unter der EZB-Strategie mit ihrem Präsidenten Mario Draghi. Hinzu kommt die allgemeine Verunsicherung nicht zuletzt wegen der Unberechenbarkeit von Donald Trump.

Euro Stoxx 50 (WKN 965 814) Top/Flop ohne DAX-Aktien			
Siegeraktien 2016	**06.12.16**	**Verliereraktien 2016**	**06.12.16**
❶ CRH PLC.	+19,8 %	❶ NOKIA	-35,9 %
❷ Schneider Elec.	+18,5 %	❷ ENGIE	-28,5 %
❸ LVMH	+16,7 %	❸ INTESA	-27,5 %
❹ ASML Holding	+13,8 %	❹ Telefónica	-25,0 %

Stoxx 50 (WKN 965 816) Top/Flop ohne DAX und Eurozone			
Siegeraktien 2016	**06.12.16**	**Verliereraktien 2016**	**06.12.16**
❶ RIO Tinto	+34,8 %	❶ Novo-Nordisk	-40,0 %
❷ ABB	+16,8 %	❷ BT Group	-33,6 %
❸ Royal Dutch Shell	+14,7 %	❸ Lloyds Banking Group	-29,4 %
❹ BP	+13,8 %	❹ Vodafone	-21,9 %

Beim Stoxx 50, dem Index Gesamteuropas, verlief die Entwicklung etwas schlechter als beim Eurozonen-Börsenbarometer. Der Euro Stoxx 50 (WKN 965 814) zeigt 2016 bis Anfang Dezember ein Minus von 13 %. Der Stoxx 50 (WKN 965 816) befindet sich noch 1 % tiefer in der Verlustzone. Dabei fehlt es nicht an substanz- und exportstarken AGs mit gesunder Bilanzstruktur.

Werfen Sie einen Blick auf niedrig bewertete Dividendenstars aus dem Banken-, Versicherungs- und Rohstoffsektor! Aber bedenken Sie, dass zusätzliche Steuern anfallen können und es sich großteils um Verlierer handelt. Nicht jeder, der zu Boden geht, steht wieder auf. Die Nullzinspolitik bremst eine nachhaltige Erholung im Finanzbereich aus. Die Misere wird selbst bei ein paar kleinen Zinsschritten nach oben noch einige Jahre anhalten. Eher kommt Fantasie bei Übernahmen und der sich anbahnenden Erholung im Rohstoffsektor auf, siehe Kupfer, Stahl, Nickel.

➢ **Was die Aktienfonds betrifft, tun sich die Manager von Standard- bzw. Blue Chips-Fonds schwer, den Index bzw. die Benchmark wie DAX, Dow Jones, Euro Stoxx 50 oder Stoxx 50 zu schlagen. Hier gibt es 80 bis 90 % Verlierer und nur wenige Gewinner. Schlecht sind all jene Standard-Aktienfonds aus Europa dran, die gezielt auf große Bankentitel setzen.**

➢ **Ganz anders sieht es bei Themen-, Branchen- und Nebenwertefonds aus. Hier gibt es strahlende Sieger. Die Kursliste bestätigt dies. Europa-Nebenwerte-Fonds liegen vorn. Ein wichtiger Fingerzeig für den Aufbau Ihrer eigenen gewinnbringenden Aktienfonds-Werkstatt!**

Auswahl erfolgreicher Aktienfonds aus Europa

Name, Fonds-Gesellschaft	WKN	Kurs 16.12.16	Hoch/Tief 1 Jahr	Kursentwicklung 1, 3, 5, 10 Jahre
AGIF Allianz Global Euroland Equity Growth A	A0K DND	177,45 €	190,5/157,4 €	-3/+29/+86/+86 %
		Umfang 1,91 Mrd. €, Alter 10 Jahre, Ausgabeaufschlag 5,0 %, Gebühr 1,80 %, ausschüttend. Der auf große europäische Werte zugeschnittene Aktienfonds wendet sich an erfolgsorientierte Anleger. Die größten Positionen bilden SAP, Bayer, Infineon, ASML, Fresenius, Unilever, Legrand und Continental.		
BGF BlackRock Global European Special Situations Fund A	779 374	35,85 €	39,05/32,20 €	-6/+29/+91/+82 %
		Umfang 3,16 Mrd. €, Alter 14 Jahre, Ausgabeaufschlag 5,0 %, Gebühr 1,50 %, thesaurierend. Der erfolgreiche Fonds für Erfolgsorientierte konzentriert sich auf substanzstarke größere europäische Aktien mit Übergewichtung Gesundheitswesen. Hier sind Novo Nordisk, Astra Zeneca und Actelion vertreten, aber auch Hightech- und Luxusaktien, wie SAP, Richemont.		
Comgest Growth Greater Europe Opportunities	A0Y AJD	26,45 €	27,30/22,05 €	+1/+35/+134 %
		Umfang 137 Mio. €, Alter 8 Jahre, Ausgabeaufschlag 4,00 %, Gebühr 1,50 %, thesaurierend. Der europäische Mid Caps-Fonds für Risikofreudige konzentriert sich auf wachstumsstarke Titel. **Sartorius** und **Wirecard** sind aus Deutschland dabei.		
Comgest Growth plc Mid-Caps Europe	631 027	22,25 €	23,45/19,65 €	-3/+38/+130/+110 %
		Umfang 131 Mio. €, Alter 16 Jahre, Ausgabeaufschlag 4,00 %, Gebühr 1,50 %, thesaurierend. Dieser europäische Fonds für mittelgroße, substanzstarke Aktien ähnelt sehr dem Comgest Growth Greater-Fonds, schneidet aber noch etwas besser ab.		
CS (LUX) IF11 Small & Mid Cap Europe Equity B	973 136	2.565,0 €	2.572/2.032 €	+3/+40/+119/+77 %
		Umfang 64 Mio. €, Alter 23 Jahre, Ausgabeaufschlag 5,00 %, Gebühr 1,92 %, thesaurierend. Dieser Fonds bevorzugt europäische Small und Mid Caps-Aktien und wendet sich an risikofreudige Anleger. Zu den Spitzentiteln gehört Eurofins Scient.		
Deka-EuroStocks CF	989 586	36,10 €	37,05/30,50 €	+2/+20/+65/-8 %
		Umfang 504 Mio. €, Alter 17 Jahre, Ausgabeaufschlag 3,75 %, Verwaltungsgebühr **1,25 %,** ausschüttend. Dieser Aktienfonds mit fairer Gebühr für sicherheitsbewusste Anleger investiert in europäische Großkonzerne und kann bezüglich Kursgewinn Nebenwerten kein Paroli bieten. Die größten Positionen mit Anteilen zwischen 2,5 % und 3 % bilden Daimler, Allianz, AB Inbev, Sanofi-Aventis, Siemens, ING Groep und Unilever.		

FF European Fidelity Dynamic Growth Fund A	603 474	46,45 €	47,85/40,30 €	0/+35/+102/+68 %
		Umfang 3,3 Mrd. €, Alter 16 Jahre, Ausgabeaufschlag **5,25 %,** Verwaltungsgebühr 1,50 %, ausschüttend. Der erfolgreiche Fonds für Erfolgsorientierte legt breit gestreut in mittelgroße und große europäische Titel an und übergewichtet mit Positionen zwischen 4 % und 6 % den Bereich Gesundheitswesen.		
FT Europa Dynamik P	847 818	266,50 €	277,5/227,0 €	0/+28/+87/+38 %
		Umfang 248 Mio. €, Alter 24 Jahre, Ausgabeaufschlag 5,00 %, Gebühr 1,50 %, thesaurierend. Dieser breit gestreute Fonds in mittelgroße und große europäische Qualitätsaktien unterschiedlicher Branchen wendet sich an erfolgsorientierte Anleger. Aus Deutschland ist der DAX-Titel Münchner Rück dabei.		
F&C Portfolios Fund F&C European Small-Cap A (€)	A0D N0Y	24,90 €	28,95/22,40 €	-10/+23/+114/+50 %
		Umfang 347 Mio. €, Alter 12 Jahre, Ausgabeaufschlag 5,00 %, Gebühr **2,00 %,** ausschüttend. Im breit gestreuten Nebenwerte-Aktienfonds für erfolgsorientierte Anleger mit Anteilen bis zu 3,9 % befindet sich der MDAX-Spitzentitel Gerresheimer.		
JPMF JP Morgan Euroland Equity Fund A	A0D QHZ	15,85 €	15,85/12,75 €	+3/+29/+93/+5 %
		Umfang 291 Mio. €, Alter 11 Jahre, Ausgabeaufschlag 5,00 %, Gebühr 1,50 %, thesaurierend. Der Fonds für Sicherheitsbewusste ist auf Blue Chips ausgerichtet. Aus Deutschland sind die DAX-Titel Dt. Telekom und Siemens mit 3 % Anteil dabei.		
Metzler European Smaller Companies A	987 735	252,10 €	264,3/210,6 €	-3/+42/+126/+99 %
		Umfang 491 Mio. €, Alter 19 Jahre, Ausgabeaufschlag 5,00 %, Gebühr 1,50 %, ausschüttend. Der breit gestreute Fonds für Erfolgsorientierte investiert in kleinere und mittelgroße Qualitätstitel. Aus dem MDAX ist die Aarealbank mit ca. 2 % dabei.		
SEB European F&C Pf Equity Small Caps D (EUR)	989 941	257,10 €	295,0/230,8 €	-9/+47/+144/+107 %
		Umfang 162 Mio. €, Alter 17 Jahre, Ausgabeaufschlag **1,00 %,** Gebühr 1,50 %, ausschüttend. Schwerpunkt bilden Aktien erfolgreicher Europa-Unternehmen, deren Marktkapitalisierung geringer ist als die 225 Top-Firmen im FTSE World Europe. Die SDAX-Aktie GrenkeLeasing ist mit 5,4 % Anteil dabei.		
TIF Treadneedle European Smaller Companies Fund RNA	987 665	7,75 €	8,10/6,80 €	0/+40/+121/+118 %
		Umfang 3,51 Mrd. €, Alter 19 Jahre, Ausgabeaufschlag 5,0 %, Gebühr 1,50 %, thesaurierend. Der erfolgreiche europäische Growth-Nebenwertefonds zählt zu den Schwergewichten der Branche. Auch hier hat, wie fast überall, die französische Bioanalytik-Aktie Eurofins ihren Stammplatz. Aus Deutschland sind Norma, MDAX, und Tele Columbus, SDAX, vertreten.		

4.2 USA gibt die Trends vor: Dow Jones, S&P 500 und Nasdaq

Ob Börsen-, Menschen- oder Tierwelt: Überall sind ähnliche Verhaltensmuster zu beobachten: Der Mitläufer orientiert sich am Anführer, das Wolfsrudel am Alpha-Leitwolf, der DAX am Leitindex DOW JONES und der TecDAX an der US-Technologiebörse NASDAQ. Oft vollzieht der DAX übertrieben nach, was der DOW vorgibt. Im Crash geht es stärker abwärts, in Erholungsphasen dynamischer nach oben. Davon kündet der Ausspruch: *„Leidet der Dow unter starker Erkältung, bekommt der DAX eine Lungenentzündung."*

Steigt – bedingt durch die zeitliche Verschiebung – am frühen Abend der vor 120 Jahren gestartete Dow Jones, raffen sich DAX & Co. zum Endspurt auf. Wehe, wenn an der Wall Street die Bären die Stimmung vermiesen! Dann machen auch die deutschen Indizes schlapp. Am nächsten Morgen droht eine düstere Eröffnung. Kommt es bei Dow Jones, S&P 500 und der Technologiebörse Nasdaq zur Kursexplosion, ist das Feuerwerk bei DAX und den Nebenwerte-Indizes meist üppig. Der US-Markt ist der große Trendsetter für die übrige Welt. Bewegt sich der Dollar gegenüber dem Euro in Richtung Parität (Gleichstand), sind deutsche Anleger Nutznießer. Legt der Euro zu, sinken die Kursgewinne amerikanischer Titel wegen höherer Umrechnungskurse. Der schon 1896 gegründete Dow Jones übersprang 1991 die Marke von 3.000, 1999 von 11.000 und 2016 von 19.000 Punkten.

Die amerikanischen Indizes eilten 2016 zeitweilig von einem zum nächsten Allzeithoch. Auch die US-Konzerne liegen vorn

Internationale Indexübersicht 2016 mit Punkten und Kursen				
Aktien-Index	WKN	02.12. 2016	Kursentwicklung 1, 3, 5, 10 Jahre	Hoch/Tief 52-Wochen
DAX	846 900	10.513 P.	-6/+12/+73/+68 %	11.319/8.699 P.
MDAX	846 741	20.529 P.	-4/+25/+128/+133 %	21.948/17.434 P.
TecDAX	720 327	1.686 P.	-10/+46/+142/+143 %	1.889/1.464 P.
SDAX	965 338	8.948 P.	-2/+30/+102/+71 %	9.540/7.504 P.
Dow Jones	969 420	19.170 P.	+8/+20/+60/+57 %	19.225/15.451 P.
S&P 500	A0A ET0	2.192 P.	+4/+21/+76/+57 %	2.214/1.810 P.
Nasdaq 100	A0A E1X	4.739 P.	+1/+36/+105/+167 %	4.912/3.889 P.
Euro Stoxx 50	965 814	3.015 P.	-13/-2/+29/-23 %	3.514/2.673 P.
Stoxx 50	965 814	2.810 P.	-14/-3/+22/-21 %	3.306/2.557 P.

Bei der Frage, ob der US-Leitindex die Vormachtstellung verdient, heißt die Antwort: Ja! Die mächtigen US-Konzerne dominieren den Markt. Während der DAX mit derzeit rund 11.200 Punkten noch rund 1.200 Zähler vom Allzeithoch im April 2015 mit 12.400 Punkten entfernt ist und auch der TecDAX noch keine Anstalten macht, einen neuen Höchststand zu erkämpfen, erfreuen Dow Jones, S&P 500 und Nasdaq, aber auch MDAX und SDAX mit neuen Allzeithochs im Jahr 2016.

> **Die 10 wertvollsten Konzerne sind amerikanisch. Die Top 3 mit Apple, Alphabet (Google) und Microsoft bringen mit 1,4 Billionen € mehr auf die Waage als der gesamte DAX. Der Unterschied beträgt gut 300 Mrd. €.**

Bezüglich Größe und Strahlkraft, Umsatzrendite und operativem Gewinn können die DAX-Konzerne Bayer im Vergleich zum Pharmariesen Pfizer und Infineon gegenüber Chipgigant Intel nicht punkten. Deutlich überlegen ist Deutschland mit Daimler, BMW und Continental lediglich in der Automobilbranche. Lichtblicke gibt es in der Konsumgütersparte mit Adidas. Im Gesundheitswesen dominieren Amgen, Merck & Co., Pfizer, United Health und Johnson & Johnson. Da fällt es Bayer, Fresenius, FMC und Merck KGaA schwer, sich zu behaupten. In Datenverarbeitung, Telekommunikation, Internet, soziale Netzwerke und Logistik zeigen Alphabet, Amazon, Facebook, Apple, AT&T und Microsoft der Konkurrenz Grenzen auf. Nur die Software-Schmiede SAP als wertvollste DAX-Firma ist gut unterwegs.

Dow Jones (WKN 969 420) Top und Flop im Jahr 2016			
Siegeraktien 2016	**06.12.16**	**Verliereraktien 2016**	**06.12.16**
❶ Caterpillar	+39,6 %	❶ NIKE	-19,8 %
❷ United Health	+34,4 %	❷ Coca-Cola	-5,7 %
❸ Chevron	+26,9 %	❸ Walt Disney	-5,2 %
❹ Goldman Sachs	+26,8 %	❹ Procter & Gamble	-1,9 %
❺ JP Morgan Chase	+25,4 %	❺ Home Depot	-1,8 %

Nasdaq 100 (WKN A0A E1X) Top und Flop im Jahr 2016			
Siegeraktien 2016	**06.12.16**	**Verliereraktien 2016**	**06.12.16**
❶ NVIDIA	+179,7 %	❶ TripAdvisor	-43,5 %
❷ Applied Materials	+66,7 %	❷ VERTEX	-38,9 %
❸ Symantec	+43,2 %	❸ MYLAN	-34,2 %
❹ ULTA Salon	+39,3 %	❹ Illumina	-33,6 %
❺ Qualcomm	+33,5 %	❺ Alexion Pharma	-32,9 %

Der NASDAQ 100 bricht bei der Kursentwicklung im Zehn-Jahresvergleich alle Rekorde und schlägt MDAX und TecDAX

> Die Profis schätzen vor allem den S&P 500, vermittelt er doch ein ausgewogenes Bild von der Wirtschaft und den sie präsentierenden Großkonzernen und Mittelständlern. Die US-Technologiebörse NASDAQ wendet sich an Growth-Freunde, enthält Hightech-, Biotech-, Telekommunikations-, Internet- und Medienwerte, sowie Aktien vom Sektor Erneuerbare Energien, wie den international bekannten Titel First Solar.

Risikobewusste Anleger ordern gern die Aktien von Alphabet, Amazon, Facebook, Microsoft, Netflix und Nvidia. Chancenreich erscheint nach verfrühtem Boom um die Jahrtausendwende und folgendem Kursabsturz die „gereifte" Biotechbranche mit neuen Wirkstoffen und Therapieformen. Denken Sie an Alexion, Allergan, Amgen, Biogen, Celgene, Gilead und Regeneron. Letztere Aktie schaffte binnen 5 Jahren ein imposantes Plus von rund 650 %.

Hightech, Software, Internet und Robotik sind die großen Zukunftsbranchen, befeuert durch Industrie 4.0, Big Data, Internet der Dinge, Digitalisierung, vernetzte Welt und Cloud Computing. Wer nahe am Tiefkurs vor 2009 einstieg, freut sich als Ergebnis von Können, Geduld und Glück über hohe steuerfreie Kursgewinne. Den Vogel schoss wohl Priceline.com (WKN 766 054) ab mit einem Kursplus von über 5.800 % in einem Jahrzehnt. Hier sind internationale Themen- und Branchenfonds so interessant, dass sie ein eigenes Kapitel mit Kurslisten verdienen.

Für institutionelle Anleger ist der S&P 500-Index wichtig. Für Privatanleger sind S&P-Aktienfonds allererste Wahl

> **Der breit gefächerte Index S&P 500 übersprang 2016 die Marke von 2.200 Punkten.** Er vermittelt ein aussagestarkes Bild von der amerikanischen Wirtschaft und bildet die Grundlage für zahlreiche ETFs und Aktienfonds.

> **Eine Einzelaktienauswahl aus diesem großen Index von 500 Punkten zu starten, dürfte wohl jeden Privatanleger überfordern.** Hier sind aktiv gemanagte Aktienfonds, die sich nicht mit kleinen Index-Abweichungen begnügen, allererste Wahl. Sie bringen gegenüber passiv gemanagten ETFs, die auch schwache Aktien einbeziehen, deutliche Vorteile. Vorausgesetzt, das Management hat bei der Auswahl ein glückliches Händchen und ist bezüglich Auswahl in hohem Maße innovativ. Wünschenswert sind flexible Konzepte mit gewissem Freiraum, um Krisen zu bewältigen. Ein tüchtiger Privatanleger findet leicht exzellente DAX-Einzelaktien heraus. Beim Nasdaq 100 gelingt ihm dies schwerlich und beim S&P 500 überhaupt nicht.

Aktienfonds-Auswahl Amerika und weltweit

Name, Fonds-Gesellschaft	WKN	Kurs 5.09.16	Hoch/Tief 1 Jahr	Kursentwicklung 1, 3, 5, 10 Jahre
Allianz Interglobal A	847 507	241,35 €	243,8/190,7 €	+10/+42/+96/+64 %
AXA Rosenberg Equity Alpha Trust Global Small B€	692 188	28,90 €	30,35/24,25 €	+6/+45/+114/+67 %
BGF BlackRock Global Funds SmallCap Fund A2 EUR	A0B MA1	78,20 €	80,90/60,20 €	+5/+38/+93/+102 %
Dimensional Funds Plc Global Small Companies EUR	A1J JAF	18,80 €	18,80/14,80 €	+12/+49/+115 %
Dimensional Funds Plc Global Targeted Value B	A0R MKW	19,40 €	19,50/15,05 €	+9/+41/+105 %
DWS Vermögens-bildungsfonds I LD	847 652	134,00 €	139,1/111,9 €	+10/+44/+87/+57 %
Kepler Growth Aktienfonds T	A0E ANG	159,00 €	168,9/138,2 €	+9/+58/+93/+42 %

Allianz Interglobal A: Umfang 916 Mio. €, Alter 46 Jahre, Ausgabeaufschlag 5,00 %, Gebühr 1,65 %, ausschüttend. Der vor einem halben Jahrhundert gegründete Fonds investiert in Aktien unterschiedlicher Sektoren mit Sitz in einem Industriestaat. USA dominiert.

AXA Rosenberg Equity Alpha Trust Global Small B€: Umfang 513 Mio. €, Alter 15 Jahre, Ausgabeaufschlag **2,00 %,** Gebühr 1,50 %, thesaurierend. Dieser Nebenwerte-Fonds für Risikofreudige legt mindestens 75 % in die Aktien von Unternehmen rund um den Globus mit niedrigem Börsenwert an.

BGF BlackRock Global Funds SmallCap Fund A2 EUR: Umfang 617 Mio. €, Alter 22 Jahre, Ausgabeaufschlag 5,00 %, Gebühr 1,50 %, thesaurierend. Dieser erfolgreiche internationale Nebenwerte-Fonds für Risikofreudige legt über zwei Drittel des Vermögens in globale, niedrig kapitalisierte Werte an.

Dimensional Funds Plc Global Small Companies EUR: Umfang keine Angabe, Alter 5 J., Ausgabeaufschlag **0,00 %,** Gebühr **0,43 %,** thesaurierend. Dieser noch junge Aktienfonds für Risikobewusste investiert vorwiegend in mittelgroße Werte und bis zu rund 20 % Anteil auch in Schwellenländer-Aktien.

Dimensional Funds Plc Global Targeted Value B: Umfang keine Angabe, Alter 8 J., Ausgabeaufschlag **0,00 %,** Gebühr **0,50 %,** thesaurierend. Dieser Value-Fonds für Erfolgsorientierte verzichtet auf den Ausgabeaufschlag. Er bevorzugt Aktien kleinerer Firmen aus entwickelten Ländern.

DWS Vermögensbildungsfonds I LD: Umfang 6,84 Mrd. €, Alter 46 Jahre, Ausgabeaufschlag 5,0 %, Gebühr 1,45 %, ausschüttend. Der Fondsriese investiert ohne starre Indexorientierung in Spitzenfirmen unterschiedlicher Branchen. Es dominieren Dow Jones- und Nasdaq-Werte.

Kepler Growth Aktienfonds T: Umfang keine Angabe, Alter 11 J., Ausgabeaufschlag 4,50 %, Gebühr 1,70 %, thesaurierend. Der Fonds wendet sich an Risikofreudige, investiert in globale mittelgroße und große Firmen. Er mischt chancenreiche Titel aus Schwellenländern bei.

Monega Innovation	532 102	59,20 €	59,30/47,30 €	+17/+46/+97/+112 %
	Umfang 24 Mio. €, Alter 15 Jahre, Ausgabeaufschlag **3,50 %**, Gebühr **0,08 %**, ausschüttend. Der Aktienfonds für Risikofreudige mit sehr geringen Gebühren investiert in USA, Europa und Japan. Er bevorzugt die Aktien kleinerer und mittelgroßer Unternehmen, aber auch DAX-Konzerne, Beispiel Infineon.			
Siemens Global Growth	977 265	7,45 €	7,50/6,90 €	+23/+64/+120/+177
	Umfang 291 Mio. €, Alter 16 Jahre, Ausgabeaufschlag **0,00 %**, Gebühr 1,50 %, thesaurierend. Der Growth-Fonds mit Verzicht auf den Aufschlag und glänzender Kursentwicklung legt zu je einem Drittel in USA, Europa, Japan an. In Deutschland ist der TecDAX stark vertreten, z. B. Nemetschek, Sartorius, Bechtle.			
TIF Threadneedle Investment Funds ICVC American	A0J D21	2,65 €	2,85/2,25 €	+11/+57/+129/+122
	Umfang 6,6 Mrd. €, Alter 10 Jahre, Ausgabeaufschlag **3,75 %**, Gebühr 1,50 %, thesaurierend. Der etablierte Fonds für Erfolgsorientierte legt ca. zwei Drittel in Aktien großer Konzerne an, z. B. Alphabet, Microsoft, Apple, Home Depot, Amazon.			
Triodos Sicav Sustainable Pioneer Fund R	A0R J3B	35,55 €	37,40/29,75 €	+5/+50/+75/+41 %
	Umfang keine Angabe, Alter 9 J., Ausgabeaufschlag 5,00 %, Gebühr 1,70 %, thesaurierend. Der Fonds bevorzugt internationale Unternehmen unterschiedlicher Größe mit Schwerpunkt Nachhaltigkeit, Klima- und Umweltschutz, Gesundheitssektor.			
UniFavorit: Aktien-net	800 751	76,00 €	77,70/63,90 €	+12/+49/+105/+75 %
	Umfang 1,46 Mrd. €, Alter 9 Jahre, Ausgabeaufschlag **0,00 %**, Gebühr 1,55 %, ausschüttend. Der auf den Ausgabeaufschlag verzichtende große Fonds wendet sich an Erfolgsorientierte. Er legt breit gestreut bevorzugt in US-Großkonzerne und Nasdaq-Biotechaktien an. Aus Deutschland ist Adidas (DAX) dabei.			
UniFavorit: Aktien €	847 707	118,45 €	120,9/99,45 €	+13/+51/+109/+140
	Umfang 1,46 Mrd. €, Alter 11 Jahre, Ausgabeaufschlag 5,0 %, Gebühr **1,20 %**, ausschüttend. Der große Fonds mit niedriger Jahresgebühr legt vor allem in amerikanische Aktien aus Dow Jones und Nasdaq an. Die größten Positionen sind Home Depot, Facebook, Alphabet, Amgen, Philip Morris und Biogen.			
Uni Nordamerika	975 007	232,65 €	238,5/192,8 €	+11/+51/+127/+100
	Umfang 152 Mio. €, Alter 23 Jahre, Ausgabeaufschlag 5,0 %, Gebühr **1,20 %**, thesaurierend. Der Fonds mit fairer Jahresgebühr legt in US-Aktien aus Dow Jones und Nasdaq an. Die größten Posten sind Apple, Microsoft, Wells Fargo, J.P. Morgan, Alphabet, Facebook, Home Depot, Chevron, Comcast.			

4.3 Ein Fonds-Ausflug nach Japan und China

Nikkei 225: der Japan-Index mit den größten Kursturbulenzen

Mitte 2007, als sich der japanische Nikkei auf die Hälfte seines Altzeithochs aus dem Jahre 1989 herangerobbt hatte, stellten Analysten das Kursziel bereits auf 20.000 Punkte. Doch die Subprime- und Finanzkrise erfasste auch den Nikkei mit seinen 225 Standardwerten. Er stürzte 2008/2009 ins tiefste Kellerloch und notierte gerade mal bei 9.000 Punkten. Jetzt, Anfang Dezember 2016, hat sich der Nikkei bei 18.400 Punkten stabilisiert. Vom Allzeithoch dürften Aktionäre noch jahrzehntelang träumen, falls überhaupt erreichbar. Bis zum Rekordhoch von fast 40.000 Punkten liegen unerreichbare Welten. Umgekehrt notierte der Japan-Leitindex vor 50 Jahren bei nur 1.450 Punkten.

Nikkei: Vor dem Absturz Rallye im 5.000er-Takt	
Nov. 1972:	über 5.000 P.
Jan. 1984:	über 10.000 P.
März 1986:	über 15.000 P.
Jan. 1987:	über 20.000 P.
Juni 1987:	über 25.000 P.
Dez. 1988:	über 30.000 P.
Aug. 1989:	über 35.000 P.

Der Nikkei 225 ist Asiens bedeutendster Aktienindex und wird seit 1950 täglich berechnet. Er ist schwankungsfreudig, und es ist schwierig, über japanische Aktien seriöse Meldungen einzuholen. Da die Infos meist spärlich ausfallen, ist hier ein Fernost-Fonds die beste Alternative. Da der Nikkei aus 225 Werten besteht, sind in einem ETF zu viele Schwächlinge vertreten. Ich bringe fünf Top- und Flop-Titel für Einzelaktien-Fans und stelle danach 14 erfolgreiche Asien-Fonds vor.

Japan Nikkei 225 (WKN 969 244) Top & Flop im Jahr 2016			
Siegeraktien 2016	**06.12.16**	**Verliereraktien 2016**	**06.12.16**
❶ Toshiba (853 676)	+94,4 %	❶ Chugai Pha. (857 216)	-21,8 %
❷ Nintendo (864 009)	+84,3 %	❷ Seven Hol. (A0F 7DY)	-18,9 %
❸ Advantest (868 805)	+62,5 %	❸ Takeda Pha. (853 849)	-18,5 %
❹ Komatsu (854 658)	+43,3 %	❹ Ajinomoto (853 681)	-18,5 %
❺ Asahi Kasei (857 993)	+37,6 %	❺ East Japan (887 942)	-11,8 %

Die wichtigsten Kennziffern beim Japan-Index Nikkei 225

> Das Kurs-Gewinn-Verhältnis ist mit 18 höher als beim DAX, aber niedriger als beim SDAX und TecDAX. Das KGV entspricht in etwa dem S&P 500. Die Dividende ist mit gerade mal 2 % kaum halb so hoch wie beim Euro Stoxx 50 (Europazone) und Stoxx 50 (Gesamteuropa). Auch der DAX bietet mit knapp 3 % eine deutlich höhere Ausschüttungs-Rendite.

Neben dem Leitindex Nikkei 225, für den alljährlich die Auf- und Absteiger ermittelt werden, gibt es seit 1988 den von Experten meist bevorzugten TOPIX. Er erfasst die im amtlichen Handel notierten Japan-Aktien. Die Gewichtung ergibt sich aus der Marktkapitalisierung. Der TOPIX setzt sich aus knapp 1.400 Titeln zusammen und wird als aussagekräftiger für den Zustand der japanischen Wirtschaft beurteilt als der Nikkei. Einige Japan-Fonds mit Dominanz beim Nikkei mischen substanz- und wachstumsstarke Titel aus dem TOPIX bei.

China – weiterhin eine Art Leuchtturm für die Konjunktur?

Von den Olympischen Spielen 2008 in Peking erhoffte sich die chinesische Wirtschaft einen gewaltigen Wachstumsschub. Doch trotz gelungener Olympia-Primere mit reicher Goldmedaillenausbeute verschärften sich in China die Umweltprobleme. Legten chinesische Aktien 2006/2007 noch eine atemberaubende Rallye hin mit Vervierfachung der Kurse in Shanghai und Hongkong, so fiel die anschließende Korrektur kaum weniger dramatisch aus. Und richtig zur Sache ging es im Sommer 2015. Ein tagelanger heftiger Crash führte zu Kursverlusten zwischen 30 und 40 %. Von diesem Desaster haben sich die Börsenbarometer Shanghai an der Ostküste, Shenzhen im Süden und Hangseng in Hongkong längst erholt. Sie selbst können bekannte Titel an deutschen Börsenplätzen handeln, z. B. im XETRA-Handel oder an den Regionalbörsen. Gefährlich ist es, die kleinen in Deutschland notierten chinesischen Penny Stocks zu ordern. Die meisten von ihnen verloren über 90 %, gingen pleite oder stellten die Börsennotierung ein. All diese Sorgen gibt es bei den ausgewählten erfolgreichen Asienfonds nicht.

China Hongkong/Hangseng (WKN 145 733) Top & Flop 2016			
Siegeraktien 2016	**06.12.16**	**Verliereraktien 2016**	**06.12.16**
❶ Geely Aut. (A0C ACX)	+93,5 %	❶ Lenovo (894 983)	-37,3 %
❷ Tencent (811 38D)	+27,3 %	❷ Cathay (870 986)	-21,6 %
❸ Wharf Hold. (861 691)	+27,2 %	❸ Beijing (80N EXK)	-21,6 %

Die besten Aktienfonds aus Fernost bieten eine breite Streuung mit attraktiver Kursentwicklung

Alibaba, Canon, China Mobile, Honda, Hyundai, Nintendo, Nissan, NTT, Panasonic, Samsung, Softbank, Sony, Toshiba, Toyota kennt vom Namen her wohl jeder. Aber mit Detailkenntnissen ist es schnell vorbei. Diese Lücke füllen erstklassige Aktienfonds aus dem japanischen und pazifischen Raum. Die Kursliste bietet eine Fonds-Auswahl mit Aktien kleiner, mittelgroßer und großer Unternehmen. Ob Value, ob Growth; je nach Ihren Vorlieben ist alles für Sie dabei.

Aktienfonds-Auswahl asiatischer und pazifischer Raum

Name, Fonds-Gesellschaft	WKN	Kurs 6.09.16	Hoch/Tief 1 Jahr	Kursentwicklung 1, 3, 5, 10 Jahre
Allianz Global Investors Fund V Japan Smaller Companies A	933 998	51,60 €	52,45/40,40 €	+14/+54/<u>+100</u>/+51 %
Allianz Fonds Japan A	847 511	54,55 €	57,30/44,10 €	+13/+40/+88/+4 %
BGF BlackRock Global Funds Pacific Equity A2 EUR	A0B MA4	29,50 €	30,50/23,50 €	+10/+29/+76/+48 %
DJE Asia High Dividend XP (EUR)	A0Q 5K1	214,45 €	214,5/167,05 €	<u>+21</u>/+43/+55/+118 %
DKB Asien Fonds TNL	795 322	26,80 €	27,25/21,55 €	+10/+23/+51/<u>+121 %</u>
DNB Asian Small Cap Retail A	986 071	6,05 €	6,05/4,55 €	+13/<u>+69</u>/+53/+70 %

Allianz Global Investors Fund V Japan Smaller Companies A: Umfang 22 Mio. €, Alter 17 Jahre, Ausgabeaufschlag 5,00 %, Gebühr **2,05 %,** ausschüttend. Der erfolgreiche Aktienfonds mit niedrigem Volumen und hoher Verwaltungsgebühr von 2,05 % pro Jahr konzentriert sich auf mittelgroße und kleinere japanische Firmen mit langfristig starkem Ertragswachstum.

Allianz Fonds Japan A: Umfang 83 Mio. €, Alter 33 Jahre, Ausgabeaufschlag 5,00 %, Gebühr 1,80 %, ausschüttend. Der Nebenwerte-Fonds wendet sich an erfolgsorientierte Langzeitanleger. Er investiert zumindest zwei Drittel in Unternehmen mit Geschäftssitz in Japan.

BGF BlackRock Global Funds Pacific Equity A2 EUR: Umfang 383 Mio. €, Alter 22 Jahre, Ausgabeaufschlag 5,00 %, Gebühr 1,50 %, thesaurierend. Weltmarktführer BlackRock konzentriert sich auf Firmen unterschiedlicher Größe im asiatischen Pazifik-Raum. Das Ziel ist langfristiger Wertzuwachs.

DJE Asia High Dividend XP (EUR): Umfang 141 Mio. €, Alter 8 Jahre, Ausgabeaufschlag **0,00 %,** Gebühr **0,30 %,** thesaurierend. Der Fokus liegt auf niedrig bewerteten Aktien aus dem asiatisch-pazifischen Raum. Dieser Aktienfonds ohne Ausgabeaufschlag und mit einer erfreulich geringen Verwaltungsgebühr von lediglich 0,30 % investiert in seriöse Unternehmen mit einer hohen Dividendenrendite.

DKB Asien Fonds TNL: Umfang 20 Mio. €, Alter 15 Jahre, Ausgabeaufschlag **0,00 %,** Gebühr 1,40 %, thesaurierend. Den Anlageschwerpunkt bilden die Aktien von ertrags- und wachstumsstarken Firmen im asiatisch-pazifischen Raum mit Dominanz Japan, z. B. Toyota aus dem Nikkei 225. Der Fonds überzeugt mit fairen Gebühren.

DNB Asian Small Cap Retail A: Umfang 200 Mio. €, Alter 21 Jahre, Ausgabeaufschlag 5,00 %, Gebühr 1,75 %, thesaurierend. Der auf kleinere wachstums- und ertragsstarke Firmen ausgerichtete Nebenwertefonds für erfolgsorientierte Anleger gewichtet seine größten Posten bis zu knapp 5 %. Er investiert in Fernost, aber ohne Japan.

Deutsche Invest I Asian Small/Mid Cap L	A0H MCD	211,00 €	214,0/171,6 €	+18/+35/+57/+100 %
	Umfang 78 Mio. €, Alter 11 Jahre, Ausgabeaufschlag 5,00 %, Gebühr 1,50 %, thesaurierend. Der Aktienfonds für Erfolgsorientierte investiert in asiatische Firmen unterschiedlicher Größe außer Japan. Samsung aus Südkorea ist mit 3 % gewichtet.			
DWS Top Asien	976 976	144,40 €	144,4/111,8 €	+16/+37/+61/+68 %
	Umfang 1,48 Mrd. €, Alter 20 Jahre, Ausgabeaufschlag 4,0 %, Gebühr 1,45 %, thesaurierend. Der auf Großkonzerne mit Ertragskraft, starker Marktstellung und Wachstum ausgerichtete Fonds für Erfolgsorientierte investiert in asiatische Aktien, wie Samsung, Toyota, Fanuc, Japan Tobacco und Bridgestone.			
Lemanik SICAV Asian Opportunity Retail EUR	626 644	16,30 €	16,30/13,15 €	+8/+40/+99/+105 %
	Umfang 65 Mio. €, Alter 22 Jahre, Ausgabeaufschlag 3,00 %, Gebühr 1,85 %, thesaurierend. Dieser Fonds für Erfolgsorientierte investiert vor allem in asiatische Nebenwerte, darf aber auch weniger als die Hälfte mit Rentenpapieren abdecken.			
M&G 1 Asian A	797 751	35,00 €	36,05/27,80 €	+12/+26/+52/+107 %
	Umfang 284 Mio. €, Alter 15 Jahre, Ausgabeaufschlag **5,25 %,** Gebühr 1,50 %, thesaurierend. Der Fonds für Risikofreudige deckt durch Anlage in mittelgroße sowie große Konzerne den gesamten asiatischen Raum und außerdem Australien ab.			
NESTOR-Fonds Fernost B	972 880	91,15 €	102,0/73,60 €	+5/+29/+58/+81 %
	Umfang 21 Mio. €, Alter 23 Jahre, Ausgabeaufschlag 3,00 %, Gebühr 1,40 %, thesaurierend. Der Fonds für Risikofreudige investiert in Mid Caps von China, Indonesien, Indien, Australien in Infrastruktur, Bildung, Rohstoffe und Dienstleistungen.			
Raiffeisen-Pazifik-Aktien RT	631 577	148,20 €	148,2/115,1 €	+13/+32/+53/+27 %
	Umfang 162 Mio. €, Alter 17 Jahre, Ausgabeaufschlag 4,0 %, Gebühr 1,50 %, ausschüttend. Der Fonds investiert in Firmen, die ihren Sitz im pazifischen und asiatischen Raum haben.			
Robeco CG Asia-Pacific Equities D €	988 149	140,20 €	140,2/110,0 €	+12/+36/+74/+80 %
	Umfang 581 Mio. €, Alter 18 Jahre, Ausgabeaufschlag 5,0 %, Gebühr 1,50 %, thesaurierend. Dieser Fonds für erfolgsorientierte Langzeitanleger investiert vor allem in asiatische Großkonzerne, wie Samsung, Nippon Telegraph, Nissan Motor.			
UNI Asia	971 267	60,55 €	61,35/48,10 €	+12/+31/+49/+64 %
	Umfang 88 Mio. €, Alter 27 Jahre, Ausgabeaufschlag 5,00 %, Gebühr **1,20 %,** thesaurierend. Endlich ein kurzer, einprägsamer Name! Der Fonds investiert vor allem in Großkonzerne aus Japan, Südkorea, China, Singapur, wie Samsung, Toyota.			

4.4 Interessante Fonds für Risikobewusste: Emerging Markets und Frontiermärkte

Ein Angebot für Entdecker und Schatzsucher in Entwicklungsländern: Chancenreiche Aktienfonds Emerging Markets

Emerging Markets steht für aufstrebende Märkte. Dazu zählen so große Staaten wie die Volksrepublik China und Indien, aber auch kleinere Nationen im asiatisch-pazifischen Raum, in Lateinamerika und Osteuropa, beispielsweise Bulgarien, Rumänien und – bezüglich Börseneinschätzung – eingeschränkt die Türkei. Aktienfonds mit Anlagen in Schwellenländern sind nur für risikofreudige Anleger geeignet; denn sie sind schwankungsanfällig und mit höherem Währungsrisiko behaftet. Oft mangelt es an Transparenz bezüglich Bilanzierung. Möglicherweise drohen Verstaatlichung und Enteignung. Demgegenüber steigt die Chance, bei schnellem Wirtschaftswachstum überdurchschnittliche Erträge zu erzielen. Selbst die heutigen großen Weltkonzerne begannen teilweise als kleine Garagenklitschen.

Wertvolle Rohstoffquellen stützen den Aufwärtstrend. Der prozentuale Anteil der jungen Bevölkerung ist viel höher als in westlichen Industriestaaten, wo die Lebenserwartung stetig steigt, andererseits die Geburtenrate niedrig bleibt. So kommt es zum Missverhältnis zwischen arbeitender Bevölkerung und Ruheständlern.

Zeitweilig führte eine Anlage in die BRIC-Staaten Brasilien, Russland, Indien und China zu hohem Ertrag. Von der damaligen Beliebtheit ist etwas zurückgekehrt. Nach der scharfen Korrektur stehen die Signale auf Grün. Risikofreudige Anleger steigen bei chancenreichen Aktienfonds auf niedrigem Niveau ein. Als interessante Wachstumsmärkte gelten Indonesien, Südkorea und Mexiko.

Was bedeutet der häufige Fondszusatz UCITS? Es geht zum Schutz der Privatanleger um einen europäischen Rechtsrahmen

Vielleicht sind Sie bei Aktienfonds auch schon über den Namenszusatz **UCITS** gestolpert, die Abkürzung für *„Undertakings for Collective Investments in Transferable Securities"*. Möglicherweise fehlte es an Neugier, um die Bedeutung von UCITS zu erfahren. Bei risikobehafteten Produkten wie Hedgefonds oder Anlagen in Entwicklungsländern und Frontiermärkten ist UCITS eine Art Airbag für Investoren. In den streng beaufsichtigten UCITS-Fondsprodukten stecken aktuell 425 Mrd. €. Bei den üblichen Offshore-Fonds sind es 2,7 Billionen €. Besonders in Europa schätzen sicherheitsbewusste Anleger dieses europäische Gütesiegel, mag auch die jährliche Rendite mit durchschnittlich 4,1 % nicht überwältigend sein. Dennoch steigt das Interesse – auch wegen niedriger Kosten und höherer Liquidität.

Frontiermärkte als Emerging Markets der 2. Generation sind jetzt an einem Punkt ihrer Entwicklung angelangt, an dem wichtige Schwellenländer vor zwei oder drei Jahrzehnten standen

Die Marktkapitalisierung der Industrieländer umfasst 32.344 Mrd. US-Dollar. Bei den Emerging Markets sind es 3.507 Mrd. Dollar, bei den Fontier Markets 89 Mrd. Dollar. Bezüglich der Länderanteile im Index Frontier Markets führt Kuwait mit 20 % vor Argentinien mit 15 %, Nigeria 13 %, Pakistan 9 % und Marokko 8 %. Erfolgreiche Mitspieler sind hier sehr aktive innovative Aktienfonds in Frontier Markets. Sie sind in einer Art Schatzsuche oder Perlenfischerei mit Nebenwerten bestückt, die hierzulande kaum jemand kennt und über die es keine Nachrichten gibt. Dennoch dürfte die eine oder andere Firma mit ihren Aktien eine Karriere starten. Das Risiko ist dank breiter Streuung begrenzt. Vietnam und Pakistan zählen zu den Favoriten.

Aktienfonds: Emerging Markets und Frontiermärkte

Name, Fonds-Gesellschaft	WKN	Kurs 09.09.16	Hoch/Tief 1 Jahr	Kursentwicklung 1, 3, 5, 10 Jahre
BGF BlackRock Global Pacific Equity A2 EUR	A0B MA4	29,70 €	30,50/23,50 €	+10/+30/+72/+50 %
		Umfang 383 Mio. €, Alter 22 Jahre, Ausgabeaufschlag 5,00 %, Gebühr 1,50 %, thesaurierend. Der Weltmarktführer BlackRock konzentriert sich auf Unternehmen unterschiedlicher Größe im asiatischen Pazifik-Raum. Das Ziel ist langfristiger Wertzuwachs.		
DJE Asia High Dividend XP (EUR)	A0Q 5K1	214,45 €	214,5/167,05 €	+23/+44/+55/+120 %
		Umfang 141 Mio. €, Alter 8 Jahre, Ausgabeaufschlag 0,00 %, Gebühr 0,30 %, thesaurierend. Der Fokus liegt hier auf günstig bewerteten Aktien aus dem asiatisch-pazifischen Raum. Der Fonds investiert in solide Firmen mit einer hohen Dividendenrendite.		
DKB Asien Fonds TNL	795 322	26,50 €	27,25/21,55 €	+13/+23/+51/+124 %
		Umfang 20 Mio. €, Alter 15 Jahre, Ausgabeaufschlag 0,00 %, Gebühr 1,40 %, thesaurierend. Bei niedrigen Gebühren dominieren die Aktien ertrags- und wachstumsstarker Firmen im asiatisch-pazifischen Raum, beispielsweise Toyota aus dem Nikkei 225.		
DNB Asian Small Cap Retail A	986 071	6,10 €	6,15/4,55 €	+14/+66/+54/+68 %
		Umfang 204 Mio. €, Alter 21 Jahre, Ausgabeaufschlag 5,00 %, Gebühr 1,75 %, thesaurierend. Der auf kleinere wachstums- und ertragsstarke Unternehmen ausgerichtete Nebenwerte-Fonds für erfolgsorientierte Anleger gewichtet seine größten Posten bis zu knapp 5 %. Er investiert breit gestreut in Fernost außer Japan.		

Deutsche Invest I Asian Small/Mid Cap LC	A0H MCD	210,35 €	211,1/171,6 €	+19/+35/+55/+100 %
		Umfang 79 Mio. €, Alter 11 Jahre, Ausgabeaufschlag 5,00 %, Gebühr 1,50 %, thesaurierend. Der Aktienfonds für erfolgsorientierte Anleger investiert in asiatische Firmen unterschiedlicher Größe außer Japan. Samsung aus Südkorea ist mit über 3 % gewichtet.		
FF Fidelity Emerging Asia Fund A	A0N FGP	20,55 €	20,65/15,85 €	+21/+55/+58/+149 %
		Umfang 863 Mio. €, Alter 8 Jahre, Ausgabeaufschlag 3,50 %, Gebühr 1,50 %, thesaurierend. Der auf langfristiges Wachstum ausgerichtete Fonds für risikofreudige Investoren legt über zwei Drittel in die Aktien von Firmen an, die in Schwellenländern aktiv sind.		
HSBC GIF Frontier Markets A	A1J RL8	85,60 €	86,20/68,50 €	+27/+41/+94 %
		Umfang 307 Mio. €, Alter 5 Jahre, Ausgabeaufschlag **5,54 %,** Gebühr 1,75 %, thesaurierend. Anlageschwerpunkt sind amtlich notierte Aktien von Unternehmen im geregelten Markt an wichtigen Börsen, deren Geschäftssitz sich in Frontiermärkten befindet.		
Lemanik SICAV Asian Opportunity Retail EUR	626 644	16,35 €	16,35/13,15 €	+13/+41/+105/+108 %
		Umfang 65 Mio. €, Alter 22 Jahre, Ausgabeaufschlag 3,00 %, Gebühr 1,85 %, thesaurierend. Dieser Fonds für erfolgsorientierte Langzeitanleger investiert vor allem in Asien-Nebenwerte, darf aber auch weniger als die Hälfte mit Rentenpapieren abdecken.		
Magellan C	577 954	21,25 €	21,35/16,40 €	+18/+31/+41/+94 %
		Umfang 3,09 Mrd. €, Alter 28 Jahre, Aufschlag 3,25 %, Gebühr 1,75 %, thesaurierend. Der Fonds ist an keinen Index gebunden. Er investiert in Aktien, die gegenüber den Unternehmen von großen Industriestaaten ein höheres Wirtschaftswachstum erzielen.		
MAGNA Umbrella Plc New Frontiers R	A1H 7JG	14,80 €	14,80/11,25 €	+25/+57/+87 %
		Umfang 163 Mio. €, Alter 5 Jahre, Ausgabeaufschlag 5,00 %, Gebühr **1,25 %,** thesaurierend. Dieser Fonds für risikofreudige Anleger investiert in Aktien von Firmen unterschiedlicher Größe und Branchen in Frontiermärkten unterhalb von Schwellenländern.		
M&G 1 Asian Investment Fund A	797 751	35,50 €	36,05/27,80 €	+14/+25/+49/+109 %
		Umfang 284 Mio. €, Alter 15 Jahre, Ausgabeaufschlag **5,25 %,** Gebühr 1,50 %, thesaurierend. Der Fonds für Risikofreudige hat ein breites Spektrum von Aktien aus dem gesamten asiatisch-pazifischen Raum einschließlich Australien, jedoch ohne Japan.		
Nordea 1 EM SICAV Emerging Stars Eq BP	A1J HTM	92,85 €	93,30/68,80 €	+20/+32/+49%
		Umfang 9,00 Mrd. €, Alter 5 Jahre, Ausgabeaufschlag 5,00 %, Gebühr 1,50 %, thesaurierend. Der Fonds konzentriert sich auf Schwellenländer und erwirbt Aktien, die von Megatrends wie Demografie, Technologie, Globalisierung, Nachhaltigkeit profitieren.		

OAKS Emerging Umbrella Fund plc	A1W 55J	12,50 €	12,50/10,25 €	+19/+21 %
	Umfang 31 Mio. €, Alter 3 Jahre, Ausgabeaufschlag **0,00 %,** Gebühr 1,50 %, thesaurierend. €. Der Fonds investiert in Aktien an anerkannten Börsen in globalen Frontier- und Schwellenländern. Russland-Anlagen sind auf 30 % des Fondsvermögens begrenzt.			
OAKS EUF Umbrella Emerging and Frontier	A1W 55Q	12,55 €	12,55/10,40 €	+24/+30 %
	Umfang 30 Mio. €, Alter 3 J., Ausgabeaufschlag **0,00 %,** Gebühr **0,30 %,** thesaurierend. Der Fonds verzichtet auf Aufschläge und begnügt sich mit niedrigen Gebühren von 0,3 %. Die Firmen müssen in Frontiermärkten ansässig sein oder dort intensiv handeln.			
Raiffeisen-Pazifik-Aktien RT	631 577	148,80 €	149,4/115,1 €	+18/+33/+57/+31 %
	Umfang 162 Mio. €, Alter 17 Jahre, Ausgabeaufschlag 4,0 %, Gebühr 1,50 %, ausschüttend. Der Fonds für Langzeitanleger erwirbt Aktien von Unternehmen mit Sitz im pazifisch-asiatischen Raum.			
Robeco CG EM Stars Equity D €	A0L E9R	187,85 €	188,4/142,6 €	+19/+27/+38/+90 %
	Umfang 146 Mio. €, Alter 10 Jahre, Ausgabeaufschlag 5,00 %, Gebühr 1,50 %, thesaurierend. Dieser breit gestreute Aktienfonds ist in Osteuropa und Asien aktiv. Zu den wichtigsten Investments mit Anteilen bis zu 5 % zählen Samsung, Lukoil, China Mobile.			
SISF Schroder Selection Frontier Markets Equity C	A1W 2D2	131,75 €	133,6/108,1 €	+3/+32 %
	Umfang 1,22 Mrd. €, Alter 3 Jahre, Ausgabeaufschlag **1,00 %,** Gebühr **1,00 %,** thesaurierend. Der auf Kapitalzuwachs ausgerichtete Fonds für Erfolgsorientierte mit niedrigen Gebühren investiert über zwei Drittel in Aktien von Unternehmen in Frontier-Märkten.			
Templeton FTFI Tem EM A Emerging Markets	A0M R8P	13,40 €	13,40/10,85 €	+15/+54/+68/+55 %
	Umfang 491 Mio. €, Alter 9 Jahre, Ausgabeaufschlag **5,75 %,** Gebühr 1,60 %, thesaurierend. Der Fonds für Risikofreudige investiert in Small Caps von in Schwellenländern ansässigen Firmen. Als Obergrenze gilt eine Marktkapitalisierung von 2 Mrd. USD.			
UNI ASIA	971 267	60,95 €	61,35/48,10 €	+15/+31/+52/+65 %
	Umfang 90 Mio. €, Alter 27 Jahre, Ausgabeaufschlag 5,00 %, Gebühr 1,20 %, thesaurierend. Endlich ein kurzer Name! Der Fonds für Erfolgsorientierte investiert in Firmen unterschiedlicher Größe aus Japan, Südkorea, China, Singapur, wie Samsung, Toyota.			
UNI EM Fernost A	973 820	1.565,50 €	1.571/1.265 €	+22/+33/+51/+87 %
	Umfang 147 Mio. €, Alter 22 Jahre, Ausgabeaufschlag 5,0 %, Gebühr 1,55 %, ausschüttend. Der Fonds investiert in Aktien fernöstlicher Entwicklungsländer, wie Indonesien und Thailand. Kriterien sind Ertragsstärke und Wettbewerbsfähigkeit in Zukunftsmärkten.			

4.5 Ethische, umweltfreundliche und nachhaltige Geldanlage mit Aktienfonds

Themenfonds in unterschiedlicher Ausrichtung unterstützen Ihre Geldanlage mit gutem Gewissen

Sein Geld mit gutem Gewissen anlegen! Dies ist vielen Sparern wichtig. Nachhaltige Kapitalanlagen in das Gesundheitswesen, die Softwarebranche, den Konsumgüter-, Wasser- und Immobilienbereich liegen im Trend. Gestützt auf den demografischen Wandel, auf gesellschaftliche Veränderungen, auf Industrie 4.0 sowie den Klimawandel wegen steigender Erderwärmung.

Lupenreine attraktive Nebenwerte-Fonds für Geldanlagen nach strengen ethisch-ökologisch-sozialen Kriterien gibt es kaum: Seien Sie kompromissbereit. Richten Sie Ihr Investment nach wichtigen Anlagezielen aus. Die Kursliste bietet einige Ansatzpunkte. Machen Sie bei Ihren Rendite-Erwartungen Zugeständnisse.

> **Nachhaltigkeit bezeichnet eine Entwicklung, die den Bedürfnissen der heutigen Generation entspricht, ohne die Entfaltungsmöglichkeiten künftiger Generationen zu gefährden. In Europa geht es vorrangig um Umweltschutz und ethisch-soziale Fragen, in den Entwicklungsländern eher um die Sicherung elementarer Lebensgrundlagen.**

Nicht alles ist nachhaltig, was angeboten wird. Hier tummeln sich auch dubiose Firmen mit fragwürdigem Geschäftsmodell, um unerfahrene Anleger über den Tisch zu ziehen Seien Sie hellhörig, wenn jemand unerfüllbare Renditewunschträume von 8 % +X anpreist. Solche Kapitalrenditen lassen sich mit Windkraft, Wasser, Kakaobohnen und Baumbeständen aus Pappeln und Weiden nicht erzielen. Alles leere, betrügerische Versprechen! Besonders beworben werden Anlagen in Bäume, Plantagen und Holz – hierzulande und im Ausland. Niemand erinnert daran, dass Schädlinge Pflanzen befallen, Wälder abbrennen, überflutet, ausgetrocknet oder entwurzelt werden können. Und dies in Zeiten dramatisch zunehmender Unwettergefahren und sich häufender Naturkatastrophen.

Nur jeder 6. Nachhaltigkeitsfonds erfüllt bei uns die Kriterien

Aktien von Rüstungs- und Kernkraftfirmen haben hier keinen Platz. Ebenso ist es im Interesse des Umweltschutzes fragwürdig, in Tiefseebohrungen, Ölsandförderung und neue Fracking-Verfahren bei Gewinnung von Gas aus Schiefergestein zu investieren. Laut Greenpeace verdienen eher kleinere auf Nachhaltigkeit ausgerichtete Banken Ihr Vertrauen. Klicken Sie ruhig mal an bei www.ethikbank.de, www.gls.de, www.ordensbank.de, www.triodos.de und www.umweltbank.de.

Was bedeuten ethisch-ökologisch-soziale Standards?

Beim Corporate Governance Kodex geht es um die ethischen Standards einer verantwortungsvollen Unternehmensführung. Dieser Verhaltenskodex schafft Transparenz, erhöht den Anlegerschutz und will Skandale wie geschönte Bilanzierung und Umsatzbetrug verhindern, aufdecken, bekämpfen. Eine Regierungskommission überwacht das Einhalten der Vorschriften. Gerade in Zeiten, in denen wirklich nicht jeder Vorstand Vorbild ist, hinterfragen Aktionäre ethische Standards und reagieren empört auf unredliches Gebaren, Raffgier, mangelnde Wertschätzung und Machtmissbrauch. Freuen Sie sich, dass breit gestreute Nachhaltigkeitsfonds ähnlich hohe Renditen erwirtschaften wie herkömmliche Produkte.

Tabu sind Kernenergie, Waffen, Rüstung, Pornografie, Kinderarbeit, Menschenhandel, Tabak, Alkohol, Glücksspiel, Tierversuche, Genmanipulation, Bilanzbetrug. Auf der „Schwarzen Liste" stehen Geschäfte, die Menschen-, Grund-, Arbeits- und Verbraucherrechte verletzen oder die Gesundheit gefährden. Ob Ausnahmezustand in der Türkei wegen des Putschversuchs oder Wahlkampf in Amerika: Grotesk ist der Verstoß gegen Menschenrechte.

Beurteilungskriterien für Ethik und Nachhaltigkeit	
Verantwortung der AG	**Umweltverträglichkeit**
➢ Für Umwelt und Klimaschutz wegen drohender Erderwärmung ➢ Für den Menschen (Angehörige, Mitarbeiter, Kunden usw.) ➢ Für Region und Gesellschaft	➢ Schadstoffvermeidung, Energieersparnis; weiterer Ausbau Erneuerbarer Energien (Windkraft und Solarstrom, Elektromobilität) ➢ Schutz für das Klima, die bedrohte Tier- und Pflanzenwelt, den beängstigenden Wassermangel
Ethisches und ökologisches Rating	**Sozial-/Kulturansprüche, Einbindung regionaler Gepflogenheiten**
➢ Umwelt-, Sozial- und Kulturverträglichkeit ➢ Vorbildwirkung durch im Alltag gelebte Wertschätzung ➢ Beachtung Kodex Corporate (verantwortungsbewusste Unternehmensführung)	➢ Keine Niedrigstlöhne, Kinderarbeit, Menschenrechtsverstöße und sonstige Ausbeutung ➢ Keine Gewinnmaximierung auf Kosten der Mitarbeiter und Kunden ➢ Keine die Gesundheit gefährdenden Verfahren und Produkte

Aktienfonds: ethische, umweltfreundliche Anlage global

Name, Fonds-Gesellschaft	WKN	Kurs am 09.09.16	Hoch/Tief 1 Jahr	Kursentwicklung 1, 3, 5, 10 Jahre
Allianz AGIF Global Sustainable A-€	157 662	22,55 €	23,00/18,60 €	+8/+40/+95/+64 %
		Umfang 205 Mio. €, Alter 15 Jahre, Ausgabeaufschlag 5,00 %, Gebühr 1,80 %, ausschüttend. Anlageziele sind nachhaltig wirtschaftende Firmen, die umweltfreundlich und sozial verantwortlich handeln, wie Microsoft, Roche, Allianz und Novo Nordisk.		
Candriam Equities Sustainable World C	578 004	290,85 €	300,3/240,3 €	+10/+37/+92/+46 %
		Umfang 351 Mio. €, Alter 16 Jahre, Ausgabeaufschlag 3,50 %, Gebühr 1,50 %, thesaurierend. Der Fonds investiert weltweit in Aktien von Firmen, die ethisch-sozial-ökologische Kriterien erfüllen, z. B. 3M, Alphabet, Microsoft, Amgen, Procter & Gamble.		
DEKA-Umwelt Invest CF	DK0 ECS	108,50 €	109,2/86,20 €	+14/+41/+75/+10 %
		Umfang 201 Mio. €, Alter 10 Jahre, Ausgabeaufschlag 3,75 %, Gebühr 1,50 %, thesaurierend. Der Fonds investiert weltweit in große und mittelgroße Firmen, die ihre Umsätze mit Klima- und Umweltschutz, Wasser und Erneuerbaren Energien erzielen.		
Erste WWF Stock Umwelt A Environment	694 114	116,80 €	122,6/100,8 €	+4/+33/+71/+29 %
		Umfang keine Angabe, Alter 15 Jahre, Ausgabeaufschlag 4,0 %, Gebühr 1,50 %, ausschüttend. Der Fonds investiert weltweit in mittelgroße Firmen im Umweltbereich, in Erneuerbare Energien, Mobilität und spendet für „Austria Wasserschutzprogramme".		
F&C Pf Responsible Global Equity A EUR	A0H 0G1	15,65 €	16,55/13,20 €	+5/+40/+92/+60 %
		Umfang 32 Mio. €, Alter 10 Jahre, Ausgabeaufschlag 5,00 %, Gebühr 2,0 %, ausschüttend. Der Aktienfonds investiert weltweit in beliebige Branchen, meidet aber Unternehmen, die der Umwelt, den Menschen, Tieren und Pflanzen Schaden zufügen.		
KBC Eco Fund Water Classic	A0F 6Z0	**1.216,00 €**	**1.217**/971,0 €	**+18/+46/+120/+200 %**
		Umfang 213 Mio. €, Alter 16 Jahre, Ausgabeaufschlag **3,00 %**, Gebühr 1,40 %, thesaurierend. Der Fonds setzt zu 75 % auf die Infrastruktur, Wasser-/Abwasserentsorgung, Überwachung, Aufbereitung und stellt auch ethisch-sozial-ökologische Auflagen.		
KBC Eco Fund World	A0J J55	836,90 €	872,8/702,0 €	+7/+40/+98/+61 %
		Umfang 100 Mio. €, Alter 24 J., Ausgabeaufschlag **3,00 %**, Gebühr 1,40 %, thesaurierend. Ziel sind langfristig hohe Renditen. Die Firmen müssen nachhaltig und sozialverträglich wirtschaften und die Umweltbelastung niedriger halten als die Konkurrenz.		

LGT Funds SICAV LGT Sustainable Equity Global B	A0Y F5E	2.271,00 €	2.281/1.746 €	+29/+70/+129/+107 %
	Umfang 193 Mio. €, Alter 7 Jahre, Ausgabeaufschlag 5,00 %, Gebühr 1,50 %, thesaurierend. Dieser Fonds investiert weltweit in Unternehmen beliebiger Branchen, die soziale, ökologische, ethische Standards ernst nehmen und nachhaltig wirtschaften.			
LO Lombard Odier Funds Generation Global (EUR) P	A0R NUR	22,65 €	22,70/18,60 €	+17/+61/+132/+187 %
	Umfang 2,25 Mrd. €, Alter 8 Jahre, Ausgabeaufschlag 5,00 %, Gebühr **1,00 %,** ausschüttend. Der Fonds investiert weltweit in Aktien nachhaltig wirtschaftender Firmen beliebiger Sparten mit guten Finanzkennzahlen, um Wachstum und Ertrag zu sichern.			
NN (L) Global Sustainable Equity P	797 410	272,40 €	289,6/232,4 €	+3/+34/+82/+54 %
	Umfang 497 Mio. €, Alter 16 Jahre, Ausgabeaufschlag 3,00 %, Gebühr 1,50 %, thesaurierend. Der Fonds investiert in Aktien von Firmen mit guten Finanzkennzahlen, die Sozial- und Umweltauflagen erfüllen. Schwerpunkte: Gesundheit, IT, Internet.			
ÖkoWorld ÖkoVision Classic C	974 968	149,30 €	151,4/124,5 €	+9/+37/+91/+41 %
	Umfang 580 Mio. €, Alter 20 Jahre, Ausgabeaufschlag 5,00 %, Gebühr 1,76 %, thesaurierend. Der Umweltfonds investiert weltweit in mittelgroße und kleinere Firmen, die ökologische und ethische Kriterien erfüllen und hohe Ertragschancen aufweisen.			
Parvest Global Environment Classic	A0N E8U	170,15 €	172,0/132,3 €	+15/+36+95/+73 %
	Umfang 334 Mio. €, Alter 9 Jahre, Ausgabeaufschlag 5,00 %, Gebühr 1,75 %, thesaurierend. Der Fonds investiert weltweit in Aktien der Märkte Umwelttechnik/-schutz, Erneuerbare Energie, Abwasserwirtschaft, Abfallentsorgung. **GEA** (MDAX) ist dabei.			
Robeco JB MP RobSAM Sustainable Water B Julius Baer	763 763	270,20 €	271,5/215,5 €	+18/+52/+112/+86 %
	Umfang 740 Mio. €, Alter 15 Jahre, Ausgabeaufschlag 5,00 %, Gebühr 1,50 %, thesaurierend. Der Fonds legt in Firmen an, die bei Analyse, Management, Aufbereitung, Verteilung von Wasser aktiv sind, wie Thermo Fisher, Danaher, Veolia, Xylem, Engie.			
Quest Management SICAV Cleantech B	A0N C68	216,00 €	217,2/178,6 €	+9/+52/+103/+100 %
	Umfang 55 Mio. €, Alter 9 Jahre, Ausgabeaufschlag **0,00 %,** Gebühr **1,25 %,** thesaurierend. Der Fonds verzichtet auf den Aufschlag, berechnet niedrige Gebühren, investiert in Cleantech: Erneuerbare Energie, Wasseraufbereitung, Abfallentsorgung.			
Swisscanto (LU) Portfolio Fund Green Invest EquityA	216 770	127,05 €	133,1/105,5 €	+6/+30/+63/+23 %
	Umfang 163 Mio. €, Alter 13 Jahre, Ausgabeaufschlag **3,00 %,** Gebühr 1,57 %, ausschüttend. Anlageziel ist das Erwirtschaften langfristiger Erträge. Der Fonds erwirbt Aktien nachhaltiger Firmen, die ökologische, ethische und soziale Standards erfüllen.			

TerrAssisi Aktien I AMI	984 734	25,55 €	26,55/21,70 €	+12/+43/+123/+61 %
	Umfang 63 Mio. €, Alter 16 Jahre, Ausgabeaufschlag 4,50 %, Gebühr 1,35 %, thesaurierend. Der Fonds investiert in Aktien von Firmen, die nachhaltig wirtschaften. Einen ethischen Filter stellen die vorbildlichen Werte des Franziskaner-Ordens dar.				
UBS (LUX) Equity Fund Global Sustainable Innovators (EUR) P	676 908	67,60 €	70,05/54,60 €	+2/+28/+64/+8 %
	Umfang 95 Mio. €, Alter 15 Jahre, Ausgabeaufschlag **2,00 %,** Gebühr 1,63 %, thesaurierend. Der Fonds legt in Nebenwerte-Aktien an, deren Technologie und Produkte nachhaltige Beiträge leisten. Neben Finanzkennzahlen entscheiden ökologisch-ethisch-soziale Kriterien und die Qualität der Firmenstrategie.				

Weshalb nachhaltig wirtschaftende Unternehmen bevorzugen? Warum Geldanlage nach ökologisch-ethisch-sozialen Standards?

Eine Geldanlage mit gutem Gewissen sorgt nicht nur für gesunden Schlaf. Sie schafft Wohlbefinden durch das Gefühl, Gutes zu tun, Schäden für Umwelt, Mensch, Tier und Pflanze abzuwenden und dennoch Geld zu verdienen. Ein Rendite-Einbruch ist nicht zu befürchten. Die Kursliste zeigt, dass mit solchen Themenfonds gute Renditen zu erzielen sind. Gehen Sie bitte davon aus, dass die meisten Nachhaltigkeitsfonds rund um den Globus investieren, sowohl auf große, als auch mittelgroße und kleinere Gesellschaften zugreifen. Das Anforderungsprofil unterscheidet sich jedoch. Sehen Sie über kleine Schwachpunkte im Interesse einer guten Rendite hinweg. Hier sind Aktienfonds einem ETF vorzuziehen.

Zitat von Barbara Hendricks, Bundesumweltministerin, 09.09.16

„Wenn Deutschland als Industriestandort eine Zukunft haben soll, brauchen wir Klimaschutzanstrengungen in allen Bereichen. Entweder wir steuern den Wandel, oder er wird unsere Lebensweise steuern." Die Bundesumweltministerin fordert:

- **Ausbau des Stromnetzes** und der Speichertechnologien, um schrittweise aus fossilen Energieträgern auszusteigen.
- **Alternative Antriebe im Verkehr** und Vorantreiben von Elektroautos, Wasserstoffantrieb und Weiterentwicklung von Verbrennungsmotoren in Richtung Gewichtsverringerung und durch synthetisch erstellte Kraftstoffe aus Sonnen- und Windstrom.
- **Mehr Energieeffizienz in Gebäuden,** ohne Bauen noch teurer zu machen mithilfe intelligenter Lösungen aus einem Mix von Dämmung und Isolierung, moderner Heizungs- und Haussteuerungstechnik sowie verstärktem Einsatz Erneuerbarer Energien.

⑤ Wählen Sie Fonds auch nach Branchen aus

Die Musik spielt in Zukunftsmärkten, geprägt von Industrie 4.0, Digitalisierung, Vernetzung und demografischem Wandel

5.1 Bestandsaufnahme: In welchen Branchen und Sektoren gibt es gute Aktienfonds?

Von Jan. bis Sept. 2016 verwahrten Depotbanken in Deutschland für Fondsanbieter 1,8 Billionen €: 4 % mehr als Ende 2015

Eine erfreuliche Nachricht für alle Fondsanhänger. In den ersten neun Monaten 2016 verwahrten die Depotbanken in der Bundesrepublik für die deutschen Fondsanbieter insgesamt 1,8 Billionen € – ein Plus von über 4 % gegenüber dem Gesamtjahr 2015. Es kann also noch einiges hinzukommen. Die Fondsmanager dürfen das Kundenvermögen nicht selbst verwalten, sondern müssen dazu die Depotbanken einschalten.

5.1.1 Demografischer Wandel: Gesundheitswesen mit Biotech, Medtech und Pharma rund um den Globus

Nur wer seine Nische in einem Zukunftsmarkt ausbaut, hat Chancen auf Überleben, Weiterentwicklung, Marktführerschaft, Internationalisierung, organisches und anorganisches Wachstum sowie ansehnliche Erträge. Junge Unternehmen, die als Garagenklitsche beginnen, können mit einem zukunftsträchtigen Geschäftsmodell prozentual viel stärker wachsen als internationale Dickschiffe mit milliardenschwerem Börsenwert. Dies gilt vor allem dann, wenn der Gründer noch aktiv ist und das „Entdecker-Gen" mitbringt.

Was bedeutet der demografische Wandel für Anleger mit Blick auf das Gesundheitswesen?

Haben Sie gewusst, dass Sie im Schnitt pro Jahrzehnt gut zwei Jahre, in 40 Jahren ein Jahrzehnt länger leben? Haben Sie die richtigen Weichen gestellt, um im Alter finanziell frei und unabhängig leben zu können und keine Altersarmut zu erleiden?

Pharma profitiert vom Medizinfortschritt und von Digitalisierung

> Zu großen Verbesserungen dürften durch die Industrie 4.0 aus ärztlicher Sicht laut Umfrage führen: elektronische Speicherung von Notfalldaten (68 %), elektronischer Arztbrief (63 %), elektronische Arzneimitteltherapie und Sicherheitsprüfung (56 %), elektronische Patientenakte (55 %).

Die längere Lebenserwartung ist ein Wachstumstreiber für das Gesundheitswesen, für Pflegeheim- und Klinikbetreiber, die Pharma-, Biotech- und Medtechindustrie. Ob es um Medikamente, neue Therapien, Geräte und Erleichterungen im Lebensalltag für Betagte und Kranke geht. Umsatz und Ertrag im Gesundheitswesen zeigen aufwärts. Die großen Pharmakonzerne haben das Geld, um sich innovative Biotechwerte einzuverleiben. Davon zeugen Übernahmen und Beteiligungen. Bedenken Sie, dass sich viele ältere Menschen zum Ersatzteillager von den Fußsohlen bis zu den Haarspitzen entwickeln. Es ist interessant zu erfahren, wer hier viel Geld verdient oder ausgibt. Der medizinische Fortschritt gestaltet sich spannend mit neuen Operationsmethoden und Behandlungsformen wie Gentechnologie, Immuntherapie, Antikörpereinsatz, personalisierte Medizin, Einzug der Robotik, bahnbrechende Erkenntnisse in Laborarbeit und Diagnostik. Aktuell startet gerade Biogen ein milliardenschweres Forschungsprojekt zur Behandlung von Alzheimer. Umgekehrt liegt bei Big Data, der medizinischen Digitalisierung, insbesondere der elektronischen Patientenakte, noch manches im Argen.

> **Der Zukunftsforscher Leo Nefiodow hat als VI. Kondratjew das Gesundheitswesen ausgerufen. Der Wissenschaftler erklärt:** *„Was wir Umweltschutz nennen, ist in Wirklichkeit Gesundheitsschutz."* **Die langen Wellen der Konjunktur, der Kondratjew I bis VI, werden geprägt durch bahnbrechende Erfindungen und Entdeckungen, wie Dampfmaschine, Eisenbahn, Stahl, Elektrotechnik, Chemie, Automobil, IT/Internet und Gesundheit.**

Der gewaltige medizinische Fortschritt gründet auf verfeinerten Diagnostik- und Operationsmethoden sowie neuartigen Wirkstoffen gegen die gefährlichsten Geißeln wie Krebs, Alzheimer, Diabetes, Multiple Sklerose und Hepatitis. Da die große Welle von Patentabläufen abebbt, dafür verbesserte Produkte, Verfahren und Therapien den Markt erobern, besteht weiterhin Wachstumspotenzial. Die Biotech-Musik spielt in Amerika mit Notierungen an der US-Technologiebörse Nasdaq. Ob Börsengänge, Übernahmen oder Kapitalerhöhungen: Europäische Firmen können nur neidisch zusehen, mit welch hohen Summen dort Finanzinvestoren einsteigen bzw. Pharmakonzerne sich Biotech- und Medtech-Schmieden einverleiben. Der Bedarf an Arzneimitteln allein im Kampf gegen Krebs wird Wachstumstreiber bleiben. Zudem regen interessante Übernahmen und Beteiligungen sowie Forschung mit Biosimilars, den biotechnisch erzeugten Nachahmerpräparaten, den Gesundheitsmarkt an. Hier haben Branchenfonds viel zu bieten.

Aktienfonds Gesundheit: Biotech, Medtech, Pharma

Name, Fonds-Gesellschaft	WKN	Kurs 9.09.16	Hoch/Tief 1 Jahr	Kursentwicklung 1, 3, 5, 10 Jahre
Allianz Biotechnologie A	848 186	144,90 €	182,3/125,2 €	**-20/+39/+180/+211 %**
AXA World Funds Framlington Health A EUR	A0M KS3	240,60 €	260,9/208,1 €	**-5/+63/+147/+140 %**
BGF World Healthscience Fund A2 EUR	A0B L36	30,65 €	33,30/26,65 €	**-4/+65/+169/+201 %**
DekaLux-BioTech CF	DK1 A3Y	383,30 €	486,7/327,1 €	**-19/+62/+236/+284 %**
DWS Biotech	976 997	172,75 €	227,2/142,0 €	**-20/+51/+231/+266 %**
DWS Health	976 985	212,75 €	238,5/192,4 €	**-7/+58/+153/+133 %**
ESPA STOCK Biotec T	676 338	383,75 €	504,2/318,1 €	**-20/+61/+247/+290 %**

Allianz Biotechnologie A: Umfang 269 Mio. €, Alter 19 Jahre, Ausgabeaufschlag 5,00 %, Gebühr **2,05 %,** ausschüttend. Der Biotech-Fonds konzentriert sich auf große Nasdaq-Werte, wie Alexion, Regeneron, Celgene, Amgen, Vertex, Biogen, BioMarin, Mylan, Gilead und Incyte.

AXA World Funds Framlington Health A EUR: Umfang 80 Mio. €, Alter 10 Jahre, Ausgabeaufschlag **2,00 %,** Gebühr 1,75 %, thesaurierend. Der Fonds investiert in Biotech, Medtech, Pharma. Große Posten sind Roche, Abbvie, Gilead, GlaxoSmithKline, UnitedHealth, Medtronic, Celgene, Eli Lilly.

BGF World Healthscience Fund A2 EUR: Umfang 6,22 Mrd. €, Alter 15 Jahre, Ausgabeaufschlag 5,00 %, Gebühr 1,50 %, thesaurierend. Der BlackRock-Fonds investiert in Biotech, Medtech, Pharma. Große Posten sind Roche, UnitedHealth, Celgene, Amgen, Johnson, Allergan, Sanofi, Pfizer.

DekaLux-BioTech CF: Umfang 255 Mio. €, Alter 8 Jahre, Ausgabeaufschlag **3,75 %,** Gebühr **1,25 %,** ausschüttend. Der Fonds für risikofreudige Biotech-Liebhaber investiert in große Nasdaq-Titel, wie Celgene, Amgen, Gilead, Regeneron, Biogen, Mylan, Illumina und Vertex.

DWS Biotech: Umfang 482 Mio. €, Alter 17 Jahre, Ausgabeaufschlag 5,00 %, Gebühr 1,50 %, thesaurierend. Der Fonds konzentriert sich auf Nasdaq-Biotechaktien, mischt aber Pharma und Medtech bei. Große Positionen: Celgene, Gilead, Biogen, Regeneron, Vertex.

DWS Health: Umfang 440 Mio. €, Alter 19 Jahre, Ausgaberaufschlag **0,00 %,** Gebühr 1,70 %, thesaurierend. Der Fonds ohne Zuschlag legt weltweit in Pharma- und Biotech-Aktien an: Johnson, Allergan, Roche, Gilead, Sanofi, Humana, Bayer, Celgene, Bristol Myers.

ESPA STOCK Biotec T: Umfang keine Angabe, Alter 16 Jahre, Ausgabeaufschlag 4,0 %, Gebühr 1,80 %, ausschüttend. Der Fonds setzt auf Substanzzuwachs und legt über die Hälfte in Biotechaktien an. Die größten Positionen sind Gilead, Celgene, Regeneron, Vertex, Amgen.

FCP OP MED BioHealth-TR	941 135	340,70 €	380,3/268,2 €	-8/+62/+173/+213 %
		Umfang 83 Mio. €, Alter 16 Jahre, Ausgabeaufschlag 5,00 %, Gebühr 1,70 %, ausschüttend. Der Fonds spezialisiert sich auf kleine, mittlere und große wachstumsstarke Biotech-, Medtech- und Pharma-Aktien weltweit. Aus Deutschland ist Bayer dabei.		
KBC Equity Pharma Growth C	A0J KNF	1.322 €	1.402/1.141 €	+1/+63/+156/+177 %
		Umfang 35 Mio. €, Alter 15 Jahre, Ausgabeaufschlag 3,00 %, Gebühr 1,50 %, thesaurierend. Der Fonds muss 75 % vom Vermögen in wachstumsstarke Pharma- und Biotechwerte anlegen, wie Johnson, Pfizer, Novartis, Merck, Novo Nordisk und Gilead.		
JANUS	935 591	27,25 €	32,10/23,30 €	-10/+47/+153/+160 %
		Umfang 68 Mio. €, Alter 16 Jahre, Ausgabeaufschlag 5,00 %, Gebühr 1,25 %, thesaurierend. Der Fonds konzentriert sich auf Wachstumsunternehmen, die auf verbesserte Lebensqualität abzielen. Es dominieren Pharmaaktien aus USA und Europa.		
Polar HC Capital F. Healthcare Opportunities	A0M 8VF	22,00 €	25,00/19,25 €	-12/+76/+122 %
		Umfang 2,4 Mrd. €, Alter 5 Jahre, Ausgabeaufschlag 5,0 %, Gebühr 1,50 %, thesaurierend. Der Fonds strebt Kapitalzufluss an durch weltweite Anlagen in Gesundheitsaktien. Größte Posten sind Pfizer, Medtronic, UnitedHealth, Bristol Myers, Allergan.		
SEB Concept Biotechnologie D €	542 164	100,60 €	123,0/89,30 €	-15/+63/+226/+321 %
		Umfang 150 Mio. €, Alter 16 Jahre, Ausgabeaufschlag 1,00 %, Gebühr 1,50 %, ausschüttend. Der Fonds ist auf Nasdaq-Biotechaktien fokussiert. Größte Positionen zwischen 9 und 4,5 % sind Gilead, Amgen, Biogen, Celgene, Regeneron und Mylan.		
UniSector BioPharma A	921 556	102,80 €	109,3/87,30 €	+0,5/+45/+138/+123 %
		Umfang 258 Mio. €, Alter 17 Jahre, Ausgabeaufschlag 4,00 %, Gebühr 1,55 %, ausschüttend. Bei der Aktienauswahl sind Wachstumsstärke, Innovation, Wettbewerbsfähigkeit und attraktive Gewinnchancen vordergründig. Die größten Positionen bilden Roche, Amgen, GlaxoSmithKline, Merck, Novartis, Pfizer.		

5.1.2 Zukunftsmärkte: Erneuerbare Energie, Wasserwirtschaft, Klimawandel und Umweltschutz

Die Sonne schickt in 6 Stunden mehr Energie zur Erde, als die Menschheit pro Jahr verbraucht. Aber Treibhausgase schädigen die Umwelt und begünstigen den gefährlichen Klimawandel. Allein in Deutschland führten 2015 die Emissionen zu riesigem CO_2-Ausstoß: Energiewirtschaft (164 t), Feuerungsanlagen (129 t), Landwirtschaft (67 t), Industrie (62 t), Abfallwirtschaft (10 t).

Insgesamt kommt die Energiewende im Stromsektor voran. Der Fortschritt ist sichtbar. Der Ökoanteil an der Stromproduktion wächst planmäßig von 10 % auf 30 % in einem Jahrzehnt. Bis Mitte dieses Jahrhunderts sollen überwiegend Erneuerbare Energien eingesetzt werden, mindestens 80 %. Allerdings gibt es auch Probleme. Bei den Windrädern besteht Platzmangel. Solarstrom wird zwar immer leistungsfähiger, bleibt aber teuer und belastet den Strompreis. Zudem sind Hunderte von Kilometern neue Stromtrassen zu installieren.

China bestimmt die Marschrichtung in der Solarindustrie. Durch technologischen Fortschritt, Standardisierung, Serienfertigung, Massenproduktion und harten Wettbewerb dürften bei Photovoltaik die Preise kaum steigen. Nur substanz- und finanzstarke Firmen haben in Europa noch Chancen, sofern sie Industrie 4.0 und Digitalisierung schnell umsetzen. Kleinen AGs droht die Übernahme durch chinesische Anbieter zum Schnäppchenpreis, vielleicht sogar die Pleite. Chinesische Solarzellenhersteller haben viel geringere Fixkosten als westliche Konkurrenten. 2015 hat China Deutschland als größte Solarnation abgelöst.

Große Herausforderung und Chance: Windenergie im Meer. Die einst verhöhnten und erbittert bekämpften Windräder befinden sich im Aufwind. Seit 2014 zeigt sich dies an steigenden Börsenkursen nach dem starken Einbruch zuvor. Den Offshore-Projekten auf dem Meer gehört die Zukunft, mögen auch Tsunamibrecher zu überwinden sein. Es geht um Netzwerke, Speicherkapazität, Kredite, überzogene Forderungen von Umweltschützern, Aufbau der Anlagen, Wartung und Reparatur – alles kostspielig und zeitraubend. Es gilt, den Problemen in der Meerestiefe an den 30 bis 60 km von der Küste entfernten Standorten zu trotzen. Windkraftanlagen dürften bis 2030 zwanzigmal mehr Windenergie erzeugen als derzeit. Der dänische Branchenprimus Vestas (WKN 913 769) wächst kräftig. Auch Gamesa aus Spanien (WKN A0B 5Z8) verspürt Aufwind. Im Windkraftsektor zeichnet sich der Trend „raus aus der Nische" ab.

Lebensbedrohlicher Trinkwassermangel in Afrika, Südamerika und Ostasien als tickende Zeitbombe mit Gewaltpotenzial. In einem Jahrzehnt dürfte der globale Wassermarkt die Marke von einer Billion Dollar erreichen. Sauberes Trinkwasser fehlt in Afrika, Südamerika, in ostasiatischen Schwellenländern und dem Riesenreich China. Über 800 Mio. Menschen leiden unter Wassermangel. Vier Fünftel des Süßwasserverbrauchs gehen zu Lasten der Landwirtschaft. Der Klimawandel legt die Welt trocken. In den bedrohten Regionen regnet es immer seltener – auch wegen abgeholzter Regenwälder. Weltweit stieg der Wasserverbrauch in 50 Jahren doppelt so schnell wie die Weltbevölkerung. Den Hauptgrund liefert die Bewässerungslandwirtschaft. Der Anbau von Obst und Gemüse verschlingt viel Wasser; aber weitaus größer ist der Einsatz für Fleischprodukte. Jeder dritte Mensch leidet akut unter Wasserknappheit. Und Tausende von Kindern sterben.

Aktienfonds Erneuerbare Energie/Wasser/Umweltschutz

Name, Fonds-Gesellschaft	WKN	Kurs 9.09.16	Hoch/Tief 1 Jahr	Kursentwicklung 1, 3, 5, 10 Jahre
BGF Black Rock New Energy Fund A2 EUR	A0B L87	**7,25 €**	**7,30**/5,95 €	**+10/+30/+58**/-1 %
	Umfang 1,75 Mrd. €, Alter 15 Jahre, Ausgabeaufschlag 5,00 %, Gebühr 1,75 %, thesaurierend. Der Fonds legt global zumindest 70 % in Aktien Erneuerbarer Energie an. Größte Positionen mit Anteil 7,5 % bis 4,5 % sind Vestas, EDP, Novozymes, Gamesa.			
DNB Renewable Energy A	A0M WAL	**96,30 €**	98,45/72,15 €	**+8/+25/+37**/-20 %
	Umfang 23 Mio. €, Alter 9 Jahre, Ausgabeaufschlag 5,00 %, Gebühr 1,50 %, thesaurierend. Der Fonds investiert weltweit auch in Aktien kleinerer Firmen im Bereich Erneuerbarer Energie und ist weder an einen Index, noch an bestimmte Länder gebunden.			
JB MP Robeco SAM Smart Energy Fund B	913 257	**20,30 €**	**20,40**/16,65 €	**+12/+27/+36/+40 %**
	Umfang 255 Mio. €, Alter 13 Jahre, Ausgabeaufschlag 5,00 %, Gebühr 1,50 %, thesaurierend. Der Fonds erwirbt Aktien auch von kleineren Firmen, die zukunftsfähige Produkte und Dienstleistungen anbieten, wie Energie-Versorgung und -Effizienz.			
KBC Eco Climate Change Classic	A0M KZM	**508,00 €**	**509,0**/411,7 €	**+10/+20/+62**/+3 %
	Umfang 22 Mio. €, Alter 10 Jahre, Ausgabeaufschlag **0,00 %**, Gebühr 1,40 %, thesaurierend. Der Fonds strebt gute Renditen an durch Investition in den Klimawandel und Verringerung von Treibhausgasen. Die Firmen müssen nachhaltig wirtschaften.			
LBBW Global Warming	A0K EYM	39,15 €	41,35/34,00 €	**+11/+38/+75/+65 %**
	Umfang 32 Mio. €, Alter 10 J., Aufschlag 5,0 %, Gebühr 1,50 %, ausschüttend. Der Fonds ist beim Klimawandel aktiv. Er investiert in Erneuerbare Energie, Wasser, Versorger, Anlagenbau, Versicherer. **Henkel** (DAX) und **Hann. Rück** (MDAX) sind dabei.			
LOF Lombard Odier Funds Generation Global (€) P	A0R NUR	**22,55 €**	**22,65**/18,30 €	**+17/+61**/+132/+187 %
	Umfang 2,25 Mrd. €, Alter 7 Jahre, Ausgabeaufschlag 5,00 **%**, Gebühr **1,00 %,** ausschüttend. Der Anlageansatz beruht auf den Aktien qualitativ hochwertiger Firmen unterschiedlicher Größe weltweit, die nachhaltig wirtschaften, wie Microsoft, Qualcomm.			
LGT Funds SICAV Sustainable Equity € B	A0Y FSE	2.271 €	2.281/1.746 €	**+29/+70**/+129/+107 %
	Umfang 2,4 Mrd. €, Alter 5 Jahre, Ausgabeaufschlag 5,0 %, Gebühr 1,50 %, thesaurierend. Der Fonds strebt Kapitalzufluss an durch weltweite Anlagen in Gesundheitsaktien. Größte Posten sind Pfizer, Medtronic, UnitedHealth, Bristol Myers, Allergan.			

Nordea 1 Sicav Global Climate & Environment BP	A0N EG2	13,60 €	13,90/10,65 €	+10/+33/+105/+37 %
	Umfang 438 Mio. €, Alter 9 Jahre, Ausgabeaufschlag 5,00 %, Gebühr 1,50 %, thesaurierend. Der Fonds investiert weltweit in Aktien kleiner und großer Firmen, die sich mit Klimawandel und Umweltproblemen befassen. Aus dem DAX ist **LINDE** dabei.				
Oddo Sustainability BNV Mellon Fund T	704 543	190,70 €	214,7/167,7 €	**−2**/+30/+94/+54 %
	Umfang 35 Mio. €, Alter 14 J., Ausgabeaufschlag 5,0 %, Gebühr 1,50 %, thesaurierend. Der Fonds investiert in Europa-Firmen, deren Wertschöpfung zukunftsfähig ist und ökologisch-soziale Ansprüche erfüllt, wie Fresenius, Continental, Roche, Nestle.				
ÖkoWorld Klima	A0M X8G	51,35 €	54,25/41,45 €	+4/+32/+72/+5 %
	Umfang 19 Mio. €, Alter 9 Jahre, Ausgabeaufschlag 5,00 %, Gebühr 1,76 %, thesaurierend. Der Fonds investiert in Firmen unterschiedlicher Größe. Schwerpunkt sind Erneuerbare Energie, neue Werkstoffe, nachhaltige Land-/Forst-/Wasserwirtschaft.				
Parvest Global Environment Classic	A0N E8U	170,15 €	172,0/132,3 €	+15/+36/+95/+73 %
	Umfang 334 Mio. €, Alter 8 Jahre, Ausgabeaufschlag 5,0 %, Gebühr 1,75 %, thesaurierend. Der Fonds investiert weltweit mittel- bis langfristig in Aktien von Unternehmen unterschiedlicher Größe für Umwelttechnik mit sozialverträglichem Geschäftsmodell.				
Quest Cleantech Management SICAV B	A0N C68	216,00 €	217,2/178,6 €	+9/+52/+103 %
	Umfang 55 Mio. €, Alter 8 Jahre, Ausgabeaufschlag **0,00 %**, Gebühr **1,25 %**, thesaurierend. Der Fonds legt in Aktien von Firmen in Industrienationen an, die im Bereich sauberer Technologien tätig sind, nämlich Energie, Wasser, Luft, Rohstoffe.				
Robeco JB MP RobSAM Sustainable Water B	763 763	270,20 €	271,5/215,5 €	**+18/+52/+112/+86 %**
	Umfang 740 Mio. €, Alter 15 Jahre, Ausgabeaufschlag 5,00 %, Gebühr 1,50 %, thesaurierend. Der Fonds legt in Firmen an, die bei Analyse, Management, Aufbereitung, Verteilung von Wasser aktiv sind, z. B. Thermo Fisher, Danaher, Veolia, Xylem, Engie.				
Schroder Global Climate Change Equity A EUR	A0M SUS	14,10 €	14,35/11,55 €	+8/+35/+82/+42 %
	Umfang 225 Mio. €, Alter 9 J., Ausgabeaufschlag 5,0 %, Gebühr 1,50 €, thesaurierend. Der Fonds erwirbt weltweit Aktien von Konzernen im Sektor Erneuerbare Energie, Agrarwirtschaft, Industrie mit Energie-Effizienz, wie Samsung, Alphabet, Amazon.				
Swisscanto (LU) Equity Fund Water Invest B	A0M SPX	160,75 €	165,6/135,7 €	+15/+39/+99/+65 %
	Umfang 175 Mio. €, Alter 9 J., Ausgabeaufschlag 5,00 %, Gebühr **0,78 %**, thesaurierend. Der Fonds investiert in Firmen, die im Wasserbereich bei Versorgung, Technologie, Aufbereitung, Reinigung aktiv sind, wie Ecolab, Xylem, Eurofins, Veolia, Suez.				

TerrAssisi Aktien I AMI	984 734	25,55 €	26,55/21,70 €	+12/+43/+123/+61 %
	Umfang 63 Mio. €, Alter 16 Jahre, Ausgabeaufschlag 4,50 %, Gebühr 1,35 %, thesaurierend. Der Fonds investiert in Aktien von Firmen, die nachhaltig wirtschaften. Einen ethischen Filter stellen die vorbildlichen Werte des Franziskaner-Ordens dar.				
Variopartner SICAV Tareno Waterfund R1 EUR	A0M 06B	171,40 €	175,9/146,3 €	+13/+40/+112/+122 %
	Umfang 128 Mio. €, Alter 9 Jahre, Ausgabeaufschlag **3,00 %**, Gebühr 1,80 %, thesaurierend. Der Fonds setzt auf langfristiges Wachstum in der Wertschöpfungskette Wasser und legt weltweit in Firmen an, die passende Produkte und Dienste anbieten.				
Vontobel Fund New Power B	794 740	126,10 €	128,8/103,4 €	+12/+22/+55/+19 %
	Umfang 181 Mio. €, Alter 15 Jahre, Ausgabeaufschlag 5,00 %, Gebühr 1,65 %, thesaurierend. Der Fonds investiert weltweit in die Aktien unterschiedlich großer Unternehmen, die neue Technologien und innovative Lösungen bei Energiequellen anbieten.				
UniSector: Klimawandel A	A0M ZC8	31,65 €	34,35/25,80 €	+3/+35/+58/-26 %
	Umfang 38 Mio. €, Alter 9 J., Ausgabeaufschlag 4,00 %, Gebühr 1,55 %, ausschüttend. Strategie-Schwerpunkte sind alternative Energien, Umwelttechnologie, Recycling. Der Fonds investiert weltweit in Aktien, z. B. von Tesla Motors, Vestas, Novozymes.				

Die größten Windkraftkonzerne der Welt nach Marktanteilen von 2015 sind: Siemens/Gamesa, Deutschland/Spanien (14 %), Goldwind, China (13 %), Vestas, Dänemark (12 %), General Electric, USA (10 %). Die Marktanteile in Deutschland verteilen sich auf Vestas (21 %), den deutschen Konzern Senvion (18 %), den im TecDAX notierten Windturbinenbauer Nordex (12 %) und General Electric (7 %).

➢ **Entscheidend für Ihre Kaufentscheidung: Anlage in chancenreiche Zukunftsmärkte, niedrige Jahresgebühr sowie gute Ein- und Drei-Jahres-Ergebnisse sind wichtiger als der Verzicht auf den Ausgabeaufschlag.**

Photovoltaik 2010 – 2018: Asien gewinnt, Europa verliert. Jährlicher Zubau von Solaranlagen, Leistung in Gigawatt

Kontinent	2010	2012	2014	2016(e)	2018(e)
Asien	2,1 GW	9,5 GW	26,4 GW	34,6 GW	39,5 GW
Amerika	1,3 GW	4,1 GW	8,4 GW	17,2 GW	12,7 GW
Afrika/Naher Osten	0,1 GW	0,2 GW	1,5 GW	2,5 GW	4,8 GW
Europa	16,5 GW	17,7 GW	7,8 GW	8,7 GW	11,4 GW
Zahlenquelle: HANDELSBLATT Nr. 162, 25. August 2015, Seite 20					

5.1.3 Edelmetall nach starkem Einbruch im Aufwärtstrend. Energie- und Rohstoffsektor auf Stabilisierungskurs?

Das Riesenreich China importiert viele Rohstoffe. Eine schwächelnde Weltwirtschaft, neue Fundorte und Fördermethoden bei der Erdöl- und Erdgasgewinnung, Energieersparnis durch Dämmung, Isolierung und Gewichtsreduzierung, Konkurrenz durch Solarstrom, Windkraft und Elektromobilität in der Autoindustrie sorgen für Preisschwankungen. Die Edelmetalle Gold, Silber, Platin haben sich 2015/2016 deutlich erholt. Die Minenbetreiber hoffen, zur alten Stärke zurückzufinden, mag auch das Allzeithoch vorerst kaum erreichbar sein, zumal es derzeit zu Rücksetzern kommt. Neben Soja und Kaffee sprintet der Kakaopreis aufwärts, vor allem wegen der anziehenden Nachfrage nach Schokolade. Nachdem Donald Trump die US-Präsidentenwahl gewann, befinden sich fossile Energien im Aufwind. Auch andere Rohstoffe wie Kupfer, Nickel und Stahl notieren aufwärts. Die Drosselung der Ölförderquote durch die Opec-Förderländer sowie die guten Beziehungen zu Russland lassen den Ölpreis kräftig ansteigen, derzeit auf 55 Dollar je Barrel Brent.

Die milliardenschweren Bergbaukonzerne wie BHP Billiton, Rio Tinto, China Shenhua, Vale und Angló American starten wegen gestiegener Förderkosten neue Kostensenkungsprogramme und rüsten sich für Übernahmen. Dies gilt auch für den Rohstoffhändler Glencore. Langfristig dürften sich die meisten Rohstoffpreise erholen. Die Weltbevölkerung wächst bedrohlich. Rohstoffe sind in jedem Lebensbereich unverzichtbar. Hier spielen Industrie 4.0, Internet der Dinge und Digitalisierung eine wichtige Rolle. Mit Aktienfonds verringern Sie Ihr Risiko.

Ein Fallbeispiel: Rohstoffe begleiten Ihr Leben jeden Tag

Es vergeht kein Tag ohne Rohstoffkontakt. Sie stehen morgens auf, verlassen Ihr Bett, dessen Gestell aus Holz, Kunststoff oder Metall besteht, schlagen Ihre Bettdecke zurück, vielleicht mit Gänsedaunen gefüllt. Sie duschen, trocknen sich mit einem baumwollenen Badetuch ab, ziehen Ihren Bademantel aus Naturfasern an und bereiten das Frühstück. Es gibt Kaffee, Kakao oder Tee mit Zucker, Milch oder Kaffeesahne, Orangensaft, Getreidemüsli oder Joghurt, Brötchen oder Brot mit Butter, Konfitüre, Honig, wahlweise Schinken, Wurst, Käse und Bio-Ei. Sie frühstücken an einem hölzernen Tisch; auf dem Boden liegt ein wollener Teppich. Sie fahren mit dem Rad, öffentlichen Verkehrsmitteln oder Ihrem Auto zur Arbeit, freuen sich über den noch niedrigen Spritpreis. Sie kommen am Arbeitsplatz an. Überall begegnen Sie Rohstoffen, z. B. den Industriemetallen im Fahrstuhltrakt! Im Büro besteht der Fußboden aus Naturholz oder Holzwerkstoffen. Computeranlage, Bildschirm, Tastatur, Drucker, Kopierer und sonstige Geräte enthalten unterschiedlichen Materialien. Nach der Arbeit sind Sie auf der Suche nach einem passenden Schmuckstück aus Gold oder Silber mit einem Edelstein besetzt.

Rohstoffe werden in drei bis vier große Gruppen aufgeteilt

Energie: Fossile Energieträger wie Erdöl, Erdgas, Kohle und nachwachsende Agrargüter und Erneuerbare Energien, insbesondere Wind- und Sonnenenergie, Wasserkraft, Biomasse und Erdwärme. **Industriemetalle:** Aluminium, Chrom, Gallium, Indium, Kobalt, Kupfer, Lithium, Nickel, Palladium, Stahl, Zinn. **Edelmetalle:** Gold, Silber, Platin, Palladium. **Land- und viehwirtschaftliche Produkte:** Baum- und Schurwolle, Getreide, Zucker, Kaffee, Kakao, Mais, Raps, Rind- und Schweinefleisch, wobei Mais, Zucker, Weizen, Raps auch zu Ethanol und Biodiesel verarbeitet werden. *„In den Tank statt auf den Teller"* verschärft Ernährungssorgen.

Im 3. Quartal 2016 wurde – nicht zuletzt durch die gewonnene Präsidentenwahl von Donald Trump – der Preisverfall gestoppt

Rohstoff-Preise zur Orientierung am 3. Dezember 2016

Rohstoffklasse	Rohstoff	Einheit	1 Jahr	3 Jahre
Energierohstoffe	Erdöl Brent	Barrel	+27,7 %	-51,1 %
	Erdgas	BTU	-0,6 %	-59,8 %
	Heizöl	Gallone	+18,4 %	-48,4 %
	Benzin	Gallone	-5,9 %	-57,2 %
Edelmetalle und Industriemetalle	Gold	Feinunze	+9,4 %	-5,1 %
	Silber	Feinunze	+14,2 %	-20,2 %
	Platin	Feinunze	+10,2 %	-33,6 %
	Palladium	Feinunze	+36,3 %	+2,1 %
	Kupfer	Tonne	+26,0 %	-15,6 %
Agrarrohstoffe	Weizen	Scheffel	-22,8 %	-49,5 %
	Mais	Scheffel	-10,8 %	-31,4 %
	Soja	Scheffel	+21,2 %	+21,1 %
	Reis	Zentner	-25,0 %	-47,4 %

Quellennachweis: boerse.ard.de: Rohstoffkurse, 03. Dezember 2016

Beispiel Glencore (WKN A1J AGV): Der weltgrößte Rohstoffhändler erzielt wieder Gewinn. Am 28. Sept. 2015 brach die Aktie um ein Drittel ein; denn die Rohstoffpreise stürzten im Tagesverlauf in den Keller. 15 Monate später sieht dies ganz anders aus. Seit dem Allzeittief von 90 Cent hat sich der Kurs vervierfacht – bis zu 3,60 €, ein Jahresplus von über 150 %. Und plötzlich erscheint das Schweizer Unternehmen auch für zahlreiche Rohstoff-Aktienfonds wieder interessant.

Gold in Krisen als sicherer Hafen gefragt. Silber als Industriemetall vor allem bei wirtschaftlichem Aufschwung begehrt

Der Vermögensverwalter Flossbach von Storch erklärt. *"Unseres Erachtens sollte Gold in keinem breit aufgestellten Portfolio fehlen. Gold ist eine Versicherung gegen die uns bekannten und unbekannten Risiken des Finanzsystems, insbesondere die Folgen der ultralockeren Geldpolitik."* Wie können Sie als Privatanleger auf einen anhaltenden Goldtrend reagieren? Je nach Mentalität, Geldbeutel und persönlicher Vorlieben gibt es mehrere Möglichkeiten:

Physisches Gold in Form von Barren und von Gold-Anlagemünzen als Sammler.

Einzelaktien von Goldminenunternehmen bei ausgeprägter Risikofreude, Zeit, Lust, Interesse, ausreichendem Vermögen und gutem Fachwissen.

Gold-Indexfonds. Seit Jahresanfang 2016 flossen knapp 23 Mrd. Dollar in diese Produkte. Da es sich hier um kein geschütztes Sondervermögen, keinen Sachwert, sondern um eine Schuldverschreibung handelt, ist es besser, von ETC statt ETF zu sprechen, nachdem beide Namen im Umlauf sind. Indexfonds mit physisch hinterlegtem Edelmetall sind sicherer, als wenn das Management darauf verzichtet.

Anlage in Gold- bzw. Edelmetallfonds, erweitert als Bergbau-, Edelmetallminen- und Rohstofffonds, aktiv von Profis gemanagt. Als Sondervermögen für Sachwerte droht bei Aktienfonds kein Totalverlust, wenn der Anbieter pleitegeht. Die breite Streuung begrenzt das Verlustrisiko, selbst wenn der eine oder andere Minenbetreiber bzw. Bergbaukonzern zahlungsunfähig wird. Die folgende Kursliste bringt eine reiche Auswahl unterschiedlicher Strategien und Anlagekonzepte.

Edelmetall mit Vorreiter Gold profitiert von der Nullzinspolitik: Gold, Silber, Platin als Versicherung gegen Finanzsystemrisiken

Allein im ersten Halbjahr 2016 stieg die Goldnachfrage auf 2.335 Tonnen. Gold war annähernd so stark gefragt wie beim Rekord auf dem Gipfel der Finanzkrise 2008/09. Seit Jahresbeginn 2016 ist der Preis um über 25 % auf zeitweise 1.345 Dollar je Feinunze von 31,1 Gramm gestiegen. Gold ist Vorreiter unter den Edelmetallen. In seinem Schatten zogen auch die Preise für andere Rohstoffe an, vor allem Silber, aber auch Platin und Minenbetreiber. Nicht nur Gold, sondern auch Silberfonds boomen, zumal Silber neben Schmuck als Industriemetall gefragt ist.

Allein im 3. Quartal 2016 kauften deutsche Verbraucher 19 Tonnen Goldbarren und Goldmünzen. Bei viel Lust, Zeit, Geld, gutem Börsenwissen und Risikofreude können Sie all diese Bereiche mit Einzelaktien abdecken. Ansonsten ist es besser, das Wissen der Profis zu nutzen und sich einen Aktienfonds auszusuchen. Treffen Sie nach Vergleich Ihre Entscheidung, gegründet auf Risikobewusstsein, Vorlieben und Ergebnisse im Mehrjahresvergleich.

➢ **Minenaktien erlebten 2015/16 ein fulminantes Comeback mit Kursgewinnen von 100 % und darüber. Dennoch sind viele Titel weit von ihrem historischen Höchststand entfernt. Einerseits eröffnet sich da ein weiteres Potenzial. Andererseits drohen Rückschläge wie kürzlich geschehen.** Bei Einzelaktien ist dies viel öfters der Fall als beim breit gestreuten Aktienfonds mit kompetenten Managern. Der Goldpreis, der 2017 bis auf 1.400 Dollar je Feinunze steigen und langfristig auf 2.000 Dollar hochklettern könnte, treibt auch die Minenkurse und zahlreiche andere Rohstoffpreise nach oben. Mit einem für Sie maßgeschneiderten Fonds sind Sie bei Nervenstärke willkommen.

➢ **Es ist ungemein schwierig, eine Aktienfonds-Kursliste von Edelmetall- und Rohstofftiteln zu präsentieren.** Setze ich nur auf die Sieger, bleiben die Edelmetallfonds unter sich. Die Kursexplosion von 2016 kann zu größeren Rückschlägen führen. Verzichte ich auf alle Verlierer, auch die besten in diesem Segment, bleibt ein mögliches Aufwärtspotenzial ungenutzt. Immerhin ist eine Trendwende möglich, wenn nach deutlichem Verlust im Drei-, Fünf- und Zehn-Jahresbereich die Kursentwicklung in 52 Wochen ein Plus von rund 100 % anzeigt (Stand: Mitte Oktober 2016). Eine einseitige Ausrichtung nur auf Sieger oder Verlierer ist mangels Streuung viel riskanter, als im Edelmetall- und Rohstoffsektor je einen Fonds zu erwerben.

➢ **Es ist interessant, sich am Verhalten der Großinvestoren zu orientieren.** Immerhin wollen von knapp 500 befragten institutionellen Anlegern 17 % ihre Rohstoffgewichtung erhöhen und 20 % die Gewichtung absenken. Bezüglich Infrastruktur will die Hälfte mehr investieren. Nur 8 % der Großinvestoren wollen hier ihre bisherige Gewichtung verringern.

Aktienfonds Edelmetalle, Minen, Bergwerke, Rohstoffe

Name, Fonds-Gesellschaft	WKN	Kurs 14.09.16	Hoch/Tief 1 Jahr	Kursentwicklung 1, 3, 5, 10 Jahre
ALTIS Fund Global Resources B	A0B 9MS	94,65 €	98,15/70,95 €	+7/-11/-12/+1 %
	Umfang 9 Mio. €, Alter 13 Jahre, Ausgabeaufschlag 5,00 %, Gebühr 1,50 %, thesaurierend. Der Fonds legt im Edelmetall- und Energiesektor an, und zwar in Exploration, Produktion, Verarbeitung, Handel. Die Aktien der großen Ölkonzerne dominieren.			
BARING Global Umbrella Resources Fund A	933 588	15,10 €	15,90/12,15 €	+6/-5/-23/-20 %
	Umfang 360 Mio. €, Alter 22 Jahre, Ausgabeaufschlag 5,00 %, Gebühr 1,50 %, ausschüttend. Hier dominieren die Aktien der großen Bergbaukonzerne BHP Billiton und Rio Tinto. Schwerpunkte sind Förderung, Herstellung, Verarbeitung und Handel.			

DekaLux-Global Resources CF	DK1 A30	61,40 €	64,20/43,15 €	+10/-12/-15/-32 %
		Umfang 108 Mio. €, Alter 8 Jahre, Ausgabeaufschlag **3,75 %**, Gebühr 1,40 %, thesaurierend. Der Fonds strebt gute Renditen an durch Investition in den Klimawandel und Verringerung von Treibhausgasen. Die Firmen müssen nachhaltig wirtschaften.			
Franklin Templeton FTIV Natural Resources A	A0M R73	5,80 €	6,15/4,10 €	+12/-16/-15/-18 %
		Umfang 391 Mio. €, Alter 9 Jahre, Ausgabeaufschlag **5,75 %**, Gebühr **1,00 %**, thesaurierend. Der Ausgabeaufschlag stört weniger, da die Jahresgebühr günstig ist. Der Fonds investiert in Energie-/Rohstoffkonzerne, wie Schlumberger, Royal Dutch.			
KBC Equity Fund Oil Classic	A0D M6P	628,80 €	667,5/477,9 €	+9/-7/+11/+16 %
		Umfang 189 Mio. €, Alter 16 Jahre, Ausgabeaufschlag **3,00 %**, Gebühr 1,50 %, thesaurierend. Der etablierte Fonds investiert in Energiekonzerne, wie Exxon, Chevron, Total, Royal, Statoil, BP, Schlumberger. Mindestens 75 % Anteil wandern in Ölaktien.			
LBBW Rohstoffe & Ressourcen	532 648	26,55 €	28,40/16,30 €	+38/+7/-15/-1 %
		Umfang 37 Mio. €, Alter 12 Jahre, Ausgabeaufschlag 5,00 %, Gebühr 1,50 €, thesaurierend. Der erfolgreiche Fonds investiert in aussichtsreiche Rohstoffsektoren, wie Gold, Goldminen, Öl, Wasser und Nahrungsmittel. Weitgehend ist es ein *Dachfonds*.			
LONG Term Investment (SIA) Natural Resources €	A0M L6C	89,70 €	93,20/59,61 €	+28/+6/-15/-39 %
		Umfang 8 Mio. €, Alter 12 J., Ausgabeaufschlag **0,00 %**, Gebühr 1,50 %, thesaurierend. Den Schwerpunkt bilden natürliche Ressourcen, wie Energie, Bergbau, Agrar, Lebensmittel. Die Aktien müssen niedrig bewertet, wachstumsstark und ertragreich sein.			
Parvest Equity World Materials Classic	A1T 8X0	87,95 €	92,85/72,65 €	+8/-7/-2 %
		Umfang 83 Mio. €, Alter 12 Jahre, Ausgabeaufschlag 5,00 %, Gebühr 1,50 %, thesaurierend. Der Fonds investiert in Aktien von Bergbau-, Minen-, Saatgut-, Chemiekonzernen, wie BASF, Monsanto, BHP Billiton, Rio Tinto, Dow Chemical, Randgold.			
Pioneer Investments Aktien Rohstoffe A	977 988	190,70 €	214,7/167,7 €	-2/+30/+94/+54 %
		Umfang 83 Mio. €, Alter 16 J., Ausgabeaufschlag 4,0 %, Gebühr **0,50 %**, thesaurierend. Der Fonds investiert in Aktien von Bergbau-, Goldminen-, Stahlkonzernen, die Rohstoffe, Energieträger und Agrarprodukte erzeugen, verarbeiten, handeln, vermarkten.			
SafePort Gold & Silber Mining Fund `Comeback`	A0J D2N	118,65 €	122,5/44,45 €	+152/+44/-40/-37 %
		Umfang 10 Mio. €, Alter 12 Jahre, Ausgabeaufschlag **6,50 %**, Gebühr 1,50 %, thesaurierend. Der Fonds investiert weltweit in Aktien von Konzernen, die Edelmetall fördern, bearbeiten, vermarkten. Nach dem scharfen Einbruch ein boomender Markt!			

Stabilitas Silber+Weißmetalle P **Comeback**	A0K FA1	39,40 €	45,95/12,05 €	**+186/+40/-38/-60 %**
		Umfang 70 Mio. €, Alter 10 Jahre, Ausgabeaufschlag 5,00 %, Gebühr **2,50 %**, thesaurierend. Der Fonds mit hoher Jahresgebühr erstrebt Wertzuwachs durch weltweite Anlage in kleinere und mittelgroße Werte im Edelmetallsektor: Schwerpunkt Silber.		
StrucSol Lithium Index Strat F **Comeback**	HAF X4V	89,40 €	95,85/34,65 €	**+161/+131/+15 %**
		Umfang 14 Mio. €, Alter 7 Jahre, Ausgabeaufschlag 5,0 %, Gebühr **0,80 %**, thesaurierend. Der Fonds mit niedriger Jahresgebühr und hohem Kursgewinn orientiert sich am Index Solactive Lithium und engagiert sich in Rohstoff- und Edelmetallminen.		
Tocqueville Gold P **Comeback**	A1C 4YR	158,50 €	183,9/81,10 €	**+92/+36/-40 %**
		Umfang 139 Mio. €, Alter 8 J., Ausgabeaufschlag **3,50 %**, Gebühr **1,99 %**, thesaurierend. Der Fonds legt über zwei Drittel der Aktien in Abbau und Verarbeitung von Gold und anderem Edelmetall an, z. B. Agnico Eagle, Newmont, Goldcorp, Randgold.		
Triodos Sicav Sustainable Pioneer R	A0R J3B	34,45 €	37,40/29,75 €	**+2/+44/+77/+40 %**
		Umfang keine Angabe, Alter 10 Jahre, Ausgabeaufschlag 5,0 %, Gebühr 1,7 %, thesaurierend. Der Fonds investiert in kleine und mittelgroße Gesellschaften Erneuerbare Energie (Klimaschutz), Umwelttechnik (sauberer Planet) und Medtech (Gesundheit).		

5.1.4 Bauindustrie und Immobiliensektor durch Flüchtlinge und demografischen Wandel im Aufwind

Die Bevölkerungsentwicklung – niedrige Geburtenrate gepaart mit steigender Lebenserwartung – lässt bei oberflächlicher Betrachtung eher auf zurückgehende Bautätigkeit schließen. Doch es gibt einen riesigen Sanierungsbedarf durch Verschleiß, Umstellung auf umweltfreundliche Materialien und Erneuerbare Energien beim Heizen und der Stromversorgung. Die Ansprüche an das eigene Zuhause, die Eigentums- oder Mietwohnung steigen. Die Zahl der Singlehaushalte nimmt zu. Wer heute allein lebt, wünscht 50 qm, besser 60 bis 80 qm Wohnfläche. Der Bedarf an altersgerechten Wohnungen wächst, in denen Senioren noch mit 70, 80 oder 90 Jahren leben können – oft mit ambulanter Betreuung. Vor allem aber sorgt der Flüchtlingszustrom – mindestens 1,1 Mio. Asylsuchende im Jahr 2015 – für einen hohen Bedarf an preiswertem Wohnraum. Erschwerend wirken Landflucht und Konzentration auf westdeutsche Metropolen. Hier wird Wohnraum für viele Menschen kaum mehr bezahlbar. Fonds, die auf Immobilienaktien setzen, sind Nutznießer des ungebremsten Booms in den Wachstumsstädten.

Nachtrag: Die Bauindustrie als Wachstumstreiber; denn Donald Trump plant große Infrastruktur- und Konjunkturprogramme mit Autobahn-/Straßenbau.

> Experten betrachten den deutschen Immobiliensektor als stabil und zukunftsträchtig. Das A und O ist eine gute Lage in größeren süddeutschen Städten, ebenso im „Speckgürtel" rund um Berlin. Das Übernahmekarussell treibt Aktienkurse aufwärts. Beim Bauen, Sanieren, Renovieren von Miethäusern zählt barrierefreies Wohnen mit Aufzügen zu den Schwerpunkten, damit auch betagte Mieter zuhause wohnen können.

Immobilien und demografischer Wandel mit Anleger-Zielgruppe: Eigennutzung und Vermietung von Häusern und Wohnungen

Die städtischen Ballungsräume Berlin, Dresden, Düsseldorf, Frankfurt, Freiburg, Hamburg, Heidelberg, Ingolstadt, Köln, Leipzig, München, Nürnberg, Stuttgart, Ulm wachsen. Die ostdeutschen Länder Sachsen-Anhalt, Mecklenburg-Vorpommern und Thüringen sowie viele ländliche Regionen verlieren dramatisch an Einwohnern. Hier ist es schwierig, Immobilien zu verkaufen oder zu vermieten.

Auch Ausländer lassen sich lieber in Ballungsräumen als in ländlichen Gebieten nieder. Nachdem 2030 die Hälfte der Bundesbürger älter als 48 Jahre sein wird – in den einzelnen Regionen zwischen 41 und 53 Jahren schwankend – steigt auch der Bedarf an Alten- und Pflegeeinrichtungen sowie ambulanten Diensten. Wie sich der Ansturm von einigen Millionen Flüchtlingen auf die Einwohnerzahlen in Städten und Bundesländern auswirkt, ist nicht konkret auszumachen.

> Es gibt in der Bundesrepublik 41 Mio. Wohnungen. Lag die Wohnfläche im Schnitt pro Kopf 1990 lediglich bei 34,8 Quadratmeter, waren es 2013 bereits 46,3 Quadratmeter, Tendenz steigend. In Deutschland leben derzeit rund 53 % der Menschen in eigenen Wohnungen oder Häusern. Der Kaufpreis für Immobilien stieg seit dem Jahr 1995 in Großbritannien um 273 %, Frankreich 147 %, Spanien 99 % und Deutschland 23 %.

Ein Blick auf die Teuerungsrate bei Ein- und Zweifamilienhäusern in den sieben attraktivsten westdeutschen Metropolen zeigt, dass der Immobilienboom noch nicht an seine Grenzen stößt – weiter befeuert durch den Flüchtlingszustrom. Die Sieger in westdeutschen Wachstumsstädten sind mehrere börsennotierte Immobilienfirmen im DAX, MDAX, SDAX sowie kleinere Unternehmen im Prime Standard. Fondsmanager nutzen diese Chance. Sicherer als Offene Immobilienfonds sind wegen breiter Streuung gute Immobilien-Aktienfonds. Was spricht für bleibenden Boom der Bauwirtschaft? Zum einen dürften die langfristigen Kapitalmarktzinsen nur langsam steigen. Mit den beliebten Mischfonds ist wenig Geld zu verdienen. Das Strafzinsgespenst bedroht Fondsmanager bezüglich ihres Barbestands, der bei Aktienverkäufen im Crash steigen dürfte. Wachstumstreiber ist die Zuwanderung von über 1 Mio. Flüchtlingen 2015. Fachleute schätzen, dass bis 2020 jährlich über 100 000 Wohnungen gebaut werden müssten.

Aktienfonds im Aufwärtstrend Bauwirtschaft/Immobilien					
Name, Fonds-Gesellschaft	WKN	Kurs 16.09.16	Hoch/Tief 1 Jahr	Kursentwicklung 1, 3, 5, 10 Jahre
AXA WF Framlington Global Real Estate Securitie A €	A0L F6L	130,65 €	141,2/112,0 €	+11/+37/+88/+28 %
		Umfang 158 Mio. €, Alter 10 Jahre, Ausgabeaufschlag **2,00 %**, Gebühr **2,50 %,** thesaurierend. Der Fonds legt in Aktien mittelgroßer Immobilienfirmen an nach Bewertung von Geschäftsmodell, Managementqualität, Wachstums- und Ertragschancen.
FF Fidelity Global Property A	A0H 0WB	14,05 €	15,15/12,05 €	+9/+42/+86/+27 %
		Umfang 169 Mio. €, Alter 11 Jahre, Ausgabeaufschlag **3,50 %,** Gebühr 1,50 %, ausschüttend. Der Fonds investiert weltweit in Aktien von Unternehmen, die in unterschiedlichen Segmenten der Immobilienbranche aktiv sind. Ein Großteil sind REITs.
First State ICVC Global Property Securities A €	A0Q YLK	1,45 €	1,60/1,30 €	+5/+41/+83/+77 %
		Umfang 313 Mio. €, Alter 13 Jahre, Ausgabeaufschlag 4,00 %, Gebühr 1,50 %, ausschüttend. Der Fonds investiert in Aktien unterschiedlich großer Firmen, die Immobiliengeschäfte betreiben. Es ist **kein Offener Immo-Fond,** der direkt in Gebäude anlegt.
FTIF Franklin Templeton Global Real Estate A€-H1	A1C 20B	13,95 €	14,90/12,50 €	+10/+18/+48 %
		Umfang 342 Mio. €, Alter 6 Jahre, Ausgabeaufschlag **5,75 %,** Gebühr **1,00 %,** ausschüttend. Dieser Fonds legt breit gestreut nach Ländern und Sektoren weltweit in Aktien von Unternehmen an – bevorzugt REITs – deren Hauptgeschäft Immobilien betrifft.
HHF Henderson Horizon Pan European Property Eq A	989 232	39,55 €	43,15/35,50 €	+2/+65/+122/+15 %
		Umfang 360 Mio. €, Alter 18 Jahre, Ausgabeaufschlag 5,00 %, Gebühr **1,20 %,** thesaurierend. Der Fonds investiert mit Anteilen bis zu 10 % in Aktien europäischer Immobilienfirmen. **Dt. Wohnen** (MDAX) und **Vonovia** (DAX) sind aus Deutschland dabei.
JSS Invest. SICAV JSS Real Estate Equity P EUR	A0D LCW	202,95 €	217,0/173,0 €	+11/+42/+90/+43 %
		Umfang 68 Mio. €, Alter 12 Jahre, Ausgabeaufschlag 5,0 **%,** Gebühr 1,50 %, thesaurierend. Der Fonds legt in Aktien von Unternehmen an, deren Geschäftstätigkeit den Immobiliensektor betrifft, auch REITs. Amerika und Japan sind auffällig oft vertreten.
JSS Invest. SICAV JSS Sustainable Eq RE Gl P€	A0M M6T	160,25 €	170,5/138,0 €	+11/+40/+80/+61 %
		Umfang 88 Mio. €, Alter 9 Jahre, Ausgabeaufschlag 5,00 %, Gebühr 1,50 %, thesaurierend. Der Unterschied zum vorstehenden JSS-Fonds besteht darin, dass auch ökologische und ethisch-soziale Nachhaltigkeits-Kriterien mitberücksichtigt werden.

Meinl Global Property	A0J D82	18,80 €	19,70/15,80 €	+13/+33/+88/+25 %
	Umfang 8 Mio. €, Alter 11 Jahre, Ausgabeaufschlag 5,00 %, Gebühr 1,50 %, ausschüttend. Der Fonds bevorzugt Titel aus DAX/MDAX: Vonovia, Dt. Wohnen, LEG Immobilien, Dt. Euroshop.				
MS Morgan Stanley Glob. Property A	A0L AY3	25,45 €	26,85/21,95 €	+8/+36/+83/+23 %
	Umfang 883 Mio. €, Alter 10 Jahre, Ausgabeaufschlag 5,75 %, Gebühr 1,50 %, thesaurierend. Der Fonds investiert weltweit in Aktien von Immobilienfirmen, um Kapitalzuwachs zu erzielen.				

Ein paar Fachausdrücke in Verbindung mit Immobilien-Fonds

Thesaurierend/Ausschüttend: Etliche Immobilienunternehmen zahlen großzügige Dividenden aus, teilweise über 3 oder 4 %. Thesaurierend bedeutet, dass nicht ausgeschüttet, sondern die Dividende in weitere Anteile angelegt wird. Im Laufe der Jahre vermehren sich die Fondsanteile, besonders günstig im steuerfreien Altbestand. Wird ausgeschüttet, so geschieht dies meist ein- oder zweimal im Jahr.

REIT: Dies ist die Abkürzung für **R**eal **E**state **I**nvestment **T**rust, was so viel bedeutet wie Immobilien-AG mit börsennotierten Anteilen. REITs sind von der Körperschafts- und Gewerbesteuer befreit und können mehr Rendite erwirtschaften. 90 % vom Gewinn sind an die Investoren auszuzahlen. Dies führt zu hohen Ausschüttungen, oft 3 bis 5 %. REITs sind in etlichen Aktien-Immobilienfonds gehäuft vertreten.

Offene Immobilienfonds: Sie bieten Anlegern die Chance, sich bereits mit geringen Beträgen an bestimmten, vom Fondsmanagement ausgewählten Immobilien zu beteiligen. Diese Fonds gelten als „offen", weil ein Ausstieg generell möglich ist. Offene Immobilienfonds sammeln die Gelder vieler Anleger ein und kaufen dafür attraktive Gebäude und Grundstücke. Der Anleger wird Miteigentümer des Projekts. Trotz oft nur mittelmäßiger Renditen schwimmen zahlreiche Offene Immobilienfonds in Geld, sodass die Mittel nicht mehr sinnvoll anzulegen sind und Anleger abgewiesen werden. Bei diesem Boom mangelt es an qualitativ hochwertigen und preiswerten Objekten. Es können sich Spekulationsblasen bilden wie 2008/2009 als auslösender Faktor für die weltweite Wirtschaftskrise. Wer mutig war, kaufte damals zu Tiefstkursen erstklassige Immobilien-Aktien.

Wie die Zeitmaschine von 1870 bis 2015 zeigt, erzielten Sachwerte im 150-Jahres-Zeitraum die höchste Rendite in Industriestaaten. Wohnhäuser brachten pro Jahr 8,7 % Ertrag, Aktien 7,8 %, Anleihen nur 1,5 % und Geldmarkt dürftige 0,3 %. Für das nächste Jahrzehnt dürften laut Handelsblatt Aktien der Eurozone 5,6 % abwerfen. Derzeit hängt das Wirtschaftswachstum am privaten Konsum. Statt ertragreich Geld anzulegen, wird gedankenlos konsumiert – oft nicht sinnvoll. Die Schuldenspirale wächst besorgniserregend.

5.1.5 Weitgehend stabiler Konsumgütersektor. Wir essen, trinken, heizen, waschen, pflegen uns auch in Krisen

Demografischer Wandel und Flüchtlingszustrom führen zu Licht und Schatten, verändern Gewohnheiten, lösen neue Trends aus

Die Konsumindustrie profitiert vom längeren Leben und Flüchtlingszustrom. Bei Konsumgütern spielen Haushalts-, Freizeit-, Sportgeräte eine große Rolle. Die Digitalisierung kommt voran. Der Online-Umsatz stieg 2015 um 12 % auf 47 Mrd. €. Im Jahr 2016 dürfte die 50-Mrd.-Euro-Grenze geknackt werden. Der demografische Wandel lässt den privaten Konsum steigen. Im Modesektor ist bezahlbarer Luxus mit leicht steigenden Wachstumsraten gefragt.

Nicht jeder, der es sich leisten kann, nutzt die neuen Möglichkeiten der Vernetzung von Haus und Wohnung. Es ist zwar angenehm, vom Sofa aus alles zu dirigieren wie Bedienen der Rollläden, Ein- und Ausschalten von Heizung, Wasch- und Spülmaschine, Kühlschrankkontrolle mit Online-Einkauf. Wer selbst nicht mehr im Laden einkauft und sich Waren ins Haus liefern lässt, muss dafür mehr bezahlen. Wer kaum noch zu Fuß geht, bewegt sich zu wenig, wird vielleicht dick und erhöht seine Abhängigkeit von der Technik. Wehe, wenn diese nicht funktioniert!

Es fällt schwer, verlässlich vorauszusagen, welche neuen Trends nur ein vorübergehender Modeschrei sind oder wirklich einen nachhaltigen Wandel der Verbrauchergewohnheiten und -vorlieben auslösen. Welche Produkte, Materialien, Werkstoffe, Formen und Farben, welche Dienstleistungen und welches Design erscheinen ausbau- und zukunftsfähig? Niemals darf schönes Aussehen die Funktionalität beeinträchtigen, wie dies leider öfters bei Möbeln und Hotelzimmerausstattungen zu beobachten ist. Auch bei Büroeinrichtungen sollte das Design, der äußere Eindruck nicht zu Lasten moderner Erkenntnisse der Arbeitswissenschaft (Ergonomie) gehen. Je nachdem, wie innovativ und vorausschauend die vielfältigen Ansprüche und die sich ändernden Bedürfnisse erfüllt werden, steigt oder sinkt das Wohlergehen der Firmen und bei börsennotierten Unternehmen die Kursentwicklung der Aktien sowie die Aufnahme in Themenfonds.

Ein Unternehmen, das nicht von Digitalisierung und Vernetzung in den Abgrund geschleudert werden will, muss seinen Online-Markt auf Vordermann bringen. Die einzelnen Branchen entwickeln sich unterschiedlich. Im Möbelbereich wollen drei von vier Kunden die Möbel anschauen und ausprobieren, ob alles so ist wie gewünscht. Bei Kleinmöbeln wird gern direkt online bestellt, bei Kompletteinrichtungen oft nach Besuch im Geschäft. Für Firmen stellt sich längst nicht mehr die Frage, ob Digitalisierung, sondern wie schnell, perfekt, produkt-, markt- und kundenbezogen dies geschieht. Wer nicht besser sein will, hat schon verloren.

Die Cyberkriminalität schlägt auch im Konsumgütersektor zu

Umsatz- und Ertragseinbußen drohen durch Plagiate (23,0 %), Patentverletzungen (18,8 %), Verlust von Wettbewerbsvorteilen (14,3 %), Schädigung von IT, Produktions- oder Betriebsabläufen (13,0 %), Imageschäden (12,8 %), Kosten für Rechtsstreit (11,8 %), datenschutzrechtliche Maßnahmen (3,9 %), Erpressung mit gestohlenen Daten (2,9 %), Abwerben von Mitarbeitern (1,7 %).

Erfreulicherweise lässt sich der Konsumgütermarkt mithilfe eines guten Themenfonds abdecken. Treffen Sie aus der Kursliste die passende Auswahl.

Aktienfonds-Auswahl aus der Konsumgüter-Branche

Name, Fonds-Gesellschaft	WKN	Kurs 16.09.16	Hoch/Tief 1 Jahr	Kursentwicklung 1, 3, 5, 10 Jahre
Candriam Equities B Leading Brands C	921 045	1.064,4 €	1.145/958,5 €	+7/+40/+116/+168 %
	Umfang 90 Mio. €, Alter 18 Jahre, Ausgabeaufschlag **2,50 %**, Gebühr 1,50 %, thesaurierend. Das Management setzt auf Wachstum und gute Rendite. Begehrt sind die Aktien von Großkonzernen, wie Amazon, PepsiCo, Nestlé, Procter & Gamble.			
FF Fidelity Funds Global Consumer Industries Y	A0N GWX	26,95 €	28,05/23,30 €	+10/+48/+117/+174 %
	Umfang 509 Mio. €, Alter 8 Jahre, Ausgabeaufschlag **0,00 %**, Gebühr **1,00 %**, thesaurierend. Der Fonds bevorzugt Aktien von Konsumgüter-Riesen aus aller Welt, wie Amazon, Philip Morris, Coca-Cola, Colgate, LVMH, L'Oreal, Inditex, Google, Heineken.			
GAMAX FXP Junior I	A1J U6B	16,50 €	17,35/14,70 €	+4/+39/+62 %
	Umfang 159 Mio. €, Alter 5 Jahre, Ausgabeaufschlag **0,00 %**, Gebühr **0,90 %**, thesaurierend. Der Fonds erfreut mit niedrigen Gebühren und konzentriert sich auf Aktien von Konsumgüter-Konzernen, die vor allem die jüngere Generation ansprechen.			
KBC Equity Food & Personal Products Classic	723 109	1.831 €	1.920/1.632 €	+13/+52/+112/+169 %
	Umfang 82 Mio. €, Alter 18 Jahre, Ausgabeaufschlag **3,00 %**, Gebühr 1,50 %, thesaurierend. Über 85 % vom Kapital stecken in Aktien aus den Bereichen Essen, Trinken, Tabak, Haushaltswaren und Pflegemittel, wie Nestlé, P&G, PepsiCo, Coca-Cola.			
MS Morgan Stanley Invest Global Brands Fund B	579 994	77,90 €	82,00/69,70 €	+11/+41/+86/+102 %
	Umfang 5,81 Mrd. €, Alter 16 Jahre, Ausgabeaufschlag **0,00 %**, Gebühr 1,40 %, thesaurierend. Der Fonds ohne Ausgabeaufschlag konzentriert sich auf Aktien von Großkonzernen, die ihren Sitz in Industrienationen haben, wie Reckitt, L'Oreal, Microsoft.			

OP Food	848 665	318,50 €	330,6/272,9 €	+17/+53/+108/+157 %
	Umfang 187 Mio. €, Alter 22 Jahre, Ausgabeaufschlag 5,00 %, Gebühr 1,50 %, ausschüttend. Der Fonds investiert in weltweit führende Nahrungsmittelwerte, wie Nestlé, Unilever, Coca-Cola, Altria, Danone. Wachstum und hohe Qualität sind der Anspruch.			
Parvest Equity World Consumer Durabl. Privilege	A1T 8WM	193,25 €	210,4/163,5 €	+4/+34/+42 %
	Umfang 126 Mio. €, Alter 5 Jahre, Ausgabeaufschlag 5,00 %, Gebühr **0,75 %,** thesaurierend. Dieser Fonds konzentriert sich weltweit auf Aktien von Unternehmen der Gebrauchsgüter-, Freizeit- und Medienbranche, wie Amazon, Comcast, Walt Disney.			
Robeco CG Global Consumer Trends Equities D €	A0C A0W	152,35 €	164,4/130,0 €	+5/+35/+108/+186 %
	Umfang 455 Mio. €, Alter 18 Jahre, Ausgabeaufschlag 5,00 %, Gebühr 1,50 %, thesaurierend. Der Fonds orientiert sich an Zukunftstrends im Konsumgütersektor, wie Digitalisierung, Internet, soziale Netzwerke. Es geht um starke Marken und Attraktivität.			

Luxusaktien und Luxusgüterfonds zurück in die Erfolgsspur

Etliche Luxuskonzerne und Luxusgüterfonds befinden auf Erholungskurs. Die Rückkehr in die Erfolgsspur wird durch folgende Angaben unterfüttert:

- Anteil am weltweiten Umsatz mit Luxusgütern: USA 31 %, Japan: 7,9 %, China: 7,1 %, Italien: 6,8 %, Frankreich: 6,7 %, Deutschland: nur 4,7 %.

- Die teuersten europäischen Luxusautomobile: Bugatti, Rolls-Royce, Lamborghini, Ferrari, Bentley, Aston Martin, Maserati, Porsche, Jaguar.

- Im Diamantenhandel haben Indien und Belgien bei den Marktanteilen die Nase vorn: Indien: 40 %, Belgien: 25 %, China & Hongkong: 15 %, USA: 8 %, Israel: 5 %, Arabische Emirate: 5 %.

- Der Modesektor wird ganz eindeutig von Frankreich angeführt. Die wertvollsten Luxus-Modemarken sind: Louis Vuitton, Hermés und Chanel aus Frankreich, Gucci und Prada aus Italien sowie Coach aus den USA

- Der Uhrensektor befindet sich fest in der Hand der Eidgenossen. Hier dominieren: Swatch Group, Richemont und Rolex aus der Schweiz, Fossil aus Amerika, LVMH/Bulgari aus Frankreich, Citizen aus Japan.

- Die meisten Luxus-Yachten stammen aus Italien. Hier verteilen sich die Aufträge für neue Edelyachten: Italien, Taiwan, Türkei, USA, Deutschland.

Das Sportausrüstungs-Geschäft ist auch online im Aufwind

Ein Drittel der 18- bis 70-Jährigen gibt jährlich 200 bis 500 € für Sportartikel aus. Der Kauf in Sportgeschäften führt knapp vor Online-Fachhändlern.

Zwei Luxusgüter-Aktienfonds international

Name, Fonds-Gesellschaft	WKN	Kurs 10.10.16	Hoch/Tief 1 Jahr	Kursentwicklung 1, 3, 5, 10 Jahre
JB MS Julius Baer Multistock Luxury Brands B	A0N CNT	207,90 €	236,1/189,1 €	-6/+4/+53/+109 %
NN(L) Prestige & Luxe P	664 641	639,70 €	724,9/571,2 €	-7/-4/+46/+48 %

JB MS Julius Baer Multistock Luxury Brands B: Umfang 207 Mio. €, Alter 9 Jahre, Ausgabeaufschlag 5,00 %, Gebühr 1,60 %, thesaurierend. Das Management konzentriert sich auf den Luxusgütersektor und investiert in Aktien führender Luxushersteller mit herausragenden Marken und hochwertiger Qualität. Dazu zählen: Hermés, L'Oreal, Estee Lauder, Diageo.

NN(L) Prestige & Luxe P: Umfang 59 Mio. €, Alter 19 Jahre, Ausgabeaufschlag 3,0 %, Gebühr 1,50 %, thesaurierend. Der Fonds investiert weltweit in Luxusgüteraktien und entscheidet frei bezüglich Regionen und Indizes. Die bekanntesten Marken sind Estee Lauder, Richemont, Christian Dior, LVMH, Vuitton, L'Oreal, Diageo, Daimler, BMW.

5.1.6 Innovative Industrie: Hightech, Software, Elektronik, Elektrotechnik als Nutznießer des globalen Wandels

Zahlenspiegel über herausragende Leistungen der deutschen Industrie; Aktienfonds mit guter Perspektive (Quelle: BMWi)

- 65 Mio. Menschen in Deutschland benutzen ein Handy.
- 19,6 Mio. Personen besitzen hierzulande ein Navigationssystem im Auto. Neuartige Werkstoffe machen Autos um 50 % leichter und spritsparend.
- Über 8 Mrd. € jährliche Ersparnis bietet ein intelligentes Verkehrsnetz.
- 370.000 Menschen haben sich ein künstliches Hüft- oder Kniegelenk einsetzen lassen, um neue Bewegungsfreiheit zu erlangen.
- 260.000 Menschen erlernen derzeit einen industrietechnischen Ausbildungsberuf. Rund 15 Mio. Arbeitsplätze hängen von der Industrie ab.
- 8 Mio. sozialversicherungspflichtige Beschäftigte in der Industrie sorgen für ein funktionierendes Sozialsystem.
- Allein im Jahr 2015 schuf die deutsche Industrie 56.000 neue Jobs. Der Flüchtlingszustrom erfordert weitere Anstrengungen und Aktivitäten.
- 581 Mrd. € erwirtschaftet die deutsche Industrie für unseren Wohlstand.
- Bis 2020 will die deutsche Industrie jährlich 40. Mrd. € für Anwendungen in der Industrie 4.0 investieren.

Die 4. industrielle Evolution mit dem Digitalisierungsmegatrend mischt die Karten neu – bei Mittelständlern und Großkonzernen rund um den Globus. Es wird neue Produkte, Prozesse, Verfahren und Dienstleistungen geben, die unsere heutige Vorstellungswelt sprengen. Was uns die Industrie 4.0 künftig beschert, das lässt sich nicht verlässlich voraussagen. Fest steht jedoch, dass der demografische Wandel mit dem höheren Anteil älterer Menschen Bedürfnisse, Infrastruktur, Lebens- und Wohnformen entscheidend verändert. Es ist wie ein Marathonlauf auf der Olympiade, wo schon längst nicht mehr gilt: *„Dabei sein ist alles!"*

Die deutsche Elektrotechnik befindet sich weiter auf Rekordkurs. Großen Anteil daran hat der Export. Die neuen Möglichkeiten in der Haushaltselektronik, z. B. vom Sofa aus alles bequem zu steuern – wie Kühlschrank kontrollieren, elektronischen Einkaufszettel erstellen, Wasch- und Spülmaschine bedienen, Rollläden aktivieren, Heizung ein- und ausschalten – sind trotz intensiver Werbung bei den Verbrauchern weniger gefragt als erhofft. Manch einer mag mit mir darin übereinstimmen, dass es nicht schädlich, sondern gesund und kostensparend ist, sich in seinen vier Wänden zu bewegen, anstatt der Bequemlichkeit Tribut zu zollen. Und was passiert, wenn die Technik nicht funktioniert? Die Aktienauswahl im Industrie- und Technologiebereich wird belastet durch vielfältige Überschneidungen mit anderen Sektoren. Außerdem sind etliche Unternehmen in mehreren Branchen tätig. Wie sieht es mit Alphabet (Google) aus? Hightech pur oder Netzwerk mit Suchmaschine, Automobilzulieferer oder Biotechkonzern?

Elektrotechnik und Elektronik als deutsche Wachstumstreiber

Untersuchen wir den Reingewinn der weltweit besten Unternehmen, so führt die Sparte Elektro/Elektronik unter Einbindung Vernetzung, Digitalisierung und Internet der Dinge klar die Rangliste an. Es sind die amerikanischen Giganten Amazon, Google, Apple, Microsoft und General Electric. Das Exportgeschäft der deutschen Elektroindustrie läuft auf Hochtouren, angeführt vom DAX-Konzern Siemens. Technologie mit Big Data, Künstlicher Intelligenz, Robotik und Internet der Dinge darf nicht nur wissenschaftlichen Ehrgeiz und Forscherdrang befriedigen, sondern muss dem Menschen dienen. Nicht alles, was möglich erscheint, wird gebraucht und ist sicher. Die Gefahr liegt im Missbrauch zu schützender Daten und kriminellem Abgreifen auf dem Weg zum „gläsernen" Menschen.

Konsequenzen aus dem demografischen Wandel: Wer länger lebt, braucht mehr Geld mit dem Ziel, den Ruhestand ohne finanzielle Not zu genießen. Gute Aktienfonds, wozu Technologie/Industrie zählen, ermöglichen es, Vermögen aufzubauen, statt zu verzehren. Nachdem jeder zu den Siegern zählt, der zumindest 14 Jahre breit gestreut in Aktien oder Themenfonds anlegt, freuen Sie sich, wenn Sie bereits investiert sind. Verpassen Sie nicht den günstigen Start für Vermögensaufbau und Altersvorsorge auf den Tiefpunkten einer scharfen Korrektur.

Berücksichtigen Sie bei der Fondsauswahl Ihre Vorlieben und Fachkenntnisse. Sorgen Sie für breite Streuung. Achten Sie auf faire Gebühren. Das Risiko steigt bei geringem Fondsvolumen.

\multicolumn{4}{c}{**Globale Aktienfonds-Auswahl aus dem Industriebereich mit Hightech, Software, Elektronik, Elektrotechnik**}			
Name, Fonds-Gesellschaft	**WKN**	**Kurs 16.09.16**	**Hoch/Tief 1 Jahr**	**Kursentwicklung 1, 3, 5, 10 Jahre**
Capital International Global Equity (LUX) C CHF	940 667	25,20 €	26,70/21,00 €	**+4/+37/+102/+58 %**
	\multicolumn{4}{l}{Umfang 53,1 Mrd. €, Alter 47 Jahre, Ausgabeaufschlag **5,25 %,** Gebühr **0,00 %,** thesaurierend. Der Fonds investiert weltweit in die Aktien von Firmen mit langfristigem Kapitalwachstum, darunter Novo Nordisk, Alphabet, Microsoft, VISA und Schlumberger.}			
Carmignac Investissement A EUR Acc	A0D P5W	1.124 €	1.164/1.007 €	**+2/+17/+32/+92 %**
	\multicolumn{4}{l}{Umfang 4,98 Mrd. €, Alter 28 Jahre, Ausgabeaufschlag 4,00 %, Gebühr 1,50 %, thesaurierend. Der Fonds investiert bevorzugt in Industriefirmen, die bezüglich Rentabilität und Bonität überzeugen, wie: Novo Nordisk, Amazon, Celgene, Inditex, Facebook.}			
Deka-Technologie CF	515 262	**25,35 €**	**25,50**/19,95 €	**+18/+67/+126/+122 %**
	\multicolumn{4}{l}{Umfang 346 Mio. €, Alter 17 Jahre, Ausgabeaufschlag **3,75 %,** Gebühr **1,25 %,** thesaurierend. Der Fonds mit fairen Gebühren investiert weltweit in Aktien von Technologie-Firmen, wie Alphabet, Amazon, Facebook, Microsoft, APPLE, INTEL, Samsung.}			
FF Fidelity Global Technology A	921 800	**15,60 €**	**15,65**/11,40 €	**+24/+77/+156/+56 %**
	\multicolumn{4}{l}{Umfang 845 Mio. €, Alter 17 Jahre, Ausgabeaufschlag **5,25 %,** Gebühr 1,50 %, thesaurierend. Der erfolgreiche Fonds investiert in Aktien von Firmen, deren Produkte, Verfahren und Dienste mit verbesserter Technologie in Zukunftsmärkten unterwegs sind.}			
FF Fidelity Funds World E (EUR)	787 302	22,70 €	24,75/19,10 €	**+3/+40/+101/+74 %**
	\multicolumn{4}{l}{Umfang 954 Mio. €, Alter 20 Jahre, Ausgabeaufschlag **0,00 %,** Gebühr 1,50 %, thesaurierend. Der Fonds legt in Aktien mittelgroßer und großer Firmen an, die langfristigen Kapitalzuwachs anstreben. Es dominiert Hightech, wie Alphabet und Microsoft.}			
Frankfurter Aktienfonds für Stiftung T	A0M 8HD	118,35 €	121,8/107,9 €	**+7/+28/+72/+141 %**
	\multicolumn{4}{l}{Umfang 1,69 Mrd. €, Alter 9 Jahre, Ausgabeaufschlag 5,00 %, Gebühr **0,35 %,** thesaurierend. Der Fonds mit geringer Gebühr erstrebt hohen Wertzuwachs durch Anlage in Nebenwerteaktien. **Software AG** (TecDAX) und **WashTec** (SDAX) gehören dazu.}			

FTIF Franklin Templeton Invest. Mutual Beacon I€	A0K EDF	17,90 €	18,20/14,55 €	+8/+42/+112/+73 %
	Umfang 655 Mio. €, Alter 10 Jahre, Ausgabeaufschlag **0,00 %**, Gebühr **0,70 %**, thesaurierend. Der Fonds mit geringer Gebühr spezialisiert sich auf unterbewertete Aktien weltweit. Die Firmen müssen zukunftsfähige Phasen ihrer Entwicklung präsentieren.			
HGF Henderson Gartmore Global Growth Fund R	A0D NEW	12,65 €	13,30/10,60 €	+7/+52/+127/+78 %
	Umfang 50 Mio. €, Alter 12 Jahre, Ausgabeaufschlag 5,00 %, Gebühr 1,50 %, thesaurierend. Der interessante Fonds setzt auf langfristiges Wachstum innovativer Growth-Technologie-Gesellschaften, von denen etliche Aktien im Nasdaq 100 gelistet sind.			
JCF Janus Capital Global Technology Fund A	935 619	8,05 €	8,05/5,90 €	+21/+37/+91/+121 %
	Umfang 55 Mio. €, Alter 16 Jahre, Ausgabeaufschlag 5,00 €, Gebühr **1,25 %**, thesaurierend. Der Fonds spezialisiert sich auf Aktien führender Technikkonzerne mit starken Marken und hohen Erträgen, wie Google, Apple, Samsung, Facebook, Adobe.			
KBC Equity Fund Growth by Innovation Classic	A0J KMU	278,20 €	286,0/228,0 €	+15/+49/+111/+77 %
	Umfang 10 Mio. €, Alter 18 Jahre, Ausgabeaufschlag **0,00 %**, Gebühr 1,50 %, thesaurierend. Der Fonds setzt auf innovative Wachstumsfirmen mit zukunftsfähiger Forschung/Entwicklung, darunter Hightech- und Gesundheitsaktien aus dem Dow Jones.			
KBC Equity Strategie Telecom & Technology	779 078	164,60 €	175,0/138,8 €	+10/+45/+97/+24 %
	Umfang 542 Mio. €, Alter 17 Jahre, Ausgabeaufschlag **0,00 %**, Gebühr 1,50 %, thesaurierend. Der Fonds konzentriert sich auf den Hightech- und Telekomsektor. Er investiert in Großkonzerne, wie Apple, Dt. Telekom, AT&T, Facebook, Microsoft, SAP.			
Monega Innovation	532 102	59,15 €	60,10/47,30 €	+15/+43/+101/+109 %
	Umfang 24 Mio. €, Alter 15 Jahre, Ausgabeaufschlag **3,50 %**, Gebühr **0,08 %**, ausschüttend. Der Fonds mit winziger Gebühr investiert in europäische, amerikanische und japanische Aktien kleiner und mittelgroßer Firmen mit zukunftsfähigen Patenten.			
Nordea 1 Sicav Global Stable Equity Fund BP-EUR	848 665	318,50 €	330,6/272,9 €	+12/+50/+106/+68 %
	Umfang 11,4 Mrd. €, Alter 11 Jahre, Ausgabeaufschlag 5,00 %, Gebühr 1,50 %, thesaurierend. Der Fonds setzt auf stabile Ertragsentwicklung und investiert weltweit in Aktien mittelgroßer und großer Konzerne, bevorzugt Technologie und Gesundheit.			
Postbank Megatrend	531 737	80,25 €	85,00/65,35 €	+2/+54/+100/+85 %
	Umfang 21 Mio. €, Alter 15 J., Ausgabeaufschlag 5,0 %, Gebühr 1,50 %, thesaurierend. Der Fonds setzt auf Hightech-Zukunfts-Trends mit TecDAX-Aktien trotz globaler Anlage: United Internet, Wirecard, Qiagen, Dialog, Sartorius, Software AG, Freenet.			

Robeco CG Cap. Growth BP Global Prem. Eq D €	A0D LK6	231,50 €	239,5/190 €	+8/+45/+116/+75 %
	Umfang 1,64 Mrd. €, Alter 12 Jahre, Ausgabeaufschlag 5,00 %, Gebühr **1,25 %**, thesaurierend. Der Fonds setzt auf Aktien innovativer mittelgroßer und großer Konzerne überwiegend aus den USA mit Übergewichtung Technologie und Gesundheitswesen.			
Siemens Global Growth	977 265	7,45 €	7,55/6,85 €	+21/+58/+130/+177 %
	Umfang 24 Mio. €, Alter 16 Jahre, Ausgabeaufschlag 5,0 %, Gebühr **1,50 %**, thesaurierend. Der globale Aktienfonds ist auf innovative Zukunftsfirmen spezialisiert. Der TecDAX dominiert mit Nemetschek, Sartorius, Carl Zeiss, Bechtle, Wirecard, Cancom.			
UniFavorit: Aktien €	847 707	116,65 €	120,8/99,45 €	+8/+43/+103/+131 %
	Umfang 1,44 Mrd. €, Alter 11 Jahre, Ausgabeaufschlag 5,00 %, Gebühr **1,20 %**, ausschüttend. Der Fonds investiert weltweit vor allem in Aktien großer Unternehmen, die hohe Ertragschancen haben. Neben Industrieaktien sind Amgen und Biogen dabei.			
UniSector HighTech A	921 559	71,95 €	73,50/58,75 €	+13/+58/+116/+126 %
	Umfang 71 Mio. €, Alter 17 Jahre, Ausgabeaufschlag 4,0 %, Gebühr **1,55 %**, thesaurierend. Der Fonds investiert in Aktien von Firmen im Computer-/Software-/Technologiebereich, wie Apple, Alphabet, Microsoft, Facebook. Aus dem DAX ist SAP dabei.			

5.1.7 Aktienfonds im Zukunftsmarkt „Internet der Dinge" und Informationstechnologie mit Digitalisierung

Was erhoffen sich Firmen von der Umsetzung der Industrie 4.0?

Vorrangig werden bei einer Umfrage 2016 von den Unternehmenslenkern genannt: verbesserte Prozesse, höhere Kapazitätsauslastung, schnellere Umsetzung von Kundenwünschen, geringere Produktions- und Personalkosten, bessere Planung von Wartungsfenstern, Veränderung des Geschäftsmodells, flexiblere Arbeitsorganisation, Erweiterung der Produktpalette. Der DAX-Konzern Infineon ist mittlerweile das weltweit zwölftgrößte Halbleiter-/Chip-Unternehmen mit einem Umsatz 2015 von 6,8 Mrd. Dollar und einem Anstieg von beachtlichen 15 %.

Zahlenspiegel über den Digitalisierungs-Megatrend, der unser Leben verändert und Aktienfonds aufwärts treibt (Quelle: BMWi)

- 51 Mio. Menschen in Deutschland besitzen ein Smartphone.
- 54 Mio. Menschen shoppen hierzulande online.
- 73 % aller Internetnutzer wenden das praktische Online-Banking an.
- 43 % der deutschen Onliner bewegen sich in sozialen Netzwerken.

- 73 % unserer Lehrer befürworten eine Strategie „Digitales Lernen".
- 3,5 Mio. IT-Experten werden von Europa bis zum Jahr 2020 gesucht.
- 97 % aller Unternehmen melden Bedarf bei digitaler Weiterbildung.
- 20 Mrd. Geräte und Maschinen waren 2015 über das Internet vernetzt. 2030 dürfte es eine halbe Billion sein.
- 56 Mrd. € pro Jahr Gesamtnutzen entsteht durch intelligente Vernetzung.
- 9 Mrd. € Ersparnis bringt jährlich ein digitalisiertes Verkehrsnetz.
- Die bittere Kehrseite: Über die Hälfte der Unternehmen in der Bundesrepublik waren schon Opfer von Cyberkriminalität: Tendenz steigend.

Digitalisierung verändert Branchenstruktur und Arbeitswelt

Längst reagieren nicht nur Softwarekonzerne auf den Digitalisierungstrend. Innovative Firmen bauen ihre Marktnische aus. Die Arbeit im Ökosystem Digitalisierung muss an einer wertschätzenden Ergebniskultur feilen mit Mitarbeitern, die sich digital qualifizieren und Anforderungsprofile verinnerlichen. Für Siemens-Chef Joe Kaeser ist „die Digitalisierung die Schicksalsfrage der deutschen Industrie". Christian Illek, Personalvorstand Dt. Telekom, bestätigt, dass sich die Arbeit dramatisch verändert: „Arbeit muss im Ökosystem Digitalisierung neu organisiert werden. Die Personalressorts müssen handeln." Jochen Kienbaum, Chef Kienbaum Consultants, erklärt: „Junge Leute wollen an Zukunftsthemen arbeiten, und die sind heute digital. Wenn eine Firma das nicht bietet, fällt sie schnell zurück."

- Decken Sie die Zukunftsmärkte Industrie 4.0, Digitalisierung und Internet der Dinge mit erfolgreichen Aktienfonds ab. Die folgende Kursliste soll Ihnen Ihre Entscheidung in diesem anspruchsvollen Sektor erleichtern.

Aktienfonds Internet und Informationstechnologie

Name, Fonds-Gesellschaft	WKN	Kurs 16.09.16	Hoch/Tief 1 Jahr	Kursentwicklung 1, 3, 5, 10 Jahre
Allianz Informationstechnologie A	847 512	175,55 €	187,0/132,8 €	+10/+36/+134/+122 %
		Umfang 146 Mio. €, Alter 33 Jahre, Ausgabeaufschlag 5,00 %, Gebühr 1,80 %, ausschüttend. Das Management investiert mindestens 70 % in Aktien aus dem Informationssektor. Die größten Positionen: Microsoft, Google, Facebook, Tesla Motors, Apple.		
AGIF V Allianz Global Intellectual Capital A	926 091	83,25 €	85,10/65,15 €	+11/+53/+131/+177 %
		Umfang 101 Mio. €, Alter 17 Jahre, Ausgabeaufschlag 5,00 %, Gebühr 2,05 %, ausschüttend. Der Fonds investiert zumindest 70 % in Aktien von Konzernen, die bei der Digitalisierung vorangehen, wie: Mobileye, Vonovia, Roche, BlackRock, Comcast.		

BGF Black-Rock Global World Tech A2 EUR	A0B MAN	17,15 €	18,00/13,20 €	**+12/+50/+99/+81 %**
		Umfang 405 Mio. €, Alter 22 Jahre, Ausgabeaufschlag 5,00 %, Gebühr 1,50 %, thesaurierend. Der Fonds legt über 70 % in Aktien mittlerer und großer Konzerne an, die in zukunftsfähiger Informationstechnologie aktiv sind, wie Apple, Tencent, Alphabet.			
Challenge Technology Fund LCA	801 817	3,60 €	3,80/3,00 €	**+10/+49/+91/+76 %**
		Umfang 416 Mio. €, Alter 16 Jahre, Ausgabeaufschlag 4,50 %, Gebühr 1,65 %, thesaurierend. Dieser Fonds investiert in Aktien von Firmen, die in Datenverarbeitung, Informations- und Kommunikationstechnologie sowie Telekom und Biotech tätig sind.			
DEKA Technologie TF	515 263	21,05 €	21,35/16,65 €	**+17/+64/+119/+106 %**
		Umfang 350 Mio. €, Alter 17 Jahre, Ausgabeaufschlag **0,00 %**, Gebühr **1,97 %**, thesaurierend. Das Management investiert in Aktien von Unternehmen, die im Hightechsektor oder technologienahen Sektor tätig sind, wie Alphabet, Amazon, Facebook.			
DKB TeleTech Fonds AL	921 868	8,55 €	8,75/7,20 €	**+13/+52/+83/+72 %**
		Umfang 28 Mio. €, Alter 17 Jahre, Ausgabeaufschlag 5,0 %, Gebühr 1,40 %, ausschüttend. Der Fonds investiert in Aktien von aufstrebenden, innovativen europäischen, asiatischen und amerikanischen Firmen mit zukunftsfähiger Technologie-Leistung.			
DNB Fund Technology A	A0M WAN	334,85 €	336,8/253,9 €	**+25/+79/+162/+235 %**
		Umfang 339 Mio. €, Alter 9 Jahre, Ausgabeaufschlag 5,00 %, Gebühr 1,50 %, thesaurierend. Der Fonds investiert in Technologie-, Kommunikations- und Medienfirmen mit guten Aussichten in Zukunftsmärkten, wie Alphabet, Playtech, Samsung und SAP.			
DWS Technology Typ 0	847 414	130,10 €	131,3/104,3 €	**+14/+68/+121/+120 %**
		Umfang 245 Mio. €, Alter 33 Jahre, Ausgabeaufschlag **0,00 %**, Gebühr 1,70 %, ausschüttend. Dieser Fonds ohne Ausgabeaufschlag konzentriert sich auf Aktien von Firmen für Informations-, Kommunikations- und Biotechnologie, wie Apple und Alphabet.			
ESPA Stock Techno VT	A0L BLB	52,75 €	53,45/42,55 €	**+18/+71/+131/+116 %**
		Umfang keine Angabe, Alter 14 Jahre, Ausgabeaufschlag 4,0 %, Gebühr 1,80 %, thesaurierend. Anlageziel ist langfristiger Substanzzuwachs. Investiert wird in Aktien von Firmen der Technologiebranche mit geringer, mittlerer, hoher Marktkapitalisierung.			
FF Fidelity Global Technology Fund E	787 208	15,25 €	15,30/11,20 €	**+23/+73/+147/+133 %**
		Umfang 845 Mio. €, Alter 16 Jahre, Ausgabeaufschlag **3,50 %**, Gebühr 1,50 %, thesaurierend. Der Fonds bevorzugt Aktien von Firmen unterschiedlicher Größe, deren Produkte, Verfahren und Dienste zum Technologiefortschritt in Zukunftsmärkten führen.			

KBC Equity Strategie Telecom & Technology	779 078	164,60 €	175,0/138,8 €	+10/+45/+97/+24 %
	Umfang 542 Mio. €, Alter 17 Jahre, Ausgabeaufschlag **0,00 %**, Gebühr 1,50 %, thesaurierend. Der Fonds konzentriert sich auf den Hightech- und Telekomsektor. Er investiert in Großkonzerne, wie Apple, Dt. Telekom, AT&T, Facebook, Microsoft, SAP.			
NN (L) Information Technology P	A0Q 88T	855,80 €	858,2/675,2 €	+19/+57/+109/+245 %
	Umfang 182 Mio. €, Alter 8 Jahre, Ausgabeaufschlag **3,00 %**, Gebühr 1,50 %, thesaurierend. Der Fonds investiert in Softwarefirmen, IT-Dienstleister und Hardwareausrüster. Stärkste Posten mit 9,6 % bis 5,5 % Anteil: Apple, Microsoft, Alphabet und IBM.			
Nordinternet	978 530	72,40 €	75,05/53,55 €	+14/+68/+146/+152 %
	Umfang 32 Mio. €, Alter 19 Jahre, Ausgabeaufschlag 5,0 %, Gebühr **1,00 %**, thesaurierend. Der Fonds konzentriert sich auf Aktien von Unternehmen im Bereich Internet, Infrastruktur, Online-Plattformen, wie Amazon, Facebook, PayPal, Alphabet, Netflix.			
Raiffeisen-Technologie-Aktien T	A0B KN0	154,30 €	155,5/122,8 €	+17/+76/+140/+97 %
	Umfang 30 Mio. €, Alter 15 Jahre, Ausgabeaufschlag 5,0 %, Gebühr **2,00 %**, thesaurierend. Es geht um Aktien von Firmen im Technologiesektor bei Entwicklung, Produktion und Vertrieb von Soft- und Hardware, IT-Zubehör, Telekommunikation, Halbleiter.			
UniSector HighTech A	921 559	71,95 €	73,50/58,75 €	+13/+58/+116/+126 %
	Umfang 30 Mio. €, Alter 17 Jahre, Ausgabeaufschlag 4,0 %, Gebühr 1,55 %, thesaurierend. Der Fonds investiert in Aktien von Firmen der Computer-, Software-, Technologiebranche: Apple, Alphabet, Microsoft, Facebook. Aus dem DAX ist SAP dabei.			

Chancen nutzen und sich gegen Cyberkriminalität schützen

Diese Aktienfonds mit Ausrichtung auf Informations- und Kommunikationstechnologien mit Schwerpunkt Internet und Digitalisierung unterscheiden sich in ihrer Zusammensetzung oft nur unwesentlich. Alle schneiden gut ab, weil sie die Megatrends in Zukunftsmärkten nutzen. Wichtig ist, sich gegen Cyberkriminalität zur Wehr zu setzen. Laut Umfrage fürchten sich Unternehmen am meisten vor Betriebsunterbrechungen (79 %), Softwareschaden (48 %), Verlust von Kundendaten (48 %), Schaden durch Betrug (29 %), Verlust geistigen Eigentums (19 %).

Immer wieder sind es die weltbekannten Großkonzerne, wie Google (Alphabet), Amazon, Apple, Samsung, Microsoft und SAP, in die angelegt wird. Schauen Sie auf das Mehrjahresergebnis. Wählen Sie einen Aktienfonds mit fairen Gebühren aus, dessen Volumen zumindest im dreistelligen Millionenbereich liegt. Interessant für Sie kann sein, ob Sparpläne angeboten werden und wie hoch die täglichen Umsätze sind, gut einzusehen im Internet bei boerse.ard.de.

5.1.8 Aktienfonds: Medien und Telekommunikation; Produktvielfalt durch industrielle Evolution 4.0

Der Gesamtnutzen durch intelligente Vernetzung beträgt pro Jahr 56 Mrd. €. Durch den Internetsiegeszug verstärkt sich der Wettbewerb bei Telekom- und Netzwerkanbietern, Online-Portalen und Sozialplattformen. Nur wer ein innovatives Geschäftsmodell pflegt, nachhaltig und ertragreich wirtschaftet, macht dauerhaft das Rennen. Im Telekommunikationsbereich dominieren die rasant fortschreitende Digitalisierung und Vernetzung. Die Medienwelt beeinflusst unser Denken und Handeln in vielen Lebensbereichen. Die Aktienfondskursliste aus den Sektoren Telekommunikation und Medien ist klein, aber fein. Hier musste ich kräftig aussieben. Mal war die Verwaltungsgebühr zu hoch, mal der Handel und die Performance kümmerlich. Dazu ein Zitat des Finanzexperten Klaus Rainer Kirchhoff: *„Die Unternehmen verkaufen Kommunikation oft wie Produkte und übersehen dabei das veränderte Verhalten der Empfänger. – Zu viele Firmen versuchen PR-Tricks."*

Aktienfonds in der Medien- und Telekommunikationswelt

Name, Fonds-Gesellschaft	WKN	Kurs 18.09.16	Hoch/Tief 1 Jahr	Kursentwicklung 1, 3, 5, 10 Jahre
Allianz Telemedia A	848 178	56,70 €	59,70/50,60 €	+3/+42/+124/+130 %
		Umfang 69 Mio. €, Alter 20 Jahre, Ausgabeaufschlag 5,0 %, Gebühr **2,05 %,** ausschüttend. Der Fonds investiert über 70 % in Aktien der Branchen Medien/Telekommunikation, wie Comcast, BT Group, KDDI, United Internet, Freenet (beide TecDAX).		
Candriam Equities B Global Telecom C	580 825	225,90 €	242,8/202,45 €	+7/+35/+80/+105 %
		Umfang 37 Mio. €, Alter 17 Jahre, Ausgabeaufschlag **2,5 %,** Gebühr 1,50 %, thesaurierend. Der Fonds investiert in Aktien mittelgroßer und großer Unternehmen in Amerika, Europa, Asien. Größte Posten: AT&T, Verizon, Vodafone, Dt. Telekom (DAX).		
Deka-TeleMedien TF	977 192	69,50 €	72,50/60,10 €	+8/+45/+122/+115 %
		Umfang 425 Mio. €, Alter 20 Jahre, Ausgabeaufschlag **0,00 %,** Gebühr **1,97 %,** ausschüttend. Der Fonds investiert in Aktien von Firmen der Branchen Telekomdienst (47 %), Medien (32 %), Internet-Service (10 %), außerdem in Marketing und Software.		
DWS Telemedia Typ 0	847 421	144,45 €	152,5/128,8 €	+4/+38/+95/+109 %
		Umfang 332 Mio. €, Alter 22 Jahre, Ausgabeaufschlag **0,00 %,** Gebühr 1,70 %, ausschüttend. Geografische Schwerpunkte sind USA, Europa, Asien. Der Fonds investiert in Aktien der Sektoren Telekommunikation, Medien, Technologie, z. B. Dt. Telekom.		

FF Fidelity Global Telecommunications E (EUR)	787 212	15,85 €	17,20/14,85 €	+1/+22/+55/+55 %
	Umfang 144 Mio. €, Alter 16 Jahre, Ausgabeaufschlag 3,50 %, Gebühr 1,50 %, thesaurierend. Dieser Fonds strebt langfristige Renditen an durch Anlage in Aktien der Sektoren Entwicklung, Herstellung, Vertrieb von Telekomdiensten und Ausrüstungen.			
KBC Equity Fund Telecom Classic	658 191	384,80 €	409,3/348,8 €	+6/+4/+62/+42 %
	Umfang 12 Mio. €, Alter 19 Jahre, Ausgabeaufschlag 0,00 %, Gebühr 1,50 %, thesaurierend. Der Fonds investiert zumindest 75 % in Aktien von Telekomfirmen, wie AT&T, Verizon, China Mobile, Vodafone, KDDI, Softbank, NTT, Dt. Telekom, DAX.			

5.1.9 Nachholbedarf für Auto-Aktienfonds trotz Robotik, Digitalisierung und Arbeit an autonomen Fahrzeugen

Damit die weltweite Automobilindustrie auch künftig boomt, geht es sowohl um gewichtsreduzierte Benzinmotoren und Elektromobilität, als auch um selbstfahrende Autos, Navigationssysteme, Einparkhilfen und Unfallwarnsysteme. Leichtbauteile und Klebelösungen ermöglichen bei großen Modellen eine Gewichtsreduzierung um 200 kg. Die Bedürfnisse unterschiedlicher Alters- und Vermögensgruppen sind zu erfüllen. Um mobil zu bleiben, sollte es für rüstige Senioren möglich sein, noch mit 70, 80, 90 Jahren Auto zu fahren. Aktien erstklassiger Fahrzeughersteller und Zulieferer sind wegen des demografischen Wandels – 15 Jahre längeres Leben in 6 Jahrzehnten – chancenreich. Die Wissenschaft mit ihren Visionen für das marktbeherrschende Zukunftsauto erforscht den Automobilbau, Kfz-Teile, Umweltfolgen, Sicherheit von Produkten, Anlagen und Prozessen, Materialien, Werkstoffe und Komponenten. Die längere Lebenserwartung verstärkt den Wunsch nach Sicherheit. Selbstfahrende Autos regen die Fantasie an, noch im 8. und 9. Jahrzehnt mit dem eigenen Auto hinzukommen, wo es wichtig ist: Einkauf, Arzt-, Apotheken- und Friseurbesuch, Sozialkontakte, Teilhabe am gesellschaftlichen Leben. Dennoch sind Deutsche skeptisch. Nur 44 % würden gern ein autonomes Auto nutzen. In Amerika sind es 52 %, weltweit sogar 58 %.

2008 gab es weltweit 12.900 Elektroautos, 2010 waren es 23.200 Fahrzeuge, 2012 bereits 207.000 Automobile, 2014 immerhin 754 000 Fahrzeuge. 2015 wurde die Millionengrenze mit 1.305.400 Elektroautos überschritten. Daimler will hier künftig eine führende Rolle spielen. Die mächtige Google-Mutter Alphabet greift nun massiv ins Cockpit ein und will mit selbstfahrenden Autos ein großes Geschäft machen. Forschungsmanager John Krafcik bringt es auf den Punkt: *„Wir wollen keine besseren Autos bauen, sondern einen besseren Fahrer."* Von 8,3 Mrd. Dollar im Jahr 2015 soll der Marktumfang für autonomes Fahren bis 2022 auf 55 Mrd. Dollar steigen.

➢ **„Naturreine" Aktienfonds aus dem Automobilsektor waren nicht auffindbar.** Die beiden Global-Growth-Aktienfonds mischen Autoaktien nur bei. Dagegen gibt es zwei ETFs, die den Automobilsektor abbilden und sich am STOXX E 600 A orientieren. Ich bringe zwei Indexfonds als preiswerte Alternative.

Je zwei Aktienfonds und ETFs aus dem Automobilsektor

Name, Fonds-Gesellschaft	WKN	Kurs 18.09.16	Hoch/Tief 1 Jahr	Kursentwicklung 1, 3, 5, 10 Jahre
HGF Henderson Gartmore Continental European R	A0D LKB	9,00 €	10,05/8,10 €	–3/+27/+94/+62 %
		Umfang 188 Mrd. €, Alter 12 Jahre, Ausgabeaufschlag 5,00 %, Gebühr 1,50 %, thesaurierend. Der Fonds konzentriert sich auf innovative Firmen des europäischen Festlands, ohne sich auf den Autosektor zu beschränken. Aus dem DAX ist Conti dabei.		
HGF Henderson Gartmore Global Growth Fund R	A0D NEW	12,65 €	13,3/10,6 €	+7/+52/+127/+78 %
		Umfang 24,8 Mrd. €, Alter 12 Jahre, Ausgabeaufschlag 5,00 %, Gebühr 1,5 %, thesaurierend. Der Fonds investiert in innovative Firmen mit hohen Wachstums- und Ertragschancen, wozu auch Automotive zählen, ohne ein reiner Branchenfonds zu sein.			
LYXOR UCITS ETF STOXX EU 600 Auto & Parts	LYX 0AN	53,40 €	65,4/46,0 €	–7/+15/+109/+128 %
		Umfang 29 Mio. €, Alter 10 Jahre, Verwaltungsgebühr **0,30 %**, thesaurierend. Der ETF spiegelt den europäischen Autosektor-Index wider. Stark gewichtet sind die DAX-Titel Daimler, BMW, VW, Continental; außerdem Porsche, Michelin, Renault, GKN.			
iShares ETF STOXX Europe 600 Auto & Parts	A0Q 4R2	144,45 €	152,5/129 €	–11/+13/+96 %/k. A.
		Umfang 130 Mio. €, Alter 14 Jahre, Verwaltungsgebühr 0,46 %, ausschüttend. Der ETF bezieht sich auf den Europa-Auto-Index und entspricht bei der Zusammensetzung dem Referenzindex. Die DAX-Autotitel geben den Ton an vor Michelin und Renault.			

5.1.10 Banken, Versicherungen, auch Finanz-Aktienfonds durch Null-Zins-Politik und Strafzins stark gebeutelt

Selbst bei den abgeschafften Guthabenzinsen erzielen innovative Finanzdienstleister Gewinne, wenn sie Industrie 4.0, Internet der Dinge, Vernetzung und Digitalisierung gekonnt umsetzen und mit neuartigen Geschäftsmodellen Alleinstellungsmerkmale aufbauen. Da das Lebensversicherungsgeschäft wegbricht, sorgen Policen gegen Cyberkriminalität für gewissen Ausgleich. Die Abwehr gegen drahtlose Hackerangriffe verursacht hohe Investitionskosten. Die Anforderungen an Datenschutz und Datensicherheit steigen, und es fehlen Fachkräfte.

Das frühere Zugpferd Kapitallebensversicherung ist nicht mehr attraktiv. Nur wer mit zukunftsfähigen Geschäftsmodellen Kunden bei Laune hält, kann überleben. Ein warnendes Beispiel, wie schnell man im Abwärtssog versinken kann, war die Pleite der US-Großbank Lehman Brothers, Hauptauslöser der Weltwirtschaftskrise 2008/09. Die Rückversicherer sehen Silberstreifen an der Preisfront. Der Zukunftsmarkt heißt Versicherungen gegen Daten-Kriminalität. Im Zeitalter digitaler und vernetzter Industrie wittern die Versicherer Einnahmen in Milliardenhöhe durch teure Policen gegen Cyberattacken. Die US-Notenbank FED und die Europäische Zentralbank EZB bestimmen den geldpolitischen Kurs. Mit dem Sparkonto lässt sich kein Kapital vermehren – dagegen mit den besten Aktienfonds.

> **Viele Unternehmen sind gegen folgende Risiken zu wenig vorbereitet: Cyberangriff 29 %, Störung im Betriebsablauf 18 %, Naturkatastrophen 16 %, politische Unruhen 7 %, Terrorismus 6 %. Groß ist die Angst vor Stillstand infolge Cyberangriff. Befürchtet werden: Betriebsunterbrechungen, Daten- und Softwareschäden, Verlust von Kundendaten und geistigem Eigentum sowie finanzieller Schaden durch Betrug, Haftung, Erpressung.**

Harte Zeiten für Finanzdienstleister, also auch für Aktienfonds

Die deutschen Indizes enthalten etliche Finanztitel, sodass sich alternativ ein ETF anbietet. Die Geldinstitute leiden noch unter früheren Verwerfungen mit toxischen Kreditderivaten und Abschaffung von Guthabenzinsen. Die Assekuranz kann Kapitallebensversicherungen kaum mehr schmackhaft machen. Die sich häufenden Umweltkatastrophen durch den Klimawandel schmälern den Gewinn. Ob nach dem Kurseinbruch bei Banken schon jetzt der richtige Einstiegszeitpunkt gekommen ist, weiß niemand. Sicherheitsbewusste Anleger sollten sich hier zurückhalten.

Aktienfonds Finanzdienste: Banken und Versicherungen				
Name, Fonds-Gesellschaft	WKN	Kurs 20.09.16	Hoch/Tief 1 Jahr	Kursentwicklung 1, 3, 5, 10 Jahre
Allianz Adiverba A	847 106	122,15 €	136,9/103,1 €	-2/+20/+80/-10 %
		Umfang 292 Mio. €, Alter 53 Jahre, Ausgabeaufschlag 5,00 %, Gebühr 1,80 %, ausschüttend. Anlageschwerpunkt sind Versicherungen, Banken, sonstige Finanzdienstleister. Große Positionen: Wells Fargo, J. P. Morgan, UBS, Berkshire, Allianz, VISA.		
Candriam Equities B Global Finance C	541 439	477,50 €	511,1/401,1 €	+5/+36/+117/+42 %
		Umfang 57 Mio. €, Alter 16 Jahre, Ausgabeaufschlag 2,50 %, Gebühr 1,50 %, thesaurierend. Der Fonds investiert in die weltweite Banken- und Finanzlandschaft. Größte Positionen: Wells Fargo, Berkshire, J. P. Morgan, Mitsubishi, Hang Seng Bank.			

DWS Financials Typ 0	976 991	52,10 €	67,10/45,45 €	-16/+12/+94/-4 %
	Umfang 74 Mio. €, Alter 18 Jahre, Ausgabeaufschlag **0,00 %**, Gebühr 1,70 %, ausschüttend. Es sind großteils gleiche Banken und Versicherungen, in die globale Finanzaktienfonds anlegen.			
FF Fidelity Global Financials Services A	941 116	28,80 €	31,55/23,70 €	+1/+30/+98/+26 %
	Umfang 33 Mio. €, Alter 19 Jahre, Ausgabeaufschlag **5,25 %**, Gebühr 1,50 %, ausschüttend. Der Fonds legt mindestens 70 % weltweit in Aktien von Unternehmen an, die Verbrauchern und Industrie Finanzdienste anbieten, wie J. P. Morgan oder Allianz.			
KBC Equity Fund Finance Classic	633 871	520,10 €	586,9/421,4 €	-2/+20/+86/-10 %
	Umfang 33 Mio. €, Alter 19 Jahre, Ausgabeaufschlag **0,00 %**, Gebühr 1,50 %, thesaurierend. Der Fonds investiert zumindest 75 % in Aktien von Finanzfirmen weltweit. Große Positionen: J. P. Morgan, Citigroup, Berkshire, Bank of America, Wells Fargo.			
NN (L) Banking & Insurance X	A0Q Z3A	925,10 €	1.003/767,4 €	+1/+19/+83/-6 %
	Umfang 80 Mio. €, Alter 8 Jahre, Ausgabeaufschlag 5,00 %, Gebühr **2,00 %**, thesaurierend. Der Fonds investiert in Versicherungen, Banken, Vermögensverwalter, Verbraucher-Kreditinstitute.			
Robeco Capital Growth New World Financials	A0C A0S	49,85 €	56,55/40,15 €	-3/+17/+88/-13 %
	Umfang 22 Mio. €, Alter 18 Jahre, Ausgabeaufschlag 5,00 %, Gebühr 1,50 %, thesaurierend. Der Fonds investiert weltweit in Aktien von Finanzfirmen unterschiedlicher Größe, die gut aufgestellt, angemessen bewertet sind und gute Erträge versprechen.			
RT VIF Versicherung Internat. T	603 225	100,80 €	112,5/86,80 €	+1/<u>+32</u>/<u>+102</u>/+28 %
	Umfang keine Angabe, Alter 18 Jahre, Ausgabeaufschlag 4,0 %, Gebühr 1,50 %, ausschüttend. Um überdurchschnittlichen Kapitalzuwachs zu erzielen, investiert der Fonds mit höherem Risiko.			
TJGF The Jupiter Global Financials	A0K EM3	13,20 €	14,35/10,95 €	-1/+26/+82/<u>+32 %</u>
	Umfang 61 Mio. €, Alter 10 Jahre, Ausgabeaufschlag 5,00 %, Gebühr 1,50 %, thesaurierend. Der Fonds investiert in Finanzaktien, wie Citigroup, Dt. Börse, Prudential, MasterCard und VISA.			

Einige Eckdaten: Die Deutsche Bank weist 2016 eine Kernkapitalquote von 11,1 % und eine Verschuldungsquote von 3,5 % auf. Bei der Commerzbank sind es 11,8 % und 4,5 %. Die Zahl der Auszubildenden sinkt mit dem Rückzug aus der Fläche. Dagegen dürften junge Finanztechnologiefirmen ihr Geschäft schnell ausbauen. <u>Fintechs</u> sind bei Finanzierung und Vermögensmanagement erfolgreich. Bedenklich ist, dass zwei Drittel der Deutschen auch 2016 nicht wissen, wie sie bei abgeschafften Guthabenzinsen ihr Geld sinnvoll anlegen können. Aktien und gute Aktienfonds gewinnen langfristig.

5.1.11 Interessante Aktienfonds im Zukunftsmarkt Infrastruktur/Logistik

Decken Sie diesen unüberschaubaren, weit verzweigten Markt am besten mit einem zukunftsfähigen Logistik-Aktienfonds ab

Internationalisierung bedeutet das Überwinden geografischer Grenzen – gestützt durch eine intakte Infrastruktur. Rohstoffe, halbfertige und fertige Konsumgüter, Maschinen, Fabrikteile müssen bei ausgeklügelter Arbeitsteilung oft Tausende von Kilometern zurücklegen. Der Weltmarkt funktioniert nur bei innovativer, leistungsfähiger, flexibler, schneller und umweltfreundlicher Infrastruktur mit Logistik. Dies schließt Transport, Lagerung, Vertrieb von Waren ein.

Im Zuge fortschreitender Globalisierung erschließen sich Zukunftsmärkte. Sie umfassen den Straßen-, Schienen-, See- und Luftfahrtverkehr. Die Standardisierung der Container ermöglicht kostengünstige Warentransporte im Schienennetz und auf dem Seeweg. Im Logistiksektor entscheiden Automatisierungsprozesse mit Robotik über Erfolg und Scheitern. Selbstfahrende Autos und Drohnen – beispielsweise für die Paketzustellung – gewinnen zusehends an Bedeutung, beschwören aber bei unkontrolliertem Einsatz Unfallgefahren herauf.

Logistikbranche durch Cyberkriminalität besonders gefährdet

Der Logistiksektor zählt zu den bevorzugten Opfern der Internetkriminalität. Wer sich nicht schützt, dem droht Schaden durch Patentverletzung, gestörten Betriebsablauf, Negativ-Image, Erpressung mit gestohlenen Daten.

Aktienfonds Infrastruktur, Logistik, Transport, Verkehr					
Name, Fonds-Gesellschaft	WKN	Kurs 20.09.16	Hoch/Tief 1 Jahr	Kursentwicklung 1, 3, 5, 10 Jahre
Deutsche Invest Global Infrastructure LD	DWS 0TN	147,20 €	153,6/122,2 €	+12/+44/+70/+58 %
		Umfang 940 Mio. €, Alter 8 Jahre, Ausgabeaufschlag 5,00 %, Gebühr 1,50 %, ausschüttend. Das Management investiert in Aktien von Unternehmen der globalen Infrastruktur, wozu Transport, Energie, Wasser und Kommunikation über Rundfunk- und Mobilfunkmasten, Satelliten, Glasfaser, Kupferkabel zählen.		
DWS Zukunfts-Investitionen	515 248	92,15 €	93,80/73,45 €	+12/+31/+89/+117 %
		Umfang 148 Mio. €, Alter 10 Jahre, Ausgabeaufschlag 5,00 %, Gebühr 1,45 %, ausschüttend. Der Fonds investiert weltweit in Aktien großer Konzerne in den Bereichen Infrastruktur, Logistik und Industrie, wie: Honeywell, United Tech, UPS, 3 M, Fedex.		

FTIF Franklin Templeton Investment Global Infrastrukture I €	A1T 7WH	14,40 €	14,80/11,60 €	+12/+49/+43 %
	Umfang 60 Mio. €, Alter 4 Jahre, Ausgabeaufschlag **0,00 %**, Gebühr **0,70 %**, thesaurierend. Der Fonds mit Minimal-Gebühren investiert in Dividendenpapiere unterschiedlich großer Firmen, deren Kerngeschäft Verwaltung, Bau, Betrieb, Nutzung, Handel, Finanzierung von Infrastruktur bzw. Logistik weltweit darstellt.			
PGLI Partners Group Listed Investments SICAV Infrastrukture € I	A0K ET2	148,15 €	155,5/132,4 €	+10/+40/+83/+102 %
	Umfang 3,27 Mrd. €, Alter 10 Jahre, Ausgabeaufschlag 5,00 %, Gebühr **1,15 %,** ausschüttend. Der Fonds mit fairer Verwaltungsgebühr legt zumindest zwei Drittel in Aktien von Firmen an, die in Infrastruktur/Logistik tätig sind. Größte Positionen: VINCI, Atlanta, American Water Works, SES, Brookfield Infrastruktur.			

5.1.12 Schwere Zeiten für Energieversorger: Kernkraftausstieg, Solarstromflaute, aber Erholung bei Öl

Ist nun der Zeitpunkt für den vorsichtigen Einstieg gekommen?

Vergleichen wir die Kursentwicklung einiger Branchenfonds über einen mittel- bis langfristigen Zeitraum, so erkennen wir, dass *„breit gestreut – nie bereut!"* **nicht nur für die Einzelaktien-Anlage gilt, sondern ebenso für mehrere Aktien-Branchenfonds. Ob die Kürzung der Opec-Förderquote zum nachhaltigen Preisanstieg führt, ist nicht verlässlich vorhersehbar. Anfang Dezember 2016 stieg der Preis für ein Barrel Brentöl zweistellig auf bis zu 55 Dollar.**

Die hier besprochenen Aktienfonds kosteten Anfang 2008 rund 50 % mehr, manche sogar doppelt so viel. In viel schlimmerem Ausmaß gilt dies für die DAX-Versorgeraktien E.ON und RWE. Vor dem schnellen Kernkraftausstieg wegen der Tsunami-Nuklear-Katastrophe in Japan eilten die dividendenstarken Versorger von einem zum nächsten Allzeithoch und galten als substanzstarke Value-Werte. So kosteten die Vorzüge von RWE Anfang 2008 zehnmal soviel wie gegenwärtig, nämlich bis zu 85 € gegenüber 8,50 € am 12. Dez. 2016. Die Stammaktien notierten damals bei 100 €, heute gerade einmal 11,50 €. Nicht besser sieht es bei E.ON aus. Sie, lieber Leser, ständen schlecht da, als einzigen Aktienfonds mit hohem Einsatz nur auf europäische Versorger gesetzt zu haben!

Blick auf Gold und Silber – schwankungsstarker Aufwärtstrend. Abgeschaffte Guthaben- und eingeführte Strafzinsen machen Gold als „sicheren Hafen" begehrenswert. Allein im 3. Quartal 2016 kauften Bundesbürger 19 Tonnen Goldbarren und Anlagemünzen. Die Aktie des kanadischen Marktführers Barrick Gold kostete 2011/2012 zeitweilig fast 40 €, Ende 2015 nur noch rund 5 €, Anfang Dezember 2016 dagegen 14,40 €, wobei vorübergehend auch schon 20 € geboten wurden.

Ähnlich sieht die Marktentwicklung bei zahlreichen Goldminentiteln wie auch darauf bezogenen Aktienfonds aus. Stellen Sie sich vor, Sie hätten als einzigen Aktienfonds nur Goldminentitel und diesen 2015 komplett verkauft. Welch hoher Verlust! Noch größer der Frust, die Aufwärtsentwicklung verpasst zu haben.

Jetzt noch einen Blick auf den Biotechsektor. Jahrelang stiegen hier die besten Einzelaktien, ETFs und Branchenfonds von einem zum nächsten Allzeithoch. Die Schweizer Beteiligungsgesellschaft BB Biotech legte in 5 Jahren um 430 %, Eurofins aus Frankreich um 600 % und Regeneron aus den USA um stolze 700 % zu. Die Biotech-Aktienfonds machten jahrelang viel Freude – und zwar bis zum 1. Halbjahr 2015. Es folgte eine scharfe Korrektur, die teilweise bis 2016 anhielt. Wer sich beim kurzen BREXIT-Crash von all seinen Biotech-Einzelaktien, ETFs und Aktienfonds trennte, erlitt hohe Verluste und nutzte wohl kaum den Wiedereinstieg.

Wie sieht es beim stark gebeutelten Bankensektor als Folge der abgeschafften Guthaben- und eingeführten Strafzinsen aus? Die DAX-Aktie Deutsche Bank kostete 2007 knapp zehnmal so viel wie heute, nämlich rund 110 € statt 12 €. Für den DAX-Wert Commerzbank mussten Sie 2007 zeitweilig über 200 € berappen. Momentan ist der Titel für gut 6 € zu haben. Wer hier mit großem Einsatz zu Höchstpreisen einstieg und sich im Aussitzen übte, machte heftige Verluste. Bei Aktienfonds im Banken- und Versicherungssektor sieht es auch nicht rosig aus, jedoch kein Kursverlust über 90 %. Manch einer überlegt sich einen Einstieg bei einem weltweit breit gestreuten Finanz-Aktienfonds auf niedrigem Kursniveau.

Diese Beispiele zeigen: Breit gestreut gilt auch für Branchen-Aktienfonds, um das Chance-Risiko deutlich zu verbessern! Bei Öl besteht Hoffnung auf Stabilisierung um 50 € pro Barrel Brent.

> **Die Kursliste mit einem knappen Dutzend Aktienfonds aus dem Energie-/Versorger-Sektor zeigt unterschiedliche Ansätze.** Treffen Sie Ihre Wahl nach eigenen Einschätzungen, mit Blick auf die bisherige Kursentwicklung und die jährlichen Gebühren, aber auch nach geografischen Gesichtspunkten. Wird nur in Großkonzerne oder beigemischt in Nebenwerte investiert? Interessant ist: Reinrassige Versorger oder Einbindung von Infrastruktur/Logistik?

> **Der Einstieg erscheint jetzt günstig – jedoch nur bei langfristiger Planung, möglichst ein Jahrzehnt und länger.** Bei Qual der Wahl suchen Sie am besten zwei unterschiedlich zusammengestellte Energie-/Versorger-Aktienfonds aus. Zum Beispiel: je Fonds ein Einsatz von 1.500 bis 2.500 €, statt ein Fonds mit 4.000 €, dem Durchschnittsvolumen des Privatanlegers. Sie sollten keineswegs zu den Bundesbürgern gehören, die binnen vier Jahren 200 Milliarden Euro verschenkten durch Sparbucheinzahlung statt Aktien-Anlage!

Aktienfonds Energiebereich und Versorgerbranche

Name, Fonds-Gesellschaft	WKN	Kurs 21.09.16	Hoch/Tief 1 Jahr	Kursentwicklung 1, 3, 5, 10 Jahre
4Q-Smart Power €	A0R HHC	45,75 €	49,40/37,90 €	+3/-18/+16/+15 %
		Umfang 38 Mio. €, Alter 7 Jahre, Ausgabeaufschlag 5,00 %, Gebühr 1,60 %, ausschüttend. Der Fonds investiert vor allem in internationale Aktien von Firmen, die im Sektor intelligente Stromnetze (Smart Grid), Energieverwaltung und -effizienz tätig sind.		
Allianz Energy A	848 185	43,05 €	50,60/29,00 €	-7/-30/-18/-23 %
		Umfang 47 Mio. €, Alter 19 Jahre, Ausgabeaufschlag 5,00 %, Gebühr 1,80 %, ausschüttend. Der Fonds investiert mindestens zu 70 % in Aktien von Firmen, die Energieträger gewinnen, verwalten, verarbeiten, wie Royal Dutch, Total, Schlumberger, BP.		
AXA World Framlington Junior Energy A EUR	A0L G4C	78,60 €	90,00/59,40 €	-1/-30/-19/-15 %
		Umfang 12 Mio. €, Alter 10 Jahre, Ausgabeaufschlag 2,0 %, Gebühr 1,75 %, thesaurierend. Der Fonds investiert in kleine und mittlere Firmen weltweit, die in Energie und verwandten Sektoren aktiv sind. Die Auswahl erfolgt nach gründlichen Analysen.		
BGF BlackRock Global World Energie A2	A0B MA5	14,80 €	16,45/11,45 €	+5/-17/-13/-7 %
		Umfang 3,22 Mrd. €, Alter 15 Jahre, Ausgabeaufschlag 5,00 %, Gebühr 1,75 %, ausschüttend. Der Fonds legt mindestens 70 % in Aktien von Unternehmen an, die in der Erforschung und Erschließung von Energiequellen sowie als Versorger tätig sind.		
Candriam Equities B Global Energy C	541 438	832,90 €	896,6/662,1 €	+5/-6/+7/+49 %
		Umfang 37 Mio. €, Alter 17 Jahre, Ausgabeaufschlag 2,50 %, Gebühr 1,50 %, thesaurierend. Der Fonds investiert bevorzugt in die Aktien weltweit führender Energiekonzerne, wie Exxon Mobil, Chevron, Royal Dutch, Valero, BP, Occudental, ENI, TOTAL.		
Challenge Energy Equity Fund LCA	803 782	6,45 €	7,00/5,25 €	+2/-6/+3/+6 %
		Umfang 334 Mio. €, Alter 16 Jahre, Ausgabeaufschlag 4,50 %, Gebühr 1,65 %, thesaurierend. Der Fonds konzentriert sich breit gestreut auf Aktien unterschiedlich großer Firmen im Energiebereich und verwandter Branchen, wie Öl, Gas und Elektrizität.		
JB Julius Baer Multistock Energy Fund B	A0Q 6NA	121,15 €	134,1/95,70 €	-4/-9/+5/+21 %
		Umfang 110 Mio. €, Alter 8 Jahre, Ausgabeaufschlag 5,0 %, Gebühr 1,60 %, thesaurierend. Der wenig gehandelte Fonds investiert bei leicht erhöhtem Risiko in Aktien von Firmen, die im Energiesektor wachstumsorientiert und kostengünstig arbeiten.		

MFS Meridian Global Energy Fund A	A0R EBJ	15,75 €	16,65/13,00 €	+6/-5/+14/+58 %
	Umfang 30 Mio. €, Alter 7 Jahre, Ausgabeaufschlag **6,00 %,** Gebühr **1,05 %,** thesaurierend. Der Fonds mit geringem Handel investiert mindestens zu 70 % in Aktien von Firmen des Energiebereichs mit Sitz in einem Industriestaat oder Schwellenland.			
Raiffeisen-Energie-Aktien T	A0D 90Y	112,45 €	121,0/88,55 €	+4/-29/-25/-33 %
	Umfang 83 Mio. €, Alter 15 Jahre, Ausgabeaufschlag 5,00 %, Gebühr **2,00 %,** thesaurierend. Der Fonds investiert weltweit in Aktien von Firmen verschiedener Größe, die im Bereich Öl, Gas, Energieausrüstung, Service, Strom-/Gasversorgung tätig sind.			
Swisscanto (LU) Equity Selection Energy B	930 918	731,75 €	798,4/565,4 €	+7/-9/+7/+17 %
	Umfang 36 Mio. €, Alter 17 Jahre, Ausgabeaufschlag 5,00 %, Gebühr 1,80 %, thesaurierend. Der Fonds investiert mindestens 80 % weltweit in Aktien von Firmen, die im Energie- und Versorgersektor tätig sind, wie Royal Dutch, Chevron, TOTAL, BP, ENI.			

Die wegen des Klimawandels zwingend notwendige Energiewende wird teuer, verschärft die Risiken für deutsche Industriebetriebe und erhöht die EEG-Umlage für Stromkunden

Betrachten wir die Vorausschau bis 2025, so lautet das Fazit: Die Strompreise geraten außer Kontrolle. Bis dahin wird die Energiewende Kosten von 521 Mrd. € verschlingen – nicht etwa für die EU, sondern allein für Deutschland. **Ein Treibsatz für Energie-Einzelaktien und Aktienfonds ist das nicht.** Wie das Beispiel einer vierköpfigen Familie zeigt, dürfte die gesamte Belastung bis 2025 rechnerisch 25.000 € betragen. Dennoch hilft kein Jammern und Wehklagen. Der Klimawandel sendet mit den sich häufenden schweren Naturkatastrophen bedrohliche Warnsignale aus. Es darf kein Zurück zu fossilen Energien geben – eher ein ausgewogenes Miteinander. Ob es wirklich sinnvoll ist, den Benzinmotoren ab 2030 mit dem von den Grünen geforderten Zulassungsverbot das Todesurteil auszusprechen, erscheint maßlos übertrieben. Auch bei Benziner-Autos stellt sich durch anhaltende Gewichtsreduzierung infolge neuartiger Kunststoffbauteile und technologischen Fortschritts ein immenses Ersparnispotenzial ein.

Die Kostenrechnung Energiewende bis 2025: rund 520,6 Mrd. €

- EEG-Umlage: 407,5 Mrd. €
- Übertragungsnetzausbau: 32,3 Mrd. €
- Verteilungsnetzausbau: 23,0 Mrd. €
- KWK-Gesamtumlage: 18,0 Mrd. €
- Forschungsausgaben Bund und Länder: 12,2 Mrd. €
- Sonstiger Aufwand: 27,6 Mrd. €

❻ Ihre Aktienfonds-Werkstatt: vier Musterdepots und ein Baukasten-Aufbaumodell zum Basteln

6.1 Drei Musterdepots für sicherheitsbewusste, erfolgsorientierte und risikofreudige Typen

Mit den Aktienfonds-Musterdepots nutzen Sie das Wissen und Können der Profis, sparen Zeit und vermeiden grobe Fehler

Ordnen Sie sich als sicherheitsbewusster Anleger ein, so wünschen Sie ein möglichst geringes Risiko und sind dafür mit einer niedrigeren Rendite zufrieden. Aktienfondsanlagen sind nicht geeignet für Kurzzeittrader, sondern setzen einen längeren Zeithorizont von möglichst einem Jahrzehnt und mehr voraus. Bei dieser Voraussetzung sollten Sie Kursschwankungen wenig stören. Auch ein Ausgabeaufschlag von 5 % ist hinnehmbar, da er nur einmal anfällt. Dagegen sollten die jährlichen Verwaltungskosten günstig sein. Bei der Fondsauswahl war ich auch auf der Suche nach fairen Jahresgebühren. Vorrangig ging es mir um überdurchschnittlich gute Kursentwicklungen in ein und drei Jahren, noch besser einem halben und ganzen Jahrzehnt. Gut für mehr Sicherheit ist ein hoher Börsenwert.

Aktienfonds-Musterdepot ❶: sicherheitsbewusste Anleger				
Name, Fonds-Gesellschaft	WKN	Kurs 23.09.16	Hoch/Tief 1 Jahr	Kursentwicklung 1, 3, 5, 10 Jahre
Deka-EuroStocks CF	989 586	34,75 €	38,75/30,40 €	+2/+15/+66/-6 %
	Umfang 534 Mio. €, Alter 17 Jahre, Ausgabeaufschlag **3,75 %**, Verwaltungsgebühr **1,25 %**, ausschüttend. Der Fonds investiert in europäische Großkonzerne. Große Posten: Daimler, Allianz, AB Inbev, Sanofi-Aventis, Siemens, ING Groep und Unilever.			
DJE Dividende & Substanz P (EUR)	164 325	356,35 €	365,6/308,8 €	+6/+29/+71/+79 %
	Umfang 1,21 Mrd. €, Alter 14 Jahre, Ausgabeaufschlag **5,00 %**, Gebühr **1,32 %**, thesaurierend. Dieser Fonds investiert international und auch unabhängig von der Benchmark in dividenden- und substanzstarke Aktien von langfristig erfolgreichen Firmen.			

DJE Zins & Dividende PA (EUR) <mark>Mischfonds</mark>	A1C 7Y8	137,65 €	140,45/128,3 €	+7/+30/+54 %
	Umfang 306 Mio. €, Alter 6 Jahre, Ausgabeaufschlag 4,00 %, Gebühr **1,20 %**, ausschüttend. Schwerpunkt sind dividendenstarke Aktien und attraktiv verzinste Anleihen für sicherheitsbewusste Anleger. Aus Deutschland sind Hochtief und TUI dabei.			
DWS Aktien Strategie Deutschland LC	976 986	348,20 €	366,6/283,1 €	+13/+53/+171/+156 %
	Umfang 3,1 Mrd. €, Alter 18 Jahre, Ausgabeaufschlag 5,00 %, Gebühr 1,45 %, thesaurierend. Bei dem DAX-Fonds sind die größten Positionen: Dt. Telekom, Allianz, Fresenius, SAP, Adidas, Continental, Deutsche Bank, Münchner Rück und BMW.			
DWS German Small/Mid Cap	515 240	126,55 €	129,6/103,2 €	+9/+50/+113/+162 %
	Umfang 185 Mio. €, Alter 11 Jahre, Ausgabeaufschlag 5,00 %, Gebühr 1,40 %, ausschüttend. Die meisten Aktien stammen aus dem MDAX mit Airbus, Steinhoff, Symrise, Evonik und LEG Immobilien. Im TecDAX hat United Internet Anteile von ca. 4 %.			
DWS Top Dividende FD	DWS 1VB	130,60 €	133,0/112,2 €	+13/+46/+49 %
	Umfang 17,53 Mrd. €, Alter 3 Jahre, Ausgabeaufschlag **0,00 %**, Gebühr **0,90 %**, ausschüttend. Hier passt alles: kein Ausgabeaufschlag, niedrige Gebühr, positive Kursentwicklung. Die Zusammensetzung orientiert sich am DWS Top Dividende LD.			
DWS Vermögensbildungsfonds I LD	847 652	134,35 €	139,1/111,9 €	+9/+40/+94/+56 %
	Umfang 6,82 Mrd. €, Alter 46 Jahre, Ausgabeaufschlag 5,00 %, Gebühr 1,45 %, ausschüttend. Der Fondsriese investiert ohne starre Indexorientierung in Spitzenfirmen unterschiedlicher Sektoren. Es dominieren Dow Jones- und Nasdaq 100-Aktien.			
FT Unternehmer Werte PT	A0K FFW	73,30 €	75,70/62,25 €	+8/+24/+96/+55 %
	Umfang 68 Mio. €, Alter 10 Jahre, Ausgabeaufschlag **0,00 %**, Gebühr **1,25 %**, thesaurierend. Die größten deutschen Positionen sind: Fresenius (DAX) und Schaeffler (MDAX). Hier gefällt der Verzicht auf den Ausgabeaufschlag und eine faire Gebühr.			
Hellerich WM Sachwertaktie B	HAF X0R	232,15 €	237,9/202,4 €	+10/+48/+88/+131 %
	Umfang 57 Mio. €, Alter 9 Jahre, Ausgabeaufschlag 5,00 %, Gebühr **1,10 %**, thesaurierend. Der <mark>Sachwertefonds</mark> legt weltweit breit gestreut in Aktien von Großkonzernen und Mittelständlern an und erzielte bei „€uro am Sonntag" die Bewertung „sehr gut".			
KBC Eco Fund World	A0J J55	835,20 €	872,8/702,0 €	+6/+38/+99/+59 %
	Umfang 99 Mio. €, Alter 24 Jahre, Ausgabeaufschlag **3,0 %**, Gebühr 1,40 %, thesaurierend. Ziel sind langfristig hohe Renditen. Die Firmen müssen nachhaltig und sozialverträglich wirtschaften und Umweltbelastungen niedriger halten als die Konkurrenz.			

Das Aktienfonds-Musterdepot ❷ ist für erfolgsorientierte Privatanleger mit einem langfristigen Anlagehorizont gedacht

Ordnen Sie sich als erfolgsorientierter Anleger ein, so erwartet Sie eine überdurchschnittlich hohe Rendite bei vertretbarem Risiko. Die Abgrenzung zu sicherheitsbewussten Anlegertypen nach unten und risikobewussten Investoren nach oben lässt sich nicht eindeutig vornehmen, sondern bleibt subjektiv und eröffnet Spielraum für zweifache Zuordnung. Für Sie bedeutet dies, die vorstehende Auswahl für Sicherheitsbewusste und den folgenden Vorschlag für Risikofreudige zu studieren. Nehmen Sie ruhig den einen oder anderen Austausch vor. Treffen Sie Ihre Wahl nach eigener Überzeugung. Entscheidend für meine Auswahl sind folgende Kriterien: a) faire Verwaltungsgebühren, b) gute Kursentwicklung im Mehrjahresvergleich, c) Blick auf Bestsellerfonds in Börsenzeitungen und Magazinen, d) Orientierung an Indizes im In- und Ausland mit Aktien von Großkonzernen und Mittelständlern, e) Vielfalt durch Erfassung unterschiedlicher Sektoren.

Aktienfonds-Musterdepot ❷: erfolgsorientierte Anleger

Name, Fonds-Gesellschaft	WKN	Kurs 23.09.16	Hoch/Tief 1 Jahr	Kursentwicklung 1, 3, 5, 10 Jahre
BGF BlackRock Global European Special A €	779 374	36,75 €	40,30/32,30 €	+3/+35/+113/+107 %
	Umfang 3,16 Mrd. €, Alter 14 Jahre, Ausgabeaufschlag 5,00 %, Gebühr 1,50 %, thesaurierend. Der Fonds konzentriert sich auf substanzstarke Europa-Aktien, Übergewichtung Gesundheitswesen. Hier sind Novo Nordisk, Astra Zeneca, Actelion vertreten.			
Deka-Technologie CF	515 262	25,75 €	25,75/20,00 €	+21/+68/+130/+127 %
	Umfang 353 Mio. €, Alter 17 Jahre, Ausgabeaufschlag 3,75 %, Gebühr 1,25 %, thesaurierend. Der Fonds investiert in globale Hightechaktien mit USA-Dominanz: Alphabet, Amazon, Apple, Facebook, Microsoft, Intel, Samsung. Bestenliste Handelsblatt.			
DJE Asia High Dividend (EUR)	A0Q 5KZ	181,35 €	185,9/145,7 €	+20/+34/+52/+94 %
	Umfang 141 Mio. €, Alter 8 Jahre, Ausgabeaufschlag 5,00 %, Gebühr 1,30 %, ausschüttend. Der Fokus liegt hier auf günstig bewerteten Aktien aus dem asiatisch-pazifischen Raum. Der Fonds investiert in solide Firmen mit hoher Dividendenrendite.			
DWS German Equities Typ 0	847 428	370,40 €	392,0/290,7 €	+13/+34/+134/+97 %
	Umfang 352 Mio. €, Alter 22 Jahre, Ausgabeaufschlag 0,00 %, Jahresgebühr 1,45 %, thesaurierend, Währung €. Die größten Anteile bei dem DAX-Fonds sind: Daimler, Bayer, SAP, Allianz, BASF, BMW, Dt. Post, Continental, Fresenius und Lufthansa.			

FT Unternehmer Werte PT	A0K FFW	73,30 €	75,70/62,25 €	**+8/+24/+96/+55 %**
	Umfang 68 Mio. €, Alter 10 Jahre, Ausgabeaufschlag **0,00 %**, Gebühr **1,25 %**, thesaurierend. Die größten deutschen Positionen sind: Fresenius (DAX) und Schaeffler (MDAX). Hier gefällt der Verzicht auf den Ausgabeaufschlag und eine faire Gebühr.			
KBC Eco Fund Water Classic	A0F 6Z0	1.224,0 €	1.224/971,0 €	**+17/+42/+122/+200 %**
	Umfang 211 Mio. €, Alter 16 Jahre, Ausgabeaufschlag 3,00 %, Gebühr 1,40 %, thesaurierend. Der Fonds setzt zu 75 % auf Wasser- und Abwasserentsorgung, Überwachung, Aufbereitung, Infrastruktur und stellt ethisch-sozial-ökologische Auflagen.			
Quest Management SICAV Cleantech B	A0N C68	216,30 €	217,2/178,6 €	**+10/+46/+108/+114 %**
	Umfang 55 Mio. €, Alter 9 Jahre, Ausgabeaufschlag **0,00 %**, Gebühr **1,25 %**, thesaurierend. Der Fonds verzichtet auf Aufschläge, berechnet niedrige Gebühren, investiert in Cleantech, also Erneuerbare Energien Wasseraufbereitung, Abfallentsorgung.			
Robeco CG Asia-Pacific Equities D €	988 149	139,85 €	140,2/110,0 €	**+9/+31/+79/+203 %**
	Umfang 572 Mio. €, Alter 18 Jahre, Ausgabeaufschlag 5,00 %, Gebühr 1,50 %, thesaurierend. Dieser Fonds investiert in asiatische Großkonzerne und Mittelständler mit Übergewichtung Japan. Große Posten: Nippon Telegraph, Nissan Motor, Samsung.			
SISF Schroder Selection Frontier Markets Equity C	A1W 2D2	130,55 €	133,6/108,1 €	**+3/+30 %**
	Umfang 1,22 Mrd. €, Alter 3 Jahre, Ausgabeaufschlag **1,00 %**, Gebühr **1,00 %**, thesaurierend. Der auf Kapitalzuwachs ausgerichtete Fonds mit niedrigen Gebühren investiert mehr als zwei Drittel in Aktien von Unternehmen in Frontier-Zukunfts-Märkten.			
TIF Threadneedle Investment ICVC American	A0J D21	2,70 €	2,85/2,25 €	**+8/+52/+124/+121 %**
	Umfang 6,39 Mrd. €, Alter 10 Jahre, Ausgabeaufschlag 3,75 %, Gebühr 1,50 %, thesaurierend. Der Fonds legt über zwei Drittel in Aktien großer USA-Konzerne an und orientiert sich am Index S&P 500, wie Alphabet, Microsoft, Apple, Home Depot, Amazon.			
UniDeutschland XS	975 049	135,95 €	139,5/110,8 €	**+6/+60/+134/+209 %**
	Umfang 656 Mio. €, Alter 10 Jahre, Ausgabeaufschlag 4,00 %, Gebühr 1,55 %, thesaurierend. Der Nebenwertefonds übergewichtet neben Schaeffler die SDAX-Aktien Patrizia, ADO Propert., König & Bauer, Puma, Hypoport. Handelsblatt-Bestenliste.			
UniSector HighTech A	921 559	71,95 €	73,50/58,75 €	**+13/+58/+116/+126 %**
	Umfang 71 Mio. €, Alter 17 Jahre, Ausgabeaufschlag 4,0 %, Gebühr 1,55 %, thesaurierend. Der Fonds investiert in Aktien von Firmen im Computer-/Software-/Technologiebereich, wie Apple, Alphabet, Microsoft, Facebook. Aus dem DAX ist **SAP** dabei.			

Das Musterdepot ❸ ist für risikofreudige Anleger gedacht. Breite Streuung und ein langer Anlagehorizont sind eine Erfolgsformel

Einige Aktien dieser Aktienfonds-Auswahlliste für risikobewusste Anleger lassen sich ebenso gut im Vorschlag für erfolgsorientierte Investoren einordnen und umgekehrt. Treffen Sie deshalb Ihre Wahl mit Blick auch auf die vorstehende Auswahl. Sofern Sie nur in Fonds investieren und keine Einzelaktien kaufen, ist der Musterdepotumfang angemessen. Mögen Sie auch Einzeltitel und ETFs, suchen Sie sich die besten Werte aus. Achten Sie darauf, dass Sie unterschiedliche Indizes, Regionen, Sektoren und Märkte erfassen. Breite Streuung gilt auch hier.

Aktienfonds-Musterdepot ❸: risikofreudige Anleger

Name, Fonds-Gesellschaft	WKN	Kurs 23.09.16	Hoch/Tief 1 Jahr	Kursentwicklung 1, 3, 5, 10 Jahre
DekaLux-BioTech CF	DK1 A3Y	402,30 €	486,7/327,1 €	-11/+67/+255/+303 %
	\multicolumn{4}{l}{Umfang 275 Mio. €, Alter 8 Jahre, Ausgabeaufschlag **3,75 %**, Gebühr **1,25 %**, ausschüttend. Der Fonds investiert in große Nasdaq-Biotechaktien, wie Amgen, Celgene, Gilead, Illumina, Regeneron, Biogen, Mylan, Vertex. Bestenliste Handelsblatt.}
Deka-Technologie CF	515 262	25,80 €	25,80/19,95 €	+22/+70/+139/+128 %
	\multicolumn{4}{l}{Umfang 356 Mio. €, Alter 17 Jahre, Ausgabeaufschlag **3,75 %**, Gebühr **1,25 %**, thesaurierend. Der Fonds mit fairen Gebühren investiert in globale Hightechaktien, wie Google, Amazon, Intel, Facebook, Microsoft, Apple, Samsung. Bestenliste Handelsblatt.}
Dimensional Plc Global Small Companies	A1J JAF	18,75 €	18,85/14,80 €	+12/+43/+123 %
	\multicolumn{4}{l}{Umfang keine Angabe, Alter 5 Jahre, Ausgabeaufschlag **0,00 %**, Gebühr **0,43 %**, thesaurierend. Dieser noch junge Aktienfonds mit extrem niedrigen Gebühren investiert vorwiegend in mittelgroße Werte und bis zu 20 % Anteil auch in Schwellenländern.}
DJE Asia High Dividend (EUR)	A0Q 5KZ	181,35 €	185,9/145,7 €	+20/+34/+55/+95 %
	\multicolumn{4}{l}{Umfang 141 Mio. €, Alter 8 Jahre, Ausgabeaufschlag **5,00 %**, Gebühr **1,30 %**, ausschüttend. Der Fokus liegt auf günstig bewerteten Aktien aus dem asiatisch-pazifischen Raum. Er investiert in solide Unternehmen mit einer hohen Dividendenrendite.}
DKB Asien Fonds TNL	795 322	27,15 €	27,25/21,55 €	+11/+25/+55/+33 %
	\multicolumn{4}{l}{Umfang 20 Mio. €, Alter 15 Jahre, Ausgabeaufschlag **0,00 %**, Gebühr 1,40 %, thesaurierend. Den Anlageschwerpunkt bilden ertrags- und wachstumsstarke Firmen im asiatisch-pazifischen Raum mit Dominanz Japan, z. B. Toyota aus dem Nikkei 225.}

GR Dynamik	A0H 0W9	24,55 €	26,45/9,40 €	**+144**/+36/-48/-50 %
	Umfang 15 Mio. €, Alter 10 Jahre, Ausgabeaufschlag 5,0 %, Gebühr **0,00 %,** thesaurierend. Der Fonds konzentriert sich auf Aktien kleinerer und mittlerer Rohstofffirmen. Er verzichtet auf die Jahresgebühr. Bei ard.boerse.de schafft dieser Fonds Rang 6.			
MAGNA Umbrella Plc New Frontiers R	A1H 7JG	14,80 €	14,80/11,25 €	+25/+57/+87 %
	Umfang 175 Mio. €, Alter 6 Jahre, Ausgabeaufschlag 5,00 %, Gebühr **1,25 %,** thesaurierend. Der Fonds investiert in wachstumsstarke Aktien von Firmen unterschiedlicher Größe und Branchen in Frontiermärkten unterhalb von Schwellenländern.			
MainFirst Germany A	A0R AJN	170,30 €	178,6/137,8 €	+14/+83/+195/+248 %
	Umfang 207 Mio. €, Alter 7 Jahre, Ausgabeaufschlag 5,00 %, Verwaltungsgebühr 1,50 €, thesaurierend. Neben Aktien aus dem MDAX und SDAX (Absteiger Leifheit) werden auch etliche kleinere Werte berücksichtigt, wie ATOSS, All for One Steeb.			
Monega Innovation	532 102	60,55 €	60,55/47,3 €	+21/+46/+123/+119 %
	Umfang 25 Mio. €, Alter 15 Jahre, Ausgabeaufschlag **3,50 %,** Gebühr **0,08 %,** ausschüttend. Der Fonds investiert in USA, Europa und Japan. Er bevorzugt die Aktien kleinerer und mittelgroßer Unternehmen, aber auch DAX-Konzerne, Beispiel **Infineon.**			
OAKS EUF Emerging and G	A1W 55Q	13,45 €	13,50/10,85 €	+22/+29 %
	Umfang 31 Mio. €, Alter 3 Jahre, Ausgabeaufschlag **0,00 %,** Gebühr **0,30 %,** thesaurierend. Der Fonds verzichtet auf den Aufschlag und begnügt sich mit geringer Gebühr. Alle Firmen müssen in Frontiermärkten ansässig sein oder dort intensiv handeln.			
SEB European SmallCap Eq. D (€)	989 941	262,70 €	295,8/229,8 €	-1/+59/+142/+136 %
	Umfang 159 Mio. €, Alter 17 Jahre, Ausgabeaufschlag **1,00 %,** Gebühr 1,50 %, ausschüttend. Schwerpunkte bilden Aktien von Europa-Firmen, deren Börsenwert niedriger ist als die 225 Top-AGs im FTSE World Europe. **GrenkeLeasing** (SDAX) ist dabei.			
Struktured Solutions Lithium Index Strategie Fo.	HAF X4V	91,10 €	95,85/34,65 €	+141/+115/+28 %
	Umfang 14 Mio. €, Alter 7 Jahre, Ausgabeaufschlag 5,00 %, Gebühr **0,80 %,** thesaurierend. Schwerpunkte dieses Fonds für Risikofreudige bilden Exploration, Abbau, Investition in den Rohstoff Lithium. Platz 1 in der Top-Auswahl von boerse.ard.de.			
UniSector BioPharma A	921 556	102,80 €	109,3/87,30 €	+0,5/+45/+138/+123 %
	Umfang 258 Mio. €, Alter 17 Jahre, Ausgabeaufschlag 4,00 %, Gebühr 1,55 %, ausschüttend. Wachstumsstärke, Innovation, Marktstellung und gute Gewinnchancen sind wichtig. Große Anteile: Roche, Amgen, GlaxoSmithKline, Merck, Novartis, Pfizer.			

6.2 Das Branchen-Musterdepot als neue Fonds-Alternative

Blick auf Zukunftsmärkte: Anregungen und breit gestreute Auswahlhilfen für branchenorientierte Aktienfonds-Liebhaber

Je nachdem, wie Sie sich selbst einordnen, unterstützt Sie die sektorbezogene Aktienfondsliste bei Ihrer eigenen Auswahl. Wer sicherheitsbewusst ist, handelt anders, als wer im Interesse besonderer Erfolgserlebnisse gern ein höheres Risiko eingeht. Der eine Anleger favorisiert vielleicht Fonds, die eine große Durststrecke hinter und möglicherweise auch noch einige Zeit vor sich haben wie der Finanzsektor. Andere nutzen gern das Comeback bei Edelmetallen, bei Erdöl, Kupfer, Stahl und Nickel oder die vermutlich überwundene Korrekturphase im Biotechsektor nach zuvor jahrelang anhaltendem Aufwärtstrend. Wirklichkeitsnahe Selbsteinschätzung ist wichtig, um richtig entscheiden zu können.

Das Branchenfonds-Musterdepot für kreative Auswahl

Name, Fonds-Gesellschaft	WKN	Kurs 23.09.16	Hoch/Tief 1 Jahr	Kursentwicklung 1, 3, 5, 10 Jahre
Autoindustrie	A0D NEW	12,65 €	13,30/10,60 €	+7/+52/+127/+78 %
HGF Henderson Gartmore Glob. Growth				Umfang 51 Mio. €, Alter 12 Jahre, Ausgabeaufschlag 5,0 %, Gebühr 1,50 %, thesaurierend. Der Fonds investiert in innovative Firmen mit hoher Wachstums- und Ertragschance, wozu einige Automotive-Titel zählen, ohne ein echter Branchenfonds zu sein.
Banken	633 871	520,10 €	586,9/421,4 €	-2/+20/+86/-10 %
KBC Equity Finance Classic				Umfang 33 Mio. €, Alter 19 Jahre, Ausgabeaufschlag **0,00 %**, Gebühr 1,50 %, thesaurierend. Der Fonds investiert zumindest 75 % in Aktien von Finanzfirmen weltweit. Größte Positionen: J. P. Morgan, Citigroup, Berkshire, Bank of America, Wells Fargo.
Bergbau	A0M L6C	89,70 €	93,20/59,61 €	+28/+6/-15/-39 %
LONG Term (SIA) Natural Resources €				Umfang 8 Mio. €, Alter 12 Jahre, Ausgabeaufschlag **0,00 %**, Gebühr 1,50 %, thesaurierend. Schwerpunkte sind natürliche Ressourcen, wie Energie, Bergbau, Agrar, Lebensmittel. Die Aktien müssen niedrig bewertet, wachstumsstark und ertragreich sein.
Biotech Nasdaq 100	DK1 A3Y	383,30 €	486,7/327,1 €	-19/+62/+236/+284 %
DekaLux-BioTech CF				Umfang 251 Mio. €, Alter 8 Jahre, Ausgabeaufschlag 3,75 %, Gebühr **1,25 %**, ausschüttend. Der Fonds für risikofreudige Biotech-Liebhaber investiert in große Nasdaq-Aktien, wie Celgene, Amgen, Gilead, Regeneron, Biogen, Mylan, Illumina und Vertex.

Kategorie / Fonds	WKN	Kurs	Hoch/Tief	Performance
Energie/Versorger MFS Meridian Glob. Energy	A0R EBJ	15,75 €	16,65/13,00 €	+6/-5/+14/+58 %
		Umfang 30 Mio. €, Alter 7 Jahre, Ausgabeaufschlag **6,00 %,** Gebühr **1,05 %,** thesaurierend. Der Fonds mit geringem Handel investiert mindestens zu 70 % in Aktien von Firmen des Energiebereichs mit Sitz in Industrienationen und Schwellenländern.
Erneuerbare Energie Quest Cleantech SICAV B	A0N C68	216,00 €	217,2/178,6 €	+9/+52/+103 %
		Umfang 55 Mio. €, Alter 8 Jahre, Ausgabeaufschlag **0,00 %,** Gebühr **1,25 %,** thesaurierend. Der Fonds legt in Aktien von Unternehmen in Industrienationen an, die im Bereich sauberer Technologien tätig sind, nämlich Energie, Wasser, Luft, Rohstoffe.
Ernährung KBC Equity F&P Products Classic	723 109	1.831,0 €	1.920/1.632 €	+13/+52/+112/+169 %
		Umfang 82 Mio. €, Alter 18 Jahre, Ausgabeaufschlag 3,00 %, Gebühr 1,50 %, thesaurierend. Über 85 % vom Kapital stecken in Aktien von Firmen der Sparten Essen, Trinken, Tabak, Pflegemittel, Haushaltswaren, wie Nestlé, P&G, Pepsi, Coca Cola.
Finanzen Candriam Equities B Global Fin. C	541 439	477,50 €	511,1/401,1 €	+5/+36/+117/+42 %
		Umfang 57 Mio. €, Alter 16 Jahre, Ausgabeaufschlag **2,50 %,** Gebühr 1,50 %, thesaurierend. Der Fonds investiert in die weltweite Banken- und Finanzlandschaft. Größte Positionen: Wells Fargo, Berkshire, J. P. Morgan, Mitsubishi, Hang Seng Bank.
Gesundheit/Pharma DWS Health	976 985	212,75 €	238,5/192,4 €	-7/+58/+153/+133 %
		Umfang 440 Mio. €, Alter 19 Jahre, Aufschlag **0,00 %,** Gebühr 1,70 %, thesaurierend. Der Fonds ohne Ausgabeaufschlag legt weltweit in Pharma- und Biotech-Aktien an: Johnson, Allergan, Roche, Gilead, Sanofi, Humana, Bayer, Celgene, Bristol Myers.
Gold Tocqueville Gold P	A1C 4YR	158,50 €	183,9/81,10 €	+92/+36/-40/-64 %
		Umfang 139 Mio. €, Alter 8 Jahre, Ausgabeaufschlag **3,5 %,** Gebühr **1,99 %,** thesaurierend. Der Fonds legt über zwei Drittel der Aktien in Abbau und Verarbeitung von Gold und anderem Edelmetall an, z. B. Agnico Eagle, Newmont, Goldcorp, Randgold.
Hightech FTIF Franklin Temp.Mutual Beacon I€	A0K EDF	17,90 €	18,20/14,55 €	+8/+42/+112/+73 %
		Umfang 655 Mio. €, Alter 10 Jahre, Ausgabeaufschlag **0,00 %,** Gebühr **0,70 %,** thesaurierend. Der Fonds mit geringer Gebühr spezialisiert sich auf unterbewertete Aktien weltweit. Die Firmen müssen zukunftsfähige Phasen ihrer Entwicklung präsentieren.
Immobilien HHF Henderson Horizon Property Eq A	989 232	39,55 €	43,15/35,50 €	+2/+65/+122/+15 %
		Umfang 360 Mio. €, Alter 18 Jahre, Ausgabeaufschlag 5,00 %, Gebühr **1,20 %,** thesaurierend. Der Fonds investiert mit Anteilen bis zu 9,6 % in Aktien europäischer Immobilienfirmen. Dt. Wohnen (MDAX) und Vonovia (DAX) sind aus Deutschland dabei.

Industrie/ Gesundheit UniFavorit: Aktien €	847 707	116,65 €	120,8/99,45 €	+8/+43/+103/+131 %
	Umfang 1,44 Mrd. €, Alter 11 Jahre, Ausgabeaufschlag 5,00 %, Gebühr **1,20 %,** ausschüttend. Der Fonds investiert weltweit vor allem in Aktien großer Unternehmen, die hohe Ertragschancen haben. Neben Industrieaktien sind Amgen und Biogen dabei.			
Industrie 4.0/ Innovation Monega Innovation	532 102	59,15 €	60,10/47,30 €	+15/+43/+101/+109 %
	Umfang 24 Mio. €, Alter 15 Jahre, Ausgabeaufschlag **3,50 %,** Gebühr **0,08 %,** ausschüttend. Der Fonds mit winziger Gebühr investiert in europäische, amerikanische und japanische Aktien kleiner und mittelgroßer Firmen mit zukunftsfähigen Patenten.			
Infrastruktur FTIF Franklin Templeton Infrastruk. I€	A1T 7WH	14,40 €	14,80/11,60 €	+12/+49 %
	Umfang 60 Mio. €, Alter 3 Jahre, Ausgabeaufschlag **0,00 %,** Gebühr **0,70 %,** thesaurierend. Der Fonds investiert in unterschiedlich große Firmen. Zum Kerngeschäft zählen Verwaltung, Bau, Nutzung, Handel, Finanzierung von Infrastruktur und Logistik.			
Internet/ Information Nordinternet	978 530	72,40 €	75,05/53,55 €	+14/+68/+146/+152 %
	Umfang 32 Mio. €, Alter 19 Jahre, Ausgabeaufschlag **5,0 %,** Gebühr **1,00 %,** thesaurierend. Der Fonds konzentriert sich auf Aktien von Unternehmen im Bereich Internet, Infrastruktur, Online-Plattformen, wie Amazon, Facebook, PayPal, Alphabet, Netflix.			
Klimawandel/ Umweltschutz KBC Eco Clim Change C	A0M KZM	508,00 €	509,0/411,7 €	+10/+20/+62/+3 %
	Umfang 22 Mio. €, Alter 10 Jahre, Ausgabeaufschlag **0,00 %,** Gebühr **1,40 %,** thesaurierend. Der Fonds strebt gute Renditen an durch Investition in den Klimawandel und Verringerung von Treibhausgasen. Die Firmen müssen nachhaltig wirtschaften.			
Kommunikation/Medien DNB Fund Technology A	A0M WAN	334,85 €	336,8/253,9 €	+25/+79/+162/+235 %
	Umfang 339 Mio. €, Alter 9 Jahre, Ausgabeaufschlag **5,00 %,** Gebühr **1,50 %,** thesaurierend. Der Fonds investiert in Technologie-, Kommunikations- und Medienfirmen mit besten Aussichten in Zukunftsmärkten, wie Google, Playtech, Samsung, SAP.			
Konsumgüter FF Fidelity Glob. Consumer Ind. Y	A0N GWX	26,95 €	28,05/23,30 €	+10/+48/+117/+174 %
	Umfang 509 Mio. €, Alter 8 Jahre, Ausgabeaufschlag **0,00 %,** Gebühr **1,00 %,** thesaurierend. Der Fonds bevorzugt Aktien von Konsumgüter-Riesen aus aller Welt, wie Amazon, Philip Morris, Coca-Cola, Colgate, LVMH, L'Oreal, Inditex, Google, Heineken.			
Logistik PGLI Partners Group Listed SICAV € I	A0K ET2	148,15 €	155,5/132,4 €	+10/+40/+83/+102 %
	Umfang 3,27 Mrd. €, Alter 10 Jahre, Ausgabeaufschlag **5,00 %,** Gebühr **1,15 %,** ausschüttend. Der Fonds legt zumindest zwei Drittel in Aktien von Firmen an, die bei Infrastruktur/Logistik aktiv sind. Große Posten: Vinci, Atlanta, American Water Works, SES.			

Medien/Telek.	580 825	225,90 €	242,8/202,45 €	+7/+35/+80/+105 %
Candriam Eq. B Global Telecom C		Umfang 37 Mio. €, Alter 17 Jahre, Ausgabeaufschlag **2,5 %**, Gebühr 1,50 %, thesaurierend. Der Fonds investiert in Aktien mittelgroßer und großer Unternehmen in Amerika, Europa, Asien. Größte Posten: AT&T, Verizon, Vodafone, Dt. Telekom (DAX).		
Minen/Metall	HAF X4V	89,40 €	95,85/34,65 €	+161/+131/+15 %
StrucSol Lithium Index Strategie F		Umfang 14 Mio. €, Alter 7 Jahre, Ausgabeaufschlag 5,0 %, Gebühr **0,80 %**, thesaurierend. Der Fonds mit niedriger Jahresgebühr und hohem Kursgewinn orientiert sich am Solactive Lithium-Index und engagiert sich bei Rohstoff- und Edelmetallminen.		
Öl/Gas/Energy	541 438	832,90 €	896,6/662,1 €	+5/-6/+7/+49 %
Candriam Eq. B Global Energy C		Umfang 37 Mio. €, Alter 17 Jahre, Ausgabeaufschlag **2,50 %**, Gebühr 1,50 %, thesaurierend. Dieser Fonds investiert bevorzugt in die Aktien führender Energiekonzerne, wie Exxon Mobil, Chevron, Royal Dutch, Valero, BP, Occidental, ENI, Total.		
Phar./Biotech	A0J KNF	1.322 €	1.402/1.141 €	+1/+63/+156/+177 %
KBC Equity Pharma Growth C		Umfang 35 Mio. €, Alter 15 Jahre, Ausgabeaufschlag **3,00 %**, Gebühr 1,50 %, thesaurierend. Der Fonds muss 75 % vom Vermögen in wachstumsstarke Pharma- und Biotechaktien anlegen, z. B.: Johnson, Pfizer, Novartis, Merck, Novo Nordisk, Gilead.		
Rohstoffe/ Bergbau	977 988	190,70 €	214,7/167,7 €	-2/+30/+94/+54 %
Pioneer Inv. Akt. Rohst. A		Umfang 83 Mio. €, Alter 16 Jahre, Ausgabeaufschlag 4,0 %, Gebühr **0,50 %**, thesaurierend. Der Fonds investiert in Aktien von Bergbau-, Goldminen-, Stahlkonzernen, die Rohstoffe, Energieträger und Agrarprodukte erzeugen, verarbeiten, vermarkten.		
Silber	A0K FA1	39,40 €	45,95/12,05 €	+186/+40/-38/-60 %
Stabilitas Silber + Weißmetalle		Umfang 70 Mio. €, Alter 10 Jahre, Ausgabeaufschlag 5,00 %, Gebühr **2,50 %**, thesaurierend. Der Fonds mit hoher Jahresgebühr erstrebt Wertzuwachs durch weltweite Anlagen in kleinere und mittelgroße Werte im Edelmetallsektor: Schwerpunkt Silber.		
Software/ Technologie	921 559	71,95 €	73,50/58,75 €	+13/+58/+116/+126 %
UniSector HighTech A		Umfang 30 Mio. €, Alter 17 Jahre, Ausgabeaufschlag 4,00 %, Gebühr 1,55 %, thesaurierend. Der Fonds investiert in Aktien von Firmen der Computer-, Software-, Technologiebranche, wie Apple, Alphabet, Microsoft, Facebook. Vom DAX ist SAP dabei.		
Technologie global	515 262	25,25 €	25,50/19,95 €	+18/+67/+126/+122 %
Deka-Technologie CF		Umfang 346 Mio. €, Alter 17 Jahre, Ausgabeaufschlag **3,75 %**, Gebühr **1,25 %**, thesaurierend. Der Fonds mit fairen Gebühren investiert weltweit in Aktien von Technologie-Unternehmen, wie Google, Amazon, Facebook, Microsoft, Apple, Intel, Samsung.		

Technologie Nebenwerte	A0M 8HD	118,35 €	121,8/107,9 €	+7/+28/+72/+141 %
Frankfurter Aktienfonds				

Technologie Nebenwerte **Frankfurter Aktienfonds**	A0M 8HD	118,35 €	121,8/107,9 €	+7/+28/+72/+141 %
	Umfang 1,69 Mrd. €, Alter 9 Jahre, Ausgabeaufschlag 5,00 %, Gebühr **0,35 %,** thesaurierend. Der Fonds mit sehr niedriger Gebühr erstrebt hohen Wertzuwachs durch Anlage in Nebenwerteaktien. Software AG (TecDAX) und WashTec (SDAX) sind dabei.			
Telekom **KBC Equity Strategie Telecom TC**	779 078	164,60 €	175,0/138,8 €	+10/+45/+97/+24 %
	Umfang 542 Mio. €, Alter 17 Jahre, Ausgabeaufschlag **0,00 %,** Gebühr 1,50 %, thesaurierend. Der Fonds konzentriert sich auf den Hightech- und Telekomsektor. Er investiert in Großkonzerne, wie Apple, Dt. Telekom, AT&T, Facebook, Microsoft, SAP.			
Versicherung **RT VIF Versicherung Internat. T**	603 225	103,60 €	112,5/86,80 €	+6/+38/+120/+31 %
	Umfang keine Angabe, Alter 18 Jahre, Ausgabeaufschlag 4,0 %, Gebühr 1,50 %, ausschüttend. Um überdurchschnittlichen Kapitalertrag zu erzielen, investiert dieser Fonds mit höherer Risikoschwelle in Finanzaktien von Firmen unterschiedlicher Größe.			
Wasser **Swisscanto (LU) Equity Water Inv. B**	A0M SPX	166,50 €	166,5/135,7 €	+18/+38/+110/+67 %
	Umfang 179 Mio. €, Alter 9 Jahre, Ausgabeaufschlag 5,0 %, Gebühr **0,78 %,** thesaurierend. Der Fonds investiert in Firmen, die im Wasserbereich bei Versorgung, Technologie, Aufbereitung, Reinigung aktiv sind, wie Ecolab, Xylem, Eurofins, Veolia, Suez.			
Wohnungsbau Immo/Nebenw. **Meinl Global Property**	A0J D82	19,30 €	19,70/15,80 €	+13/+34/+100/+27 %
	Umfang 8 Mio. €, Alter 11 Jahre, Ausgabeaufschlag 5,00 %, Gebühr 1,50 %, ausschüttend. Der kleine Fonds investiert in europäische Immobilienaktien und übergewichtet Titel aus DAX und MDAX: Vonovia, Dt. Wohnen, LEG Immobilien, Dt. Euroshop.			
Zukunftsmärkte **DWS Zukunfts-Invest.**	515 248	94,05 €	94,05/73,45 €	+15/+34/+100/+123 %
	Umfang 156 Mio. €, Alter 10 Jahre, Ausgabeaufschlag 5,00 %, Gebühr 1,45 %, ausschüttend. Der Fonds investiert weltweit in Aktien großer Konzerne in den Bereichen Infrastruktur, Logistik und Industrie, wie Honeywell, United Tech, UPS, 3 M, Fedex.			

Das Branchenfonds-Musterdepot wurde nicht für eine komplette Nachbildung konzipiert, sondern für eine strategische Auswahl

Da es mühselig und zeitraubend ist, sich selbst seine Aktienfonds nach Branchen zusammenzustellen, will ich Ihnen die Auswahl erleichtern. Je nach Ausrichtung sicherheitsbewusst, erfolgsorientiert, risikofreudig entscheiden Sie unterschiedlich. Auch Wissen und Vorlieben spielen mit. Daneben kommt es darauf an, ob Sie sich strategisch am aktuellen Trend orientieren, ob Sie nach Absturz günstige Einstiegskurse nutzen und bei sich abzeichnender Kurserholung dabei sein wollen. Als besonders wichtig schätze ich eine niedrige Jahresgebühr ein.

6.3 Das Baukastensystem mit Aufbaumodell für Ihre komplette Aktien-Wertpapieranlage

Die Zahl der Aktionäre wuchs 2015 um 560.000 bzw. 6,7 % auf 9,1 Mio. Bundesbürger. In Einzelaktien investierten 4,4 Mio. Deutsche, ein Anstieg von 6,4 % gegenüber 2014; in Aktienfonds 6,1 Mio. Bundesbürger, ein Zuwachs um 2,5 %. Seit 2012, als es 9,5 Mio. Aktionäre gab, ist es der höchste Stand. Jeder 7. Deutsche ab 14 Jahren legt in Einzelaktien oder Aktienfonds an.

Der Hauptgrund ist die Null-Zins-Politik. Statt sich enteignet zu fühlen und sich über die schleichende Kapitalvernichtung beim Sparbuch zu ärgern, wird zunehmend in Einzelaktien, Aktienfonds und ETFs (Exchange Traded Funds) angelegt – allein schon wegen der oft üppigen Dividendenzahlungen. Aber es ist noch ein weiter Weg, bis die Quote von 2001 mit 13 Mio. Aktionären in Deutschland wieder erreicht wird – wenn überhaupt.

Mitverantwortlich für den erfreulichen Anstieg ist die Zahl der Belegschaftsaktionäre, die als Mitarbeiter ihrem Unternehmen vertrauen und die Anteilsscheine oft zu besonders günstigen Bedingungen beziehen können. Damit wird nicht nur die Aktienkultur gefördert. Das Management verspricht sich davon, dass sich diese Aktionäre als **U**nternehmer **i**m eigenen **U**nternehmen **(UiU)** fühlen und damit ein gewisses Maß an unternehmerischem Denken und Handeln erlernen.

Zur Altersstruktur und zum Bildungsniveau. Laut Deutschem Aktieninstitut (DAI) gibt es die meisten Aktionäre in der Altersgruppe 40 bis 59 Jahre, gefolgt von den über 60-Jährigen. Es gilt, die junge Generation an die Aktienkultur heranzuführen. Aktienfonds, von den Banken angeboten, erleichtern den Einstieg und senken durch Streuung und die Tatsache, dass hier Profis aktiv sind, das Risiko. Es überrascht keineswegs, dass Menschen mit hohem Bildungsniveau und überdurchschnittlichem Einkommen den Großteil der Aktionäre bilden. Deutschland gilt nicht nur als Angsthasenvolk. Auch das Börsenwissen ist großteils sehr dürftig, nachdem nur in wenigen Ländern das Fach Wirtschaft und Recht als Pflichtfach gilt.

Das Gefälle zwischen West/Ost verringert sich erfreulicherweise. Der Anteil in Ostdeutschland liegt nur noch knapp unter den Zahlen für Westdeutschland. Interessant ist, dass die Menschen in Ostdeutschland weitaus stärker auf Aktienfonds als auf Einzelaktien fokussiert sind. Dies hängt sicherlich auch mit der Unternehmenslandschaft zusammen.

Leichter Einstieg mit dem Baukastensystem/Aufbaumodell

Baukastensystem und Aufbaumodell für Geldanlage

Ein Anlagekonzept für sicherheitsbewusste Privatanleger

Investmentfonds	ETFs	Edelmetall: Barren/Münzen
DJE Div & Sub. (164325)	iShares MDAX (593392)	
DWS Akt Strat. (976986)	LYXOR Wasser (LYX0CA)	Gold
DWS Top Div. (DWS1VB)	db x-track. Immo (DBX0F1)	Gold/Silber/Platin
DAX Einzelaktien	**MDAX-Einzelaktien**	**SDAX-Einzelaktien**
BASF (BASF11)	KION (KGX888)	SIXT (723132)
Fresenius (578560)	Gerresheimer (A0LD6E)	TLG Immo (812B8Z)
Henkel (604843)	Fuchs Petrolub (579043)	Bertrandt (523 280)

Anlage-Aufbaumodell für erfolgsorientierte Privatanleger

Investmentfonds	ETFs	DAX-Aktien
UniSector High (921559)	Comstage SDAX (ETF005)	Adidas (A1EWWW)
Quest Cleantec (A0NC68)	iShares Health (A0Q4R3)	Allianz (840400)
UniDeutschl. XS (975049)	iShares Konsum (A0H08N)	Daimler (710000)
MDAX-Einzelaktien	**SDAX-Einzelaktien**	**DAXplusFamily**
Hannover Rück (840221)	König & Bauer (719350)	CeWe Stiftg. (540390)
Dürr (556 520)	GrenkeLeasing (A161N3)	Software AG (330400)
Rational (701080)	INDUS (620010)	Henkel (604 843)
Euro Stoxx 50-Aktien	**TecDAX-Einzelaktien**	**Dow Jones**
Anheus. Busch (590932)	Bechtle (515870)	3M CO. (851745)
VINCI (867475)	Nemetschek (645290)	Johnson + J. (853260)
Danone (851194)	Sartorius (716563)	J. P. Morgan (580628)

Anlage-Aufbaumodell für risikofreudige Privatanleger

Investmentfonds	ETFs	Nasdaq-Aktien
Dimensional Gl (A1JJAF)	iShares Nasdaq (A0F5UF)	Alphabet (A14Y6F)
GR Dyn Rohst. (A0H0W9)	iShares TecDAX (593397)	Amazon (906866)
Magna Frontier (A1H7JG)	ISHSTR Biotech (657791)	Nvidia (918422)
StrucSol Lith. (HAGX4V)	PS Dyn US Softw. (A0M2EH)	Netflix (552484)
DAX-Einzelaktien	**TecDAX-Einzelaktien**	**Stoxx 50-Aktien**
SAP (716460)	Freenet (A0Z2ZZ)	Nestlé (A0Q4DC)
Infineon (623100)	Drillisch (554550)	Rio Tinto (852147)
Siemens (723610)	Pfeiffer Vacuum (691660)	BAT (916018)

Basteln Sie sich Ihr Aufbaumodell nach eigenen Vorstellungen!

Baukastensystem und Aufbaumodell für Geldanlage		
Ein Anlagekonzept für sicherheitsbewusste Privatanleger		
Investmentfonds	ETFs	Edelmetall: Barren/Münzen
DAX Einzelaktien	MDAX-Einzelaktien	SDAX-Einzelaktien
Anlage-Aufbaumodell für erfolgsorientierte Privatanleger		
Investmentfonds	ETFs	DAX-Aktien
MDAX-Einzelaktien	SDAX-Einzelaktien	DAXplusFamily
Euro Stoxx 50-Aktien	TecDAX-Einzelaktien	Dow Jones
Anlage-Aufbaumodell für risikofreudige Privatanleger		
Investmentfonds	ETFs	Nasdaq-Aktien
DAX-Einzelaktien	TecDAX-Einzelaktien	Stoxx 50-Aktien

❼ Fondsmanager stellen ihr Lieblingsprodukt vor

Es kann auch für Sie, lieber Leser, durchaus interessant sein, über erfolgreiche Fondsmanager und deren Lieblingsprodukt mehr zu erfahren. Dazu gibt BÖRSE ONLINE allwöchentlich Anregungen und liefert den Quellennachweis. Die Kurzberichte sind alphabetisch nach Fondsnamen geordnet.

Fondsmanager Martin Rupp stellt seinen 3 Banken Sachwerte-Aktienfonds als Schutz gegen die Geldentwertung vor

Fondsmanager Martin Rupp investiert mit gleicher Gewichtung in 33 Aktien, die einen gewissen Schutz gegen die Geldentwertung als Folge der Null- und Strafzins-Politik bieten. Dazu zählen die Aktien substanzstarker Unternehmen rund um den Globus mit solider Bilanzierung. Sie decken großteils den Grundbedarf der Menschen nach Essen, Trinken, Wohnen, Energie, Gesundheit, Wohlbefinden und persönlicher Sicherheit ab. Aber auch Gold- und Immobilientitel gehören dazu.

Für den Fondsmanager ist Xylem, der Hersteller von Anlagen zur Förderung, Behandlung und zum Transport von Wasser, ein klarer Kauf. Dazu ein kurzes Zitat: „Wasser wird ein zunehmend knappes Gut. Auch muss die Wasserinfrastruktur und Wasserqualität in vielen Ländern verbessert werden." Rund 40 % des Gesamtumsatzes sind bei Xylem wiederkehrende Erlöse. Sehr positiv beurteilt Martin Rupp auch das amerikanische Medizintechnik-Unternehmen Medtronic. Rund ein Drittel des Portfolios wird derzeit in Gold- und Silberaktien investiert, darunter Hochschild Mining. (Quelle: Börse Online Nr. 38, 22. bis 28.09.2016)

Name, Fonds-Gesellschaft	WKN	Kurs 23.09.16	Hoch/Tief 1 Jahr	Kursentwicklung 1, 3, 5, 10 Jahre
3 Banken Sachwerte-Aktien chancenreich	A1J PFJ	14,10 €	14,95/10,35 €	+35/+42/+44 %
	Umfang 86 Mio. €, Alter 5 Jahre, Ausgabeaufschlag 5,00 %, Verwaltungsgebühr 1,50 %, ausschüttend. Der Fonds investiert weltweit in 33 gleich gewichtete Aktien aus den Bereichen Wasser, Konsumgüter, Goldminen und in andere substanzstarke, nachhaltig wirtschaftende Aktien mit seriöser Bilanzierung.			

Fondsmanager Devan Kaloo, Spezialist für kleinere Werte in den Schwellenländern, ist mit seinem Aktienfonds Danske Global EM Small Cap auf gutem Wege und profitiert von Indiens Wachstum

Die Anlage in kleinere Aktien von Schwellenländern ist zwar riskant, aber eröffnet auch große Chancen. So mancher Titel entwickelt sich zum Wachstumstreiber. Fondsmanager Devan Kaloo investiert in aussichtsreiche Unternehmen mit niedriger Marktkapitalisierung in Indien, Thailand, Indonesien, Türkei, Nigeria und Ägypten. Zu seinen besten Titeln zählen der Zementhersteller Ramco Cements, der Farbenproduzent Kansai Nerolac Paints und der Schuhdiscounter Arezzo Industrie Comercio. Der Fondsmanager hält nichts vom schnellen Rein und Raus, sondern investiert langfristig und kauft in Schwächephasen insbesondere bei seinen Kursperlen zu. (Quelle: Börse Online Nr. 24, 16.06. bis 22.06.09.2016)

Name, Fonds-Gesellschaft	WKN	Kurs 23.09.16	Hoch/Tief 1 Jahr	Kursentwicklung 1, 3, 5, 10 Jahre
Danske Global EM Small Cap **spekulativ**	A1C 10X	31,25 €	31,80/24,80 €	+17/-17/+33 %
		Umfang 174 Mio. €, Alter 9 Jahre, Ausgabeaufschlag **3,00 %**, Jahresgebühr 1,70 %, thesaurierend, Fondswährung US-Dollar. Der Fonds investiert vor allem im asiatischen Raum in chancenreiche Aktien verschiedener Branchen aus Schwellenländern.		

Börsenmakler, Fondsberater, Buchautor Dirk Müller spricht von „Zeit zum Ernten". Er sammelte für 76 Mio. € Aktien für Warburg-Dirk-Müller Premium ein und nutzt Absicherungsstrategien. Bislang konnte der Aktienfonds jedoch nicht so richtig überzeugen

Dirk Müller gab einst an der Börse in Frankfurt dem DAX das Gesicht. Trotz seiner Berühmtheit kommt der junge Fonds kaum voran. Das zeigt das Jahresminus von rund 6 %. Dirk Müller beruft sich auch auf ethische Grundsätze bei der Aktienauswahl. Er rechnet mit heftigen Börsenturbulenzen, einer harten Landung in China und nutzt deshalb Absicherungsstrategien wie Put-Optionsscheine.

Name, Fonds-Gesellschaft	WKN	Kurs 23.09.16	Hoch/Tief 1 Jahr	Kursentwicklung 1, 3, 5, 10 Jahre
Warburg-Dirk-Müller Premium Aktien **spekulativ**	A11 1ZF	90,35 €	96,75/88,00 €	-6 % (erst 2. Jahr)
		Umfang 78 Mio. €, Alter 1,5 Jahre, Ausgabeaufschlag 4,00 %, Jahresgebühr 1,60 %, thesaurierend, Fondswährung €. Die Favoriten des kleinen Fonds sind der Lachsfarmbetreiber Bakkafrost und das Hightechunternehmen Tyler Technologies.		

Dr. Jan Ehrhardt, Sohn vom berühmten Fondsmanager Dr. Jens Ehrhardt, DJE Kapital AG, betreut den Aktienfonds DJE Asia High Dividend mit Fokus auf China, Japan, Südkorea, Thailand

Bei der Titelauswahl konzentriert sich Fondsmanager Dr. Jan Ehrhardt vor allem auf den ertragreichen, dividendenstarken Immobiliensektor. Zu seinen Favoriten zählt hier Hang Lung Group. Dazu ein Zitat: *„Den Großteil seines Umsatzes erwirtschaftet das chinesische Unternehmen aus regelmäßigen Mieteinnahmen. Die Dividendenrendite liegt bei 3 %."* Gut entwickeln sich auch die Konsumgüterfirma Anta Sports Products und der Bauwert Daito Trust Construction. Der Fonds investiert in China, Japan, Südkorea und Thailand. Der Einstiegszeitpunkt ist günstig. Asiens Märkte sind niedrig bewertet. (Quelle: Börse Online Nr. 33, 18.08.2016)

Name, Fonds-Gesellschaft	WKN	Kurs 23.09.16	Hoch/Tief 1 Jahr	Kursentwicklung 1, 3, 5, 10 Jahre
DJE Asia High Dividend **chancenreich**	A0Q 5KZ	181,35 €	185,9/145,7 €	+22/+95/+55/+95 %
		Umfang 127 Mio. €, Alter 8 Jahre, Ausgabeaufschlag 5,00 %, Jahresgebühr **1,30 %**, ausschüttend, Fondswährung €. Anlageschwerpunkte sind dividendenstarke Immobilien-, Bau- und Konsumgüteraktien aus China, Japan, Südkorea und Thailand.		

Nina Kordes von Hellrich WM Sachwertaktien ist voll investiert. Ein starkes Portfolio macht auch während einer Krise gelassen

Fondsmanagerin Nina Kordes zählt nicht zum Angsthasenvolk. Sie bleibt bei Börsenturbulenzen voll investiert, verzichtet auf Absicherungsstrategien und verringert das Risiko allein durch die Auswahl robuster Aktien. Zitat: *„Sachwertaktien sind für uns Unternehmen, deren Produkte und Dienste jederzeit, also auch in konjunkturellem Abschwung, nachgefragt werden. Dank stabiler Erträge können die Firmen selbst in Krisenzeiten den Unternehmenswert vergleichsweise gut erhalten."* Die erfolgreiche Fondsmanagerin spricht mir aus dem Herzen; denn ich handle ebenso. Zu ihren Favoriten zählt der Gesundheitswert Henry Schein, der Nahrungsmittelkonzern Nestlé und Ebro Foods. (Quelle: Börse Online Nr. 26, 30.06.2016)

Name, Fonds-Gesellschaft	WKN	Kurs 23.09.16	Hoch/Tief 1 Jahr	Kursentwicklung 1, 3, 5, 10 Jahre
Hellerich WM Sachwertaktien B **chancenreich**	HAF X0R	232,15 €	237,7/204,4 €	+12/+49/+92/+133 %
		Umfang 58 Mio. €, Alter 9 Jahre, Ausgabeaufschlag 5,00 %, Gebühr **1,10 %**, thesaurierend, Währung €. Zu den Favoriten des breit gestreuten erfolgreichen Fonds in Aktien robuster kleiner und großer Firmen zählen Henry Schein, Nestlé, Ebro Foods.		

Die beiden Fondsmanager Luke Newman und Ben Wallace von Henderson Gartmore investieren in ihren währungsgesicherten Fonds über 100 britische Aktien und fordern eine Mindestanlage

Der Henderson Gartmore UK Absolute Return aus Großbritannien setzt auf steigende und fallende Kurse und kommt trotz des unerwarteten Brexits mit der dadurch verursachten Krise gut zurecht. Die Kursschwankungen sind geringer als beim FTSE 100, dem britischen Leitindex. (Quelle: Börse Online Nr. 34, 25.08.16)

Name, Fonds-Gesellschaft	WKN	Kurs 23.09.16	Hoch/Tief 1 Jahr	Kursentwicklung 1, 3, 5, 10 Jahre
Henderson Gartmore Abs. Ret. **sicherheitsbewusst**	A1C TUG	6,95 €	6,95/6,65 €	+5/+14/+35 %
		Umfang 6,30 Mrd. €, Alter 6 Jahre, Ausgabeaufschlag 5,00 %, Jahresgebühr 1,50 %, thesaurierend, Mindestanlage 2.500 €. Der Fonds setzt auf steigende und fallende Kurse, bewährt sich in Schwächephasen und zeigt relativ geringe Schwankungen.		

Franz Führer, Fondsmanager von Lupus Alpha, entdeckt Nebenwerte-Börsentalente schon früh und schneidet erfolgreich ab

Allmählich setzt sich auch die Erkenntnis bei Privatanlegern durch: Die Nebenwerte MDAX, SDAX und TecDAX schlagen den DAX um Längen. Also lohnt sich ein aktiv gemanagter Nebenwerte-Aktienfonds mit kluger Auswahl. Bei bislang zufriedenstellender Kursentwicklung sieht Fondsmanager **Franz Führer** noch weiteres Potenzial. Er erklärt: *„Das geschätzte KGV für 2016 liegt derzeit bei 16 – und damit im langfristigen Durchschnitt."* Die Aktien seiner meist exportorientierten Unternehmen dürften weiterhin vom schwachen Euro profitieren und mögliche Nachfragerückgänge aus China und Schwellenländern ausgleichen. Rücksetzer will der Manager, der sich seit 15 Jahren intensiv mit Nebenwerten befasst, jedoch nicht ausschließen. Zu den Favoriten zählen das Bauunternehmen **Strabag**, der Immobilienentwickler **UBM Development**, der Medienwert **Highlight Media** und das Softwarehaus **Reply**, wenig bekannte Firmen. (Quelle: Börse Online Nr. 50, 10.12.2015)

Name, Fonds-Gesellschaft	WKN	Kurs 23.09.16	Hoch/Tief 1 Jahr	Kursentwicklung 1, 3, 5, 10 Jahre
Lupus Alpha All Opportunities Fund B **risikofreudig**	A0M 99W	95,55 €	98,40/86,40 €	-2/+24/+53/+92 %
		Umfang 76 Mio. €, Alter 9 Jahre, Ausgabeaufschlag 5,00 %, Gebühr **1,0 %**, thesaurierend, Mindesteinlage: 7.500 €. Das Fonds-Management schreckt vor Anlagen in eher unbekannte Nebenwerte nicht zurück und geht bei Bedarf Short-Positionen ein.		

MAGNA-Fondsmanager Ian Simmons investiert in seinem preisgekrönten Fonds mit 40 % Anteil in mexikanische Aktien

Die Aussichten in Mexiko für Aktien erscheinen gegenüber Argentinien wegen bereits guter Rahmenbedingungen aussichtsreich. Fondsmanager **Ian Simmons** engagiert sich zu 45 % in Brasilien und zu 40 % in Mexiko. In Brasilien setzt er auf das private Bankinstitut Itau Unibanco und den Getränkekonzern AMBEV. In Mexiko ist er beim Flughafenbetreiber OMA und Infrastrukturunternehmen PINFRA aktiv. Der Trend begann aufwärts zu drehen, was die Jahresentwicklung trotz hoher Volatilität bestätigt (Quelle: Börse Online Nr. 20, 19.05.2016). Jedoch bleibt abzuwarten, wie sich Donald Trumps feindliche Haltung gegenüber Mexiko auswirkt.

Name, Fonds-Gesellschaft	WKN	Kurs 23.09.16	Hoch/Tief 1 Jahr	Kursentwicklung 1, 3, 5, 10 Jahre
MAGNA Latin American Umbrella A **risikofreudig**	A0D N7L	25,70 €	27,30/19,15 €	+21/-10/+1/+37 %
	Umfang 15 Mio. €, Alter 12 Jahre, Ausgabeaufschlag 5,00 %, Gebühr 1,75 %, thesaurierend, Mindestanlage 5.000 €. Der mit „sehr gut" bewertete Fonds befindet sich auf Erholungskurs. Die Firmen müssen ihren Geschäftssitz in Lateinamerika haben.			

Fondsmanager Manfred Piontke, MPPM Deutschland, bietet Privatanlegern ein attraktives Investment mit deutschen Aktien an

Ein Drittel der Investoren des auf 80 Mio. € angewachsenen Deutschland-Fonds sind Privatanleger. Fondsmanager **Manfred Piontke** überzeugt mit einem wertorientierten Stock-Picking in DAX-Konzerne und deutsche Nebenwerte auch unterhalb MDAX, TecDAX und SDAX. Zu den Favoriten zählen Daimler, Heidelberg Cement und Helma Eigenheimbau. Kurzzitat: *„Wir treffen unsere Investitionsentscheidungen ausschließlich auf der Basis von Primär-Research. Wir haben etwa 400 direkte Unternehmenskontakte pro Jahr."* Deutsche Nebenwerte auch unterhalb der Indizes sind übergewichtet (Quelle: Börse Online Nr. 14, 13.04.2016)

Name, Fonds-Gesellschaft	WKN	Kurs 23.09.16	Hoch/Tief 1 Jahr	Kursentwicklung 1, 3, 5, 10 Jahre
MPPM Deutschland R **risikofreudig**	A1W 8EF	123,35 €	130,7/106,3 €	+5/+24 % (3 Jahre alt)
	Umfang 80 Mio. €, Alter 3 Jahre, Ausgabeaufschlag 4,00 %, Gebühr **0,00 %**, thesaurierend, Mindesteinlage: 1.000 €, Sparplan ab 100 € monatlich möglich. Die größten Posten von MPPM sind: Dialog Semiconductor (TecDAX), Helma Eigenheimbau, Ferratum, SIXT (SDAX), InVision, HeidelbergCement (MDAX), K+S (MDAX), Nexus, Freenet (TecDAX) und Daimler (DAX).			

Fondsmanagerin Angelika Millendorfer von Raiffeisen Russland Aktien nutzt die Trendwende bei den noch niedrig bewerteten, aber risikoreichen russischen Aktien mit einem KGV von nur 8

In den Jahren 2014/15 verloren russische Aktien im RTS-Index rund ein Viertel durch die politische Lage und sinkende Rohstoffnotierungen, allem voran Öl und Gas. Seit 2016 erholen sich russische Aktien, sind aber noch niedrig bewertet mit einem Kurs-Gewinn-Verhältnis von lediglich 8. Ein Investment in den Aktienfonds Raiffeisen Russland ist nur für risikofreudige Anleger ratsam, die auch starke Kursschwankungen problemlos verkraften. Ein Zitat von Managerin **Angelika Millendorfer,** seit über 20 Jahren im Amt: *„Um Chancen und Risiken einer Investition in russische Aktien einschätzen zu können, reicht Stock-Picking allein nicht aus. Die Politik spielt immer wieder eine große Rolle."* Der Aktienfonds Raiffeisen Russland favorisiert die großen Energiewerte, wie **Gazprom, Lukoil und Surgutneftegaz** mit einem Drittel Anteil. Auf Finanzwerte wie **Sberbank** entfällt ein knappes Viertel. Als chancenreich stuft Angelika Millendorfer auch das Konsumgüterunternehmen **MAGNIT** ein, dessen Umsatzentwicklung besonders überzeugt. (Quelle: Börse Online Nr. 12, 24. März 2016). In diesen Titeln bin ich schon lange investiert.

Name, Fonds-Gesellschaft	WKN	Kurs 23.09.16	Hoch/Tief 1 Jahr	Kursentwicklung 1, 3, 5, 10 Jahre
Raiffeisen Russland Aktien RT **risikofreudig bis spekulativ**	A0M 5JK	71,75 €	71,75/47,60 €	+28/-7/+6 %
	Umfang 66 Mio. €, Alter 8 Jahre, Ausgabeaufschlag 5,00 %, Verwaltungsgebühr **2,00 %**, thesaurierend, Mindestanlage 500 €. Der für risikofreudige Anleger geeignete Aktienfonds mit Jahreshoch, aber auch starken Kursschwankungen behaftet, investiert vorwiegend in Aktien von Firmen mit Geschäftssitz in Russland. Bevorzugt werden großen Ölfirmen, wie Gazprom und Lukoil.			

Randbemerkung: Hohe Kursschwankungen sind kein Anlegerfeind, sondern eröffnen beste Kauf- und Teilverkaufschancen

Laut Capital Asset Pricing Model (CAPM) gilt eine hohe Schwankungsfreude (Volatilität) schlechthin als Anlegerfeind wegen des angeblich damit verbundenen höheren Risikos. Warum soll ein Unternehmen, dessen Aktienkurs stark schwankt, tatsächlich mehr gefährdet sein für Absturz, Zahlungsunfähigkeit und Bedeutungslosigkeit? Spielt da nicht eher eine hohe oder niedrige Marktkapitalisierung die entscheidende Rolle? Für mich bedeuten heftige Kursschwankungen bei Aktien und Aktienfonds ideale Chancen für günstigen Zukauf zu niedrigen Preisen und Teilverkauf, z. B. beim Jahres- oder gar Allzeithoch. Falsch wäre nur ein Komplettverkauf; denn dann verschwänden beste Werte aus dem Depot.

Gewaltiger Umbruch bei der Entwicklung von Aktienfonds im ersten Halbjahr 2016

Großes Comeback für Goldminen-, Rohstoff- und Schwellenländer-Aktien. Japan und Gesundheitswesen stürzen dagegen ab

Die besten Aktienfonds weltweit im 1. Halbjahr 2016

Rang	Fonds-Anlageschwerpunkt	1. Hj. 2016	5 Jahre p. a.
01	Aktien Goldminen	+93,6 %	-14,9 %
02	Aktien Rohstoffe & Energie	+21,3 %	-16,5 %
03	Aktien Lateinamerika	+19,7 %	-21,6 %
06	Aktien Mittel-/Osteuropa	+4,6 %	-0,2 %
07	Aktien Emerging Markets	+3,7 %	-4,7 %
14	Aktien Telemedien Welt	+2,4 %	+11,1 %
17	Aktien Japan Nebenwerte	+0,1 %	+20,9 %
20	Aktien Nordamerika Nebenwerte	-0,2 %	+6,5 %
21	Aktien Asien Pazifik ohne Japan	-0,3 %	+2,2 %
22	Aktien Nordamerika	-1,0 %	+9,8 %
24	Aktien Welt	-3,3 %	+8,1 %
25	Aktien Welt Nebenwerte	-3,7 %	+13,4 %
26	Aktien Technologie Welt	-4,5 %	+12,7 %
27	Aktien Nachhaltigkeit/Ethik Welt	-4,5 %	+9,7 %
28	Aktien Deutschland Nebenwerte	-5,6 %	+19,3 %
29	Aktien Japan	-6,1 %	+22,1 %
30	Aktien Gesundheitswesen Welt	-7,4 %	+16,1 %
31	Aktien China	-7,7 %	+11,2 %
33	Aktien Euroland Nebenwerte	-8,9 %	+21,9 %
36	Aktien Deutschland	-10,7 %	+21,4 %

Anmerkung: Die positive Trendwende bei Aktien in den Sektoren Goldminen, Rohstoffe & Energie, Lateinamerika, Mittel-/Osteuropa und Emerging Markets, umgekehrt der starke Rückgang bei Japan und Gesundheitswesen zeigen: Für Aktienfonds gilt uneingeschränkt: **Breit gestreut – nie bereut!** Wer alles auf eine Karte setzt und den Markt nicht beobachtet, kann viel Geld verlieren. Grundsätzlich ist für Aktienfonds wie für ETFs ein möglichst langer Anlagehorizont anzusetzen.

⑧ Damit Sie sich bei den wichtigen Fondsarten auskennen und richtig entscheiden

Mischfonds zählten seit vielen Jahren zu den beliebtesten Investmentfonds. Im Jahrzehnt-Vergleich ist die Kursentwicklung nicht so schlecht, dass Privatanleger Reißaus nehmen. Die Null- und Strafzins-Politik drängt Mischfonds nun aber in die Randzone der Ladenhüter, sofern nicht als Ersatz für die unrentablen Staatsanleihen Gold Platz im Portfolio einnimmt. Freizügig handelnde Mischfondsmanager nutzen die Chance. Wer an ein starres Anlagekonzept gebunden ist, dem laufen die Kunden weg. Aktuell sind Aktienfonds am meisten gefragt; denn Renten- und Geldmarktfonds können nicht mithalten. Hedgefonds werden abgestraft für viel zu hohe Gebühren bei mäßigem Ergebnis.

8.1 Mischfonds: Ladenhüter oder Evolution?

Bankberater empfehlen Mischfonds wegen geringeren Risikos. Trotz oft schlechter Ergebnisse sind diese Produkte beliebt.

Wie die Grafik zeigt, ist die Bilanz internationaler Mischfonds mit freien Anlageklassen miserabel. Die 657 Mischfonds mit über 1 Mrd. € Kapital schlossen 2015 durchwegs im Minus ab. Nur vier von 657 Mischfonds erzielten karge Gewinne von 0,1/0,3/1,3/1,8 %. Der Vergleichsindex mit je zur Hälfte Aktien/Anleihen konnte mit seinem mageren Plus von 0,5 % als Folge der Null-Zins- und Strafzins-Politik auch nicht überzeugen. Wie stehen demgegenüber die deutschen Nebenwerte-Indizes Ende 2015 da? TecDAX +34 %, SDAX +27 %, MDAX +23 %. Nachdem 10-jährige Bundesanleihen nun mit einem Minuszins von 0,01 % belastet werden, wird es für Mischfonds 2016/2017 noch schwieriger sein, positiv abzuschneiden.

➢ Allerdings gibt es mehrere Mischfonds, die 2016 überzeugen. Worauf gründet hier die Erfolgsformel? Ganz offensichtlich ist es die Hereinnahme von Edelmetall, also Gold und Silber, nach dem glänzenden Comeback seit Ende 2015. Im Anschluss an die Grafik mit traurigen Ergebnissen sieht meine Mischfondsauswahl vom 2. Halbjahr 2016 besser aus.

657 Mischfonds Aktien/Anleihen 2015: Trauerspielbilanz

Rang	Jeder Fonds ab Rang 5 im Minus	Jahr 2015	3 Jahre p. a.
Index MSCI World, 50:50 Aktien/Anleihen		+0,5 %	+6,6 %
Durchschnitt aller 657 Mischfonds		-6,1 %	+1,8 %
01	MFS Meridian Funds – Prudent Wealth	+8,1 %	+14,3 %
02	Acatis – Gané Value Event Fonds UI	+1,3 %	+5,3 %
03	Nordea 1 – Stable Return	+0,8 %	+6,6 %
04	Fidelity Funds Global MA Income	+0,1 %	–
05	Pictet – Multi Asset Global Opp.	-0,1 %	–
06	Goldman Sachs Tactical Tilt	-1,4 %	+9,5 %
07	Flossbach von Storch – Multiple Opp.	-2,8 %	+7,1 %
08	Pimco GIS Global Multi-Asset Inst.	-3,3 %	+4,8 %
09	Newton Real Return	-3,9 %	+6,2 %
10	UBS (Lux) KSS – Global Allocation	-5,2 %	+8,5 %
11	Schroder ISF Global Multi-Asset Inco.	-5,6 %	+6,7 %
12	Carmignac Patrimoine	-6,3 %	+3,8 %

Anmerkung: Wer nur hohe Sicherheit im Blick hat, gerät mit der Rendite leicht ins Hintertreffen. Die Null-Zins-Politik bewirkt beim Sparbuch eine schleichende Kapitalvernichtung. Kaum besser sieht es derzeit bei Mischfonds aus. Die Anleihen stoßen zahlreiche Fonds ins Kellerloch. Die beste Alternative: Breit gestreut in Nebenwerte-Aktienfonds investieren, in Wachstum (Growth) und Nachhaltigkeit (Value).

Quelle: Handelsblatt, Nr. 36, am 22. Februar 2016

Auf der Suche nach den besten Mischfonds im 2. Halbjahr 2016 gespickt mit einigen grundlegenden Informationen

Mischfonds legen in Aktien großer, mittlerer und kleiner Unternehmen hierzulande und weltweit an, je nach Ausrichtung auch in Staats- und Unternehmensanleihen sowie Währungen, Geld- und Rentenfonds, öfters auch Gold. Ebenso ist es möglich, dass ein Mischfonds in andere Fonds unterschiedlicher Klassen anlegt. All dies dient der Streuung (Diversifikation). Banken verdienen recht gut an Mischfonds und bieten sie als „Lieblingsprodukt" gern an.

> **All dies ist nicht kostenlos zu haben. Laut Handelsblatt ist mit jährlichen Belastungen zwischen 2,8 % und 4,8 % zu rechnen.** Dabei kommt es weniger auf den nur einmal fälligen Ausgabeaufschlag als die jährlich anfallenden Verwaltungs- bzw. Erfolgsgebühren an. ETFs zwingen zum Umdenken.

> **Nachteilig ist, dass wegen der abgeschafften Guthabenzinsen Anleihen kaum noch Rendite abwerfen. Sogar Negativ- bzw. Strafzinsen sind zu befürchten, wie neuerdings bei den 10-jährigen Bundeswertpapieren -0,01 %.** Mit niedrigeren Gebühren ist bestenfalls durch den harten Konkurrenzkampf zu rechnen. Mischfonds mit kleinem Anteil sind nur für sicherheitsbewusste Investoren zu empfehlen, um in unterschiedlichen Anlageklassen dabei zu sein.

> **Ich habe mich auf die Suche nach guten Mischfonds gemacht.** Auch wenn ich selbst Einzelaktien, ETFs, Branchen- und Themen-Aktienfonds vorziehe und in Nebenwerte aus unterschiedlichen Indizes und Branchen investiere. Ein Mischfonds befindet sich nicht in meinem Wertpapierdepot. Ich ordne mich als risikofreudige Langzeitanlegerin zu, bin aber bereit zum Umdenken.

> **Positiv ist, dass die niedrigen ETF-Gebühren öfters zu einem Preisrutsch beim Ausgabeaufschlag und der Verwaltungsgebühr führen.** Immer häufiger ähnelt die Gebührenstruktur nun den bei Indexfonds üblichen Kosten. Mischfonds, die den Privatanleger mit einem Ausgabeaufschlag von über 5 % und Jahresgebühren von mehr als 2,0 % belasten, dürften kaum noch Abnehmer finden. Treffen Sie auch unter diesem Aspekt Ihre Wahl. Meine Kursliste der ausgewählten und großteils aus der Handelsblatt-Bestenliste stammenden Mischfonds bringt einige Produkte mit geringen Gebühren und beachtlicher Kursentwicklung. Die Rendite hängt mit davon ab, ob Edelmetalle, vor allem Gold, beigemischt, sichere Staatsanleihen heruntergefahren und stattdessen Hochzinsanleihen von Firmen und Schwellenländern aufgenommen werden.

> **Unter „Bulle und Bär", einer Handelsblattkolumne mit unterschiedlichen Autoren, erscheinen zum Thema Mischfonds zwei Zitate von Anke Rezmer und Ingo Narat interessant:** *„Ein guter Mix: Auch Frage des Geschmacks. – Charles Darwin lässt grüßen."* Deutsche Anleger mögen Mischfonds noch immer. Ein Blick auf die Jahrzehnt-Performance beseitigt Zweifel bezüglich Rentabilität – dies erst recht bei bescheidenem Börsen- und Wirtschaftswissen. Vor diesem Hintergrund ist nachvollziehbar, dass deutsche Anleger 2016 knapp 5 Mrd. € in Mixprodukte steckten. Etliche Mischfonds mutieren zum Ladenhüter, sofern nicht Gold und Hochzinsanleihen als Ausgleich beigemischt werden.

Seit 2009 haben Bundesbürger in Mischfonds mehr als 100 Mrd. € hineingepumpt. Das Zitat *„Charles Darwin lässt grüßen"* kündet eine mögliche Evolution im Fondsmarkt an. Gute Leistung verknüpft mit niedrigen Gebühren sorgt für das Überleben dieser Fondsart auch in den schwierigen Zeiten abgeschaffter Guthaben- und eingeführter Strafzinsen im Anleihesektor. Dass sich hier tatsächlich eine Evolution abzeichnet, zeigt der Vergleich mit der vorstehenden düsteren und der nachfolgenden verheißungsvollen Kursliste zum Thema Mischfonds.

Zauberformel: hoher Aktienanteil und Gold-Beimischung

Norwegen als Vorbild. Der weltweit größte Staatsfonds mit rund 801 Mrd. €, bislang mit 60 % Aktienanteil bereits auf der Überholspur, will nun die Aktienquote auf 70 % erhöhen. Ein mutiges Unterfangen, das belohnt wird. Im letzten Jahrzehnt schaffte der Mischfonds eine jährliche Rendite von 3,4 %. In Deutschland waren es lediglich 1,4 bis 3,1 %. Insbesondere bei Mischfonds, zusammengesetzt aus Aktien und Anleihen, sind flexible Quoten wichtig.

Jede Depotbank bietet Mischfonds an, darunter Dachfonds, an Mehrfamilien-Miethäuser erinnernd. Solche Mischfonds investieren kaum in Einzelaktien, sondern in andere Aktienfonds.

Mutige Mischfonds-Auswahl: Evolution statt Ladenhüter! Vererbungs-Forscher Charles Darwin lässt grüßen

Name, Fonds-Gesellschaft	WKN	Kurs 26.09.16	Hoch/Tief 1 Jahr	Kursentwicklung 1, 3, 5, 10 Jahre
Ampega Balanced 3 I (t)	A0M UQ3	193,00 €	204,0/169,6 €	-1/+40/+115/+103 %
		Umfang 104 Mio. €, Alter 9 Jahre, Ausgabeaufschlag 5,00 %, Verwaltungsgebühr 1,50 %, thesaurierend. Der Mischfonds gewichtet unter Berücksichtigung von Marktentwicklung und Trend in vier Vermögensklassen: Aktien, Renten, Immobilien und alternative Investments, wie aktuell Gold. Der Ansatz ist flexibel.		
Carmignac Patrimoine A	A0D PW0	640,10 €	650,7/609,3 €	+4/+16/+21/+76 %
		Umfang 24,3 Mrd. €, Alter 27 Jahre, Ausgabeaufschlag 4,00 %, Gebühr 1,50 %, thesaurierend. Der Mischfonds investiert bis zur Hälfte in Aktien. Die 2. Hälfte wandert in Anleihen und Geldmarktprodukte. Es gibt keine Begrenzung bei Branche/Region. Größte Anteile: Novo Nordisk, Amazon, Celgene, Facebook.			
Deutsche Aktien Total Return I	A0D 9KW	150,00 €	150,0/131,2 €	+9/+32/+65/+95 %
		Umfang 436 Mio. €, Alter 11 Jahre, Ausgabeaufschlag **2,00 %**, Gebühr **1,25 %**, thesaurierend. Der Mischfonds strebt attraktive Renditen an mit deutschen Aktien, Löwenanteil Nebenwerte. Er kann in Anleihen und Geldmarkt investieren und darf abhängig von der Marktentwicklung Derivate zur Absicherung einsetzen.			
DJE Zins & Dividende I (EUR)	A1C 7Y9	148,10 €	149,2/135,6 €	+8/+32/+61 %
		Umfang 343,7 Mio. €, Alter 6 Jahre, Ausgabeaufschlag **0,00 %**, Gebühr **0,30 %**, thesaurierend. Der weltweit anlegende Mischfonds verfolgt den Absolute-Return-Gedanken. Schwerpunkt sind dividendenstarke Aktien und attraktiv verzinste Anleihen.			

FvS Flossbach von Storch Growth I	A0M 43X	167,45 €	168,1/146,7 €	+12/+34/+65 %
	Umfang 219 Mio. €, Alter 5 Jahre, Ausgabeaufschlag 5,00 %, Verwaltungsgebühr **0,78 %,** ausschüttend. Der erfolgreiche Mischfondsmanager investiert sein Vermögen in Aktien, Anleihen, Geldmarkt usw. Die Aktienquote darf 75 % betragen. Bis zu einem Fünftel kann in Edelmetall angelegt werden, was das Management in einem boomenden Goldmarkt voll ausschöpft.			
FvS Flossbach von Storch SICAV Multiple Opportunities F	A0M 43Z	253,90 €	257,5/220,1 €	**+14/+37/+79/+162 %**
	Umfang 10,3 Mrd. €, Alter 9 Jahre, Ausgabeaufschlag 5,00 %, Gebühr **1,03 %,** ausschüttend. Dieser innovative Spitzen-Mischfonds legt großteils in Einzelaktien an, wie Nestlé, Apple, Daimler, Unilever, Novartis, Roche. Er darf auch direkt und indirekt ein Viertel des Vermögens in Gold und andere Edelmetalle anlegen, was bei einem Gold-/Silber-Boom voll genutzt wird.			
HWB Umbrella Portfolio Plus Fonds V	121 543	104,00 €	116,6/90,45 €	+12/**+59**/+47/+26 %
	Umfang 164 Mio. €, Alter 13 Jahre, Ausgabeaufschlag 5,00 %, Gebühr **1,25 %,** thesaurierend. Der Mischfonds legt, um stetigen Wertzuwachs zu erwirtschaften, unter Beachtung der Marktlage direkt in Aktien, Renten und Geldmarkt an. Bis zu einem Fünftel wandert in verzinsliche Wertpapiere. Der Fonds setzt auf steigende und fallende Märkte. Er arbeitet also auch mit Derivaten.			
JSS Investment SICAV Global Sar Growth P EUR	A0D PEE	161,65 €	163,7/137,0 €	+9/+29/+65/+37 %
	Umfang 29 Mio. €, Alter 11 Jahre, Ausgabeaufschlag 5,00 %, Verwaltungsgebühr 1,50 %, thesaurierend. Dieser Mischfonds legt weltweit in Aktien von Technologie-, Industrie- und Biotechnologiekonzernen an. Ein langfristiger Vermögenszuwachs wird durch Dividenden und Schuldtitel angestrebt. Erfordert es die Marktlage, setzt der Fonds derivative Finanzinstrumente ein.			
Kapital Plus A	847 625	63,80 €	64,10/56,80 €	+6/+23/+53/+85 %
	Umfang 3,53 Mrd. €, Alter 22 Jahre, Ausgabeaufschlag **3,00 %,** Gebühr **1,15 %,** ausschüttend. Der Fonds investiert bis zu 40 % in werthaltige Aktien aus Europa einschließlich Russland und Türkei. Außereuropäische Aktien dürfen 5 % nicht überschreiten. Die größten Positionen: Novo Nordisk, Reckitt, SAP. Mehrheitlich erwirbt der Fonds verzinsliche Titel aus Industrienationen.			
ME Fonds Special Values A	663 307	2.300 €	2.326/2.002 €	+11/+37/+57/+75 %
	Umfang 96 Mio. €, Alter 14 Jahre, Ausgabeaufschlag 5,00 %, Gebühr **1,25 %,** ausschüttend. Das Management legt insbesondere in Aktien, darüber hinaus in verzinsliche Anleihen an. Der Anteil anderer Fonds darf höchstens bei einem Zehntel liegen. Die größten Aktienpositionen stammen von internationalen Firmen: Givaudan, L'Oreal, Lindt & Sprüngli, Nestlé, Heineken.			

Multi Opportunities III	A0B 7UM	207,75 €	208,5/175,0 €	+11/+37/+107/+89 %
	Umfang 163 Mio. €, Alter 12 Jahre, Ausgabeaufschlag 5,00 %, Verwaltungsgebühr **0,85 %,** ausschüttend. Der Mischfonds investiert flexibel in Aktien internationaler Konzerne und darüber hinaus in Rentenmärkte. Bis zu einem Zehntel dürfen in Immobilienfonds fließen. Große Aktienpositionen sind: Taiwan Semiconductor, Samsung, Teva Pharma, Apple, Vonovia (DAX).			
UniRak	849 104	113,00 €	115,9/99,45 €	+9/+26/+71/+72 %
	Umfang 3,34 Mrd. €, Alter 38 Jahre, Ausgabeaufschlag **3,00 %,** Gebühr **1,20 %,** ausschüttend. Dieser milliardenschwere, alteingesessene Mischfonds mit fairen Gebühren investiert zu zwei Dritteln in internationale und deutsche Aktien und zu einem Drittel in Anleihen, Euro-Währung. Große Aktienpositionen sind: Bayer, SAP, BASF, Adidas, Deutsche Börse, Fresenius, Linde.			
Value Intelligence Fonds MI I (a)	A0Y AX8	168,9 €	170,3/144,6 €	+11/+31/+70 %
	Umfang 125 Mio. €, Alter 6 Jahre, Ausgabeaufschlag **0,00 %,** Gebühr **0,85 %,** ausschüttend. Der Fonds berechnet niedrige Gebühren. Er bevorzugt Aktien von Firmen mit solidem Geschäftsmodell, fähigem Management, attraktiver Bewertung. Er investiert begrenzt in andere Assetklassen. Größte Positionen: Microsoft, Alphabet, Dt. Börse, Verizon, PepsiCo, Berkshire.			
W&W Global-Fonds	978 049	65,25 €	69,35/58,35 €	+5/+34/+68/+56 %
	Umfang 39 Mio. €, Alter 17 Jahre, Ausgabeaufschlag 5,00 %, Gebühr 1,43 %, ausschüttend. Dieser kleine Mischfonds investiert 80 % in internationale Standardtitel und Immobilienaktien. Ein kleiner Vermögensanteil wandert in Zins-Wertpapiere. Große deutsche Positionen sind: Infineon, Vonovia, Dt. Wohnen.			
ZZ 3	988 533	26,00 €	27,50/21,90 €	+12/+38/+91/+72 %
	Umfang 84 Mio. €, Alter 18 Jahre, Ausgabeaufschlag 5,00 %, Verwaltungsgebühr **0,90 %,** ausschüttend. Dieser Mischfonds kombiniert sein Anlagevermögen in Aktien hoher Bonität und Qualität, in Aktienfonds, internationale Anleihen, andere Investmentfonds und Finanzinstrumente. Wesentliche Investmentanteile stammen aus Südostasien, Osteuropa und Lateinamerika.			
ZZ Trend	A0B 6TB	194,60 €	196,3/153,7 €	+24/+44/+69/+147 %
	Umfang 104 Mio. €, Alter 12 Jahre, Ausgabeaufschlag 5,00 %, Gebühr **0,00 %,** ausschüttend. Der ZZ Trend zielt als alternativer Mischfonds darauf ab, hohe Ertragschancen zu nutzen, aber auch größere Kursschwankungen hinzunehmen. Besonders erfreulich sind der Verzicht auf die Verwaltungsgebühr sowie das überdurchschnittlich gute Ergebnis im Mehrjahresvergleich.			

8.2 Dachfonds: meist bei Mischfonds eingereiht

Neue Chancen für flexible Dachfondsmanager mit innovativem Geschäftsmodell, Verzicht auf festgezurrte starre Vorgaben und mit fairen Gebühren

Dachfonds erinnern an ein Mietshaus mit mehreren Wohnungen unterschiedlicher Größe und Preisgestaltung auch bezüglich Standort, Lage, Stockwerk und Himmelsrichtung. Sie legen überwiegend in andere Fonds an, also auch in aussichtsreiche Produkte fremder Emittenten, z. B. hauptsächlich Aktienfonds, vielleicht als Ergänzung attraktive Einzelwerte.

Gewöhnlich geht es aber nicht nur um Aktienfonds, sondern um unterschiedlichste Produkte. Dazu zählen erfolgreiche Fonds rund um den Globus für Staats- und Unternehmensanleihen, Wandelanleihen, Geldmarkt, möglicherweise Edelmetalle und Rohstoffe. Öfters werden Finanzinstrumente, allem voran Derivate, zur Absicherung eingesetzt, eventuell auf steigende und fallende Märkte gesetzt.

Wer weiterhin an seinem früheren Geschäftsmodell starrsinnig festhält, sich Neuerungen verschließt und seine Gebühren durch die Kampfansage der ETFs nicht senkt, wird sich kaum gegen die abgeschafften Guthaben- und die eingeführten Strafzinsen zur Wehr setzen können. Hier droht das Aus im Wettbewerb mit innovativen neuartigen Produkten bzw. der Neuausrichtung älterer Flaggschiffe.

Die Dachfondsauswahl ist riesig. Ich bringe nur solche Produkte in meine Kursliste ein, deren Fondsauswahl bei flexibler Strategie und Anpassung an die Marktlage als zukunftsfähig gilt. Die Kursentwicklung muss im Mehrjahresvergleich positiv und die Gebührenstruktur fair sein. Aktuell schmücken nur solche Dachfonds die Sieger- und Bestenlisten, deren Management den Aktienanteil gegenüber Anleihen deutlich übergewichtet und Edelmetall- und Rohstofffonds mit einbringt. Ein leichtverständliches, überzeugendes Geschäftsmodell mit einfachen Erläuterungen ist wichtig vor allem bei der Jagd nach Neukunden.

Inwieweit es notwendig erscheint, Finanzinstrumente zur Absicherung einzusetzen, nur um starke Kursschwankungen zu vermeiden, sei dahingestellt. Dachfonds eignen sich als Langzeitanlage mit einem Zeitraum von mehr als fünf, besser zehn Jahren. Da spielen Kursschwankungen keine nennenswerte Rolle. Ob hier Hedgefonds, die auf steigende und fallende Märkte setzen, Konkurrenz gemacht werden muss, darüber gehen die Meinungen ebenso auseinander. Letztlich muss für diesen Service der Anleger bezahlen, erkennbar an einer schlechteren Rendite im Vergleich zu innovativen Wettbewerbern, die langfristig investieren und ohne diese kostenintensiven Finanzinstrumente auskommen.

Dachfonds-Auswahl aus Sieger- und Bestenlisten mit verständlichem Geschäftsmodell und überzeugender Rendite

Das renommierte Fondshaus ROBECO hatte den Mut, Ende September 2016 eine mittelfristige Vorschau für die Entwicklung der wichtigsten Anlageformen von 2017 bis 2021 zu geben. Freilich besteht keinerlei Anspruch, dass die Prognose eintrifft. Aber sie liefert wichtige Anhaltspunkte für Fondsmanager, sich daran zu orientieren. Sie selbst sollten keinen Dachfonds auswählen, der die schlechtesten Anlageklassen übergewichtet statt sie höchstens beizumischen.

- **ROBECO-Vorschau 2017 bis 2021, jährliche Rendite**: Aktien Schwellenländer: **+7,25 %,** Aktien Industrie-Nationen: **+6,50 %,** Anleihen Schwellenländer: **5,75 %,** Hochzins-Firmenanleihen: **+1,00 %,** Geldmarkt Europa: **+0,75 %,** Top-Unternehmensanleihen: **-1,25 %,** Top-Staatsanleihen: **-3,50 %.**

Dachfonds-Auswahl: Flexibilität & Gebühren entscheiden

Name, Fonds-Gesellschaft	WKN	Kurs 28.09.16	Hoch/Tief 1 Jahr	Kursentwicklung 1, 3, 5, 10 Jahre
Allianz Multi Manager Global Balanced P	637 250	64,80 €	65,00/60,70 €	+7/+22/+41/+46 %
		Umfang 82 Mio. €, Alter 13 Jahre, Ausgabeaufschlag **2,00 %,** Gebühr **1,04 %,** ausschüttend. Der Dachfonds investiert überwiegend in Rentenfonds und bis zu einem Viertel in Aktienfonds. Die knappe Hälfte kann in andere Geldmarktfonds und Bankguthaben angelegt werden. Erfreulich sind die fairen Gebühren.		
BASLER-International DWS	847 429	104,45 €	107,5/94,55 €	+3/+19/+44/+50 %
		Umfang 139 Mio. €, Alter 27 Jahre, Ausgabeaufschlag 4,71 %, Gebühr **1,35 %,** ausschüttend. Dieser Fachfonds investiert je nach Marktlage flexibel in internationale Aktien- und Rentenmärkte. Dazu zählen: US Treasury, DZ Bank, db x-trackers.			
BBBank Dynamik Union	532 656	50,45 €	53,10/43,40 €	+5/+28/+73/+46 %
		Umfang 54 Mio. €, Alter 16 Jahre, Ausgabeaufschlag **2,50 %,** Gebühr **1,30 %,** ausschüttend. Der Fonds erfreut durch faire Gebühren und investiert nach Marktlage 70 bis 90 % in Einzelaktien, 10 bis 30 % in Aktienfonds und den Rest in Rentenfonds.			
DEKA-BasisAnlage A100	DK2 CFT	146,25 €	154,3/127,5 €	+3/+28/+47 %
		Umfang 156 Mio. €, Alter 4 Jahre, Ausgabeaufschlag 5,00 %, Gebühr **0,90 %,** thesaurierend. Der beweglich gestaltete Dachfonds erlaubt eine Aktienquote bei Einzeltiteln und Fonds von 60 bis 100 %, sodass Renten- und Geldmarktanlagen eine Nebenrolle spielen. Genau richtig bei der aktuellen Null-Zins-Politik.			

Global Opportunities HAIG WorldSelect B	A0M LJ P	163,30 €	167,1/149,3 €	-1/+31/+55/+58 %
	Umfang 29 Mio. €, Alter 10 Jahre, Ausgabeaufschlag 5,00 %, Gebühr 1,50 %, ausschüttend. Das Management strebt einen möglichst hohen langfristigen Wertzuwachs an und erwirbt weltweit Anteile von Aktien-, Renten- und Geldmarktfonds. Bezüglich Region, Sektor und Firmengröße gibt es keine Einschränkung.				
HWB Dachfonds VeniVidiVici R	A0M 116	71,25 €	76,85/58,35 €	+18/+68/+35/-31 %
	Umfang 36 Mio. €, Alter 9 Jahre, Ausgabeaufschlag 5,00 %, Verwaltungsgebühr 0,95 %, thesaurierend. Im Interesse überdurchschnittlicher Rendite legt das Management zumindest 51 % in Aktien-, Renten-, Misch- und Geldmarktfonds an. Rund ein Viertel darf in Einzelaktien und andere Assetklassen fließen.				
HUK-Vermögensfonds Balance TL	608 627	77,55 €	80,95/71,50 €	+3/+14/+43/+60 %
	Umfang 71 Mio. €, Alter 16 Jahre, Ausgabeaufschlag 4,00 %, Gebühr 1,00 %, thesaurierend. Durch den hohen Aktienfondsanteil bis zu 60 %, überwiegend in Europa angelegt, erscheint längerfristig eine überdurchschnittliche Rendite denkbar. Größte Fondspositionen: db x-trackers, iShares, LYXOR, Comstage.				
PremiumStars Wachstum AT	978 706	160,40 €	161,3/142,1 €	+8/+28/+59/+61 %
	Umfang 109 Mio. €, Alter 15 Jahre, Ausgabeaufschlag 2,50 %, Gebühr 1,25 %, thesaurierend. Bis zu 50 % legt der Fonds mit niedrigen Gebühren sowohl in Aktien- als auch Rentenfonds an. Die zweite Hälfte wandert in weitere Assetklassen. Favoriten sind die Fonds von Allianz, Threadneedle, Kepler sowie AGIF.				
UniStrategie: Ausgewogen	531 411	56,50 €	58,50/51,95 €	+4/+22/+55/+56 %
	Umfang 681 Mio. €, Alter 17 Jahre, Ausgabeaufschlag 3,00 %, Verwaltungsgebühr 1,20 %, thesaurierend. Der Dachfonds legt 30 bis 70 % in Aktienfonds an mit Standard- und Nebenwerten hoher Wachstumsdynamik. Der Rest wandert in Rentenfonds.				
WWK Select Balance B	631 999	15,25 €	15,90/13,70 €	+4/+18/+57/+48 %
	Umfang 74 Mio. €, Alter 15 Jahre, Ausgabeaufschlag 5,00 %, Gebühr 1,50 %, thesaurierend. Das Management investiert überwiegend in Aktien-, Rohstofffonds und ETFs, außerdem in Renten- und Geldmarktfonds. Es gibt keine verbindliche Vorgaben bezüglich Börsenwert, Region, Sektor, Geschäftsmodell.				
Zukunfts-Plan I	DK1 CJ2	224,60 €	234,1/192,6 €	+7/+28/+82/+128 %
	Umfang 502 Mio. €, Alter 8 Jahre, Ausgabeaufschlag 2,00 %, Gebühr 0,35 %, thesaurierend. Die geringe Gebühr erfreut. Das Management passt die Zusammensetzung von Aktien-, Renten- und Geldmarktfonds monatlich je nach Marktlage neu an. Der Anteil der Einzelaktien/Aktienfonds darf bis zu 100 % betragen.				

8.3 Wertgesicherte Fonds/Garantiefonds: die bessere Alternative zum Garantiezertifikat

Garantierter Kapitalerhalt ist kein Geschenk. Garantiezertifikate sind Schuldverschreibungen. Garantie- bzw. wertgesicherte Fonds sind Sondervermögen und bei Emittentenpleite geschützt

Das Sicherheitsstreben der deutschen Bevölkerung ist so stark ausgeprägt, dass sich viele Bundesbürger als Angsthasen gebärden. Sie verzichten wegen möglicher Verluste auf attraktive Renditen, wie sie gute Aktien-, Themen- und Branchenfonds, innovative, flexible Mischfonds, ETFs und Einzelaktien bieten. Spitzenreiter bleibt selbst in den Zeiten der Null-Zins-Politik das Sparkonto, obgleich es eine schleichende Kapitalvernichtung bedeutet. So wird nichts für die unerlässliche Altersvorsorge getan.

Sie müssen als Anleger für den garantierten Kapitalerhalt bezahlen. Geht der Emittent pleite wie die Großbank Lehman Brothers, wird das oft beworbene und von Banken empfohlene Garantiezertifikat ohne zusätzliche Absicherung wertlos. Möglicherweise ist die Rendite so gering, dass Ihre Kosten, eine steigende Inflationsrate und Verlust der Dividende nicht hereinzuholen sind.

Garantiefonds: gut für Angsthasen – schlecht für mutige Anleger

Vergleich: Viele Autofahrer begnügen sich mit einer Teilkaskoversicherung für das eigene Fahrzeug, weil die Beiträge für eine Vollkaskoversicherung hoch sind und sie ihrer eigenen Fahrweise vertrauen. Ähnlich verhält es sich mit Garantie-Produkten. Wertgesicherte Fonds geben eine bestimmte Garantie und arbeiten mit Derivaten, um mögliche Verluste bei einer scharfen Korrektur bzw. im Crash zu begrenzen. Das alles kostet Geld und mindert die Rendite. Nur wenn Sie sonst nicht ruhig schlafen können und tagsüber Ihre gute Laune durch unbeherrschte Wutausbrüche und Kontrollverlust ersetzen, sind wertgesicherte Fonds zu empfehlen.

> **Fazit:** Die Chance auf richtig hohe Erträge steigt und das Risiko auf empfindliche Verluste sinkt dann am ehesten, wenn Sie langfristig und breit gestreut in Einzelaktien, gute Dividenden-, Aktien-, Themen- und Branchenfonds, bei Zugabe von Gold auch auf Mischfonds setzen. Dies alles geschieht unter dem Motto: „Breit gestreut – nie bereut!"

> Garantiefonds sind entbehrlich. Sie können pro Jahr im Schnitt eine Rendite im deutlich einstelligen Bereich erzielen. Dies setzt jedoch Börsenwissen und Marktkenntnis voraus. Folgende Regel kann Richtschnur sein: „Meide die gefährlichen Vier: Euphorie, Panik, Angst und Gier!"

Garantiefonds: nur ratsam für vorsichtige, risikoscheue Anleger, die sich im Allgemeinen mit Kapitalerhalt zufriedengeben

Wertgesicherte Fonds für sicherheitsbewusste Anleger				
Name, Fonds-Gesellschaft	WKN	Kurs 29.09.16	Hoch/Tief 1 Jahr	Kursentwicklung 1, 3, 5, 10 Jahre
Chancen Garant Alternativ: Deka-World Garant 2	A0N DNA	110,85 €	111,4/106,9 €	+7/+22/+41/+46 %
		Umfang 11 Mio. €, Alter 8 Jahre, Ausgabeaufschlag **3,50 %**, Gebühr **0,00 %**, thesaurierend. Dieser kleine Garantiefonds entspricht strategisch Deka-WorldGarant 2 mit der WKN DK0 95K. Das Management beteiligt die Anleger am weltweiten Aktien-Index-Korb, zusammengesetzt aus Europa, USA, Asien mit jeweils rund einem Drittel. Der Investitionsgrad kann zwischen 0 % und 150 % liegen. Der Fonds sichert den Rücknahmepreis zum Ende eines siebenjährigen Investitionszeitraums zu 100 % des Anteilwerts am Beginn der jeweiligen Investitionsperiode ab.		
Deka-BasisAnlage A60	DK2 CFR	117,75 €	118,8/114,3 €	+2/+12/+19 %
		Umfang 1,93 Mrd. €, Alter 4 Jahre, Ausgabeaufschlag 4,00 %, Gebühr **0,75 %,** thesaurierend. Das Management mit niedriger Jahresgebühr legt weltweit in Zielfonds an. Der Anteil an Aktienfonds darf bis zu 60 % betragen. Daneben wird in Renten- und Geldmarktfonds investiert. Es gibt hier zwar keine direkte Garantie, aber doch eine hohe Wahrscheinlichkeit, dass auf Sicht von 8 Jahren mindestens 95 % des Einsatzes erhalten bleiben.		
Deka-CapProtect 1	DK1 A6D	136,70 €	136,9/132,7 €	+3/+18/+42 %
		Umfang 61 Mio. €, Alter 7 Jahre, Ausgabeaufschlag 4,00 %, Gebühr **0,50 %,** thesaurierend. Der Fonds erfreut mit niedrigen Gebühren und beteiligt die Anleger mit Bezug auf den 1. Tag der 2. Investitionsperiode am 04. Mai 2015 bis zum Höchstwert (Cap) von 5 %. Umgekehrt beträgt die Absicherung 95 %. Die Höchstgrenze wird zu Beginn des Investitionszeitraums festgesetzt. Die Beteiligung bezieht sich auf den Euroland-Index Euro Stoxx 50.		
Deka-EuropaGarant	DK2 CC8	167,10 €	184,3/153,8 €	+0/+24/+71 %
		Umfang 512 Mio. €, Alter 6 Jahre, Ausgabeaufschlag **0,00 %,** Gebühr **1,20 %,** thesaurierend. Der Garantiefonds verfolgt die Strategie, vor allem in internationale Aktien, aber auch Schuldverschreibungen anzulegen. Angestrebt wird ein attraktives Rendite-/Anlage-/Risikoprofil. Das Management wählt substanzstarke, chancenreiche Aktien aus, deren Risiko besonders gering erscheint. Während der vereinbarten Garantiephase wird der mögliche Anlageverlust auf allerhöchstens 20 % begrenzt.		

UniGarant Deutschland (2019)	A1J X3W	110,35 €	112,2/108,6 €	**+2/+11/+13 %**
	Umfang 89 Mio. €, Alter 4 Jahre, Ausgabeaufschlag 4,00 %, Gebühr **0,60 %,** thesaurierend. Es handelt sich um einen wertgesicherten Fonds mit niedriger Gebühr und einer Laufzeit bis zum 27. September 2019. Dem Privatanleger werden pro Anteil 100 € garantiert, und er profitiert von einer positiven Kursentwicklung. Das Management hat sich auf den deutschen Leitindex DAX ausgerichtet, ohne diesen – wie ein ETF – exakt abzubilden.				
UniProfi Anlage (2027)	A1C U2W	127,70 €	127,9/114,6 €	**+11/+35/+39 %**
	Umfang 22 Mio. €, Alter 5 Jahre, Ausgabeaufschlag **0,00 %,** Gebühr **1,20 %,** thesaurierend. Dieser wertgesicherte Fonds bietet zum Garantietermin am 15. Juli 2027 einen Mindestanteilwert von 100 €. Der Garantiefonds nutzt zugleich Kapitalmarktchancen; denn er legt an in Aktien, Renten, Hochzinsanlagen, Geldmarkt und Rohstofffonds. Günstig ist es, dann einzusteigen, wenn der Preis – z. B. bei scharfer Korrektur und Crash – unter dem Garantiewert liegt. Es gibt den Fonds auch mit Terminen von 2020 bis 2026 unter anderen Wertpapierkenn-Nummern.				

Kleine Zahlenspielerei: Freude und Frust nahe beieinander

Was in den ersten neun Monaten 2016 aus 10.000 € wurden!

Einzelaktie Deutsche Bank aus dem DAX:	**4.800 €**
DAX-ETF, exakte Index-Nachbildung:	**9.588 €**
S&P 500 dank Kursgewinn und Währungseinfluss:	**10.800 €**
Gold physisch angelegt in größere Barren:	**12.200 €**
Erdöl Brent	**13.390 €**
Einzelaktie Adidas aus dem DAX:	**17.000 €**

Und was Sie strategisch daraus lernen können!

Ob Aktien, ETFs oder Investmentfonds: Wichtige Erkenntnisse:

a) Wie man leicht gewinnen kann: Leg in Fonds langfristig an!
b) Meide die gefährlichen Vier: Euphorie, Panik, Angst und Gier!
c) Breit gestreut – nie bereut! d) Viel hin und her – macht Taschen leer!
f) Schnell rein und raus – bei Fonds ein Graus!
g) Nebenwerte-Fonds oft Top. Garantiefonds meist ein Flop!
h) Gewinne lass laufen – im Verlust nicht ersaufen!

Die Börsenweisheit mit fünf G von Altmeister André Kostolany:

Geld – **G**eduld – gute **G**edanken – **G**lück

8.4 Rentenfonds – Leidtragende der Null- und Strafzinspolitik

US-Hochzins- und Wandelanleihen sind oft Top. Europäischen Staatsanleihen droht wegen fallender Kurse der Ausverkauf

Rentenfonds sind Investmentfonds, die großteils oder ausschließlich in festverzinsliche Wertpapiere anlegen. Sie zählen zum geschützten Sondervermögen. Dies sind vor allem Pfandbriefe, Kommunalobligationen, Staats- und Unternehmensanleihen. Den Wertzuwachs erwirtschaften diese Fonds durch Zinsen, Handel und Kurssteigerungen infolge von Veränderungen der Zinspolitik und Währungseinflüssen. Häufig werden Derivate als Sicherungsinstrumente eingesetzt.

In früheren Jahren galten Rentenfonds für sicherheitsbewusste Investoren als solide und attraktive Vermögensanlage. Sie warfen Erträge von 5 % und mehr pro Jahr ab – eine Rendite, die heute am ehesten mit Aktien und Aktienfonds erzielbar ist. Bei konservativer Ausrichtung scheint diese Zeit vorerst vorbei. Der Grund sind die deutlich gesunkenen Guthaben- bzw. eingeführten Strafzinsen bei Staatsanleihen der EU. Bis Ende 2015 investierten Bundesbürger über 190 Mrd. € in solche Fonds. Ein Ausstieg ist zu überlegen, wenn der Fonds gewohnheitsmäßig nur auf europäische Staatsanleihen setzt und auf Hochzinsanleihen, z. B. aus den USA und Schuldtitel von Schwellenländern, verzichtet. Wer sich Neuerungen verschließt, dem droht womöglich das Aus.

Seit 2016 werfen 10-jährige Bundesanleihen nicht mal mehr einen Minimalzins ab, sondern werden mit Strafzinsen von 0,01 % belastet. Klassische Rentenfonds auf europäische Staatsanleihen erscheinen weitgehend ausgereizt. Da die Zinsen kaum weiter sinken können, aber in nächster Zeit auch nur langsam steigen werden, lässt sich keine nennenswerte Rendite erzielen. So trocknet auch die Spekulation auf Kursgewinne aus.

Dennoch gibt es unter der Vielzahl von Rentenfonds mehr als 20 profitable Produkte, die sich je nach Investitionsziel für sicherheits- wie auch erfolgsorientierte und risikofreudige Anleger eignen. Damit hohe Gebühren nicht mögliche Erträge wegfressen, nehme ich in meine Kursliste nur Rentenfonds mit einer durchschnittlichen, möglichst jedoch niedrigen Gebührenstruktur auf. Dabei kommt es weniger auf den einmaligen Ausgabeaufschlag als auf die jährliche Verwaltungsgebühr an. Schließlich setzen Rentenfonds zumindest einen mittelfristigen, besser langfristigen Anlagehorizont voraus.

> **Nachdem sich die Geschäftsmodelle der profitablen Rentenfonds stark unterscheiden, ist eine Vorstellung unter 7 Zeilen nur selten möglich.**

20 Rentenfonds, die sich von vielen Verlierern abheben, buhlen vor allem um Ihre Gunst, sofern Sie nicht allzu risikofreudig sind

Erfolgreiche Rentenfonds für alle Privatanleger-Typen

Name, Fonds-Gesellschaft	WKN	Kurs 30.09.16	Hoch/Tief 1 Jahr	Kursentwicklung 1, 3, 5, 10 Jahre
ACATIS IFK Value Renten UI A	A0X 758	52,80 €	52,95/46,45 €	+9/+14/+42/+93 %
		Umfang 587 Mio. €, Alter 8 Jahre, Ausgabeaufschlag 3,00 %, Gebühr **0,10 %,** ausschüttend, spärlicher Handel, mäßige Kursschwankungen. Der Fonds erfreut mit einer minimalen Verwaltungsgebühr von einem Zehntel. Er wendet sich an erfolgsorientierte Anleger und setzt sich zu zwei Dritteln aus fair bewerteten Schuldverschreibungen nach der Value-Strategie zusammen.		
AXA WF World Funds Euro 10 + LT A	A0J L03	237,05 €	239,6/204,7 €	+15/+51/+76/+125 %
		Umfang 50 Mio. €, Alter 10 Jahre, Ausgabeaufschlag **2,00 %,** Gebühr **0,60 %,** thesaurierend, spärlicher Handel. Der auch für risikofreudige Anleger geeignete Fonds mit fairen Gebühren erzielt im Mehrjahresvergleich eine bemerkenswert hohe Rendite. Er investiert zu zwei Dritteln in Euro-Staats- und Firmenanleihen mit einer Bonität zwischen AAA und BBB und setzt Derivate ein.			
BBV-Fonds-Union	849 107	54,60 €	54,75/51,15 €	+7/+24/+39/+67 %
		Umfang 86 Mio. €, Alter 31 Jahre, Ausgabeaufschlag 3,00 %, Gebühr **0,80 %,** ausschüttend, spärlicher Handel, mäßige Kursschwankungen. Dieser Rentenfonds wendet sich an sicherheits- und erfolgsorientierte Anleger. Das Management investiert in Qualitätsanleihen und bevorzugt festverzinsliche Euro-Wertpapiere. Fremdwährungsanleihen dürfen beigemischt werden.			
BNYM GF Mellon Global High Yield Bond A	693 979	2,20 €	2,20/1,85 €	+5/+35/+66/+95 %
		Umfang 168 Mio. €, Alter 13 Jahre, Ausgabeaufschlag 5,00 %, Gebühr 1,25 %, thesaurierend, dürftiger Handel. Die imposante Kursentwicklung mit Blick auf erfolgsorientierte Anleger macht die überdurchschnittlich hohen Gebühren erträglich. Der Fonds konzentriert sich auf in US-Dollar lautende Hochzinsanleihen, setzt Derivate ein und ist auch in Schwellenländern unterwegs.			
Carmignac Portfolio Global Bond A EUR Acc	A0M 9A0	1.376 €	1.382/1.265 €	+8/+31/+38/+38 %
		Umfang 130 Mio. €, Alter 9 Jahre, Ausgabeaufschlag 4,00 %, Gebühr 1,00 %, thesaurierend, spärlicher Handel. Der Fonds für erfolgsorientierte Anleger investiert am internationalen Renten-, Kredit- und Devisenmarkt. Das Management bietet eine aktive Verwaltung mit einem bedeutenden Anteil in Schwellenländern.			

Degussa Bank-Univers-RentFD	849 067	43,55 €	46,25/39,40 €	+1/+24/+59/+68 %
	Umfang 507 Mio. €, Alter 25 Jahre, Ausgabeaufschlag 2,00 %, Gebühr **0,25 %,** ausschüttend, spärlicher Handel. Der Fonds mit sehr niedriger Jahresgebühr spricht sicherheitsbewusste und erfolgsorientierte Anleger an. Er investiert mindestens die Hälfte in verzinsliche Rentenpapiere, bis zu einem Viertel in Aktien, Aktienindizes, Genussscheine und setzt Derivate zur Sicherheit ein.			
DekaRent-International CF	847 456	**20,90 €**	21,00/18,25 €	**+9/+26/**+30/+67 %
	Umfang 471 Mio. €, Alter 47 Jahre, Ausgabeaufschlag 3,00 %, Gebühr 0,90 %, ausschüttend, spärlicher Handel. Der alteingesessene Fonds wendet sich an erfolgsorientierte Anleger. Das Management bevorzugt verzinsliche Unternehmensanleihen. Es darf mehr als ein Drittel in Geldmarktpapiere der Bundesrepublik anlegen. Das Anlagekonzept ist mittel- bis langfristig ausgelegt.			
DWS Euro-Bonds (Long)	972 114	1.824 €	1.829/1.680 €	+9/+25/+45/+65 %
	Umfang 73 Mio. €, Alter 24 Jahre, Ausgabeaufschlag 3,00 %, Gebühr **0,75 %,** thesaurierend, spärlicher Handel, mäßige Kursschwankungen. Der Fonds wendet sich an erfolgsorientierte Anleger und ist schwerpunktmäßig in Euroland langfristig orientiert. Er bevorzugt Staats- und Firmenanleihen in Euro-Währung. Die Restlaufzeit der Fondsanlagen liegt zwischen 5 und 7 Jahren.			
FF Fidelity Funds Emerging Markets Debt A	A0H 0V7	13,30 €	13,90/11,90 €	+9/+14/+42/+93 %
	Umfang 1,02 Mrd. €, Alter 11 Jahre, Ausgabeaufschlag 3,50 %, Gebühr 1,25 %, ausschüttend, spärlicher Handel. Der große Rentenfonds für risikofreudige Anleger investiert rund 70 % in Anleihen Lateinamerika, Südostasien, Afrika, Osteuropa einschließlich Russland. Es sind festverzinsliche Schuldtitel auch niedriger Qualität und Firmenanleihen. Derivate sind zulässig.			
LAM-Euro-Renten-Universal	260 507	**152,65 €**	152,8/140,9 €	+8/+24/+50/+91 %
	Umfang 27 Mio. €, Alter 13 Jahre, Ausgabeaufschlag 3,00 %, Gebühr **0,30 %,** ausschüttend, spärlicher Handel. Der Fonds mit sehr niedriger Jahresgebühr wendet sich an erfolgsorientierte Investoren. Er legt über 50 % in Euro-Schuldverschreibungen an und bevorzugt festverzinsliche Bonds mit guter Bonität.			
MS Morgan Stanley Investment European Currencies High Yield A	986 761	23,00 €	23,30/20,35 €	+8/+18/**+64/+94 %**
	Umfang 1,3 Mrd. €, Alter 18 Jahre, Ausgabeaufschlag 4,00 %, Gebühr 0,85 %, thesaurierend, spärlicher Handel. Der große Fonds mit erfahrenem Management spricht erfolgsorientierte Anleger an. Das Management bevorzugt niedrig bewertete festverzinsliche Staats- und Unternehmensanleihen. Die Rendite der Schuldtitel übertrifft gewöhnlich diejenige von S&P und Moody.			

NN (L) Euro Long Duration Bond P	A1H 9TR	495,00 €	500,0/424,5 €	+16/+50/+70/+79 %
		Umfang 734 Mio. €, Alter 9 Jahre, Ausgabeaufschlag 3,00 %, Gebühr **0,65 %,** thesaurierend, dürftiger Handel. Die imposante Kursentwicklung spricht erfolgsorientierte und risikofreudige Anleger an. Der Fonds investiert langfristig in erstklassige Euro-Staats- und Firmenanleihen mit hoher Bonität AAA bis BBB. Der Anlageprozess beruht auf gründlichen Wirtschafts-Analysen.		
Pictet EUR High Yield P	797 785	235,50 €	237,0/213,2 €	+8/+12/+56/+64 %
		Umfang 1,30 Mrd. €, Alter 15 Jahre, Ausgabeaufschlag 5,00 %, Gebühr 1,10 %, thesaurierend, spärlicher Handel. Der große Fonds mit erfahrenem Management eignet sich für erfolgsorientierte und risikobewusste Investoren. Es erwirtschaftet Erträge durch Anlage von über zwei Dritteln in Hochzins- und Wandelanleihen. Die Einstufung muss hier zumindest B- entsprechen.		
Pioneer Funds Euro High Yield E EUR ND	A0M VZ1	10,60 €	10,65/9,45 €	+8/+15/+55/+98 %
		Umfang 1,60 Mrd. €, Alter 11 Jahre, Ausgabeaufschlag 2,50 %, Gebühr 1,20 %, thesaurierend, geringer Handel. Der kompakte Fonds wendet sich bevorzugt an risikofreudige Anleger. Die Kursentwicklung überzeugt. Das Management investiert in Schuldverschreibungen unterschiedlicher Bonität. Bis zu einem Fünftel des Kapitals darf in Wandelanleihen und Aktien fließen.		
SK Selected-Bond Invest Deka	DK0 AYE	57,45 €	57,90/50,80 €	+13/+27/+48/+74 %
		Umfang 7 Mio. €, Alter 12 Jahre, Ausgabeaufschlag 3,25 %, Gebühr **0,45 %,** ausschüttend, spärlicher Handel. Der kleine Fonds erfreut mit fairen Gebühren. Er wendet sich an risikofreudige Investoren und bietet ein Anlagekonzept aus Staats-, Firmen- und Hochzinsanleihen auch aus Entwicklungsländern.		
UniRenta	849 102	22,05 €	22,70/20,00 €	+9/+25/+28/+55 %
		Umfang 688 Mio. €, Alter 48 Jahre, Ausgabeaufschlag 3,00 %, Gebühr 0,90 %, ausschüttend, geringer Handel. Der alteingesessene Fonds legt an den weltweiten Rentenmärkten in internationale Währungen an und wendet sich insbesondere an risikobewusste Investoren. Die Auswahl erfolgt nach Zins- und Währungsentwicklung. Derivate zur Absicherung sind zulässig.		
UniRenta Corporates	972 045	97,70 €	99,45/89,55 €	+7/+40/+55/+80 %
		Umfang 266 Mio. €, Alter 24 Jahre, Ausgabeaufschlag 3,00 %, Gebühr 0,90 %, ausschüttend, spärlicher Handel. Dieser Fonds für erfolgsorientierte Investoren legt in internationale Unternehmensanleihen mit dem Schwerpunkt US-Dollar an. 90 % der Firmenanleihen müssen im Bereich Invest Grade bis BB liegen. Bonds in anderen Währungen dürfen hier beigemischt werden.		

UniEuropa Renta A	971 132	51,90 €	52,50/49,00 €	**+4,6/+25/+36/+55 %**
	Umfang 343 Mio. €, Alter 28 Jahre, Ausgabeaufschlag 3,00 %, Gebühr 0,90 %, ausschüttend, minimaler Handel. Der Fonds mit durchschnittlicher Rendite wendet sich an sicherheitsbewusste Anleger. Der vormals unter dem Namen Unilux geführte Fonds legt in internationale Wertpapiere der europäischen Rentenmärkte an und darf mit Derivaten die Währungsrisiken absichern.			
W&W International Funds Wüstenrot Globalrent A	971 130	128,45 €	131,3/119,5 €	**+6,6/+23/+20/+41 %**
	Umfang 4 Mio. €, Alter 28 Jahre, Ausgabeaufschlag 3,00 %, Gebühr 0,80 %, thesaurierend, minimaler Handel. Durch den geringen Umfang von nur 4 Mio. € erhöht sich das Risiko. Der Fonds investiert in festverzinsliche Staats-, Firmen-, Wandelanleihen aus den 35 OECD-Mitgliedsstaaten. Bis zu 20 % dürfen in Aktien fließen. Derivate zur Absicherung sind zulässig.			
W&W Internationaler Rentenfonds	848 450	51,10 €	51,85/48,00 €	**+8,5/+26/+28/+59 %**
	Umfang 106 Mio. €, Alter 27 Jahre, Ausgabeaufschlag 3,60 %, Gebühr 0,73 %, ausschüttend, sehr geringer Handel. Dieser Rentenfonds mit erfahrenem Management und mäßigen Kursschwankungen wendet sich an erfolgsorientierte Investoren, denen das langfristige Anlagekonzept gefällt. Der Fonds investiert in internationale Rentenpapiere mit mittleren Laufzeiten. Die Auswahl erfolgt nach Zins- und Währungsentwicklung.			
ZZ1	986 462	216,00 €	220,7/162,2 €	**+39/+48/+56/+151 %**
	Umfang 719 Mio. €, Alter 20 Jahre, Ausgabeaufschlag **10,00 %**, Gebühr **0,60 %**, ausschüttend, spärlicher Handel. Der ZZ1 für risikofreudige Anleger schafft eine solch herausragende Kursentwicklung im Mehrjahresvergleich, dass der extrem hohe Ausgabeaufschlag zähneknirschend hinnehmbar ist, da einmalig und die Jahresgebühr versöhnlich stimmt. Der hohe Ertrag kommt durch Hochzinsanleihen in Verbindung mit Aktien zustande. Umgekehrt sind größere Kursschwankungen möglich, die den Langzeitanleger nicht weiter stören sollten. Die Hochzinsanleihen stammen bevorzugt aus Entwicklungs- und Schwellenländern.			

Wie sind Misch-, Geldmarkt- und Rentenfonds einzuordnen?

➢ **Bei innovativen Mischfonds mit Goldanteil und Rentenfonds mit Hochzins- und Wandelanleihen sowie unterbewerteten Bonds aus Schwellenländern winken auch heute noch ansehnliche Renditen. Kein Geldmarktfonds kann den Misch- und Rentenfondssiegern auch nur annähernd das Wasser reichen. Das A und O für eine erfolgreiche Anlage ist ein langfristiger Zeitraum. Niedrige Gebühren erhöhen Ihre Renditechance.**

8.5 Geldmarktfonds: großteils ein Alptraum – so sieht schleichende Kapitalvernichtung aus

Soweit nicht inzwischen aufgelöst, können die über 500 Geldmarktfonds nicht überzeugen; Warnung auch für Angsthasen!

Dies sind Investmentfonds, die ausschließlich oder überwiegend in Geldmarktpapiere anlegen. Hierzu zählen Termingelder, Schuldscheindarlehen und Kurzzeit-Anleihen mit einer Laufzeit bis zu einem Jahr. Die Null- und Strafzinspolitik macht es immer schwieriger, ja nahezu unmöglich, hier noch vernünftige Renditen zu erwirtschaften. Ängstliche Anleger sollten in mit Edelmetallen aufgestockte Mischfonds, erfolgsorientierte und risikobewusste Anleger in Einzelaktien, Dividenden-, Themen- und Branchenfonds investieren. Wer dies langfristig, also für mindestens ein Jahrzehnt plant und Kursschwankungen aushält, für den sind Geldmarktfonds absolut ungeeignet. Noch nie befand sich ein solcher Funds in meinem Depot, auch nicht in Zeiten, wo noch gute Erträge erarbeitet wurden.

Ich habe mir 509 Geldmarktfonds angesehen. Nachdem ich die Hälfte im Internet kurz überprüft hatte und lediglich drei Produkte fand, die zumindest im Drei-Jahresvergleich noch ein minimales Plus von 1 oder 2 % aufwiesen, aber im Fünfjahresvergleich schon wieder im Minus landeten bzw. höchstens mit 2 % im Plus notierten, gab ich die weitere Suche zunächst frustriert auf. Solche Fonds kann ich selbst einem überängstlichen Anleger nicht empfehlen. Hinzu kommt, dass mit der Aufnahme in mein Buch Papier-, Satz- und Druckkosten anstehen.

Was also tun? Ich untersuchte die letzten drei Kurslisten im Handelsblatt vom August/September 2016, veröffentlicht unter dem Titel: „Die besten Geldmarktfonds im Vergleich". Die Siegerlisten ähneln sich. Vielleicht eine leicht geänderte Reihenfolge. Aber niemand stieg ab, und keiner kam neu hinzu. Soweit die Währung auf den Euro lautet, bilde ich die im Plus liegenden Geldmarktprodukte ab, ohne auch nur einzigen Fonds zu empfehlen. *„Breit gestreut – nie bereut!"* stößt hier auf unüberwindbare Grenzen. Wer in einem Jahr ein Minus, in drei Jahren ein Miniplus von 2 % schafft, im Fünfjahresvergleich an der 5 %-Hürde scheitert und bei den Gebühren alles andere als zimperlich ist, verdient keinen Platz in Ihrem Depot, mag er auch zur Handelsblatt-Bestenliste zählen.

> ➢ Geldmarktfonds sind ein beredtes Beispiel dafür, dass es sich nicht lohnt, sich auf alten Lorbeeren auszuruhen, selbst wenn das Management an dieser Entwicklung nicht schuld ist und ein solches Zinsdesaster vor einem Jahrzehnt nie zu erwarten war! Immerhin: Wer nur bei winzigen Kursschwankungen gut schlafen kann und beschwerdefrei bleibt, ist bei den folgenden Geldmarktfonds einigermaßen gut aufgehoben.

Selbst die besten 8 Geldmarktfonds aus einer Auswahl von über 500 Produkten schaffen in 5 Jahren nur selten ein Plus von 10 %

Geldmarktfonds nur für überängstliche Privatanleger				
Name, Fonds-Gesellschaft	WKN	Kurs 29.09.16	Hoch/Tief 1 Jahr	Kursentwicklung 1, 3, 5, 10 Jahre
Apo Vario Zins Plus	532 422	51,45 €	51,50/50,75 €	+1/+4/+9,5/+14 %
	Umfang 17 Mio. €, Alter 16 Jahre, Ausgabeaufschlag **0,00 %**, Gebühr **0,50 %**, ausschüttend, spärlicher Handel, geringe Kursschwankungen. Dieser kleine Geldmarktfonds verzichtet auf den Ausgabeaufschlag und begnügt sich mit einer halbprozentigen Jahresgebühr. Er investiert nur in Zinspapiere mit kurzer Laufzeit. Dabei handelt es sich um Geldmarktprodukte, Bankguthaben, Schuldschein-Darlehen, verbriefte Anleihen und Derivate zur Absicherung. Seine bevorzugte Währung ist der Euro.			
Deka-Institut Liquidität	DK2 CFR	53,65 €	53,65/53,20 €	+1/+2/+5,5/-1 %
	Umfang 4 Mio. €, Alter 15 Jahre, Ausgabeaufschlag **0,50 %**, Gebühr **0,20 %**, thesaurierend, spärlicher Handel, extrem geringe Kursschwankungen. Dieser sehr kleine Fonds verfolgt die Strategie, eine angemessene Euro-Rendite in hiesigen und ausländischen Geldmärkten zu erwirtschaften. Dies sind bevorzugt Geldmarktinstrumente und Bankguthaben, kurzfristige fest- und variabel verzinste Schuldverschreibungen sowie forderungsgesicherte Wertpapiere. Über ein Drittel wird hierzulande angelegt.			
Deka Tresor	847 475	87,05 €	87,10/85,25 €	+2/+5/+10/+25 %
	Umfang 424 Mio. €, Alter 33 Jahre, Ausgabeaufschlag 2,50 %, Gebühr **0,40 %**, thesaurierend, spärlicher Handel, geringe Kursschwankungen. Dieser etablierte Fonds mit erfahrenem Management investiert schwerpunktmäßig in verzinsliche Wertpapiere mit kurzer bis mittelfristiger Laufzeit. Insbesondere sind dies Staatsanleihen aus der Eurozone. Daneben wird in Pfandbriefe sowie in Firmenanleihen mit der Euro-Währung angelegt.			
Deutsche Floating Rate Notes LC	971 730	84,10 €	84,15/83,55 €	+0,5/+1/+3/+15 %
	Umfang 3,14 Mrd. €, Alter 25 Jahre, Ausgabeaufschlag **1,00 %**, Gebühr **0,20 %**, thesaurierend, spärlicher Handel, geringe Kursschwankungen. Das Anlageziel dieses großen Fonds ist eine von Zins- und Währungsschwankungen weitgehend unabhängige geldmarktnahe Wertentwicklung in der Euro-Währung. Es wird in variabel verzinsliche Anleihen sowie Kurzläufer und Termingelder investiert. Kennzeichnend ist ein aktives Laufzeiten-Management mit Zinseszins durch Thesaurierungserträge.			

Federated Unit Trust Euro-Kurzläufer LVM	930 390	28,75 €	28,75/28,60 €	+0,3/+1/+4/+19 %
	Umfang 130 Mio. €, Alter 17 Jahre, Ausgabeaufschlag **0,30 %**, Gebühr 0,85 %, thesaurierend, spärlicher Handel, geringe Kursschwankungen. Dieser aktiv verwaltete Fonds will Erträge erwirtschaften, indem er in kurz- bis mittelfristige Anleihen und Pfandbriefe investiert, die hauptsächlich in € ausgegeben werden. Vorausgesetzt wird ein Grate-Rating, also die Einstufung in eine der vier höchsten Kategorien. Die Unternehmensanleihen stammen aus den 35 OECD-Mitgliedsstaaten und sollen unbedingt eine höhere Rendite als die Euro-Staatsanleihen erzielen.			
HANSA accura A	976 620	61,80 €	62,10/61,10 €	+1/+5/+8/+18 %
	Umfang 14 Mio. €, Alter 15 Jahre, Ausgabeaufschlag 2,50 %, Gebühr 0,72 %, thesaurierend, spärlicher Handel, geringe Kursschwankungen. Das Management investiert über die Hälfte in andere Fonds, entspricht also in der Struktur einem Dachfonds. Anlageschwerpunkte sind bis zu 10 % Rentenfonds und bis zu einem Drittel Geldmarktinstrumente. Die knappe Hälfte darf in Bankguthaben fließen. Aktien, Aktienfonds, Schuldverschreibungen und Anteile in Immobilien-Sondervermögen sind tabu.			
Metzler Euro Liquidity	976 168	68,20 €	68,25/68,05 €	+0,3/+0,6/+2/+10 %
	Umfang 193 Mio. €, Alter 22 Jahre, Ausgabeaufschlag **0,00 %**, Gebühr **0,05 %**, thesaurierend, spärlicher Handel, geringe Kursschwankungen. Gut, dass hier kein Ausgabeaufschlag und nur eine winzige Verwaltungsgebühr von 0,05 % anfallen. Der Fonds investiert mit einem Mindestanteil von 85 % in auf den Euro lautende Geldmarktinstrumente. Und er darf Derivate zur Absicherung einsetzen. In der Regel ist eine Rücknahme börsentäglich möglich. Die Kapitalverwaltungsgesellschaft darf jedoch bei außergewöhnlichen Umständen die Rückzahlung aussetzen.			
UniReserve: Euro A	974 033	503,30 €	503,4/502,0 €	+0,1/+0,6/+3,5/+14 %
	Umfang 1,18 Mrd. €, Alter 22 Jahre, Ausgabeaufschlag **0,00 %**, Gebühr **0,45 %**, ausschüttend, spärlicher Handel, geringe Kursschwankungen. Die kümmerliche Rendite des großen Fonds ist noch hinnehmbar durch Verzicht auf den Ausgabeaufschlag und eine niedrige Verwaltungsgebühr. Die Anlageschwerpunkte reichen von Terminanlagen bei Banken über Unternehmensanleihen und Pfandbriefe bis hin zu strukturierten Produkten. Abhängig von der Marktlage investiert das erfahrene Management in unterschiedliche Produkte, um Ertragsaussichten zu nutzen.			

Erkenntnis: Die besten Rentenfonds schlagen die Geldmarktfonds um Längen. Wer sich nicht auskennt: Besser Hände weg!

8.6 Hedgefonds – die Gewinne schmelzen; zu hohe Gebühren schrecken ab und treiben Manager in die Pleite

Die goldenen Zeiten scheinen wohl vorbei. Der einst so erfolgsverwöhnten Branche von Spekulanten auf steigende und fallende Kurse fällt es schwer, sich trotz aller Freiheiten und wenig Transparenz in der Finanzwelt zu behaupten. Heute bestimmen die Notenbanken, wohin es geht mit Geld im Überfluss als Folge abgeschaffter Guthaben- und eingeführter Strafzinsen.

Das angelegte Kapital bei den derzeit 10.050 Hedgefonds weltweit stagniert bei 2,9 Billionen Dollar. 2016 zeichnet sich seit 2009 ein erstes Negativjahr ab. Von 40 % Plus im Einzelfall 2014 zum Minus von über 20 % im ersten Halbjahr 2016: So sieht die Bilanz beim erfolgsverwöhnten Hedgefondsmanager Bill Ackman aus. Der Kapitalabfluss von 56 Mrd. Dollar bei über 80 % der Hedgefonds führt zum Rückmarsch auf breiter Front. Der kaum erwartete BREXIT Ende Juni 2016, Austritt Englands aus der EU, verhagelte die Stimmung und so manche Hedgefondsbilanz. Wie sich der überraschend von Donald Trump gewonnene US-Präsidenten-Wahlkampf auswirkt, bleibt abzuwarten.

Unbefriedigende Leistungen und überhöhte Gebühren verärgern bei enttäuschten Erwartungen. Üblicherweise berechnen Hedgefonds neben einem Ausgabeaufschlag von 5 % und darüber eine Verwaltungsgebühr von durchschnittlich 2 % und eine Gewinnbeteiligung von 20 %. Kritische Investoren nehmen das nicht länger hin. Bei durchschnittlichen Erträgen von lediglich 5,8 % im Jahr 2015 und sich abzeichnenden Verlusten von einigen Prozentpunkten im 1. Quartal 2016 passt diese Struktur nicht mehr in die Börsenlandschaft. Ein Drittel der Großinvestoren will seine Anteile absenken, nur jeder Sechste aufstocken. Im ersten Quartal 2016 wurden 291 Hedgefonds geschlossen, 74 mehr als ein Jahr zuvor. Immer mehr Hedgefondsmanager kommen aus den roten Zahlen nicht heraus. Da nützt es nichts, eine Long- und Short-Strategie anzupreisen, also auf steigende wie auf fallende Kurse zu reagieren und im großen Stil Derivate zur Absicherung einzusetzen.

Umso spannender ist, mit welchen Anlagestrategien die Hedgefonds in die Erfolgsspur zurückkehren wollen. Sicherlich gehört dazu auch etwas Bescheidenheit und Demut statt ungezähmter Gier, die sich in extrem hohen Gebühren widerspiegelt. Mit riesigen Leerverkäufen – öfters abgesprochen und von seriösen, bodenständigen Investoren und Unternehmensvorständen mit Missbehagen beäugt – werden kleinere börsennotierte AGs möglicherweise in den Abgrund getrieben.

Die zu den alternativen Investments zählenden Hedgefonds bieten sich in der Theorie als Depotbeimischung und zur Risikominimierung bei angespannter Marktlage an. Dennoch sollten hier nur sehr risikofreudige, spekulative Investoren einsteigen. Überängstlichen sicherheitsbewussten Privatanlegern empfehle ich: Hände weg! Ich selbst habe noch nie in einen Hedgefonds investiert – im Gegensatz zu den erfolgreichsten und reichsten deutschen Familien, die ein solches Investment nicht grundsätzlich ausschlagen. Sie sind gar nicht so selten beteiligt.

Was Hedgefonds leisten und bieten sollten	
Dachfonds	**Einzelfonds**
➢ Stabile Ergebnisse	➢ Attraktive Erträge
➢ Breit gestreute Investments	➢ Klar ausgerichtete Strategie
➢ Zugriff auf unterschiedliche Hedgefonds-Strategien	➢ Mehr Transparenz
	➢ Deutlich geringere Gebühren
➢ Geringe Zusatzkosten	➢ Schwerpunkt Risikomanagement

George Soros, der König der Hedgefonds, 1992 zu Weltruhm gelangt mit milliardenschweren Wetten gegen das britische Pfund, erklärte: *„Ich verdiene einfach sehr viel Geld, wenn ich richtig liege."* Seine Fonds Quantum und Quota wuchsen von 12 Mrd. auf 23 Mrd. Dollar. Als im Jahr 2004 das Anlagespektrum für Privatanleger in Deutschland um Hedgefonds erweitert wurde, rechneten die Gesellschaften und Banken mit einem boomenden Handel. Schließlich erzielten alternative Investments eine beeindruckende Rendite. Es galt als unseriös, Hedgefonds als Renditeturbos hinzustellen, aber zutreffend, sie wegen ihres breit gestreuten Ansatzes als risikomindernd einzustufen. Gegenwärtig schlagen Aktien und gute Aktienfonds diese alternativen Investments deutlich. Die Möglichkeit, auch im fallenden Markt Geld zu verdienen, erweist sich nicht als Zauberformel.

Fallstricke bei Hedgefonds: drei Verhaltenstipps

➢ Betrachten Sie Hedgefonds zwar als eigene Anlageklasse, aber dennoch nur als Beimischung und zwecks Risikominimierung für Ihr Portfolio.

➢ Schrauben Sie Ihre Erwartungen nicht zu hoch. Das früher angestrebte durchschnittliche Renditeziel zwischen 10 und 20 % dürfte vorerst wohl ein Wunschtraum bleiben.

➢ Setzen Sie nicht auf Neulinge in der noch wenig erfahrenen Branche. Investieren Sie in einen bewährten Hedgefonds mit überzeugender Story.

- **Als Vorfahren der Hedgefonds gelten die ersten Termingeschäfte, die im 17. Jahrhundert stattfanden. Erinnert sei an das legendäre spekulative Geschäft mit holländischen Tulpenzwiebeln.** Auf dem Hochpunkt dieses von Gier getriebenen Irrsinns kosteten sie 1637 so viel wie eine Pferdekutsche oder Immobilie in Amsterdam.

- **Hedgefonds sind wenig transparent, mischen in zahlreichen Anlageklassen mit und setzen auf steigende wie fallende Notierungen.** Zu Schieflagen kommt es, wenn im großen Stil spekuliert wird wie mit Kreditderivaten 2008/09, deren komplizierte Struktur und Hebelwirkung kaum jemand verstand. Sie waren Mitauslöser der Krise. Wie turbulent es zugehen kann, erfuhren Anleger schon früher. 1998 startete die US-Notenbank FED eine Rettungsaktion. Die Investmentbanken mussten 3,65 Mrd. Dollar aufbringen, um den gestrauchelten Fonds LTCM aus der Patsche zu helfen.

- **Zu den typischen Merkmalen zählt der Leerverkauf Short Selling.** Kommt es zu Turbulenzen, müssen Leerverkäufe als Sündenbock herhalten. In Erinnerung an den Madoff-Betrugsskandal schießt sich die Politik gern auf dieses Finanzinstrument ein.

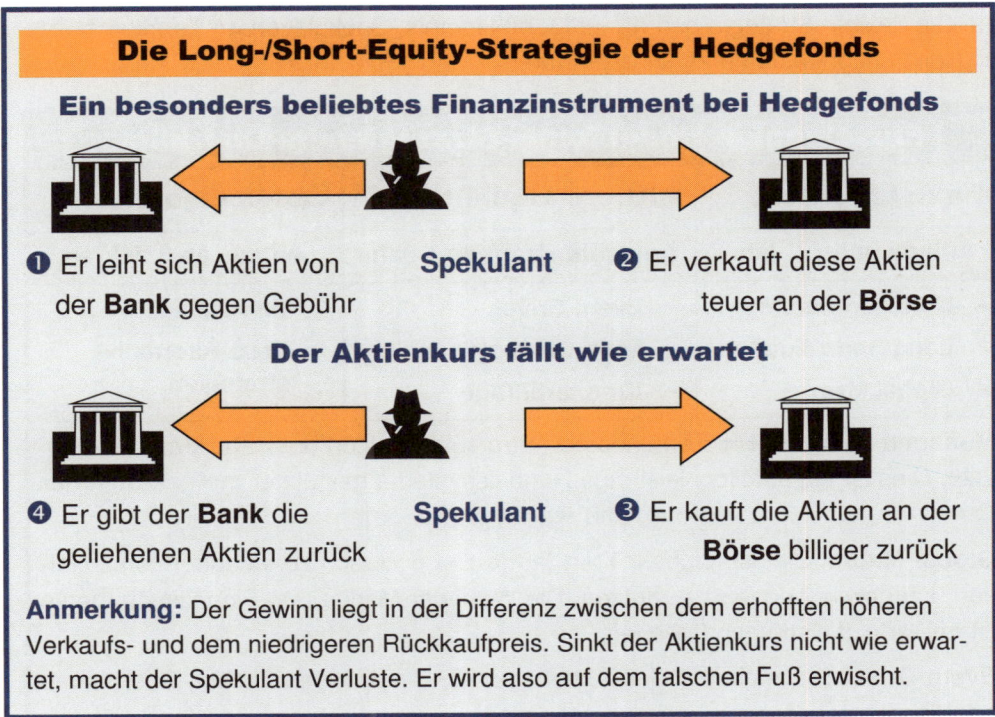

Hedgefonds als eine Art alternative Allwetteranlage – Kapriolen mit Sturm, Hagel, Wolkenbruch eingeschlossen

Stellen Sie sich zwei Finanzinstrumente vor: Eines gewinnt bei strahlendem Sonnenschein, das andere bei Wolkenbruch. Pflegen Sie beide Assets, verringern Sie das Risiko, vergleichbar mit einer Anlage in Öl- und Autoaktien.

Erhöht sich der Ölpreis, steigen Energieaktien und fallen Autotitel. Stürzt der Ölpreis ab, erholen sich Autoaktien. Ölaktien sausen in den Keller. Auf alternative Investments übertragen: Scheint die Sonne, vergleichbar mit einem Bullenmarkt, gewinnt die eine Richtung. Stürmt es analog zu einem Bärenmarkt, dann behauptet sich die andere Investmentform. So wie Heuschrecken nicht danach fragen, was ihr brutaler Kahlfraß wohl alles vernichtet, darf ein Hedgefonds jedes Finanzinstrument einsetzen. Der Leerverkauf erinnert an einen Mietwagen. Gegen Leihgebühr mit Börsen-Rückkaufpflicht sieht die Spekulation in etwa so aus: teuer verkaufen, danach billig zurückkaufen. Die flexible Strategie beruht auf Marktkenntnis, Spekulation an Terminmärkten mit Rohstoffkontrakten und Finanz-Futures.

Das in Hedgefonds angelegte Vermögen

2000:	237 Mrd. Dollar
2005:	1.361 Mrd. Dollar
2010:	1.694 Mrd. Dollar
2012:	1.799 Mrd. Dollar
2014:	2.508 Mrd. Dollar
2015:	2.797 Mrd. Dollar
2016:	2.900 Mrd. Dollar

Der Hedgefonds-Branchen-Index HFRX notierte 2014 mit 0,4 % und 2015 mit 3,6 % im Minus. 2013 gab es ein Plus von 6,7 %. 2016 sieht die Bilanz eher düster aus.

Einschlägige Hedgefonds-Strategien im Überblick

Kurze Liquidität	Mittlere Liquidität	Lange Liquidität
Anlage unter 1 Jahr	Anlagehorizont ab 1 Jahr	Anlage ab 3 Jahren
➢ Managed Futures ➢ Long/Short Equity ➢ Global Macro	➢ Event Driven ➢ Multi-Strategy ➢ Kreditarbitrage	➢ Distressed ➢ Neue Alternativstrategien

Managed Futures: Die Terminbörsen-Strategien nutzen die Hebelkraft der Derivate. Dies ist ein auf Hochleistungs-Handelssysteme gestützter mathematischer Quant-Ansatz mit Trendfolge und Money Management.

Global Macro: Ziel ist, globale Trendänderungen rasch zu erkennen, umzusetzen und gewinnbringend zu nutzen. Die Wahl der Märkte und Finanzinstrumente ist frei, erfolgt also nach Belieben.

Event Driven: Investiert wird in Aktien von AGs, die wegen Fusion, Übernahme oder Insolvenzgefahr neu auszurichten sind.

Distressed Securities nutzt bevorzugt vorhandene Chancen bei finanziell angeschlagenen Firmen.

Fallbeispiel: Leerverkauf-Kurssturz bei Wirecard und Ströer

> Ende Februar 2016 reißt eine Studie von Zatarra Research die TecDAX-Aktie Wirecard bis zu 25 % in den Keller mit Kursziel Null. Zwei Monate später erfolgt der brutale Angriff von Muddy Waters Capital auf den MDAX-Titel Ströer mit der Folge: ein Drittel Kursverlust. Diese Angriffe aus Gier und Eigennutz zum Schaden investierter Kleinaktionäre werden begleitet von millionenschweren Leerverkäufen, hier laut Meldung Muddy Waters und die Hedgefonds Blue Ridge sowie Third Point.

Trotz tagelanger Sucherei ist es unendlich mühsam, von Hedgefonds die WKN, die Gebührenstruktur und das Anlagekonzept zu erkunden. Fazit: Hände weg für vorsichtige Privatanleger!

Es gibt vor allem gute Aktienfonds, mit denen Sie bei geringeren Kosten und Risiken wesentlich höhere Erträge einsammeln, ohne befürchten zu müssen, dass es keine Nachrichten gibt oder der Fonds pleitegeht. Diese Auswahl bringt bevorzugt Handelsblatt-Sieger und dürfte für spekulative Anleger interessant sein, die einen noch niedrigen Kurs zum Einstieg oder Nachkauf nutzen wollen. Hedgefonds, die in Steueroasen sesshaft sind, schneiden öfters gut ab, da sie in ihren Anlageentscheidungen weitgehend frei sind.

Einige Hedgefonds bzw. alternative Fonds zur Ansicht, ohne sie Privatanlegern ans Herz zu legen

Name, Fonds-Gesellschaft	WKN	Kurs 04.10.16	Hoch/Tief 1 Jahr	Kursentwicklung 1, 3, 5, 10 Jahre
BSF Fix BlackRock Strategie Fixed Income Fund A EUR	A0N DDA	119,65 €	119,7/116,4 €	+1,3/+8/+19 %
		Umfang keine Angabe, Alter 7 Jahre, Ausgabeaufschlag 5,00 %, Gebühr **1,00 %**, thesaurierend, spärlicher Handel, mäßige Kursschwankungen. Der Fonds macht keine Angaben zum Volumen, begnügt sich aber bei durchschnittlicher Rendite mit einer eher niedrigen Verwaltungsgebühr. Das Management legt zumindest zwei Drittel weltweit in festverzinsliche Wertpapiere an, tätigt Devisen-Termingeschäfte und setzt bei Bedarf Finanzderivate ein.		
DT Deutsche Concept Kaldemorgen LC	DWS K00	134,45 €	135,3/134,4 €	+6/+17/+40 %
		Umfang 4,00 Mrd. €, Alter 5 Jahre, Ausgabeaufschlag 5,00 %, Gebühr 1,50 %, thesaurierend, geringer Handel. Der alternative Fonds schneidet im Einjahresvergleich recht gut ab. Er ist insbesondere im Aktienmarkt aktiv und arbeitet mit Long- und synthetischen Short-Positionen, um z. B. von unter- und überbewerteten Aktien zu profitieren. Derivate zur Absicherung sind üblich.		

Eurotax All Invest A	A0M 6JP	49,20 €	49,55/44,75 €	+3,5/+5/+11/-1 %
	Umfang 6 Mio. €, Alter 9 Jahre, Ausgabeaufschlag 5,00 %, Gebühr 1,60 %, ausschüttend, dürftiger Handel. Der kleine alternative Fonds nutzt die gesamte Bandbreite von Anlagemöglichkeiten aus und nimmt hohe Kursschwankungen hin. Er investiert in Aktien, Renten, Bonds, Zertifikate, Wandel-/Optionsanleihen, Optionsscheine, setzt sonstige Techniken und Instrumente ein.			
FTIF Franklin Templeton Investment K2 Alternative Strategies	A11 9QQ	10,45 €	10,50/9,80 €	+1,1 % (junger Fonds)
	Umfang 1,39 Mrd. €, Alter 2 Jahre, Ausgabeaufschlag **5,75 %**, Gebühr **2,05 %**, thesaurierend, sehr geringer Handel. Das Anlageziel besteht darin, bei mäßigen Kursschwankungen einen positiven Kapitalwert zu erreichen, indem das Vermögen mehreren alternativen Strategien zugeordnet wird. Der Ausgabeaufschlag sowie die Verwaltungsgebühr sind überdurchschnittlich hoch.			
HGF Henderson Gartmore Kingdom Absolute Return R (Hedged)	A1C TUG	6,95 €	6,95/6,65 €	+4/+15/+35 %
	Umfang 6,8 Mrd. €, Alter 6 Jahre, Ausgabeaufschlag 5,00 %, Gebühr 1,50 %, thesaurierend. Über diesen großen, aber erst 6 Jahre alten Hedgefonds für risikobewusste Anleger mit langfristigem Anlagezeitraum ist bei üblichen Gebühren und positiver Kursentwicklung kaum etwas über die Strategie zu erfahren.			
Invesco Global Targeted Returns Fund A	A1X CZE	11,15 €	11,25/10,85 €	+1,2/+12 % (3 J. alt)
	Umfang 20,85 Mrd. €, Alter 3 Jahre, Ausgabeaufschlag 5,00 %, Gebühr 1,40 %, thesaurierend. Dieser besonders große, aber junge Hedgefonds arbeitet mit durchschnittlichen Gebühren. Über die Strategie ist nur so viel zu erfahren, dass das Management über einen rollierenden Dreijahreszeitraum ein positives Gesamtergebnis anstrebt und dabei auch auf Aktien zugreift.			
JPM Invest Global Macro Opp A€	989 946	173,60 €	184,0/172,8 €	-4/+28/+48/+49 %
	Umfang 5,7 Mrd. €, Alter 18 Jahre, Ausgabeaufschlag 5,00 %, Gebühr **1,25 %**, thesaurierend, geringer Handel. Der etablierte Fonds mit fairer Verwaltungsgebühr setzt weltweit vorwiegend auf Aktien. Er arbeitet auch in Schwellenländern mit Derivaten, konzentriert sich auf Rohstoffindex-Instrumente, wandelbare Wertpapiere, Schuldtitel, Kredit- und Geldmarktinstrumente.			
LM WA Legg Mason Global Western Asset Macro Opportunities Bond A€ (Hedged)	A1X BA5	113,45 €	115,05/97,90 €	+8/+14 % (3 Jahre alt)
	Umfang 4,43 Mrd. €, Alter 3 Jahre, Ausgabeaufschlag 5,00 %, Gebühr 1,50 %, thesaurierend, geringer Handel. Der erst seit drei Jahren bestehende, aber dennoch hoch kapitalisierte Fonds erzielt Wertzuwachs, indem er in einer Kombination von Schuldtiteln mit Invest Grade Hochzinsanleihen erwirbt. Das Management setzt derivative Finanzinstrumente zur Absicherung ein.			

MLIS Merrill Lynch Investment Solutions Beach Point Diversified Credit UCITS EUR Z	ML0 ER7	108,15 €	108,2/95,50 €	+6,7/+8 % (4 Jahre alt)
	Umfang 143 Mio. €, Alter 4 Jahre, Ausgabeaufschlag 5,00 %, Gebühr 1,50 €, thesaurierend, geringer Handel. Der erst seit 4 Jahren auf dem Markt befindliche Hedgefonds investiert in unterschiedliche Kreditinstrumente, ist auf der Jagd nach hohen Zinssätzen von Unternehmen, die in Nöten sind. Das Management will von fehl bewerteten Aktien und Kreditinstrumenten profitieren und setzt derivative Instrumente zur Absicherung ein.			
MLIS Merrill Lynch Investment Solutions Marshall Wace Tops UCITS	ML0 EFU	132,10 €	134,9/129,8 €	+-0/+17/+32/+33 %
	Umfang 3,15 Mrd. €, Alter 9 Jahre, Ausgabeaufschlag 5,00 %, Gebühr **2,25 %,** thesaurierend, dürftiger Handel. Der große Fonds verlangt eine hohe Verwaltungsgebühr und erzielt durchschnittliche Erträge. Das Management investiert überwiegend in internationale Aktien und setzt dabei unterschiedliche Risiko-Techniken ein. Den Schwerpunkt bildet die gründliche Analyse.			
SHS Sauren Hedgefonds Select Global A	A0C AV2	14,20 €	15,05/14,05 €	-3,9/+4,5/+10/+21 %
	Umfang 43 Mio. €, Alter 12 Jahre, Ausgabeaufschlag 5,00 %, Gebühr **1,98 %,** thesaurierend, nur wenig Handel. Dieser kleine alternative Dachfonds investiert in Hedgefonds mit unterschiedlichen Anlagestrategien. Die ausgewählten Zielfonds streben weitgehend unabhängig von der Entwicklung der Aktien- und Rentenmärkte langfristig einen attraktiven positiven Ertrag an.			
SLIG Standard Live Investm. Global SICAV Absol. Return Strategies A	A1H 5Z0	11,85 €	12,65/11,75 €	-4,2/+5/+18 %
	Umfang 20,4 Mrd. €, Alter 6 Jahre, Ausgabeaufschlag 5,00 %, Gebühr 1,60 %, thesaurierend. Der extrem große Hedgefonds hüllt sich bezüglich seiner Anlagestrategie in Schweigen. Das Management teilt lediglich mit, dass es mittel- bis langfristig positive Renditen unter sämtlichen Marktbedingungen erzielen will.			

Warum reingehen, wenn große Manager rausgehen?

Die Tatsache, dass von den großen Investoren ein Drittel Mittel abziehen, aber nur ein Sechstel ihr Hedgefonds-Investment aufstocken will, sollte Ihnen zu denken geben. Für jeden Privatanleger ist es schwierig, wenn nicht sogar unmöglich, die unterschiedlichen Strategien richtig einzuordnen und Spreu vom Weizen zu trennen. Auch die Spitzen-Hedgefonds bleiben vom Rückzug zahlreicher Investoren nicht verschont. Peter Hollmann, geschäftsführender Gesellschafter bei Patricon Principal Consulting, berichtet: „Gerade die Riege großer Hedgefonds-Manager wie George Soros, John Paulson und Crispin Odey stirbt aus. Ihre Zeit ist vorbei." Marcus Storr vom Vermögensverwalter Féri Trust in Bad Homburg ergänzt: „Die Hedgefonds-Industrie ist durch den ungebremsten Zufluss von Mitteln institutioneller Investoren mittlerweile zu groß geworden."

Dan Och von Och-Ziff-Capital Management Group verweist auf sein Fondsvolumen von über 39 Mrd. Dollar. Zu Beginn 2016 waren es allerdings 44 Mrd. Dollar. Im ersten Halbjahr wurden aus der gesamten Branche bereits 23,3 Mrd. Dollar abgezogen. Daniele Spada, Hedgefonds-Experte beim Vermögensverwalter Lyxor Asset Management, weist auf die enormen Leistungsunterschiede hin – für Laien kaum erkennbar: *„Die richtige Auswahl der Hedgefonds-Manager ist heute wichtiger als vielleicht vor 5 oder 6 Jahren. Denn die einzelnen Strategien liefern höchst unterschiedliche Ergebnisse. Die Qualität der Manager ist keinesfalls homogen."*

> **Im Jahr 2015 schafften Hedgefonds im Schnitt 5,8 % Rendite, die besten 11,4 %, während die schlechtesten 5,8 % Verlust einfuhren.**

Hedgefonds-Manager Richard Perry auf dem Rückzug

Zu den weltbekannten großen Hedgefonds-Managern, die in jüngster Zeit aufgaben, zählt Richard Perry, der seine Karriere bei Goldman Sachs begann. In der ersten Jahreshälfte 2016 warfen bereits 530 Hedgefondschefs das Handtuch, darunter Richard Perry, ein Veteran der großen Gruppe alternativer Fonds, der gemeinsam mit seinem Partner Paul Leff die Firma Perry Capital gründete. Auf dem Höhepunkt verwaltete der Fonds 15 Mrd. Dollar. Jetzt spürt er den Gegenwind und schließt seinen Fonds, der zur Kategorie „Event-driven" gehört. Hier wird versucht, besondere Situationen blitzschnell und gezielt auszunutzen.

Bei dem weltweiten Datenfluss in Sekundenbruchteilen und dem Siegeszug der Digitalisierung und weltweiten Vernetzung wird es immer schwieriger, sich von der Konkurrenz abzuheben und attraktive Gewinne einzusacken. Perry hält die Trends an den heutigen Märkten für kaum mehr vorhersehbar, so dass richtige Reaktionen eher auf Zufall als auf Geistesblitze zurückzuführen sind. Wohl fast jeder Anleger hat schon die bittere Erfahrung gesammelt, wie schwierig es ist, den Markt mit schnellem Ein- und Ausstieg zu überlisten – oft verbunden mit hohen Kosten.

> **Gefragt sind insbesondere auf dem europäischen Markt die regulierten UCITS-Produkte mit verstärktem Anlegerschutz.** Hinter dieser Abkürzung verbirgt sich der sperrige und schwer verständliche Begriff **U**ndertakings for **C**ollective **I**nvestments in **T**ransferable **S**ecurities.

> **Nicht minder kompliziert erscheint der ins Deutsche übertragene Begriff OGAW.** Die Abkürzung bedeutet: **O**rganismus für **g**emeinsame **A**nlagen in **W**ertpapiere. Bei dieser EU-Richtlinie geht es um einzuhaltende Vorschriften bezüglich Anlegerschutz, vor allem Risikostreuung und Risikobegrenzung.

> **SICAV** ist das Kürzel für die Rechtsform einer Fondsgesellschaft. Für Privatanleger macht es kaum einen Unterschied, ob ein Fonds sich SICAV nennt.

8.7 Aktien-Immobilienfonds oft besser als Offene Immobilienfonds! Geschlossene Fonds vernichten häufig viel Geld!

8.7.1 Immobilienfonds aus Siegerlisten als Fundgrube für erfolgsorientierte Anleger

Offene Immobilienfonds machen es möglich, auch mit geringen Beträgen in Immobilien, also Betongold, anzulegen. Bis Oktober 2016 steckten deutsche Anleger 87,3 Mrd. € in Offene Immobilienfonds – die höchste Summe seit 2009, ein Zufluss von 4 Mrd. € allein 2016. Ob Einmalanlage oder Sparplan. Auch Offene Immobilienfonds zählen zum geschützten Sondervermögen. Die Fondsmanager kaufen hauptsächlich Gewerbe-Immobilien, Büro, Einzelhandel, Logistik, Hotels, investieren als Beimischung in Wohnimmobilien und bevorzugen REITs. Dies ist die Abkürzung für den englischen Begriff „**R**eal **E**state **I**nvestment **T**rust". REITs, wie es sie auch im MDAX und SDAX gibt, besitzen und verwalten steuerbegünstigt Immobilien. Bei Befreiung von der Körperschafts- und Gewerbesteuer müssen börsennotierte AGs ihre Anleger daran beteiligen, meist mittels ansehnlicher Dividende. Sie liegt oft über 4 %, ist aber auch abhängig von der Kursentwicklung.

Offene Immobilienfonds je nach Marktlage und Börsentrends im Wechselbad der Gefühle und nur bei Langfristanlage interessant

Offene Immobilienfonds erzielen ihre Einkünfte durch Wertzuwachs von Grundstücken und Gebäuden sowie Mieteinnahmen, bei Aktienbeteiligung auch Dividenden. Die Fonds müssen mindestens 5 % als Liquiditätsreserve halten. Aber es dürfen auch nicht mehr als 49 % sein. Probleme entstehen bei hohen Mittelabflüssen. Großinvestoren sollen sich zu einer zweijährigen Mindesthaltezeit verpflichten. Notfalls kann die Auszahlung vorübergehend ausgesetzt werden.

> Auch ein boomender Mittelzufluss bedeutet keine heile Welt. Möglicherweise können Kaufwünsche bei begrenztem Immobilienbestand kleinerer Fonds nicht mehr erfüllt werden, worunter die Qualität leiden kann.

Trotz teilweise nur mittelmäßiger Renditen gegenüber den naturreinen Aktien-Immobilienfonds schwimmen vor allem die großen erfolgreichen Offenen Immobilienfonds als Folge der Null- und Strafzinspolitik in Geld. Sie lehnen Anlegerkapital ab, wenn bei den steigenden Preisen nicht mehr sinnvoll angelegt werden kann. Die Qualität leidet, sofern das Management überbewertete Grundstücke und Gebäude erwirbt, nur um Anlegerinteressen zu befriedigen.

Der Fondsverband BVI meldete 2015 lediglich einen Mittelzufluss von knapp 200 Mio. € netto. Im Januar/Februar 2016 vervierfachte sich in Verbindung mit dem Aktienabsturz der Mittelzufluss auf 787 Mio. € nach Abzug der Verkäufe. Die Musik spielt vor allem in den großen Fonds der führenden Anbieter. Die für Privatanleger zugeschnittenen Produkte nahmen allein im Jahr 2016 rund 1,3 Mrd. € ein.

Ein kritischer Kommentar der ARD-Börse vom 21. Sept. 2016

Zitat: *„Zuletzt ist es still geworden um die Offenen Immobilienfonds – zumindest um die, die sich wegen der Auswüchse der Finanzkrise in Abwicklung befinden. Was ist aus diesen einstigen Stars der Finanzbranche geworden? Noch immer schlummert so mancher Anteil eines Offenen Immobilienfonds in Abwicklung in den Anlegerdepots. Denn die Produkte galten jahrzehntelang als beliebt und solide, da mit meist gut vermieteten Gewerbe-Immobilien unterlegt, aus denen die Ausschüttungen regelmäßig gespeist wurden. Da wurde auch sehr zur Freude des Vertriebs gerne mal ein Ausgabeaufschlag von mehr als 5 % bezahlt. Selbst heute, in Niedrigzinszeiten, sind sie wieder begehrt, wenngleich der Gesetzgeber der börsentäglichen Rückgabe mittlerweile einen dicken Riegel vorgeschoben hat. – Wer sich fragt, was seither aus seinem Fondsvermögen geworden ist, wird feststellen, dass die Abwicklung der Immobilienfonds wohl keine Erfolgsgeschichte werden wird."*

> **Die folgenden Immobilienfonds mit Wertentwicklung seit Oktober 2008 befinden sich zum Jahresschluss 2016 in der Abwicklung: SEB Immoinvest (-2,9 %), CS Euroreal (-5,9 %), Kanam Grundinvest (-8,1 %), DEGI international (-22,3 %), AXA Immoselect (-23,3 %), DEGI Europa (-37,5 %), TMW Weltfonds (-45,5 %) und Morgan Stanley P2 Value (-52,8 %).**

Die Kursliste mit erfolgreichen Offenen Immobilienfonds zeigt unterschiedliche Anlagekonzepte für erfolgsorientierte Anleger

Offene Immobilienfonds und Immobilien-Aktienfonds aus den Handelsblatt-Bestenlisten August/September 2016				
Name, Fonds-Gesellschaft	**WKN**	**Kurs 05.10.16**	**Hoch/Tief 1 Jahr**	**Kursentwicklung 1, 3, 5, 10 Jahre**
Bouwfonds European Residential	A0M 98N	11,80 €	11,90/11,30 €	+7/+17/+29/+49 %
	Umfang 811 Mio. €, Alter 9 Jahre, Ausgabeaufschlag 5,00 %, Gebühr **0,60 %,** ausschüttend, geringe Kursschwankungen. Der Fonds erzielt Wertsteigerungen durch Immobilienbesitz und Mieteinnahmen. Er erwirbt neben Gebäuden auch Grundstücke für Projektentwicklungen. Fremdfinanzierungen sind bis zu 30 % erlaubt. Den Schwerpunkt bilden Wohnimmobilien in Europa.			

Catella Max	A0Y FRV	12,85 €	12,95/11,70 €	+12/+33/+47/+54 %
	Umfang 227 Mio. €, Alter 8 Jahre, Ausgabeaufschlag 5,00 %, Gebühr **0,70 %,** ausschüttend, geringer Handel. Der Fonds erwirtschaftet nachhaltige Erträge durch Wertsteigerung bei Immobilienbesitz und Mieteinnahmen. Er konzentriert sich auf die bayerische Metropole München und Umfeld, bevorzugt breit gestreut Nutzungsformen wie Büro, Handel, Logistik, Wohnen, Parken.				
FF Fidelity Global Property Fund A	A0H 0WB	13,80 €	15,15/12,05 €	+2/+42/+96/+28 %
	Umfang 169 Mio. €, Alter 11 Jahre, Ausgabeaufschlag **3,50 %,** Gebühr 1,50 %, ausschüttend. Dieser Fonds legt zu 50 bis 70 % in Aktien an, großteils REIT. Die ansehnliche Rendite stammt aus langfristigem Kapitalwachstum. Das Management betreibt Stock Picking in mehreren Segmenten der Immobilienbranche.				
FTIF Franklin Templeton Investment Global Real Estate Fund A EUR-H1	A1C 20B	13,85 €	14,90/12,50 €	+7/+18/+66 %
	Umfang 342 Mio. €, Alter 6 Jahre, Ausgabeaufschlag **5,75 %,** Gebühr **1,00 %,** ausschüttend, geringer Handel. Der Fonds mit hohem Ausgabeaufschlag, aber niedriger Verwaltungsgebühr, was langfristig entscheidend ist, investiert in REIT und andere Unternehmen, deren Geschäftsmodell auf Immobilien beruht. Das Management streut breit nach Sektoren sowie Regionen.				
Grundbesitz Europa RC	980 700	41,00 €	41,00/38,70 €	+2,5/+9/+15/+54 %
	Umfang 5,23 Mrd. €, Alter 46 Jahre, Ausgabeaufschlag 5,00 %, Gebühr **1,00 %,** ausschüttend. Wer seit Beginn dabei ist, freut sich über Gewinne von über 1.200 %. Der bekannte Fonds investiert vor allem in EU-Mitgliedsländern und konzentriert sich auf Gewerbe-Immobilien der Nutzungsarten Büro, Einzelhandel, Logistik, Hotel, darüber hinaus ausgewählte Wohnimmobilien.				
HausInvest	980 701	41,40 €	41,60/41,00 €	+2,3/+8/+14/+41 %
	Umfang 11,6 Mrd. €, Alter 44 Jahre, Ausgabeaufschlag 5,00 %, Gebühr **1,00 %,** ausschüttend. Um das Anlageziel zu erreichen, spezialisiert sich der große, alteingesessene Fonds auf qualitativ hochwertige Gewerbe-Immobilien, Projektentwicklungen und Beteiligungen an Firmen. Begehrt sind Büroobjekte, Shoppingcenter, Hotels und Logistik an wichtigen Wirtschaftsstandorten.				
HHF Henderson Horizon Fund Pan European Property Equities A	989 232	38,65 €	43,15/35,50 €	0/+63/+136/+10 %
	Dieser erfolgreiche etablierte Fonds investiert über 75 % seines Vermögens in die Aktien börsennotierter Unternehmen bzw. in REIT (Real Estate Investment Trusts) im europäischen Wirtschaftsraum. **Vonovia** aus dem DAX gehört mit dazu. Der größte Teil der Erträge stammt aus dem Besitz, der Verwaltung und der Entwicklung von Grundstücken und Gebäuden in Europa.				

INTER ImmoProfil	982 006	56,70 €	57,30/48,15 €	+18/+17/+20/+38 %
	Umfang 191 Mio. €, Alter 19 Jahre, Ausgabeaufschlag 5,00 %, Gebühr 1,50 %, ausschüttend. Der Fonds setzt auf Miete und Wertsteigerung beim Immobilienbesitz. Neben eigenen Gebäuden beteiligt sich das Management an Immobilienfirmen in Europa. Den Schwerpunkt bilden gewerblich genutzte Bürohäuser.			
JSS Investmentfonds SICAV JSS Real Estate Equity Global	A0D LCW	203,40 €	216,9/173,3 €	+8/+45/+103/+40 %
	Umfang 67 Mio. €, Alter 12 Jahre, Ausgabeaufschlag 5,00 %, Gebühr 1,50 €, thesaurierend, geringer Handel. Dieser Fonds stützt sich auf eine weltweite Aktienanlage im Immobiliensektor, um einen langfristigen Vermögenszuwachs zu erzielen. Das Management investiert auch in Beteiligungspapiere dieser Branche. Es geht um Erschließung, Überbauung, Nutzung von Grundstücken sowie um REIT ohne starr einzuhaltende Auflagen.			
JSS Investment SICAV Sustainable Equity Real Estate P	A0M M6T	160,50 €	170,4/138,0 €	+8/+43/+94/+62 %
	Umfang 88 Mio. €, Alter 10 Jahre, Ausgabeaufschlag 5,00 %, Gebühr 1,50 %, thesaurierend, wenig Handel. Der Fonds investiert weltweit in Immobilienaktien und Beteiligungspapiere von Firmen dieser Branche unter Beachtung von Nachhaltigkeitskriterien. Zum Geschäftsmodell gehören Erschließung, Überbauung und Nutzung von Grundstücken ohne starre Auflagen.			
MEINl Global Property	A0J D82	18,90 €	19,70/15,80 €	+11/+33/+101/+24 %
	Umfang 8 Mio. €, Alter 11 Jahre, Ausgabeaufschlag 5,00 %, Gebühr 150 %, ausschüttend. Die Kursentwicklung beeindruckt, doch der geringe Börsenwert erhöht das Risiko bei Geldabfluss. Das Management investiert in Aktien/Aktienfonds in Europa. Aus Deutschland sind Vonovia, Dt. Wohnen, LEG, Euroshop dabei.			
MS Morgan Stanley Investment Global Property F A	A0L AY3	25,25 €	26,85/22,00 €	+7/+38/+102/+25 %
	Umfang 897 Mio. €, Alter 6 Jahre, Ausgabeaufschlag 5,75 %, Gebühr 1,50 %, thesaurierend. Dieser Immobilienfonds mit erfreulicher Kursentwicklung verlangt einen hohen Ausgabeaufschlag ohne Ausgleich mit niedriger Jahresgebühr. Er legt weltweit in Aktien und andere Wertpapiere von Immobilienfirmen sowie in andere Fonds an, ohne das Strategiekonzept zu erklären.			
MS Morgan Stanley Investment US Property Fund A	986 755	63,60 €	71,50/54,80 €	+13/+63/+124/+64 %
	Umfang 366 Mio. €, Alter 20 Jahre, Ausgabeaufschlag 5,75 %, Gebühr 1,40 €, thesaurierend, geringer Handel. Wegen der besonders guten Kursentwicklung ist der hohe Ausgabeaufschlag zähneknirschend hinnehmbar. Das Management bevorzugt Aktien amerikanischer Konzerne, ohne über Einzelheiten des Geschäftsmodells und über sein Strategiekonzept zu informieren.			

UniImmo: Deutschland	980 550	90,95 €	90,95/88,35 €	+3/+9/+14/+39 %
	Umfang 11,21 Mrd. €, Alter 50 Jahre, Ausgabeaufschlag 5,00 %, Gebühr **0,70 %,** ausschüttend, reger Handel. Wer seit einem halben Jahrhundert dabei ist, kann einen Kursgewinn von fast 1.500 % einsacken. Dieser Fonds erwirbt überwiegend Immobilien in Deutschland oder beteiligt sich daran. Die bevorzugten Sektoren sind Bürohäuser (45 %), Einzelhandel (39 %), Hotels (13 %) und Logistik (3 %). Zwischen 5 % und 50 % dürfen in Bankguthaben und Geldmarktinstrumente angelegt werden.			
UniImmo: Global	980 555	50,55 €	50,55/49,30 €	+2,5/+9/+15/+32 %
	Umfang 3,14 Mrd. €, Alter 13 Jahre, Ausgabeaufschlag 5,00 %, Gebühr **0,80 %,** ausschüttend, reger Handel, geringe Kursschwankungen. Dieser Fonds konzentriert sich auf Immobilien in Europa, Asien/Pazifik, Amerika und mit kleinem Anteil Südafrika. Es dominieren Büros, Einzelhandel, Hotels. Bis zu 30 % vom Kaufpreis dürfen fremdfinanziert und 5 % bis 50 % in Bankguthaben und Geldmarkt angelegt werden. Derivative Finanzinstrumente sind nur zulässig, um das Vermögen abzusichern.			

8.7.2 Vorsicht Falle: Bei Geschlossenen Immobilienfonds drohen hohe Verluste mit Nachschusspflicht

Neue Auflagen für Anlagen in Geschlossene Fonds sind streng – wohl um Privatanleger vor unüberlegtem Einstieg zu schützen

Die Anlage in Einzelaktien, Immobilien-Aktienfonds und Offene Immobilienfonds bietet so viel chancenreichen Spielraum, dass es sich kein unerfahrener Anleger antun sollte, in Geschlossene Fonds – gleich welcher Art – zu investieren. Selbst wenn spekulatives Blut durch Ihre Adern strömt, überlassen Sie ein solches Investment den Profis und den Steinreichen, die auch mal einen Millionenverlust wegstecken können, sich aber erfahrungsgemäß in den Fallstricken nicht so leicht verfangen.

Die Mindestanlagesumme liegt bei 10.000 Euro. Investiert das Management des Geschlossenen Fonds in nur ein Objekt, muss sich der einzelne Anleger mit mindestens 20.000 € beteiligen. Was passiert, wenn sich die Baukosten verdoppeln oder ein Projekt ganz abgebrochen wird, weil es sich nicht mehr lohnt? Nun droht Nachschießen, vielleicht auch Preisgabe der bisherigen Ausschüttungen. Oder Sie sind ganz raus aus dem riskanten Spiel – mangels Streuung vergleichbar mit russischem Roulette. Also Hände weg! In diesem Buch finden Sie Hunderte von Fonds, bei denen Sie ein solches Ungemach nicht befürchten müssen.

Offene Immobilienfonds	Geschlossene Immobilienfonds
Gewöhnlich können Sie Ihre Fondsanteile jederzeit zum Tagespreis zurückgeben. In Krisen dürfen Fonds die Rückzahlung bis zu zwei Jahren aussetzen, um bei Mittelabfluss eigene Immobilien nicht zu Schleuderpreisen verkaufen zu müssen.	Eine Rücknahmeverpflichtung besteht nicht. Es gibt keine verbindlichen Rücknahmepreise. In der Regel ist ein Verkauf nur möglich, wenn ein Ersatzkäufer für Sie einspringt. Aber wer ist schon so dumm? Nachschussverpflichtungen sind nicht ausgeschlossen. Bei Pech verlieren Sie Ihre Ausschüttungen.
Mittel- und längerfristig erfolgt meist ein Wertzuwachs.	Das Risiko des Veräußerungsverlustes durch teuere Einstandspreise ist hoch.
Mehrere Objekte, breite Standortstreuung	Investiert wird lediglich in ein Objekt oder in nur wenige Immobilien.
Einkünfte aus Kapitalvermögen	Einkünfte aus Vermietung/Verpachtung
Laufzeit im Allgemeinen endlos	Lange Laufzeit, im Schnitt 15 – 25 Jahre
Gesetzlich geschützt, Kontrolle	Kein Gesetzesschutz; aber neue Regeln

Es geht nicht nur um Geschlossene Immobilienfonds, sondern um ebensolche riskanten Anlagen bei Schiffen, Flugzeugen, Erneuerbaren Energien usw. Anleger büßen pro Jahr fast eine Mrd. Euro durch betrügerische Geschlossene Fonds ein

Was wurde Privatanlegern nicht alles vorgegaukelt von dubiosen Finanzjongleuren am Grauen Kapitalmarkt, aber auch ohne böse Absicht von als seriös eingeschätzten Bankberatern! Lassen Sie sich nicht dazu überreden, in ein solch fragwürdiges Produkt zu investieren. Je höher die versprochene Rendite ist, umso größere Gefahren lauern. Wenn Ihnen jemand 10 % pro Jahr als angeblich sichere Anlage anbietet, muss jede Warnlampe rot aufleuchten! Warum sollte jemand Ahnungslose mit Telefonanrufen und unhaltbaren Versprechen bombardieren und zu ködern versuchen, wenn er selbst mit dieser Anlage Millionen verdienen könnte? Stellen Sie eine solche Frage, wenn Sie jemand über den Tisch ziehen will! Vermutlich macht er sich dann schnell aus dem Staub und belästigt Sie nicht weiter.

Seien Sie misstrauisch, wenn Ihnen solche Fonds zum Nulltarif angeboten werden. Wovon soll das Management dann leben? Der Lockvogel dient als Türöffner, um danach mit teuren und riskanten Unternehmensbeteiligungen abzukassieren. Die marktführenden Fondsanbieter, oft schon jahrzehntelang erfolgreich tätig, haben es nicht nötig, wegen Betrugs mit einem Bein im Knast zu stehen.

⑨ Indexfonds mit börsennotierten ETFs als die klassische passiv gemanagte Alternative

9.1 Warum boomen Indexfonds? Der Aufwärtstrend wird anhalten trotz Gegenwehr

Die drei Buchstaben ETF, Abkürzung für Exchange Traded Funds, zogen anfangs nur Profis an. Auch Privatanleger erkennen die Vorteile der börsennotierten passiv gemanagten Indexfonds. Bis Oktober 2016 verzeichneten die an der Börse gehandelten ETFs wieder neue Kapitalrekorde mit einem Anlagevermögen von 481 Milliarden Euro. Mittlerweile sind in Europa über 1.500 ETFs gelistet. Die aktiv anlegenden Fondsmanager kontern mit sinkenden Gebühren und Innovation. Die Zukunft für das im Kern leichtverständliche und preiswerte Anlageprodukt erscheint rosig. Bis 2020 dürfte sich das angelegte Vermögen auf eine Billion € verdoppeln. USA gilt als Heimatmarkt der Indexfonds. Weltweit erreicht das Volumen mit alljährlichen Wachstumsraten zwischen 15 % und 30 % rund 3 Billionen US-Dollar. Der weltweit größte Vermögensverwalter BlackRock liegt weit vorn.

Der anfangs klar strukturierte ETF-Markt mutiert zum komplizierten, mit Begriffswirrwarr verbundenen Multiproduktmarkt. Gegenüber dem Original-Index werden die Gewichtung verändert, der ETF nach Dividendenhöhe ausgerichtet, auf steigende (Long) oder fallende Kurse (Short) gesetzt, eine ausschüttende oder anlegende Form (thesaurierend) angeboten bzw. das Währungsrisiko zwischen Euro und Dollar (Quanto) beseitigt. Manager Michael Grüner vom Weltmarktführer BlackRock berichtet: *„Immer mehr Investoren wollen die Instrumente nicht nur für das Trading, sondern auch für die langfristige Anlage nutzen."* Damit dies klappt, hat BlackRock ein Basisangebot von 10 Produkten gebildet und die Gebühren jeweils um die Hälfte auf 0,20 % pro Jahr gesenkt.

ETFs verstehen sich als preiswerte Alternative zum Kauf von Einzelaktien und Aktienfonds und folgen der Wertentwicklung eines Index bzw. Börsenbarometers. Da ETFs wie Aktien als Sondervermögen gelten, entfällt das Emittentenrisiko. Mit einer einzigen Transaktion erwerben Sie alle im Index gelisteten Werte. So lassen sich mit wenigen ETFs wichtige Märkte preiswert abdecken. Dies bietet sich an, wenn es an Zeit und Geld fehlt, mit Einzelaktien breit zu streuen und es an Vergleichsmöglichkeiten mit erstklassigen Aktienfonds mangelt.

Worin unterscheiden sich aktiv und passiv gemanagte ETFs?

Beim aktiv gemanagten ETF bestimmen Expertenteams die Zusammensetzung. Ein passiv gemanagter Indexfonds ist der möglichst genaue Index-Nachbau im Verhältnis 1:1. Er schneidet weder besser noch schlechter als die Benchmark ab. Beim aktiv gemanagten ETF lässt sich durch strategische Veränderung die Rendite steigern. Aber auch das Risiko nimmt zu. Die Fondsmanager gewichten einzelne Titel gegenüber dem Vergleichsindex höher oder tiefer bzw. berücksichtigen nur beste Aktien. So verwischen sich die Grenzen gegenüber Aktienfonds. Muss dies sein? Warum nicht ETFs passiv und Aktienfonds aktiv?

> **Fazit: Bei der Orientierung an Indizes mit Aktien vieler Firmen wie Nasdaq 100, Nikkei 225, S&P 500, MSCI World steigt die Chance für Aktienfonds-Manager, besser als ein ETF abzuschneiden durch Ausschluss schlechter Aktien, andere Gewichtung und innovative Zusammensetzung.**

Weshalb sind Indexfonds auch bei Privatanlegern beliebt?

Dies liegt an der hohen Transparenz und günstigen Kostenstruktur. Jedoch geht viel von der früheren Übersicht und leichten Verständlichkeit verloren. Immer mehr Mischgebilde erobern den Markt – darunter spekulative Long- und Short-Produkte. Es wird Zeit, einen Riegel vorzuschieben auf dem Weg zum Begriffswirrwarr, wie im Zertifikate-Markt zu beobachten. Wer Privatanleger an die Börse zurückholen will, muss Vertrauen aufbauen und allgemein verständliche Produkte anbieten, also passiv gemanagte ETFs mit einprägsamen Namen ohne Schnickschnack.

Da ein ETF ebenso wie jeder andere Investmentfonds zum Sondervermögen zählt, verlieren Sie kein Geld, wenn der Emittent, also die ausgebende Kapitalgesellschaft, pleitegeht. Mit einer einzigen Transaktion können Sie alle im Index gelisteten Werte erwerben. ETFs erleichtern den Zugang zu neuen Märkten. Preiswerte innovative Anlagekonzepte sind gefragt. Dazu zählen Branchen-ETFs, wie Gesundheit, Internet, Vernetzung, Digitalisierung, Konsum und Nebenwerte.

Welche Angaben sind für Sie bei einer Indexfonds-Order wichtig?

> **Ausschüttend** bedeutet, dass die Dividende ausgezahlt wird. **Thesaurierend** heißt, dass Ausschüttungen wieder angelegt werden, Ihr ETF also dadurch wächst. Thesaurierend rechnet sich insbesondere beim steuerfreien Altbestand.

> **Zum Volumen:** Beträgt das ETF-Vermögen nur wenige Mio. €, besteht die Gefahr, dass der Indexfonds mangels Zuspruch bald aufgelöst wird.

> **Unterschied ETC/ETF:** Ein ETC ist kein Sondervermögen, sondern gilt als Schuldverschreibung, üblich bei Rohstoffen. Hier tragen Sie das volle Emittentenrisiko. Beim Edelmetall-ETC wird Gold, Silber usw. meist physisch hinterlegt.

Alphabetische ETF/ETC-Auswahl globale Marktabdeckung

Emittent und Bezeichnung	WKN	Kurs 30.09.16	52 Wochen- Hoch/Tief	Kursverlauf % 1, 3, 5, 10 Jahre
Asian Pacific iShares Public Dividend UCITS ETF	A0J 203	25,65 €	26,30/22,45 €	+32/+-0/+34/+77 %
	\multicolumn{4}{l}{Umfang 334 Mio. €, Alter 10 Jahre, Gebühr 0,59 %, ausschüttend. Der ETF investiert in die Aktien vom Dow Jones Asia/Pacific Select/Dividend 30 und spiegelt damit den Referenzindex wider. Er bildet die Wertentwicklung der dividendenstärksten Firmen im asiatisch/pazifischen Raum ab. Hier werden Australien, Neuseeland, Japan, Hongkong und Singapur erfasst.}
BRIC M.A. DAX GLOBAL BRIC Index ETF	A0M U3U	46,25 €	47,80/31,95 €	+21/+12/+21 %
	\multicolumn{4}{l}{Umfang keine Angabe, Alter 9 Jahre, Gebühr 0,65 %, thesaurierend. Der ETF spiegelt den DAXglobal BRIC Index wider mit der Wertentwicklung großer Unternehmen aus Brasilien, Russland, Indien und China. Darunter sind so bekannte Titel wie Ambev, China Mobile, Gazprom, Rosneft und Sberbank.}
DAX iShares DAX UCITS ETF (DE)	593 393	92,20 €	101,0/76,80 €	+9/+22/+90/+66 %
	\multicolumn{4}{l}{Umfang 8,4 Mrd. €, Alter 16 Jahre, Gebühr **0,15 %**, thesaurierend. Dieser ETF präsentiert den deutschen Leitindex und misst die Wertentwicklung der 30 DAX-Titel. Den größten Anteil haben bis zu 10 % Bayer, Siemens, BASF, Allianz, SAP, Daimler, Dt. Telekom, Münchner Rück, BMW, Fresenius.}
DivDAX iShares DivDAX UCITS ETF (DE)	263 527	14,80 €	16,10/12,35 €	+16/+20/+92/+65 %
	\multicolumn{4}{l}{Umfang 555 Mio. €, Alter 11 Jahre, Gebühr 0,31 %, ausschüttend. Dieser ETF bildet die Wertentwicklung vom Referenzindex DivDAX so genau wie möglich nach. Er misst die 15 dividendenstärksten Titel vom Leitindex mit 30 Werten. Die höchste Gewichtung bis 10 % haben BASF, Siemens, Allianz, Telekom, Daimler, Münchner Rück, Dt. Post, BMW und LINDE.}
DivEuropa iShares Stoxx Europa Select	263 529	15,50 €	17,35/14,00 €	+4/+27/+54/-8 %
	\multicolumn{4}{l}{Umfang 511 Mio. €, Alter 11 Jahre, Gebühr 0,31 %, ausschüttend. Der ETF bezieht sich auf den Stoxx Europe 600-Index und wählt die 30 dividendenstärksten Titel aus. In den letzten fünf Jahren durfte die Dividende nie gekürzt werden. Die Ausschüttungsquote muss mindestens 60 % betragen. Die Gewichtung pro Aktie wird auf 15 % begrenzt. Darunter befinden sich so bekannte Titel wie Tabellenführer Zurich Insurance, Royal Dutch, GlaxoSmithKline, BB Biotech und AstraZeneca.}

Edelmetall	A0N 62H	85,30 €	90,70/68,90 €	+18/+10/-11 %
ETFS Physical PM Basket ETC	ETC, Alter 8 Jahre, Verwaltungsgebühr 0,43 %, Ausübung Barausgleich, keine Garantie, Währung €, Zertifikat, Schuldverschreibung, kein Sondervermögen, sonstige Angaben fehlen, Zusammensetzung: Gold, Silber, Platin und Palladium.			
Emerging Markets db x-track. TRN Index UCITS ETF 1	DBX 1EM	32,15 €	33,65/24,75 €	+20/-4/+11 %
	Umfang 1,4 Mrd. €, Alter 8 Jahre, Gebühr 0,65 %, thesaurierend. Dieser ETF bildet den MSCI Emerging Markets Total Return Net Index ab. Derivate sind erlaubt. Zu den bekanntesten Aktien zählen China Mobile, TSMC, Tencent, Alibaba, Baidu.			
Gesundheit LYXOR ETF MSCI World Health Care	LYX 0GM	231,00 €	250,9/202,6 €	+7/+63/+155 %
	Umfang 192 Mio. €, Alter 6 Jahre, Gebühr 0,40 %, thesaurierend. Anlageziel ist die Nachbildung vom MSCI World Health Care Net Total Return. Hier sind führende Unternehmen im Bereich Gesundheitswesen entwickelter Länder erfasst. Die bekanntesten Werte sind Johnson & Johnson, Pfizer, Novartis, Roche, Merck, Bristol Myers, Medtronic, Amgen, Gilead.			
Gold ETC ETFS Physical Gold	A0N 62G	112,90 €	119,8/92,95 €	+17/+19/-4 %
	ETC, Alter 8 Jahre, Gebühr 0,39 %, Ausübung Barausgleich, keine Garantie, Währung €, Zertifikat, Schuldverschreibung, kein Sondervermögen, weitere Angaben nicht verfügbar.			
Japan db x-trackers MSCI Japan TRN Index UCITS (DR) 1	DBX 1MJ	45,10 €	47,10/36,10 €	+10/+46/+49 %
	Umfang 1,4 Mrd. €, Alter 10 Jahre, Gebühr 0,50 %, thesaurierend. Der ETF bildet den MSCI Total Return Net Japan ab, investiert in übertragbare Wertpapiere und setzt zur Absicherung Derivate ein. Hier sind so bekannte Aktien erfasst, wie: Toyota, Mitsubishi, Softbank, Honda, NTT Docomo, SONY.			
MDAX iShares MDAX UCITS ETF (DE)	593 392	189,15 €	192,2/153,8 €	+12/+41/+150/+134
	Umfang 1,7 Mrd. €, Alter 15 Jahre, Gebühr 0,51 %, thesaurierend. Das Management bildet den MDAX mit 50 Industrietiteln exakt nach. Die Gewichtungsgrenze liegt bei 10 %. Es führen: Airbus, Steinhoff, Dt. Wohnen, Brenntag, GEA und Symrise.			
Mid Europa iShares Stoxx Mid	593 399	39,75 €	44,30/34,60 €	+4/+33/+104/+66 %
	Umfang 238 Mio. €, Alter 11 Jahre, Gebühr 0,20 %, ausschüttend. Dieser ETF misst die Wertentwicklung der 200 mittelgroßen und größeren Unternehmen vom Stoxx Europe 600 Index aus 18 entwickelten Europa-Staaten. Hierzu zählen Anglo American, ThyssenKrupp, Novo Nordisk, Arcelor, Carlsberg.			

Minen Gold	A0M MBG	86,60 €	107,2/38,50 €	**+121/+22/+45 %**
M.A.-NYSE Arca Gold Bugs Index ETF		Umfang keine Angabe, Alter 10 Jahre, Gebühr 0,65 %, thesaurierend. Anlageziel ist eine Nachbildung vom NYSE ARCA Gold BUGS Index. Dazu zählen weltweit bekannte Minenwerte in unterschiedlicher Gewichtung, wie Barrick Gold, Newmont Mining, Goldcorp, Yamana, Kinross, Agnico Eagle, Eldorado.		
MSCI World	DBX 1MW	41,70 €	43,15/34,15 €	**+14/+44/+105 %**
db x-trackers MSCI World Index UCITS ETF		Umfang 2,3 Mrd. €, Alter 10 Jahre, Gebühr 0,45 %, thesaurierend. Der ETF bildet den Basiswert MSCI Total Return Net World Index ab. Dazu zählen große Titel, wie Amazon, Apple, Exxon Mobil, Microsoft, Johnson, AT&T, Facebook, Nestlé.		
NASDAQ-100	A0F 5UF	42,90 €	44,50/33,90 €	**+20/+52/+124/+206**
iShares Nasdaq 100 UCITS ETF (DE)		Umfang 935 Mio. €, Alter 11 Jahre, Gebühr 0,31 %, ausschüttend. Der ETF gibt die Wertentwicklung vom Nasdaq 100 möglichst genau wieder. Der Index wird vierteljährlich neu berechnet. Am höchsten gewichtet sind: Apple, Microsoft, Amazon, Facebook, Alphabet, Comcast, Intel, Cisco, Gilead.		
Ö & Gas	A0H 08M	28,90 €	30,50/22,45 €	**+17/+1/+22 %**
iShares STOXX Europe 600 Oil & Gas UCITS (DE)		Umfang 476 Mio. €, Alter 14 Jahre, Gebühr 0,46 %, ausschüttend. Der ETF gibt möglichst genau den STOXX Europe 600 Oil & Gas wieder. Im Index sind 600 große Aktien aus 18 europäischen Ländern enthalten. Auch Erneuerbare Energie gehört dazu. Die größten Positionen: Total, Royal Dutch, Vestas.		
Palladium	A0N 62E	61,30 €	63,30/40,35 €	**+8/+16/+32 %**
ETC ETFS physical Palladium		ETC, Alter 9 Jahre, Gebühr 0,49 %, Ausübung Barausgleich, keine Garantie, Währung €, Zertifikat, Schuldverschreibung, kein Sondervermögen, weitere Angaben nicht verfügbar.		
Platin	A0N 62D	87,30 €	101,80/71,45 €	**+10/-14/-22 %**
ETC ETFS physical Platin		ETC, Alter 9 Jahre, Gebühr 0,49 %, Ausübung Barausgleich, keine Garantie, Währung €, Zertifikat, Schuldverschreibung, kein Sondervermögen, weitere Angaben nicht verfügbar.		
Rohstoffe	A0J K68	17,40 €	19,15/14,35 €	**-4/-28/-28/-33 %**
M.A.-J. Rogers International Commodity Index ETF		Umfang 132 Mio. €, Alter 9 Jahre, Gebühr 0,70 %, thesaurierend. Der auf den Index Jim Rogers International Commodity bezogene ETF bildet einen Rohstoffkorb von gegenwärtig 37 Produkten der Sektoren Energie, Bunt- und Industriemetalle, Nutztiere, landwirtschaftliche Erzeugnisse ab. Die Produkte werden in Form von Rohstoff-Terminkontrakten präsentiert.		

Russland db x-trackers MSCI Russia Capped Index UCITS ETF 1	**DBX 1RC**	19,10 €	19,55/12,20 €	**+26/-29/-17 %**
	Umfang 124 Mio. €, Alter 9 Jahre, Gebühr 0,65 %, thesaurierend. Der ETF bildet die Wertentwicklung vom MSCI Russia Capped Index ab. Größte Positionen mit Gewichtung bis 19 %: Gazprom, Lukoil, Sberbank, Novatek, Magnit, Norilsk Nickel.			
SDAX Comstage SDAX TR UCITS ETF I	**ETF 005**	89,15 €	91,55/72,50 €	**+13/+42/+109 %**
	Umfang 63 Mio. €, Alter 5 Jahre, Gebühr 0,70 %, thesaurierend. Dieser ETF konzentriert sich auf den SDAX mit zahlreichen Familienfirmen aus Industriebranchen. Am höchsten gewichtet sind Scout24, GrenkeLeasing, TLG Immobilien, Ado Properties, Patrizia, Tele Columbus, Indus, Klöckner bis 7 %.			
Silber ETC physical Silver	**A0N 62F**	16,30 €	17,75/11,85 €	**+31/+6/-27 %**
	ETC, Alter 9 Jahre, Gebühr 0,49 %, Ausübung Barausgleich, keine Garantie, Währung €, Zertifikat, Schuldverschreibung, kein Sondervermögen, weitere Angaben nicht verfügbar.			
Skandinavien Amundi Nordic TR UCITS ETF	**A0R EJU**	315,00 €	343,9/273,1 €	**+5/+22/+82 %**
	Umfang 264 Mio. €, Alter 8 Jahre, Gebühr 0,25 %, thesaurierend. Der ETF bildet den MSCI Nordic Countries Index ab. Damit nehmen Anleger an der Wertentwicklung von 80 großen Firmen aus Dänemark, Finnland, Norwegen, Schweden teil. Die größten Positionen: Novo Nordisk, Nokia, Nordea Bank.			
Small Europa iShares STOXX Europe Small 200 UCITS ETF (DE)	**A0D 8QZ**	24,50 €	28,10/21,10 €	**+4/+27/+91/+65 %**
	Umfang 338 Mio. €, Alter 11 Jahre, Gebühr 0,20 %, ausschüttend. Der ETF bildet die Wertentwicklung vom Preisindex STOXX Europe 200 ab. Der Index bringt 200 kleine Titel von Firmen aus 18 europäischen Ländern und wird jedes Vierteljahr neu gewichtet. Diese Aktien sind oft nur Profis bekannt.			
Südamerika Lyxor ETF MSCI EM Latin America C-€	**LYX 0B0**	23,25 €	24,40/15,30 €	**+33/-7/-7 %**
	Umfang 120 Mio. €, Alter 9 Jahre, Gebühr 0,65 %, thesaurierend. Der ETF konzentriert sich auf den Benchmark-Index MSCI EM Latin America Net Total Return. Die hier gelisteten Aktien dürften nur institutionellen Investoren geläufig sein.			
S&P 500 iShares S&P 500 UETF (Dist.)	**622 391**	19,20 €	19,90/15,90 €	**+16/+33/+99/+86 %**
	Umfang keine Angabe, Alter 15 Jahre, Gebühr 0,40 %, ausschüttend. Der Fonds ist auf den Referenzindex S&P 500 fokussiert. Er umfasst die Wertentwicklung der 500 größten Firmen am US Markt. Dazu zählen: Apple, Microsoft, Exxon Mobil, Johnson & Johnson, Amazon, Facebook, General Electric.			

Taiwan ETF Taiwan	LYX 0CT	10,95 €	11,05/8,10 €	+24/+43/+75 %
	Umfang 24 Mio. €, Alter 10 Jahre, Gebühr 0,65 %, thesaurierend. Dieser ETF bildet den Referenzindex MSCI Taiwan Net Total Return zuzüglich Dividenden ab. Derivative Techniken zur Absicherung sind zulässig. Die Aktien stammen aus mittleren und großen Unternehmen. Sie sind in Korea gelistet und dürften wohl nur institutionellen Investoren bekannt sein.				
TecDAX iShares-TecDAX (DE)	593 397	16,75 €	17,65/13,25 €	+4/+65/+166/+161 %
	Umfang 343 Mio. €, Alter 15 Jahre, Gebühr 0,51 %, thesaurierend. Dieser Indexfonds mit hervorragender Kursentwicklung im Mehrjahresvergleich misst die Wertentwicklung vom TecDAX mit seinen 30 Hightechfirmen. Dies sind die Sektoren Software, Biotech, Internet, Medien, Erneuerbare Energien. Die größten Positionen sind: Wirecard, Qiagen, United Internet, Telefonica, Dialog, Sartorius, Software AG, Drillisch.				
Türkei Lyxor UCITS ETF Turkey (EUR)	LYX 0AK	40,25 €	47,80/35,35 €	+11/-11/+6/+42 %
	Umfang 104 Mio. €, Alter 10 Jahre, Gebühr 0,65 %, thesaurierend. Dieser ETF konzentriert sich auf den Benchmark-Index Dow Jones Turkey Titans 20 Total Return. Zur Absicherung sind derivative Techniken zulässig. Die hier erfassten Aktien sind bis zu 10,5 % gewichtet, dürften aber wohl nur institutionellen Investoren bekannt sein. Die Kursentwicklung wird seit 2015/2016 durch die angespannte politische Lage belastet.				
Wasser Lyxor UETF World Water	LYX 0CA	35,40 €	35,75/28,75 €	+26/+75/+146 %
	Umfang 241 Mio. €, Alter 8 Jahre, Gebühr 0,60 %, ausschüttend. Der börsennotierte Indexfonds spiegelt die Wertentwicklung vom World Water CW Net Total Return-Index wider. Er berücksichtigt die Aktien der 20 größten Unternehmen weltweit. Neben der Wasserbehandlung werden Wasserinfrastrukturen einbezogen und Derivate zur Absicherung eingesetzt. Die großteils wenig bekannten Aktien sind zwischen 4 % und 24 % gewichtet. Das „blaue Gold" Wasser ist ein knappes Gut. Der ETF bewegt sich seit vielen Jahren verlässlich aufwärts.				
Xetra Gold Börsenplatz Stuttgart	A0S 9GB	36,05 €	40,00/30,90 €	+11/+18/-8 %
	ETC, Alter 9 Jahre, Gebühr 0,75 %. Der Emittent hinterlegt den Basiswert physisch. Ein Anteil verbrieft einen Lieferanspruch von einem Gramm Gold. Werden weniger als 10 Mio. Schuldverschreibungen ausgegeben, darf bis 31. Jan. zum 29. Mai des Folgejahres der gesamte Bestand gekündigt werden.				

9.2 Zunehmend beliebt: Branchen-ETFs

Der Aufschwung im ETF-Sektor führt dazu, dass neben klassischen, passiv gemanagten Indexfonds auch immer mehr aktiv konzipierte Produkte hinzukommen. ETF-Manager greifen auch auf Branchen-Indizes zu – durchaus interessant. Ich setze die Innovation in einer eigenen Branchenauswahl um. So lassen sich Zukunfts-Sektoren, wie Immobilien/Bauwirtschaft, Hightech/IT/Software und Gesundheitswesen mit Biotech/Pharma/Medizintechnik ideal abdecken. Statt aus diesen Sparten Aktien von mehreren Firmen ins Depot zu nehmen, sparen Sie Zeit, Mühe und Kosten, wenn Sie interessante Bereiche in einem passenden ETF oder Branchen-Aktienfonds berücksichtigen. Nachteil: Sie können Zukäufe bei Kursschwäche und Teilverkäufe nahe dem Jahreshoch nicht flexibel nutzen.

Schwerverständliche Produktbezeichnungen sind ein Problem. Die zwölfstellige ISIN birgt Fehlerquellen wegen geringer Unterscheidbarkeit. Hilfreich wäre die Angabe der sechsstelligen Wertpapiernummer in deutlicher Schrift.

Kleine internationale ETF-Auswahl interessanter Branchen

Emittent und Bezeichnung	WKN	Kurs 30.09.16	52 Wochen- Hoch/Tief	Kursverlauf % 1, 3, 5, 10 Jahre
Automobilbranche mit und ohne Zulieferer: Trend Elektromobilität					
Lyxor Stoxx Europ.	LYX 0AN	55,00 €	65,40/46,00 €	+9/+15/+111/+126
Auto & P, kein Ansparplan, 29 Mio. €, Alter 10 Jahre, Gebühr 0,30 %, thesaurierend. Dieser ETF konzentriert sich auf den STOXX Europe 600 Automobiles & Parts Net Return-Index. Er legt mindestens 75 % in Aktien von Unternehmen der EU an. Die größten Positionen: Daimler, BMW, Continental, Michelin, Renault mit bis zu 28 %.				
iShares Stoxx Eur	A0Q 4R2	46,60 €	57,85/39,95 €	+7/+17/+121 %
Auto & P, kein Ansparplan, 141 Mio. €, Alter 14 Jahre, Gebühr 0,46 %, ausschüttend. Dieser ETF bildet möglichst genau den Preisindex STOXX Europe 600 Automobiles & Parts ab mit den 600 größten Aktien im Automobilsektor aus 18 EU-Ländern. Die Gewichtung wird vierteljährlich angepasst. Wichtigste Posten sind wie beim LYXOR-ETF Daimler, BMW, Continental, Michelin, Renault von 7 % bis 28 %.				
Branche Banken und Versicherungen, Finanzdienstleistungen. Bei einer Zinswende profitiert der Finanzdienstleistungsbereich				
ComStage Stoxx E.	ETF 062	31,65 €	42,85/26,15 €	-19/-16/+19 %
Banks NR, kein Ansparplan, 24 Mio. €, Alter 8 Jahre, Gebühr 0,25 %, thesaurierend. Anlageziel ist die Wiedergabe der Wertentwicklung vom STOXX Europe 600 Banks NR Index. Die größten Posten mit Gewichtung ab 3 % bis 16 %: HSBC, Santander, BNP Paribas, UBS, Lloyds, ING Groep, BBVA, Barclays, Intesa, Nordea.				

iShares Stoxx Eur	A0F 5UJ	14,25 €	20,10/12,10 €	-21/-15/+23 %

Banks (DE), kein Sparplan, 356 Mio. €, Alter 15 Jahre, Gebühr 0,46 %, ausschüttend. Der ETF bildet den Preisindex STOXX Europe 600 Banks ab. Er umfasst die 600 größten Aktien aus 18 Europa-Nationen. Die Gewichtung wird vierteljährlich angepasst. Die gelisteten Aktien entsprechen dem Comstage-ETF. Es sind: HSBC, Santander, BNP Paribas, UBS, Lloyds, ING Groep, BBVA, Barclays, Intesa, Nordea.

iShares Stoxx Eur	A0H 08K	23,80 €	30,50/21,45 €	-4/+29/+122 %

Insurance (DE), kein Sparplan, 71 Mio. €, Alter 13 Jahre, Gebühr 0,45 €, ausschüttend. Der ETF konzentriert sich auf den Preisindex STOXX Europe 600 Insurance und gewichtet bei Bedarf alle 3 Monate neu. Die größten Posten mit 6 bis 17 % sind Allianz, Prudential, AXA, Zurich Insurance, Münchner Rück, Swiss Re, Generali.

Lyxor Stoxx Euro.	LYX 0AP	16,50 €	22,60/13,70 €	-20/-17/+21/-61 %

Banks A/I, kein Sparplan, 671 Mio. €, Alter 10 Jahre, Gebühr 0,30 %, thesaurierend. Anlageziel ist die direkte und indirekte Nachbildung vom Preisindex STOXX Europe Banks Net auch mithilfe von Derivaten. Das Management investiert zumindest 75 % seines Vermögens in Aktien von großen Unternehmen der Europäischen Union.

Lyxor UCITS	LYX 0AQ	28,90 €	34,85/24,80 €	-3/+28/+124/+24 %

Insurance EUR, kein Sparplan, 46 Mio. €, Alter 10 Jahre, Gebühr 0,30 %, thesaurierend. Der ETF konzentriert sich auf den Index STOXX Europe 600 Insurance Net Return. Er legt zumindest 75 % des Vermögens in Versicherungsaktien aus der EU an. Größte Positionen: Allianz, Prudential, AXA, Zurich Insurance, Münchner Rück.

Branche Chemie und Gesundheit: Pharma, Medizintechnik

ComStage Stoxx E.	ETF 068	120,60 €	123,6/107,2 €	+1/+39/+126 %

HlthC NR, kein Sparplan, 72 Mio. €, Alter 8 Jahre, Gebühr 0,25 %, thesaurierend. Der Gesundheits-ETF gibt den Kursverlauf vom STOXX Europe 600 Health Care NR Index wieder. Berücksichtigt werden die größten europäischen Firmen der Pharmaindustrie. Die wichtigsten Positionen sind: Novartis, Roche, GlaxoSmithKline, Novo Nordisk, Sanofi, Astra Zeneca, Fresenius und FMC (beide DAX), Essilor und Shire.

iShares Stoxx Eur	A0Q 4R3	72,00 €	81,85/65,35 €	-2/+38/+106 %

HealthCare, kein Sparplan, 550 Mio. €, Alter 15 Jahre, Gebühr 0,46 %, ausschüttend. Der Pharma-Indexfonds konzentriert sich auf den STOXX Europe 600 Health Care. Er bildet die 600 größten Gesundheitsaktien aus 18 europäischen Ländern ab und orientiert sich an den OGAW-Richtlinien. 95 % der Gewichtung müssen mit dem Referenzindex übereinstimmen. Die größten Positionen sind: Novartis, Roche, GlaxoSmithKline, Novo Nordisk, Sanofi, Astra Zeneca, Fresenius, FMC, Essilor, Shire.

iShares Stoxx Eur.	A0H 08E	78,65 €	100,20/68,00 €	+3/+21/+58 %

Chemicals (DE), keine Sparpläne, 84 Mio. €, Alter 14 Jahre, Gebühr 0,46 %, ausschüttend. Der ETF spiegelt den STOXX Europe 600 Chemicals mit Aktienanlagen in 18 EU-Ländern wider. Zu den größten Positionen zwischen 2 % und 19 % Anteil zählen: Bayer, BASF, LINDE (alle DAX), Akzo Nobel, Givaudan, Symrise (MDAX).

Branche Chemie und Gesundheit: Pharma, Medtech (Fortsetzung)				
Lyxor MSC World	LYX 0GM	231,00 €	250,9/202,6 €	+7/+60/+97 %

Health Care TR C-EUR, kein Sparplan, 192 Mio. €, 6 Jahre, Gebühr 0,40 %, thesaurierend. Der Gesundheits-ETF bildet indirekt den Benchmark-Index MSCI World Health Care Net Total Return ab. Berücksichtigt werden die großen Pharma-, Biotech- und Medtech-Konzerne weltweit. Zu den größten Posten zählen: Johnson & Johnson, Roche, Merck, United Health, Bristol Myers, Medtronic, Amgen, Gilead.

Lyxor ETF Stoxx E.	LYX 0AS	81,10 €	90,00/72,10 €	+1/+40/+111 %

Health C A/1, kein Sparplan, 212 Mio. €, Alter 10 Jahre, Gebühr 0,30 %, thesaurierend. Anlageziel ist die Nachbildung vom Referenzindex STOXX Europe 600 Health Care Net Return. Zumindest 75 % vom Fondsvermögen müssen in Gesundheitsaktien der Europäischen Union fließen. Die größten Posten sind: Novartis, Roche, GlaxoSmithKline, Novo Nordisk, Sanofi, Astra Zeneca, Fresenius, FMC, Essilor, Shire.

Branche Gold, Silber, Platin, Palladium (Edelmetalle) im Aufwind				
RBS Market Acc.	A0M MBG	86,60 €	107,2/38,50 €	+121/+22/-45 %

NYSE Arca Gold Bugs Index, 63 Mio. €, Alter 10 Jahre, Jahresgebühr 0,65 %, thesaurierend. Umfang keine Angaben. Anlageziel ist die Nachbildung vom NYSE Arca Gold BUGS Index. Dazu gehören die weltweit bekannten Minenaktien, wie Barrick Gold, Newmont Mining, Goldcorp, Yamana, Kinross, Agnico Eagle und Eldorado.

ETFS Physical PM	A0N 62H	85,30 €	90,70/68,00 €	+18/+10/-11 %

Basket, ETC, Emittent ETFS Securities, Alter 9 J., Gebühr 0,43 %, Barausgleich, keine Garantie, Währung €, Zertifikat, Schuldverschreibung, kein Sondervermögen, weitere Angaben fehlen. Zusammensetzung: Gold, Silber, Platin und Palladium.

Boom-Branche Immobilien, Bauwirtschaft (Real Estate)				
db x-trackers FTSE	DBX 0F1	23,80 €	25,70/20,85 €	+2/+49/+102 %

E/N Dev. Europ., Immobilien/REIT, 340 Mio. €, Alter 7 Jahre, Verwaltungsgebühr 0,40 %, thesaurierend. Der Immobilien-ETF konzentriert sich auf die Entwicklung des Basiswerts FTSE Epra/Nareit Developed Euro Net Total Return. Aus Deutschland sind dabei: Vonovia (DAX), Dt. Wohnen und LEG Immobilien (beide MDAX).

Lyxor ETF FTSE	LYX 0FL	41,15 €	46,00/37,50 €	+2/+50/+112 %

Epra/Nareit Dev. EuropD€ A, 13 Mio. €, Alter 7 Jahre, Gebühr 0,40 %, ausschüttend. Dieser ETF bildet den EPRA Europe Net RTN IDX-Index ab. Es handelt sich um Immobilienwerte im europäischen Markt. Derivate zur Absicherung sind zulässig. Zu den bekanntesten Titeln zählen Unibail, Vonovia, Dt. Wohnen, LEG Immobilien.

Comstage Stoxx	ETF 074	29,15 €	31,85/25,45 €	+1/+44/+101 %

Europe 600 Real Est NR ETF, 25 Mio. €, Alter 7 Jahre, Gebühr 0,25 %, thesaurierend. Der ETF ist auf die Wertentwicklung vom STOXX Europe 600 Real Estate zugeschnitten, strategisch flexibel und nutzt Derivate zur Absicherung. Bekannte Titel mit Gewichtung 4 % bis 17 % sind Unibail, Vonovia, Dt. Wohnen, LEG Immobilien.

| Lyxor ETF FTSE | LYX 0FM | 50,55 € | 54,00/41,00 € | **+24/+77/+142 %** |

Epra/Nareit US D € A/I, 18 Mio. €, Alter 6 Jahre, Verwaltungsgebühr 0,40 %, ausschüttend. Dieser ETF erfüllt alle OGAW-Auflagen und bildet den Referenzindex EPRA/NAREIT US Net $ so genau wie möglich nach. Das Management ist strategisch flexibel, investiert im amerikanischen Immobilienmarkt und setzt Derivate ein.

Boom-Branche Hightech, Datenverarbeitung, Informatik, Software

| Powershares Dyn. | A0M 2EH | 12,90 € | 13,75/10,50 € | **+10/+26/+107 %** |

PS DYN US Mrkt UETF. Kein Sparplan, 20 Mio. €, Alter 9 Jahre, Gebühr 0,75 %, ausschüttend. Der ETF bildet den Dynamic Market Intellidex ab. Er setzt auf Fundamentalwachstum in Zukunftsmärkten. Zu den führenden Titeln zählen US-Hightech-, Internet- und Konsumaktien, wie Wal Mart, Nvidia, Facebook, Texas Instrument.

| ComStage Stoxx | ETF 076 | 53,85 € | 54,05/42,65 € | **+22/+36+114 %** |

STOXX Europe 600 Technology, 14 Mio. €, Alter 8 Jahre, Gebühr 0,25 %, thesaurierend. Der ETF konzentriert sich auf die Entwicklung des STOXX Europe 600 Technology NR Index. Leichte Abweichungen gegenüber dem Referenz-Index sind möglich. Zu den bekanntesten Titeln mit einer Gewichtung von 3 % bis 17 % zählen SAP und Infineon (beide DAX), ASML, Nokia, Ericsson, Cap Gemini, Hexagon.

Branche Maschinenbau, Werkstoffe und verwandte Sektoren

| Lyxor ETF Stoxx | LYX 0AZ | 47,00 € | 47,60/36,85 € | **+18/+46/+126 %** |

UCITS Europe 600 Constr. & Mat., 39 Mio. €, Alter 10 Jahre, Gebühr 0,30 %, thesaurierend. Die Anlagestrategie bezieht sich auf die Wiedergabe des Benchmark-Index STOXX Europe 600 Construction & Materials Net Return. Der ETF bildet den europäischen Maschinenbau- und Werkstoffsektor ab und muss mindestens 75 % vom Fondsvermögen in Aktien der EU anlegen. Zu den bekannten Titeln mit Anteilen 4 bis 18 % zählen VINCI, Saint Gobain, Geberit und HeidelbergCement (DAX).

Branche Konsumgüter-Industrie, Schwerpunkt Haushalt

| iShares Stoxx Eu. | A0H 08N | 77,05 € | 80,85/68,30 € | **+8/+44/+128 %** |

P&H Goods, kein Sparplan, 61 Mio. €, Alter 14 Jahre, Gebühr 0,46 %, ausschüttend. Der ETF ist auf den Referenz-Index STOXX Europe 600 Personal & Household Goods zugeschnitten. Er hält die OGAW-Regeln ein und investiert in die größten Aktien aus 18 europäischen Ländern. Zu den bekannten Konsumtiteln gehören Unilever, Reckitt, L'Oreal, LVMH, Richemont, Adidas und Henkel (beide DAX).

| Lyxor UCITS St. | LYX 0AV | 86,85 € | 89,20/75,60 € | **+11/+45/+123 %** |

Stoxx Europe 600 Personal & Household, 31 Mio. €, Alter 10 Jahre, Gebühr 0,30 %, thesaurierend. Dieser EFT spiegelt die Wertentwicklung vom Referenz-Index STOXX Europe 600 P&H Goods Net Return wider und investiert in die großen Titel des Konsumgütersektors. Mindestens 75 % der Aktien müssen aus der EU stammen. Zu den bekanntesten Titeln zählen Unilever, L'Oreal, LVMH, Adidas, Henkel.

Branche Nahrungsmittel Essen/Trinken/Genussmittel: Preisanstieg					
iShares Stoxx Eur	A0H 08H	64,55 €	68,15/58,25 €	+11/+42/+106 %

Food & Beverage, 168 Mio. €, Alter 14 Jahre, Gebühr 0,46 %, ausschüttend. Der ETF ist auf den Referenz-Index STOXX Europe 600 Food & Beverage zugeschnitten. Das Management erfüllt die OGAW-Vorgaben und investiert in große europäische Aktien der Branche Nahrungsmittel, Essen, Trinken, Genussmittel. Die größten Posten: Nestlé, AB Inbev, Diageo, Sabmiller, Danone, Pernod, Heineken, Carlsberg.

ComStage Stoxx	ETF 067	116,75 €	120,5/103,7 €	+14/+42/+108 %

Europe 600 Food & Beverage, 56 Mio. €, Alter 8 Jahre, Gebühr 0,25 %, thesaurierend. Das Anlageziel ist die Wiedergabe des Referenz-Index STOXX Europe 600 Food & Beverage NR. Das Management investiert in Europas Nahrungsmittel- und Getränkesektor. Beachtlich ist der Bieranteil. Wichtigste Posten mit Anteil 2 bis 31 % sind: Nestlé, AB Inbev, Diageo, Sabmiller, Danone, Pernod, Heineken, Carlsberg.

Branche Medien weit verzweigt mit TV, Video, Print, Internet					
iShares Stoxx Eur	A0H 08L	27,60 €	31,70/25,00 €	-3/+31/+120 %

Media Stoxx Europe 600, kein Sparplan, 19 Mio. €, Alter 14 Jahre, Gebühr 0,46 %, ausschüttend. Dieser ETF bildet den Referenz-Index STOXX Europe 600 Media ab, investiert in die größten Medientitel aus 18 europäischen Staaten, beachtet OGAW-Auflagen und passt die Gewichtung vierteljährlich an. Zu den bekanntesten Titeln zählen Vivendi, Wolters Kluwer, Pearson und der DAX-Aufsteiger ProSiebenSAT.1.

ComStage Stoxx	ETF 071	52,30 €	58,40/46,75 €	-1/+30/+117 %

Europe 600 Media UCITS, 8 Mio. €, Alter 8 Jahre, Gebühr 0,25 %, thesaurierend. Der börsennotierte Indexfonds knüpft an die Wertentwicklung vom Referenz-Index STOXX Europe 600 Media NR an und bildet die größten Unternehmen der Medienindustrie ab. Kleine Abweichungen bei Aktienzusammensetzung und Gewichtung sind zulässig. Bekannte Titel sind: Vivendi, Wolters Kluwer und ProSiebenSAT.1.

Branche Öl/Gas, fossile Energie: Rohstoffe bei Inflation im Aufwind					
iShares Stoxx	A0H 08M	28,90 €	30,50/22,40 €	+17/+1/+22 %

Europe 600 Oil & Gas, 476 Mio. €, Alter 14 Jahre, Gebühr 0,46 %, ausschüttend. Anlageziel ist, die Wertentwicklung vom Referenz-Index STOXX Europe 600 Oil & Gas exakt wiederzugeben. Das Management investiert in die großen Konzerne fossiler und Erneuerbarer Energie aus 18 europäischen Ländern. Die führenden Titel mit Anteilen von 4 % bis 29 % sind Total, BP, Royal Dutch, Vestas, Statoil und Repsol.

ComStage Stoxx	ETF 072	67,25 €	69,55/51,20 €	+20/+-0/+23 %

Europe 600 Oil & Gas UCITS, 29 Mio. €, Alter 8 Jahre, Gebühr 0,25 %, thesaurierend. Der ETF zielt darauf ab, die Wertentwicklung vom Index STOXX Europe 600 Oil & Gas NR genau wiederzugeben. Der Index umfasst die großen europäischen Firmen des Erdöl- und Erdgassektors und mischt die Windkraftaktie vom dänischen Marktführer Vestas bei. Große Positionen: Total, BP, Royal Dutch, Statoil, Repsol.

Branche Telekommunikation, Software, Netzwerk, Technologie: Von den 12 Topfirmen weltweit ist außer USA nur SAP, Rang 11, dabei					
ComStage Stoxx	ETF 077	70,70 €	86,50/66,10 €	**-5/+21/+53 %**	
Europe 600 Telecommunication, 77 Mio. €, 8 Jahre, Jahresgebühr 0,25 %, thesaurierend. Der ETF konzentriert sich auf die Wertentwicklung vom Preisindex STOXX Europe 600 Technology und investiert mit Blick auf die Hightechindustrie von 18 europäischen Ländern auf marktführende Telekommunikations-, Halbleiter-, Netzwerk- und Technologietitel. Die Industrie 4.0, das Internet der Dinge, der Digitalisierungs- und Vernetzungstrend prägen die Zukunftsmärkte. Die größten Positionen mit Gewichtung von 5 bis 26 % sind: SAP, ASML, Nokia, Ericsson, Infineon, Cap Gemini.					
iShares Stoxx	A0H 08Q	35,70 €	36,05/28,60 €	**+20/+39/+117 %**	
Europe 600 Technology UCITS, 73 Mio. €, Alter 15 Jahre, Gebühr 0,46 %, ausschüttend. Der ETF bildet den Referenz-Index STOXX Europe 600 Technology ab, der die größten Hightechaktien aus 18 europäischen Staaten umfasst. Mindestens 95 % vom Fondsvermögen müssen bei der Gewichtung mit dem Index übereinstimmen. Die größten Positionen: SAP, ASML, Nokia, Ericsson, Infineon, Cap Gemini.					
Branche rund um den Wasserbereich, das „blaue Gold"					
Lyxor UCITS ETF	LYX 0CA	35,55 €	35,75/28,70 €	**+26/+75/+146 %**	
World Water UETF, Volumen 473 Mio. €, Alter 9 Jahre, Gebühr 0,60 %, ausschüttend. Dieser börsennotierte Indexfonds konzentriert sich auf den Benchmark-Index World Water CW Net Total Return. Swaps/Derivate sind zur Absicherung zulässig. Der Wassersektor „blaues Gold" ist weltweit dermaßen zersplittert, dass viele der abgebildeten Aktien nur Profis bekannt sind. Es geht um Wasseraufbereitung, Reinigung, Wasserwerke, Logistik, Transport, Trinkwasser, Bewässerung u. a. m.					
PowerShares	A0M 2EF	10,60 €	11,15/8,40 €	**+13/+31/+72 %**	
Nasdaq Global Water, Umfang 4 Mio. €, Alter 9 Jahre, Gebühr 0,75 %, ausschüttend. Der ETF ist auf den Referenz-Index Nasdaq OMX Global Water Net Total ausgerichtet und bildet alle Bestandteile des zersplitterten Sektors ab. Wasser ist ein solch knappes Gut, dass ein Aktienfonds oder ETF langfristig auch für sicherheitsbewusste Anleger zu empfehlen ist. Hier werden folgende bekannte Aktien abgebildet: Pentair, Ecolab, Veolia, Geberit, Xylem, American Water mit 4 bis 8 % Anteil.					
Branche Windkraftenergie, Erneuerbare Energien					
Lyxor UCITS ETF	LYX 0CB	17,70 €	18,65/14,55 €	**+22/+28/+45 %**	
New Energy UETF D-EUR, 46 Mio. €, Alter 9 Jahre, Verwaltungsgebühr 0,60 %, ausschüttend, kein Sparplan. Dieser börsennotierte Indexfonds gehört zur Kategorie „Aktienfonds Umwelttechnologie". Er bildet den Referenz-Index World Alternative Energie so genau wie möglich nach. Abweichungen von über 1 % soll es nicht geben. Zu den bekanntesten Titeln mit einer Gewichtung zwischen 4 % und 11 % zählen der dänische Windkraft-Weltmarktführer Vestas sowie Gamesa aus Spanien.					

9.3 Dreikampf: Aktien – Aktienfonds – ETFs

Vorteile und Nachteile rund um Aktien, Aktienfonds, ETF		
Vorteile Aktien	**Vorteile Aktienfonds**	**Vorteile ETF**
Bei niedrigen Kursen bietet sich ein spontaner Zukauf an. Nahe dem Jahres- oder Allzeithoch ist ein Teilverkauf zu überlegen.	Schichtet das Fondsmanagement um, wird der Aktionär nicht unmittelbar mit den Transaktionskosten belastet. Sie schlagen sich in der Jahresgebühr nieder.	Da der ETF die Indexzusammensetzung widerspiegelt, wird nur selten umgeschichtet. Dies ist ein Hauptgrund für die niedrigen Gebühren.
Bei Einzelaktien entscheiden Sie selbst, ob, wann, was, wie oft und in welcher Größenordnung Sie etwas tun.	Privatanleger nutzen die Fachkompetenz von Profis, sparen Zeit, Arbeit und Mühe und machen nicht die ganz großen Fehler.	Passiv gemanagte ETFs bilden den Index genau ab. Es reicht aus, einige Male im Jahr das Depot zu überprüfen.
Ein großes Aktiendepot bietet im Crash beste Chancen für kluge Hoch/Tief-Mut- und Kombinationsstrategien mit Zukauf/Teilverkauf.	Mit guten Spezialfonds lassen sich die attraktivsten Märkte, Indizes und Branchen durch ein geschicktes aktives Management gewinnbringend abdecken.	Selbst mit einem begrenzten Vermögen im mittleren fünfstelligen Bereich sind Sie in den wichtigsten Märkten und Branchen investiert.
Nachteile Aktien	**Nachteile Aktienfonds**	**Nachteile ETF**
Jeder Kauf und Verkauf ist mit Transaktionskosten verbunden. *„Viel hin und her macht Taschen leer."*	Ausgabeaufschläge bis zu 5 % und jährliche Managementgebühren zwischen 0,1 % und 2,5 % belasten auch das Langzeitdepot.	Kein Ausgabeaufschlag und geringe Jahresgebühren im Schnitt von nur 0,3 %. Aber Sparpläne gibt es nur selten.
Über Aktien in den großen Indizes wird ausführlich berichtet. Infos über ausländische Nebenwerte gibt es kaum.	Spezialfonds schlagen oft den Markt. Aber 4 von 5 großen Standardfonds verlieren gegenüber dem Vergleichsindex (Benchmark).	Es ist für Privatanleger schwierig, ein klassisches passives vom aktiven Management mit Derivaten abzugrenzen.
Wer Einzelaktien ordert, verliert bei fehlendem Wissen, Herdentrieb und mangelnder Kontrolle oft viel Geld.	Die beratende Bank macht sich aus Eigennutz für eigene Aktienfonds stark und empfiehlt nur selten oder nie ETFs bzw. Indexfonds.	ETFs haben oft ellenlange unverständliche Namen. Die zwölfstellige ISIN in winziger Schrift führt zu Lesefehlern.

⑩ Deutsche Millionärsfamilien schätzen kreative Investment-Fonds in Zukunftsmärkten

Wie zahlreiche Buchveröffentlichungen der vergangenen Jahre und aktuell zeigen, interessieren sich viele Bundesbürger für Strategien, Lebensführung und Einkünfte von Millionären und Milliardären, und dies über alle Landesgrenzen hinweg. In Deutschland leben 1,2 Mio. Millionäre. Die Zahl steigt; denn viel Geld schafft neues Geld. Zum Vergleich: Geld schießt zwar keine Tore. Aber ohne Geld fehlt es an der Qualität und Voraussetzung, in den obersten Ligen mithalten zu können und Tore für die drei Siegpunkte zu schießen.

Wohlhabende Familien erhöhen ihren Reichtum gewöhnlich über mehrere Generationen hinweg. Die Karriere vom Tellerwäscher zum Millionär ist die große Ausnahme. Wer dies schafft, ist gefährdet: *"Wie gewonnen, so zerronnen!"* Was fasziniert Normalverbraucher so am Millionärsdasein, wobei es nicht nur um Filmschauspieler und Fußballstars geht? Ist es das protzige Leben, der Zugriff auf Statussymbole, der Wunschtraum, wenigstens einen Tag das Leben eines Promis zu führen, sich jeden Luxus, jede Verschwendungssucht leisten zu können? Beäugt, bewundert, beneidet rund um den Globus? Für mich gilt: Wohlstand ja, aber kein faules Leben in Saus und Braus. Die Erfolgsrezepte großer Dynastien kommen ohne fragwürdige Auswüchse aus. Die Vermögensverwalter erfolgreicher Familien haben einige goldene Regeln in Zement gegossen, die einzuhalten sich nicht nur für Millionäre, sondern auch für Sie lohnen – wenn auch auf niedrigerer Ebene.

So legen superreiche deutsche Familien ihr Geld an	
Betongold und Aktien bilden die größten Vermögensanteile der Superreichen und gelten als unverzichtbar für Stabilität und Wachstum	
Aktien (Einzelaktien, Aktienfonds und ETFs)	27,0 %
Bargeld und Sichteinlagen	26,0 %
Immobilien (ohne selbst genutzte Häuser und Wohnungen)	18,0 %
Alternative Investments wie Firmenbeteiligungen	17,0 %
Staats- und Unternehmensanleihen	16,0 %

Die wichtigsten Grundregeln für eine langfristige Geldvermehrung – den Superreichen abgeschaut

❶	**Krisen aussitzen** **Beispiele: Weltwirtschaftskrise 2008/09 und BREXIT-Minicrash**	Börsenneulinge machen oft zwei große Fehler. Sie werfen im Crash ihre Aktien entnervt in den Markt und steigen nicht etwa in der Bodenbildungsphase ein, sondern erst dann, wenn die Kurse aufwärts springen. Erfolgreiche Wohlhabende verlieren nicht die Nerven. Sie vertrauen fähigen Vermögensverwaltern. Quandt-Stratege Reinhard Panse handelt hier genauso wie ich selbst: *„Wir sind nie in einem Crash am Aktienmarkt ausgestiegen, wenn wir ihn vorher nicht erkannt haben, was beispielsweise 2008 der Fall war."*
❷	**Breit gestreut – nie bereut** **Dies gilt sowohl für Aktien, als auch für gebündelte andere Anlageklassen**	Die Superreichen streuen bei Einzelaktien nach Indizes, Ländern, Börsenwert und zeitlich. Sie mischen aktiv gemanagte Themenfonds mit passiven ETFs. Neben der selbst genutzten Immobilie gilt Betongold als sichere Vermögensanlage für Vermietung und Verkauf. Auch Immobilienaktien und Offene Immobilienfonds sind begehrt. Daneben sind Wandel- und Hochzinsanleihen gefragt. Und wer es spekulativer haben will, schreckt vor Hedgefonds-Anteilen und Hebelpapieren nicht zurück. Viele Superreiche stecken einen Teil des Riesenvermögens in Firmenbeteiligungen und beschränken sich keineswegs auf nur eine Branche.
❸	**Hoher-Wertpapieranteil für mutige Leute mit gutem Börsenwissen**	Sichere Staatsanleihen wie 10-jährige Bundesanleihen werden bereits mit Negativzinsen von 0,01 % belastet. Da sie keinen Gewinn abwerfen, verspricht ein kleinerer Anteil von Wandel- und Hochzinsanleihen Renditen von einigen Prozent. Auch gute Unternehmensbeteiligungen können ertragreich sein. **So kann die Geldanlage aussehen: Aktien 35 bis 45 %, Immobilien 25 bis 35 %, Beteiligungen 20 bis 30 %, Gold/Silber 5 bis 15 %, Hedgefonds 3 bis 5 %.**
❹	**Kein schnelles Rein und Raus, sondern durchgängig investiert bleiben**	Immer wieder rechnen Experten aus, wie hoch die Kursgewinne sind, wenn ein Anleger die 10 besten Börsentage im Jahr wahrnimmt und wie kümmerlich die Rendite ausfällt, wenn er die 10 oder 40 besten Börsentage versäumt. Dies ist für Kurzzeittrader interessant, aber selbst mithilfe der Charttechnik ein Glücksspiel. Die Superreichen sind größtenteils durchgängig investiert – an den besten und schlechtesten Börsentagen. Sie wissen, dass ein langer Zeitraum viel wichtiger als der Zeitpunkt ist. Also: „Time not Timing."

❺	**Nicht nur das Heimatliebedepot DAX pflegen. Keineswegs das Ausland vergessen**	Geht es um Nebenwerte-Einzelaktien, bieten sich die deutschen Indizes MDAX, TecDAX, SDAX und DAXplus Family an. Hier mangelt es nicht an guten Informationen. Das Ausland sollten Sie so abdecken, wie es superreiche deutsche Familien vormachen: Internationale Standard-Einzelaktien, für Nebenwerte und Schwellenländer gute Themenfonds und ETFs. Ein Nasdaq-Aktienfonds und die Internetgiganten Alphabet, Amazon, Facebook, Netflix, Nvidia und Apple schmücken jedes Depot. Experte Tom Friess, Vermögenszentrum München, meint: *„Wer nur daheim anlegt, verpasst zu viele Renditechancen im großen Rest der Welt."*
❻	**Wichtig ist der Gesamterfolg einer ausgewogenen Langzeitstrategie**	Im Fußball kommt es darauf an, mit dem Abpfiff die drei Siegpunkte einzufahren. Abwehr, Mittelfeld und Angriff müssen harmonieren. Entscheidend ist die Leistung des Teams, nicht des einzelnen Spielers. Mal wächst der Einzelne über sich hinaus. Mal findet er keine Bindung zum Spiel und zu seinen Nebenleuten. Die Vermögensverwalter der Superreichen setzen auf eine langfristig ausgewogene Anlagestrategie. Es geht nicht nur um Wachstum in wichtigen Zukunftsmärkten, sondern ebenso um Nachhaltigkeit und Substanzkraft mit Blick auf verlässliche, attraktive Dividenden.
❼	**Ohne genügend Bonität ist die beste Anlagestrategie gefährdet**	Die meisten Millionäre leben nicht über ihre Verhältnisse. Sie achten darauf, auch in schlechten Zeiten ihre Bonität nicht durch leichtsinnige Verschuldung zu gefährden. Dies muss auch für jeden Privatanleger gelten. Im Crash bietet sich die Hoch-/Tief-Mutstrategie mit attraktivem Teilverkauf für Cashbeschaffung und Zukauf von Qualitätstiteln zum Schnäppchenpreis an. Funktioniert dies nicht, Hände weg! *„Ein Aktieneinkauf auf Kredit – alles andre als ein Hit!"*
❽	**Spekulationsblasen erahnen! Aber kein Panikausverkauf. Gier frisst Hirn. Panik tötet den Verstand**	Millionäre und Milliardäre lassen sich vom Massenphänomen Herdentrieb und vom emotionalen Überschwang nur selten hinreißen. Für sie gilt großteils mein Börsenspruch: *„Meide die gefährlichen Vier! – Euphorie, Panik, Angst und Gier!* US-Investorlegende Warren Buffett bemängelt, dass die meisten Privatanleger nur dann Aktien kaufen, wenn sie bereits teuer sind und sie umgekehrt verschmähen, sobald die Bewertung niedrig ist. Solche Fehler kommen bei den Superreichen kaum vor. Sie halten sich großteils an den Ausspruch: *„Im billigen Einkauf und teuren Verkauf liegt der Gewinn."*

Kluges Verhalten an der Börse – ein Schlüssel zum Erfolg

❶ Es gibt mehrere Erfolgswege. Erarbeiten Sie Ihre eigene Philosophie. Sind Sie risikoscheu, meiden Sie Hebelprodukte. Sind Sie risikofreudig, ordern Sie neben DAX-Aktien Nebenwerte auch außerhalb MDAX, TecDAX, SDAX. Richten Sie Ihr Augenmerk ebenso auf ETFs, Auslandstitel und Themenfonds.

Breite Streuung ist wichtig. Branchen-Aktienfonds und Branchen-ETFs eröffnen Ihnen wichtige Zukunftsmärkte und damit auch Zugang zur Industrie 4.0, Robotik, Künstlichen Intelligenz, zum Internet der Dinge, Digitalisierungs-Megatrend und der vernetzten Welt. Der in- und ausländische Technologie- und Softwaresektor mit Schwerpunkt USA bietet ein Füllhorn von Chancen. Steigt die Inflationsrate, werden Rohstoffe teurer – nicht nur Öl und Gas.

Der demografische Wandel mit der steigenden Lebenserwartung von über zwei Jahren pro Jahrzehnt erschließt Ihnen den großen Bereich Gesundheitswesen mit Pharma, Biotech und Medizintechnik. Hier wird der gewaltige medizinische Fortschritt offenkundig. Auf Sie warten innovative aktiv gemanagte Aktienfonds, die gegen den Referenz-Index klar gewinnen.

❷ Ohne Disziplin und Selbstkontrolle geht nichts. Werfen Sie nicht bei ersten Misserfolgen Ihre Strategie und alle guten Vorsätze über Bord. Bewahren Sie sich Ihre Selbstbeherrschung auch in schwierigen Phasen und Krisen.

❸ Sie brauchen Zeit und Durchhaltevermögen. Den Markt aufmerksam zu beobachten und vernünftige Schlüsse zu ziehen, bedeutet konzentrierte Arbeit. Es kann Spaß machen, spannend, aber auch anstrengend und mühsam sein. In wenigen Tagen lässt sich kein fundiertes Börsenwissen aufbauen.

❹ Nutzen Sie mit Selbstvertrauen Ihre Stärken. Nehmen Sie Ihre Chancen entschlossen wahr, und fühlen Sie sich verantwortlich. Mit Zögern und Zaudern verpassen Sie die günstigsten Einstiegs- und Ausstiegskurse. Handeln Sie nach dem Grundsatz: *„Ich bin kein Angsthase und Börsenmuffel!"*

❺ Risikokontrolle ist der Schlüssel zum Erfolg. Begrenzen Sie – abhängig von Ihrer Vermögensdecke – die einzelne Position auf 2 % bis 5 % Ihres Gesamtvermögens, um sich vor extremen Verlusten zu schützen. Mit dem Trio Einzelaktien – Aktienfonds – ETFs bauen Sie langfristig ein breit gestreutes Vermögen auf und stellen die Weichen für ein finanziell sorgenfreies Alter.

❻ Seien Sie geduldig, wenn Sie beste Einstiegskurse verpassen. Oft kommt ein empfohlener Titel preislich zurück. Trösten Sie sich, dass es Alternativen gibt. Bei unsicherem Börsenklima ist es oft besser abzuwarten. Trösten Sie sich, dass es selbst ausgebufften Börsenprofis nur selten gelingt, den absolut niedrigsten Kaufkurs und den höchsten Verkaufspreis zu erwischen.

11 Angst vor neuen Krisen? Statt Panikstarre mutiges Handeln!

Früher oder später wird uns ein neuer Crash heimsuchen. Die Wissenschaft, Künstliche Intelligenz und Industrie 4.0 können Kursabstürze nicht verhindern. Sie selbst sind jedoch heftigen Börsenturbulenzen nicht hilflos ausgeliefert. Werfen Sie Ihre Aktien und Investmentfonds nicht zum Tiefkurs in den Markt, mag dazu auch mancher Analyst oder Banker aus Eigennutz raten. Nutzen Sie die sich bietenden Chancen zum Kauf von Aktien und Fonds zum Schnäppchenpreis als positive Begleiterscheinung einer Krise.

Ein preisgünstiger Einstieg oder Zukauf ist langfristig die beste Reaktion, wobei die Kursabschläge je nach Branche und Zukunftseinschätzung sehr unterschiedlich verlaufen. Möglicherweise können Sie sich Cash auch dann verschaffen, wenn einige Aktienfonds und Einzelaktien im Gegensatz zum Absturzszenario nahe dem Allzeit- oder Jahreshoch notieren. Bei Einzelaktien sind die Kursturbulenzen und damit die sich bietenden Chancen beträchtlich größer als bei Fonds.

Bei Aktienfonds ist das Risiko einer Fehleinschätzung wegen der breiten Streuung erheblich geringer. Ihre Entscheidung hängt davon ab, wie viel Zeit Sie für die Erkundung der Märkte aufbringen, wie hoch Ihr Börsenwissen ist und welchem Anlegertyp Sie sich zuordnen. Wer sicherheitsbewusst ist, wird sich eher auf Aktienfonds konzentrieren. Wer erfolgsorientiert handelt, wird günstige, zukunftsfähige Fonds nachkaufen, aber auch den Blick auf Einzelaktien werfen. Wer risikofreudig ist, für den dürfte eine mutige Perlensuche, Stock Picking, angezeigt sein.

Ich will Ihnen nun zeigen, was ich bei der schweren Finanz- und Weltwirtschaftskrise 2008/2009 tat – nicht zuletzt mit Blick auf den zu ergänzenden steuerfreien Altbestand. Diesmal werden Sie nicht für Ihren Mut mit Steuerfreiheit belohnt. Aber künftige Kursgewinne beweisen Ihnen, wie lukrativ eine langfristige Strategie sein kann auch bezüglich Dividende. Die Formel: Dividende multipliziert mit 100 dividiert durch Ihren Kaufkurs präsentiert möglicherweise im Laufe eines Jahrzehnts zweistellige Ausschüttungen. Durch breite Streuung verringern Sie Ihr Risiko. Steigt eine Aktie oder ein Aktienfonds in 10 oder 12 Jahren um 1.000 %, sind bei gleichem Einsatz zehn große Verlustbringer ausgleichbar, falls versäumt wurde, Verluste beizeiten zu begrenzen, wenn so gut wie nichts für eine Erholung spricht.

Aufbau steuerfreier Altbestand in der Finanzkrise 2008

Aktien-auswahl	WKN	Kaufpreis im Jahr 2008	Kurs 10.10.16	Hoch/Tief 1 Jahr	2016(e) Div. Rend.
BASF	BAS F11	13.10.08/27,10 €	78,60 €	79,20/56,00 €	2,90 €/11 %
Bertrandt	523 280	12.12.08/16,95 €	98,20 €	115,0/82,80 €	2,70 €/16 %
DÜRR	556 520	16.09.08/10,15 €	71,80 €	84,90/49,50 €	2,00 €/20 %
Fortec Elec.	577 410	30.12.08/6,05 €	17,05 €	17,10/13,50 €	0,50 €/8,3 %
Hermle	605 283	29.09.08/65,50 €	298,00 €	298,0/197,5 €	10,9 €/17 %
INIT	575 980	28.08.08/7,75 €	15,75 €	22,50/12,15 €	0,40 €/5,2 %
Jungheinr.	621 993	15.07.08/6,05 €	30,20 €	31,10/20,55 €	0,42 €/7,0 %
LEONI	540 888	10.11.08/9,35 €	33,50 €	55,10/23,00 €	1,00 €/11 %
MTU Aero	80D 9PT	15.07.08/18,30 €	93,85 €	94,70/73,00 €	1,80 €/10 %
Nabaltec	A0K PPR	13.09.08/3,85 €	14,85 €	18,15/12,10 €	0,18 €/4,7 %
Norilsk N.	A14 0M9	14.11.08/6,40 €	13,70 €	14,60/9,00 €	1,10 €/17 %
Rational	701 080	26.03.08/118,0 €	445,70 €	482,3/339,0 €	8,30 €/7,0 %
VIB Vermö.	245 751	29.12.08/3,70 €	19,45 €	20,50/15,15 €	0,58 €/16 %

Auswertung: Die meisten Kurse haben sich gegenüber dem Kaufdatum 2008 verdoppelt bis versechsfacht. Hinzu gesellt sich im Schnitt eine **Dividendenrendite von über 10 %** auf den Einstandspreis bezogen. Kursgewinn im Altbestand ist steuerfrei.

Chancennutzung in der Weltwirtschaftskrise 2009

Aktien-auswahl	WKN	Kaufpreis im Jahr 2009	Kurs am 10.10.16	Hoch/Tief 1 Jahr in €	2016(e) Div. Rend.
Amadeus F.	509 310	24.09.09/12,40 €	64,00 €	83,85/52,60	3,37 €/27 %!
Aurelius	A0J K2A	02.09.09/2,70 €	55,70 €	57,55/38,60	2,00 €/74 %!
CeWe Stiftg.	540 390	06.07.09/20,75 €	87,00 €	87,70/46,00	1,65 €/8,0 %
GEA Group	660 200	08.03.09/8,40 €	48,50 €	50,15/33,30	0,85 €/10 %
Krones	633 500	14.09.09/32,85 €	83,70 €	117,1/80,55	1,50 €/4,7 %
Pfeiffer	691 660	24.02.09/37,00 €	84,30 €	115,7/75,30	3,45 €/9,3 %
Schaltbau	717 030	10.07.09/12,00 €	31,00 €	52,90/28,75	1,10 €/9,2 %
Symrise	SYM 999	18.04.09/9,80 €	64,10 €	69,30/53,00	0,90 €/9,2 %

BREXIT-Käufe von Qualitätsaktien mit hohem Abschlag Ende Juni 2016, um beste Chancen zu nutzen

Zukauf im Zusammenhang mit Teilverkauf und Koppelgeschäft bei hohem Kursgewinn. Lohn für Mut: üppige Rendite oft schon in Kürze

Aktien/ Unternehmen	WKN	Kauf 2016	Kaufpreis €	Kurs 13.12.16	Div. 2017 Rendite
Allianz (DAX)	840 400	24.06.16	128,00	156,50 €	7,60/4,7 %
BASF (DAX)	BAS F11	24.06.16	66,20	85,80 €	3,00/3,5 %
Bet-at-home (Prime?)	A0D NAY	23.06.16	66,90	83,75 €	6,00/7,3 %
BMW Vz (Prime)	519 003	24.06.16	59,00	73,60 €	3,32/4,8 %
CENIT (Prime)	540 710	28.06.16	17,30	19,10 €	1,00/5,3 %
Dt. Pfandbr. (MDAX)	801 900	25.06.16	8,35	9,75 €	0,55/6,2 %
GrenkeLeas. (SDAX)	A16 1N3	30.06.16	155,25	140,10 €	2,05/1,5 %
König & B. (SDAX)	719 350	27.06.16	40,50	42,80 €	0,75/1,2 %
SinnerSchr. (Prime)	514 190	30.06.16	4,90	6,30 €	0,20/3,3 %
Vestas (Dänemark)	913 769	25.06.16	57,70	55,10 €	1,8 %
TUI (Prime Standard)	TUA G00	27.06.16	11,25	12,80 €	0,60/4,8 %

Welche Finanz- und Wirtschaftskrisen lauern aktuell?

➢ **Die anhaltende Null- und Strafzinspolitik mit den abgeschafften Guthabenzinsen gefährdet den Banken- und Versicherungssektor.** Es wird immer schwieriger, hier noch Geld zu verdienen. Nur teure Policen gegen die explodierende Cyberkriminalität wecken gewisse Hoffnungen. Große Sorgen bereitet Politik und Wirtschaft, institutionellen und privaten Anlegern die Schieflage der Deutschen Bank. Hier erweisen sich die milliardenschweren Rechtsstreitigkeiten und Schadensersatzansprüche als schwer zu überspringende Hürden.

➢ **Viele Privatanleger fühlen sich enteignet, nachdem das von ihnen geliebte Sparbuch zu einer schleichenden Kapitalvernichtung mutiert.** Sie konsumieren auf Teufel komm raus und verschulden sich statt sinnvoll für Vermögensaufbau und Altersvorsorge zu sparen. Gerade für sie wäre eine Anlage in ertragsstarke und langfristig sichere Fonds eine erstklassige Alternative.

➢ **Außerdem flammt der Streit um Griechenlands Schulden wieder auf. Am Devisenmarkt stürzt das britische Pfund weiter ab – insbesondere wegen des Brexits, dem Austritt Großbritanniens aus der EU.**

> **Nicht nur die Untergangspropheten, auch seriöse Börsenexperten befürchten einen Crash wegen hoch bewerteter Aktien bei schleppender Umsatz- und Ertragsentwicklung.** Der DAX schaffte Anfang Dezember 2016 ein Jahreshoch von 11.300 Punkten und verzeichnet seit der kürzlich gestarteten Jahresendrallye nun ein kleines Plus. Abgeschaffte Guthabenzinsen und Dividende als Ersatzzins laden zur langfristigen Aktien- und Aktienfondsanlage ein. Es wird Zeit, sich vom Sparbuch oder Bargeldhorten unter dem Kopfkissen zu trennen mit Blick auf Vermögensaufbau und Altersvorsorge.

> **Aktuell wächst die Angst vor Terrorakten. Die hohen Stimmverluste bei den etablierten Parteien auch außerhalb Deutschlands verunsichern und lösen Besorgnis aus.** Die Präsidentenwahl in den USA machte den Populisten Donald Trump zum Überraschungssieger. Aber es kam nicht zum befürchteten Crash, sondern nur zu einem Kursabsturz von rund 5 % in den ersten Morgenstunden am 9. November. Völlig unerwartet schlossen DAX & Co. sogar im Plus, vorangetrieben vor allem von Pharma- und Biotechaktien.

Und wie sieht eine ermutigende Alternative langfristig aus?

Wenn Aktien-Kursträume von 500 – 1.000 % wahr werden

Ein eigenes Depot für den steuerfreien Altbestand bis 31.12.2008. Nur Teilverkäufe bei Kursraketen. So bleiben beste Werte im Depot. Die Dividendenrendite ist bei vielen Spitzenwerten zweistellig. Formel: jetzige Dividende multipliziert mit 100 dividiert durch Kaufkurs.

Aktien/Unternehmen	WKN	Kauftag	Kaufpreis	Kurs am 10.10.16	Div. 2016 & Rendite
Aurelius	A0J K2A	02.09.09	2,70 €	55,70 €	2,00 €/74 %!
BAYER	BAY 001	07.03.03	11,90 €	91,00 €	2,70 €/23 %!
Bechtle	515 870	20.09.04	13,20 €	101,00 €	1,55 €/12 %
Bertrandt	523 280	22.02.09	14,75 €	98,00 €	2,70 €/18 %
BIOGEN	789 617	28.02.05	27,80 €	275,00 €	0,00 €/0,0 %
Datagroup	A0J C8S	15.01.07	3,10 €	20,10 €	0,30 €/10 %
Dialog Semic.	927 200	09.02.14	3,95 €	38,65 €	0,00 €/0,0 %
Eurofins	910 251	05.11.01	15,90 €	410,00 €	13 %
EUWAX	566 010	30.04.03	12,50 €	85,00 €	3,26 €/26 %!
FUCHS Vz	579 043	31.03.05	3,80 €	40,40 €	0,86 €/23 %!
Grenke	A16 1N3	14.11.01	19,95 €	166,85 €	1,60 €/8,0 %
Hochtief	607 000	29.05.03	13,50 €	123,50 €	2,30 €/17 %
Nemetschek	645 290	10.06.05	3,80 €	58,70 €	0,60 €/16 %

Rational	701 080	08.05.03	33,80 €	445,70 €	8,30 €/25 %!
Samsung	881 823	11.03.03	50,90 €	532,00 €	16 %
Sartorius Vz	716 563	10.01.06	5,40 €	75,90 €	0,50 €/9,3 %

Welche Rückschlüsse lassen sich aus Aktienfonds ziehen?

➢ **Deutsche Aktienfonds liegen 2016 im Vergleich mit internationalen Aktienfonds in einem Jahrzehnt mit 5,0 % gegenüber 3,7 % und in zwei Jahrzehnten mit 6,6 % gegenüber 5,7 % vorn. Euro-Anleihe-Fonds, ausgewogene weltweite Mischfonds und Offene Immobilienfonds können zu keinem Zeitraum an die Rendite bei deutschen Aktienfonds heranreichen.**

➢ **Der große Vorteil für sicherheitsbewusste und erfolgsorientierte Anleger: Innovative Aktienfondsmanager gelangen zu ähnlichen Einschätzungen wie ich selbst.** Meine gewinnbringenden Aktien sind bezüglich Gewichtung oft die Favoriten in ihren Depots. Durch die breite Streuung sind die Kursgewinne dann zwar bei den einzelnen Spitzenaktien deutlich geringer. Dafür aber ist bei einem Fehlgriff in der Auswahl, vor dem weder die besten Fondsmanager noch ich verschont bleiben, der Verlust prozentual viel niedriger. Und nachdem mit einer Siegeraktie von rund 1.000 % bei gleich hohem Einsatz zehn Riesenverluste von rund 90 % und darüber ausgleichbar sind, ist das Rendite-Risiko-Verhältnis bei Themen- und Branchenfonds langfristig überzeugend.

➢ **Auch risikofreudige Anleger, die den Aktienmarkt genau beobachten, sich auf Schatz- und Perlensuche begeben, Spannung und vielleicht auch etwas Nervenkitzel mögen, kommen hier voll auf ihre Kosten.** Bezüglich Einzelaktien machen sie abhängig von Marktlage, Zukunftstrends und aktueller Kursentwicklung Stock Picking. Umgekehrt wählen sie zur Risikobegrenzung und um nicht täglich nachschauen zu müssen, auch einige sehr aktiv gemanagte Aktienfonds aus. Dies bedeutet Streuung in Perfektion. Bei einem Crash bleiben die Investmentfonds im Depot. Bei Aktien mit dennoch hohem Kursgewinn bieten sich Teilverkäufe an, um abgestürzte, aber dennoch chancenreiche Titel besonders preiswert erwerben zu können. Diese von mir erfundene Hoch-/Tief-Mutstrategie, im „Aktien- und Börsenführerschein" ausführlich dargestellt, erweist sich mit Zukauf und Teilverkauf als die eigentliche Zauberformel. Als Vergleich bietet sich der Gärtner an. Er sät und pflanzt mit Aufwand an Zeit und Geld, um später eine gute Ernte einfahren zu können.

➢ **Fazit: Breit gestreut – nie bereut!**
➢ **Für Anleger mit Mut – sind Kursschwankungen gut!**
➢ **Meide die gefährlichen Vier: Euphorie, Panik, Angst und Gier!**
➢ **Nebenwertefonds als Segen – wenn sie sich im Plus bewegen!**
➢ **Kein Sparbuchgeld verbrennen – Aktienfonds sind im Rennen!**

12 Forschungsprojekt: „Ewige" Aktien und Fonds

Rund um den Globus suchen Experten die besten Aktien. Das Handelsblatt analysiert alljährlich 8 bis 10 meistempfohlene, schwankungsarme Blue Chips mit einem Marktwert ab 10 Mrd. €

Die meisten Privatanleger mögen es nicht, wenn die Kurse bei einzelnen Aktien stark schwanken. Mich selbst stört dies nicht, ergeben sich dadurch doch oft ausgezeichnete Chancen für Einstieg, Zukauf und Teilverkauf, um sich Cash zu beschaffen. Die aussichtsreichsten Standardwerte mit jeweils 15 bis 44 Kaufempfehlungen und insgesamt nur zwei Verkaufstipps zeugen von intensiver Arbeit. Da interessiert es mich vordringlich, inwieweit Aktienfonds und auch einige Mischfonds zu ähnlichen Ergebnissen kommen. Dominieren diese Werte bei all jenen Fonds, die global aufgestellt sind, Standardaktien bevorzugen bzw. in den entsprechenden Branchen anlegen? Mit Ausnahme von Alphabet/Google, ROCHE und Medtronic ist die Übereinstimmung eher bescheiden, großteils ausgesprochen enttäuschend. Dies gilt für die Favoriten von Oktober 2015 und Oktober 2016.

2015 schafften von den acht Favoriten der ausgewiesenen Experten nur fünf Aktien ein Kursplus. Hier das Ergebnis: American Tower (+21,3 %), Medtronic (+20,4 %), Chubb (+18,7 %), Simon Property (+7,7 %), Roche (+5,2 %). In der Verlustzone landeten dagegen: Land Securities (-29,9 %), CVS Health (-11,6 %), McKesson (-10,5 %). Von den Verlierern wird verständlicherweise jetzt niemand mehr empfohlen. Von den Siegern sind ROCHE und Medtronic erneut dabei.

Ich selbst habe mehrere hundert Aktienfonds durchforstet. In keinem Fonds fand ich mehr als zwei der empfohlenen Titel. Oft ging ich völlig leer aus. Warum die ganze Mühe? Viele Privatanleger scheuen sich, Einzelaktien ins Depot zu nehmen. Sie sind aber erfreut, wenn sie Expertenfavoriten in den Fonds ihrer Wahl wiederfinden.

Freilich sähe das Ergebnis ganz anders aus, wenn Schwankungsarmut nicht das Hauptauswahlkriterium bilden und die Marktkapitalisierung auf mindestens 1 Mrd. € herabgesetzt würde. Schließlich findet das höchste Aufwärtspotenzial nicht bei Dickschiffen statt. Niemand beginnt als Gigant, sondern fängt eher als manövrierfähiges Schnellboot an und arbeitet sich engagiert nach oben. Dies ist der Hauptgrund, weshalb Nebenwerte den Leitindizes das Fürchten lehren!

Ich bilde die aktuellen acht Aktienfavoriten ab im Einklang mit aussichtsreichen Fonds, in denen die Blue Chips vorkommen. Freilich ist zu bedenken, dass ein Pharmafonds keinen Bauriesen aufnimmt. Ein Software- bzw. Hightechfonds investiert nicht in Konsumaktien, ein Telekommunikations-Branchenfonds nicht in den Medtechtitan Medtronic und ein Internet-/Netzwerk-/Digitalisierungs-Fonds kaum in Logistik oder Biotech – ausgenommen vielleicht die eine oder andere kleine Beimischung bei Fonds mit flexiblem Geschäftsmodell.

Welche „goldgeränderten" schwankungsarmen Favoriten der Experten finden bei Aktienfonds-Managern Zuspruch?

Aktienfavoriten und Aktienfonds	WKN	Kurs 18.10.16	52 Wochen Hoch/Tief	Kursentwicklung 1, 3, 5, 10 Jahre
Die Aktie Alphabet/Google stürmt als Internet-Gigant nach oben.				
Alphabet A	A14 Y6F	753,80 €	756,8/592,3 €	+22/+104/+255/+350 %
Googles Kerngeschäft mit Internetwerbung ist die führende Internetplattform. Im 2. Halbjahr 2016 stieg der Umsatz um über 20 % auf 21,5 Mrd. Dollar. Google ist in vielen Geschäftsfeldern aktiv und verstärkt die Marktmacht auch durch Übernahmen.				
32 Fonds bringen Alphabet hoch gewichtet. Eine kleine Auswahl:				
DWS Vermögen	847 652	133,60 €	139,1/111,9 €	+6/+40/+82/+48 %
Umfang 6,81 Mrd. €, Alter 46 Jahre, Ausgabeaufschlag 5,00 %, Gebühr 0,46 %, ausschüttend. Der Fondsriese investiert ohne Indexorientierung in Spitzenfirmen unterschiedlicher Branchen. Die Aktien von **Alphabet** und **ROCHE** sind stark gewichtet.				
TIF Threadneedle	A0J D21	2,65 €	2,85/2,25 €	+7/+52/+115/+123 %
Umfang 6,4 Mrd. €, Alter 10 Jahre, Ausgabeaufschlag 3,75 %, Gebühr 1,50 %, thesaurierend. Der Fonds legt über zwei Drittel weltweit in Aktien von Großkonzernen an. Dazu gehören stark gewichtet die Experten-Favoriten **Alphabet** und **Medtronic**.				
UniFavorit: A.-net	800 751	77,10 €	77,70/63,90 €	+9/+44/+101/+74 %
Umfang 1,49 Mrd. €, Alter 9 Jahre, Ausgabeaufschlag **0,00 %,** Gebühr 1,55 %, ausschüttend. Der Fondsriese verzichtet auf den Ausgabeaufschlag und bevorzugt US-Großkonzerne und Nasdaq-Biotechwerte. Die Aktien von **Alphabet** gehören dazu.				
UniFavorit: Akt. €	847 707	117,20 €	120,9/99,45 €	+9/+46/+104/+122 %
Umfang 1,49 Mrd. €, Alter 11 Jahre, Ausgabeaufschlag 5,00 %, Gebühr **1,20 %,** ausschüttend. Der Fonds mit niedriger Jahresgebühr legt vor allem in Aktien vom Dow Jones und Nasdaq 100 an. Da dürfen die Aktien von **Alphabet** keineswegs fehlen.				
Uni Nordamerika	975 007	230,65 €	237,6/191,9 €	+10/+50/+109/+86 %
Umfang 148 Mio. €, Alter 23 Jahre, Ausgabeaufschlag 5,00 %, Gebühr **1,20 %,** thesaurierend. Der Fonds mit fairer Jahresgebühr konzentriert sich auf US-Aktien vom Dow Jones und Nasdaq 100. Von **Alphabet** sind die Versionen A und C mit dabei.				

Aktienfavoriten & Aktienfonds	WKN	Kurs 18.10.16	52 Wochen Hoch/Tief	Kursentwicklung 1, 3, 5, 10 Jahre
Candrian Equities	578 004	237,60 €	288,5/191,9 €	+6/+34/+85/+36 %
Umfang 349 Mio. €, Alter 16 Jahre, Ausgabeaufschlag 3,50 %, Gebühr 1,50 %, thesaurierend. Der Fonds setzt voraus, dass die Großkonzerne wichtige ethisch-sozial-ökologische Grundsätze erfüllen und nachhaltig wirtschaften. **Alphabet** gehört dazu.				
LO Lombard Odier	A0R NUR	22,35 €	22,70/18,30 €	+17/+59/+131/<u>+186 %</u>
Umfang 2,2 Mrd. €, Alter 8 Jahre, Ausgabeaufschlag 5,00 %, Gebühr **1,00 %,** ausschüttend. Der Fonds mit niedriger Gebühr investiert weltweit in nachhaltige Aktien. Schwerpunkte sind Gesundheit, IT und Internet. **Alphabet** ist hier stark gewichtet.				
FF Gl. Consumer	A0N GWX	26,95 €	28,05/23,30 €	+8/+52/+118/+179 %
Umfang 509 Mio. €, Alter 8 Jahre, Ausgabeaufschlag **0,00 %,** Gebühr **1,00 %,** thesaurierend. Kein Ausgabeaufschlag, eine niedrige Jahresgebühr und überzeugende Kennzahlen! Dieser Fonds investiert weltweit in die großen Konzerne. **Alphabet** ist dabei.				
Robeco CG Global	A0C A0W	154,25 €	164,4/130,1 €	+5/+37/+112/+179 %
Umfang 446 Mio. €, Alter 18 Jahre, Ausgabeaufschlag 5,00 %, Gebühr 1,50 %, thesaurierend. Der Fonds konzentriert sich auf Zukunftstrends im Konsumbereich, wie Digitalisierung, Internet, Vernetzung, große Marken. **Alphabet** ist stark gewichtet.				
Capital Internat. Gl.	940 667	25,75 €	26,70/21,00 €	+5/+40/+104/+60 %
Umfang 54,6 Mrd. €, Alter 47 Jahre, Ausgabeaufschlag **5,25 %,** Gebühr **0,00 %,** ausschüttend. Der hohe Ausgabeaufschlag mag stören. Aber viel wichtiger ist, dass die Verwaltungsgebühr entfällt. Der Fondsgigant investiert weltweit in Aktien von Firmen mit langfristigem Kapitalwachstum und starken Marken. **Alphabet** fehlt hier nicht.				
Deka-Technologie	515 262	25,60 €	26,00/20,00 €	+17/+71/+123/+114 %
Umfang 345 Mio. €, Alter 17 Jahre, Ausgabeaufschlag 3,75 %, Gebühr **1,25 %,** thesaurierend. Der Fonds mit fairen Gebühren investiert vor allem in Hightechaktien, wie **Alphabet** mit 9 % Anteil, Amazon, Facebook, Microsoft, Apple, Intel und Samsung.				
FF Gl. Technology	921 800	15,80 €	16,15/11,40 €	<u>+20/+86/+154/+159 %</u>
Umfang 845 Mio. €, Alter 17 Jahre, Ausgabeaufschlag **5,25 €,** Gebühr 1,50 %, ausschüttend. Dieser erfolgreiche Fonds konzentriert sich auf Produkte, Verfahren und neue Technologien in Zukunftsmärkten. **Alphabet** ist hier mit 8,5 % Anteil vertreten.				
FF Fidelity World	787 302	23,35 €	24,75/19,10 €	+4/+43/+105/+75 %
Umfang 954 Mio. €, Alter 20 Jahre, Ausgabeaufschlag **0,00 %,** Gebühr 1,50 %, thesaurierend. Das Management investiert in mittelgroße und große Technologiefirmen. Sowohl der Internetgigant **Alphabet,** als auch der Bauriese **VINCI** gehören dazu.				
HGF Henderson	A0D NEW	41,15 €	46,00/37,50 €	+2/+50/+112 %
Umfang 50 Mio. €, Alter 12 Jahre, Ausgabeaufschlag 5,00 %, Gebühr 1,50 €, thesaurierend. Der noch gering kapitalisierte Aktienfonds investiert in innovative Growth-Technologie-Gesellschaften insbesondere aus dem Nasdaq 100. **Alphabet** ist dabei.				

Aktienfavoriten & Aktienfonds	WKN	Kurs 18.10.16	52 Wochen Hoch/Tief	Kursentwicklung 1, 3, 5, 10 Jahre
Aktie Alphabet/Google stürmt als Internet-Gigant nach oben (Forts.)				
Alphabet A	A14 Y6F	753,80 €	756,8/592,3 €	+22/+104/+255/+350 %
32 Fonds bringen Alphabet hoch gewichtet. Eine Auswahl (Forts.)				
JCF Janus	935 619	7,90 €	8,10/5,90 €	+15/+32/+76/+107 %
Umfang 55 Mio. €, Alter 17 Jahre, Ausgabeaufschlag 5,00 %, Gebühr **1,25 %**, thesaurierend. Dieser Fonds spezialisiert sich auf Technologiekonzerne mit starken Marken, wie **Alphabet, American Tower,** Apple, Samsung, Facebook, Adobe und Tencent.				
Robeco CG Cap.	A0D LK6	235,10 €	239,5/190,3 €	+8/+44/+114/+68 %
Umfang 1,79 Mrd. €, Alter 12 Jahre, Ausgabeaufschlag 5,00 %, Gebühr **1,25 %,** thesaurierend. Der Fonds konzentriert sich auf Zukunftstrends beim Konsum, wie Digitalisierung, Internet, Vernetzung, starke Marken. **Alphabet** ist hier hoch gewichtet.				
UniFavorit Aktien	977 265	117,20 €	120,8/99,45 €	+6/+45/+106/+120 %
Umfang 1,49 Mrd. €, Alter 11 Jahre, Ausgabeaufschlag 5,00 %, Gebühr **1,20 %,** thesaurierend. Das Management investiert weltweit in Aktien von Industrie- und Gesundheitsfirmen. Auch hier fehlt **Alphabet** nicht. Aus dem DAX ist Adidas mit dabei.				
UniSector HighTech	921 559	73,35 €	73,50/58,75 €	+13/+62/+112/+116 %
Umfang 73 Mio. €, Alter 17 Jahre, Ausgabeaufschlag 4,00 %, Gebühr 1,55 %, thesaurierend. Der Fonds konzentriert sich auf Computer-, Software-, Technologie- und Internetfirmen, wie **Alphabet** mit 7,5 % Anteil, Apple, Facebook, Microsoft und VISA.				
Allianz Informat.	847 512	178,00 €	187,0/132,8 €	+10/+34/+129/+114 %
Umfang 148 Mio. €, Alter 33 Jahre, Ausgabeaufschlag 5,00 €, Gebühr 1,80 %, ausschüttend. Dieser erfolgreiche Fonds investiert bevorzugt Informations-Konzerne in Zukunftsmärkten. **Alphabet** und **Salesforce** sind mit 8,2 % bzw. 3,4 % gewichtet.				
BGF BlackRock	A0B MAN	17,90 €	18,00/13,20 €	+15/+55/+106/+83 %
Umfang 434 Mio. €, Alter 22 Jahre, Ausgabeaufschlag 5,00 %, Gebühr 1,50 %, thesaurierend. Das Management investiert rund um den Globus vor allem in mittelgroße und große Technologiefirmen. Der Internetgigant **Alphabet** ist mit 4 % Anteil dabei.				
Deka Technologie	515 263	21,50 €	21,85/16,75	+16/+68/+117/+100 %
Umfang 358 Mio. €, Alter 17 Jahre, Ausgabeaufschlag **0,00 %,** Gebühr **1,97 %,** thesaurierend. Langzeitanleger hätten mehr von einer niedrigen Jahresgebühr als den Verzicht auf den Ausgabeaufschlag. Bezüglich Kursentwicklung überzeugt dieser Fonds. Die besten US-Technologieaktien sind vertreten, **Alphabet** mit 9 % Anteil.				
DBK Tele Tech	921 868	8,70 €	8,75/7,20 €	+11/+55/+78/+64 %
Umfang 28 Mio. €, Alter 20 Jahre, Ausgabeaufschlag 5,00 %, Gebühr 1,40 %, ausschüttend. Sorgen bereitet der niedrige Börsenwert. Die Kursentwicklung stellt zufrieden. **Alphabet,** Microsoft, Apple, Facebook und SAP gehören zum Fondsdepot.				

Aktienfavoriten & Aktienfonds	WKN	Kurs 19.10.16	52 Wochen Hoch/Tief	Kursentwicklung 1, 3, 5, 10 Jahre
DWS Technology	847 414	7,90 €	8,10/5,90 €	+15/+32/+76/+107 %

Umfang 55 Mio. €, Alter 17 Jahre, Ausgabeaufschlag 5,00 %, Jahresgebühr **1,25 %,** thesaurierend. Der Fonds spezialisiert sich auf Technologiekonzerne mit starken Marken, wie **Alphabet, American Tower,** Apple, Samsung, Facebook, Adobe, Tencent.

FF Fidelity World E	787 302	23,45 €	24,75/19,10 €	+15/+44/+107/+58 %

Umfang 954 Mio. €, Alter 20 Jahre, Ausgabeaufschlag **0,00 %,** Gebühr 1,50 %, thesaurierend. Dieser Fonds investiert weltweit in Aktien von Firmen mit zukunftsfähigen Produkten/Verfahren. Von den Expertenfavoriten sind **Alphabet** und **VINCI** dabei.

NN Information T.	A0Q 88T	117,20 €	120,8/99,45 €	+6/+45/+106/+120 %

Umfang 1,49 Mrd. €, Alter 11 Jahre, Ausgabeaufschlag 5,00 %, Gebühr **1,20 %,** thesaurierend. Das Management investiert weltweit in Aktien von Industrie- und Gesundheitsunternehmen. Auch hier fehlt **Alphabet** nicht. Aus dem DAX ist Adidas vertreten.

Nordinternet	978 530	74,90 €	75,50/53,55 €	+15/+77/+151/+158 %

Umfang 33 Mio. €, Alter 19 Jahre, Ausgabeaufschlag 5,00 %, Gebühr **1,00 %,** thesaurierend. Der aktiv gemanagte innovative Technologiefonds überzeugt mit guter Rendite. Neben **Salesforce** und **Alphabet** gehören Amazon, Netflix und Facebook dazu.

UniSector HighTech	921 559	70,70 €	86,50/66,10 €	-5/+21/+53 %

Umfang 73 Mio. €, Alter 17 Jahre, Ausgabeaufschlag 4,00 %, Gebühr 1,55 %, thesaurierend. Dieser Fonds konzentriert sich auf Computer-, Software-, Technologie- und Internet-Firmen, wie **Alphabet** mit 7,5 % Anteil, Apple, Facebook, Microsoft und VISA.

HGF Henderson	A0D NEW	12,85 €	13,30/10,60 €	+7/+52/+126/+70 %

Umfang 24,8 Mrd. €, Alter 12 Jahre, Ausgabeaufschlag 5,00 %, Gebühr 1,50 %, thesaurierend. Das Management konzentriert sich auf mittlere und große Technologiefirmen mit hohen Wachstums- und Ertragschancen. **Alphabet** ist mit 3 % Anteil dabei.

Fazit: Viele Fonds sind im Einzelaktienfavorit Alphabet investiert.

Alphabet A	A14 Y6F	753,80 €	756,8/592,3 €	+22/+104/+255/+350 %

<u>Anmerkung:</u> Wohl jeder Anleger, der seit Anfang 2016 oder schon viel früher Aktien von Alphabet bzw. dem Mutterkonzern Google gekauft hat, dürfte hochzufrieden sein. Der Internetgigant Google zählt zu den großen Favoriten der Experten mit 44-mal „Kaufen", siebenmal „Halten" und nur einmal „Verkaufen".

Schauen wir uns die wichtigsten Aktienfonds an, bei denen Alphabet bezüglich Gewichtung eine Rolle spielt, überzeugt die Kursentwicklung ebenfalls. Freilich ist Alphabet als Einzelaktie nicht zu schlagen. Aber es erfreut, diesen Titan im eigenen Aktienfonds zu entdecken. Sie tauschen Sicherheit durch breite Streuung und weniger Schwankungen ein. Im Einjahresvergleich halten beste Fonds durchaus mit. Ab 3 bis 10 Jahren stürmt jedoch Alphabet unaufhaltsam davon.

Aktienfavoriten & Aktienfonds	WKN	Kurs 19.10.16	52 Wochen Hoch/Tief	Kursentwicklung 1, 3, 5, 10 Jahre
Schweizer Pharma-Aktie ROCHE, STOXX 50, bei Fonds Platz 2				
ROCHE	855 167	216,00 €	259,6/210,5 €	**-10/+10/+88/+57 %**
Der vor 120 Jahren gegründete Traditionskonzern ist in der Krebsforschung führend. ROCHE hat seit einem Jahrzehnt die Dividende immer erhöht. Sie beträgt rund 3 %. In Europa führt ROCHE mit 27-mal „Kaufen", dreimal „Halten" und ohne eine einzige Verkaufsempfehlung die Experten-Rangliste an. International ist Alphabet nicht zu schlagen. Dies bestätigt das Vorkommen in meinen ausgewählten Fonds.				
20 meiner Aktienfonds gewichten ROCHE stark. Hier eine Auswahl:				
Allianz Interglobal	847 507	241,20 €	244,8/190,7 €	**+6/+36/+95/+56 %**
Umfang 925 Mio. €, Alter 46 Jahre, Ausgabeaufschlag 5,00 %, Gebühr 1,65 %, thesaurierend. Der Fonds investiert in Aktien unterschiedlicher Sektoren mit Sitz in einem Industrieland. Neben **ROCHE** mit 3 % Anteil ist aus Deutschland Adidas (DAX) dabei.				
Allianz AGIF Glob.	157 662	22,40 €	23,00/18,60 €	**+6/+36/+90/+58 %**
Umfang 240 Mio. €, Alter 14 Jahre, Ausgabeaufschlag 5,00 %, Gebühr 1,80 %, ausschüttend. Dieser Fonds investiert in nachhaltig wirtschaftende Firmen, die sozial verantwortlich und umweltbewusst handeln, wozu auch **ROCHE** (STOXX 50) zählt.				
DWS Vermögen	847 652	133,60 €	139,1/111,9 €	**+6/+40/+82/+48 %**
Umfang 6,81 Mrd. €, Alter 46 Jahre, Ausgabeaufschlag 5,00 %, Gebühr 1,45 %, ausschüttend. Das aktive Management investiert weltweit in Aktien verschiedener Sektoren. Es dominieren Pharma und Biotech. Neben **ROCHE** ist auch **Alphabet** dabei.				
Deka Dividenden	DK2 CDS	150,30 €	159,0/135,4 €	**+2/+33/+81 %**
Umfang 3,26 Mrd. €, Alter 6 Jahre, Ausgabeaufschlag 3,75 %, Gebühr **1,25 %,** ausschüttend. Dieser noch junge, aber kompakte Fonds investiert in dividendenstarke Aktien von Weltkonzernen, wozu **ROCHE** und auch Allianz aus dem DAX gehören.				
FF Fidelity Divid.	A0P GWE	13,70 €	14,90/12,20 €	**-1/+21/+60 %**
Umfang 216 Mio. €, Alter 6 Jahre, Ausgabeaufschlag **5,25 €,** Gebühr 1,50 %, ausschüttend. Dieser Aktienfonds investiert vor allem in europäische Unternehmen mit starker Dividende, wozu **ROCHE,** aber auch Munich RE aus dem DAX gehören.				
FF Fidelity Divid.	A1J SY0	**17,90 €**	18,00/13,20 €	**+7/+43/+84 %**
Umfang 7,57 Mrd. €, Alter 5 Jahre, Ausgabeaufschlag **5,25 %,** Gebühr 1,50 %, thesaurierend. Das aktive Management mit viel Freiraum investiert weltweit in dividendenstarke Aktien. **ROCHE** und der Rückversicherer Münchner Rück sind dabei.				
DEJ Dividende &	164 325	354,65 €	365,6/308,7 €	**+4/+28/+66/+74 %**
Umfang 1,22 Mrd. €, Alter 14 Jahre, Ausgabeaufschlag 5,00 %, Gebühr **1,32 %,** thesaurierend. Dieser große Fonds mit sehr aktivem Management investiert in substanz- und dividendenstarke Aktien weltweit. Neben **ROCHE** ist Deutsche Telekom dabei.				

Aktienfavoriten & Aktienfonds	WKN	Kurs 19.10.16	52 Wochen Hoch/Tief	Kursentwicklung 1, 3, 5, 10 Jahre
FT EuropaDynamik	847 818	258,40 €	284,7/224,8 €	-3/+22/+77/+43 %
Umfang 241 Mio. €, Alter 24 Jahre, Ausgabeaufschlag 5,00 %, Gebühr 1,50 %, thesaurierend. Der breit gestreute Fonds mit erfreulich großem Freiraum investiert in europäische Qualitätsaktien unterschiedlicher Branchen. Neben **ROCHE** ist **Adidas** dabei.				
AXA World Health	A0M KS3	237,05 €	260,0/208,1 €	-2/+56/+141/+133 %
Umfang 76 Mio. €, Alter 10 Jahre, Ausgabeaufschlag **2,00 %,** Gebühr 1,75 %, thesaurierend. Dieser Gesundheitsfonds investiert in Nasdaq-Biotechaktien, Medtech und Pharma. Mit 4 bis 5 % gewichtet sind die Expertenfavoriten **ROCHE** und **Medtronic**.				
BGF World Health	A0B L36	30,35 €	33,30/26,65 €	+1/+61/+171/+188 %
Umfang 5,76 Mrd. €, Alter 16 Jahre, Ausgabeaufschlag 5,00 %, Gebühr 1,50 %, thesaurierend. Der BlackRock-Gesundheitsfonds mit weltweiten Aktienanlagen zeigt eine herausragende Kursentwicklung. **ROCHE** und **Medtronic** sind mit 5 % Anteil dabei.				
DWS Health	976 985	206,65 €	237,6/191,5 €	-5/+51/+145/+117 %
Umfang 414 Mio. €, Alter 19 Jahre, Ausgabeaufschlag **0,00 %,** Gebühr 1,70 %, thesaurierend. Dieser Aktienfonds ohne Ausgabeaufschlag legt weltweit in substanzstarke Pharmariesen und in amerikanische Biotechwerte an. **ROCHE** ist mit 4 % gewichtet.				
UniSector BioPh.	921 556	101,80 €	109,3/87,30 €	0/+41/+130/+110 %
Umfang 258 Mio. €, Alter 17 Jahre, Ausgabeaufschlag 4,00 %, Gebühr 1,55 %, ausschüttend. Bei der Aktienauswahl zählen Wachstumsstärke, Innovation, Wettbewerbsfähigkeit und Zukunftschancen. **ROCHE** ist mit mehr als 6 % am höchsten gewichtet.				
AGIF Allianz Glob.	926 091	83,45 €	85,10/65,15 €	+11/+51/+139/+167 %
Umfang 103 Mio. €, Alter 17 Jahre, Ausgabeaufschlag 5,00 %, Gebühr **2,05 %,** ausschüttend. Dieser Fonds muss mindestens zwei Drittel seines Vermögens in Aktien beliebiger Regionen, Indizes und Branchen anlegen. **ROCHE** ist führend gewichtet.				
HGF Henderson	A0D LKB	9,05 €	10,05/8,10 €	-4/+23/+83/+54 %
Umfang 4,34 Mrd. €, Alter 12 Jahre, Ausgabeaufschlag 5,00 %, Gebühr 1,50 %, thesaurierend. Der Fonds investiert in innovative europäische Firmen. Neben den Experten-Favoriten **ROCHE** und **AHOLD** sind Bayer, Henkel, Continental (DAX) dabei.				
Fazit: Etliche Fonds investieren in ROCHE, Expertenfavorit 1 Europa				
ROCHE	855 167	216,00 €	259,6/210,5 €	-10/+10/+88/+57 %
Anmerkung: Die europäischen Aktienindizes Euro Stoxx 50, Stoxx 50 und DAX schnitten prozentual 2016 nicht so gut ab wie der amerikanische Leitindex Dow Jones, S&P 500 und insbesondere Nasdaq 100. Hinzu kam die Korrekturphase bei Pharma- und Biotech-Unternehmen 2015/2016. Der Expertenfavorit ROCHE aus der Schweiz, vor 120 Jahren gegründet, kann die Kurse von Aktienfonds nicht so befeuern, wie dies bei Alphabet im internationalen Hightechsektor mit Industrie 4.0, Internet der Dinge, Digitalisierung, Vernetzung zu beobachten ist.				

Aktienfavoriten & Aktienfonds	WKN	Kurs 19.10.16	52 Wochen Hoch/Tief	Kursentwicklung 1, 3, 5, 10 Jahre
Medtech-Aktie Medtronic, Dublin: forschungs- und dividendenstark				
Medtronic	A14 M2J	76,30 €	80,90/63,20 €	+16/+85+217/+102 %
Seit 4 Jahrzehnten freuen sich die Aktionäre über steigende Dividenden. Nach der Übernahme 2015 von Covidien gilt Medtronic nicht mehr als US-Konzern. Der Hauptsitz ist Dublin. Kaum ein Sektor profitiert von der längeren Lebenserwartung so sehr wie die Medizintechnik. Im Alter entwickeln sich viele Menschen zum Ersatzteillager von den Haarwurzeln bis zu den Fußsohlen. Weltmarktführer Medtronic bietet mit Herzschrittmachern, Herzklappen und Insulinpumpen eine zukunftsfähige Produktpalette. Von 26 Experten empfehlen 19 „Kaufen", 7 „Halten", niemand „Verkaufen".				
Einige Aktienfonds sind bei Medtronic investiert. Hier die Auswahl.				
TIF Threadneedle	A0J D21	2,65 €	2,85/2,25 €	+7/+52/+115/+123 %
Umfang 6,4 Mrd. €, Alter 10 Jahre, Ausgabeaufschlag 3,75 %, Gebühr 1,50 %, thesaurierend. Das Management legt über zwei Drittel weltweit in Aktien von Großkonzernen an. Dazu gehören stark gewichtet die beiden Favoriten **Alphabet** und **Medtronic**.				
AXA World Health	A0M KS3	237,05 €	260,0/208,1 €	-2/+56/+141/+133 %
Umfang 76 Mio. €, Alter 10 Jahre, Ausgabeaufschlag **2,00 %,** Gebühr 1,75 %, thesaurierend. Der Gesundheitsfonds investiert in Nasdaq-Biotechaktien, Medtech und Pharma. Mit 4 % bis 5 % gewichtet sind die Expertenfavoriten **ROCHE** und **Medtronic.**				
BGF World Health	A0B L36	30,35 €	33,30/26,65 €	+1/+61/+171/+188 %
Umfang 5,76 Mrd. €, Alter 16 Jahre, Ausgabeaufschlag 5,00 %, Gebühr 1,50 %, thesaurierend. Der bekannte BlackRock-Gesundheitsfonds mit weltweiter Aktienanlage zeigt gute Kursentwicklungen. **Medtronic** und **ROCHE** sind mit 5 % hoch gewichtet.				
Polar Health HC O.	A0M 8VF	21,95 €	24,70/19,25 €	-7/+66/+206 %
Umfang 2,32 Mrd. €, Alter 9 Jahre, Ausgabeaufschlag 5,00 %, Gebühr 1,50 %, thesaurierend. Dieser große Fonds investiert weltweit vor allem in Gesundheitswesen-Aktien von substanzstarken Großkonzernen. **Medtronic** ist mit einem Anteil von 5 % dabei.				
FTIF Franklin Tem.	A0K EDF	18,45 €	18,45/14,55 €	+9/+54/+124/+70 %
Umfang 642 Mio. €, Alter 10 Jahre, Ausgabeaufschlag **0,0 %,** Gebühr **0,70 %,** thesaurierend. Der innovative Fonds mit erfreulich niedrigen Gebühren spezialisiert sich auf unterbewertete Aktien weltweit. **Medtronic** ist Spitzenreiter mit einem Anteil von 5 %.				
Medtech-Aktie Medtronic, Dublin: forschungs- und dividendenstark				
Medtronic	A14 M2J	76,30 €	80,90/63,20 €	+16/+85+217/+102 %
Anmerkung: Der Weltmarktführer Medtronic im Sektor Medizintechnik ist so bekannt, dass sich die Aktie auch in den Depots erfolgsorientierter Privatanleger befindet. Wer sich auf innovative Aktienfonds konzentriert, freut sich, wenn Medtronic wegen der hohen Dividende und intensiven Forschung dazugehört.				

Aktienfavoriten & Aktienfonds	WKN	Kurs 20.10.16	52 Wochen Hoch/Tief	Kursentwicklung 1, 3, 5, 10 Jahre
Sendemastenbetreiber American Tower aktiv in Zukunftsmärkten				
American Tower	A1J RLA	104,60 €	106,8/73,40 €	+24/+81/+161 %
Der US-Konzern betreibt Sendemasten und vermietet sie an Mobilfunkfirmen. Überzeugend sind der wachsende Umsatz und Ertrag 2016. Jedoch ist es schwierig, in den gesättigten Märkten neue Sendetürme/Sendemasten zu bauen und lukrativ zu vermieten. Diese Aktie ist für risikofreudige, marktkundige Langzeit-Anleger interessant. Von 23 Experten-Empfehlungen: 21 „Kaufen", 2 „Halten", niemand „Verkaufen".				
JCF Janus	935 619	8,00 €	8,00/5,90 €	+15/+32/+80/+108 %
Umfang 55 Mio. €, Alter 17 Jahre, Ausgabeaufschlag 5,00 %, Gebühr **1,25 %,** thesaurierend. Das Management spezialisiert sich auf Technologiekonzerne mit starken Marken, wie **American Tower, Alphabet,** Apple, Samsung, Facebook, Adobe, Tencent.				
Allianz Telemedia	848 178	56,80 €	59,70/50,60 €	+2/+36/+120/+119 %
Umfang 68 Mio. €, Alter 20 Jahre, Ausgabeaufschlag 5,00 %, Gebühr **2,05 %,** ausschüttend. Der Fonds investiert in Telekommunikations- und Medienaktien. **American Tower** ist mit 4,3 % gewichtet. Dazu gehören Drillisch und United Internet (TecDAX).				
Dt. Invest Global	DWS 0TN	147,85 €	153,6/147,2 €	+8/+42/+67/+59 %
Umfang 969 Mio. €, Alter 8 Jahre, Ausgabeaufschlag 5,00 %, Gebühr 1,50 %, ausschüttend. Das Management investiert in Infrastruktur, wozu Transport, Glasfasern, Kupferkabel, Sendemasten, Satelliten zählen. **American Tower** ist mit 6 % vertreten.				
Anmerkung: Sicherlich sind in Infrastrukturfonds noch kleinere Anteile von American Tower dabei. Wer risikofreudig ein internationales Aktiendepot pflegt mit Interesse an Telekommunikation und Infrastruktur, sollte hier ruhig zugreifen.				
Salesforce als globaler Mietsoftware-Primus nur bei Profis bekannt				
Salesforce	A0B 87V	66,15 €	77,80/47,10 €	-4/+51/+194/+630 %
Der weltweit führende Anbieter von Mietsoftware ist im S&P 500 gelistet. Die Aktie wird aber trotz guter Kursentwicklung im 5- und 10-Jahresvergleich nur wenig beachtet. Dies gilt auch für zahlreiche Aktienfonds. Die Aktie des SAP-Konkurrenten ist für risikofreudige, marktkundige Langzeit-Anleger durchaus interessant. Von 47 Experten heißt der Tipp: 44-mal „Kaufen", zweimal „Halten" und einmal „Verkaufen".				
Allianz Information	847 512	179,00 €	187,0/132,8 €	+11/+35/+130/+117 %
Umfang 148 Mio. €, Alter 33 Jahre, Ausgabeaufschlag 5,00 %, Gebühr 1,80 %, ausschüttend. Zwei Drittel der Fondsaktien stammen aus dem Informationssektor. Neben **Salesforce** und **Alphabet** sind auch Microsoft, Facebook, Apple, Intel, Tesla dabei.				
Nordinternet	978 530	74,90 €	75,50/53,55 €	+15/+77/+151/+158 %
Umfang 33 Mio. €, Alter 19 Jahre, Ausgabeaufschlag 5,00 %, Gebühr **1,00 %,** thesaurierend. Der aktiv gemanagte Technologiefonds überzeugt mit guter Kursentwicklung. Neben **Salesforce** und **Alphabet** gehören auch Amazon, Netflix und Facebook dazu.				

Aktienfavoriten & Aktienfonds	WKN	Kurs 20.10.16	52 Wochen Hoch/Tief	Kursentwicklung 1, 3, 5, 10 Jahre
VINCI: Bauriese für Autobahnen/Flughäfen aus dem Euro Stoxx 50				
VINCI	867 475	104,60 €	106,8/73,40 €	+24/+81/+161 %
Der französische Bauriese VINCI rückte 2016 in die Gruppe der fünf weltweit größten Airportbetreiber vor. Ich wünsche mir, dass noch mehr Fondsmanager, die den industriellen Bereich mit dem europäischen Bausektor abdecken, in VINCI anlegen. Von 24 Analysten empfehlen 18 „Kaufen", 6 „Halten", niemand „Verkaufen".				
FF Fidelity World E	787 302	23,45 €	24,75/19,10 €	+15/+44/+107/+58 %
Umfang 954 Mio. €, Alter 20 Jahre, Ausgabeaufschlag **0,0 %,** Gebühr 1,50 %, thesaurierend. Das Management investiert weltweit in Aktien von Firmen mit zukunftsfähigen Produkten/Verfahren. Von den Experten-Favoriten sind **Alphabet** und **VINCI** dabei.				
PGLI Partners Gr.	80K ET2	149,80 €	155,4/132,4 €	+7/+40/+84/+104 %
Umfang 3,53 Mrd. €, Alter 10 Jahre, Ausgabeaufschlag 5,00 %, Gebühr **1,15 %,** ausschüttend. Das sehr aktive Management investiert großteils in Aktien unterschiedlicher Unternehmensgrößen und Sparten. **VINCI** ist Spitzenreiter mit einem Anteil von 5 %.				
Anmerkung: Vermutlich sind in Bauindustriefonds noch kleinere Anteile des europäischen Airportbetreibers dabei. Wer risikofreudig ein internationales Aktiendepot pflegt mit Interesse am Autobahn- und Flughafenbau, sollte zugreifen.				
Hohe Dividende beim niederländischen Supermarktbetreiber AHOLD				
AHOLD	A2A NT0	66,15 €	77,80/47,10 €	-4/+51/+194/+630 %
Der niederländische Supermarktbetreiber übernahm im Sommer 2016 Delhaize aus Belgien. AHOLD ist bei institutionellen Investoren wegen verlässlicher Ausschüttungen und überzeugenden Wachstums geschätzt, findet aber anscheinend zu wenig Beachtung bei Aktienfonds und Privatanlegern .Dabei hat der Titel den Spartenindex um 25 % abgehängt und sich der Kurs binnen 5 Jahren mehr als verdoppelt. Von den 27 Experten heißt es 21-mal „Kaufen", sechsmal „Halten" und keinmal „Verkaufen".				
HGF Henderson C.	A0D LKB	9,05 €	10,05/8,10 €	-4/+23/+86/+55 %
Umfang 4,34 Mrd. €, Alter 12 Jahre, Ausgabeaufschlag 5,00 %, Gebühr 1,50 %, thesaurierend. Der Fonds investiert in innovative europäische Firmen. Neben den Experten-Favoriten **ROCHE** und **AHOLD** sind Bayer, Henkel und Continental (DAX) dabei.				
Anmerkung: Bei den international aufgestellten Aktienfonds für Konsumgüter dominieren eher die Aktien der großen amerikanischen Handelsketten und Hersteller wie Procter & Gamble sowie Home Depot. Auch Unilever aus dem Euro Stoxx ist begehrt. Die Musik spielt groß auf, wenn Industrie 4.0, Internet der Dinge, Digitalisierung und vernetzte Welt zukunftsfähig umgesetzt werden. Zu den Favoriten der Experten zählt Alphabet/Google. Wer sich als Privatanleger neben erstklassigen Aktienfonds aus dem Konsumbereich wachstumsstarke Einzelaktien ins Depot nehmen will, kommt an dem Online-Handelsriesen Amazon nicht vorbei, längst viel mehr als nur im Internet-Buchversand der Weltmarktführer.				

Aktien der Experten von gestern in Aktienfonds von heute

Aktienfavoriten & Aktienfonds	WKN	Kurs 20.10.16	52 Wochen Hoch/Tief	Kursverlauf 1, 3, 5, 10 Jahre
Gewerbe-Immobilienriese SIMON Property in Aktienfonds begehrt				
SIMON Property	916 647	182,00 €	205,0/158,0 €	-2/+26/+72/+107 %

Die SIMON Property Group zählte zu den Expertenfavoriten 2015. SIMON ist eine der weltweit größten Immobiliengesellschaften. Dies ist ein steuerbegünstigter, selbstverwalteter REIT. Der Immobilienriese kauft, besitzt, verwaltet, vermietet und renoviert umsatzstarke Einkaufszentren. Über 325 Objekte befinden sich in den US-Bundesstaaten. Alle Mietverträge werden mittel- bis langfristig abgeschlossen.

AXA WF Fr. Global	A0L F6L	132,30 €	141,2/112,0 €	+4/+34/+94/+21 %

Umfang 151 Mio. €, Alter 20 Jahre, Ausgabeaufschlag **2,00 %**, Gebühr **2,50 %**, thesaurierend. Der Fonds investiert in Aktien mittlerer Immobilienfirmen nach genauer Analyse. **SIMON** Property ist Spitzenreiter mit 5 % Anteilen. LEG (MDAX) ist dabei.

FF GI Property A	A0H 0WB	14,15 €	15,15/12,05 €	+2/+40/+88/+27 %

Umfang 169 Mio. €, Alter 11 Jahre, Ausgabeaufschlag **3,50 %**, Gebühr 1,50 %, ausschüttend. Der Fonds investiert weltweit in Aktien von Firmen in verschiedenen Segmenten der Immobilienbranche, auch REITs. **SIMON** führt mit einem Anteil von 8 %.

First State ICVC G-	A0Q YLK	1,50 €	1,60/1,30 €	0/+40/+88/+77 %

Umfang 313 Mio. €, Alter 13 Jahre, Ausgabeaufschlag 4,00 %, Gebühr 1,50 %, ausschüttend. Der Fonds legt nicht direkt in Gebäude an, sondern weltweit in Aktien von Firmen, die Immobiliengeschäfte betreiben. **SIMON** ist mit 7,5 % führend gewichtet.

JSS Invest. SICAV	A0D LCW	203,00 €	217,0/173,0 €	+4/+39/+90/+34 %

Umfang 68 Mio. €, Alter 12 Jahre, Ausgabeaufschlag 5,00 %, Gebühr 1,50 %, thesaurierend. Der Fonds investiert in Aktien von Immobilienfirmen, darunter auch REIT. USA und Japan dominieren. **SIMON** führt diese Rangliste mit 9 % Gewichtung an.

JSS Inv. Sustain.	A0M M6T	160,45 €	170,5/138,0 €	+4/+37/+81/+60 %

Umfang 88 Mio. €, Alter 10 Jahre, Ausgabeaufschlag 5,00 %, Gebühr 1,50 %, thesaurierend. Im Unterschied zum vorstehenden JSS-Immobilienfonds beachtet das Management auch ethisch-sozial-ökologische Kriterien. **SIMON** ist mit 9 % dabei.

MS Global Propert.	A0L AY3	25,45 €	26,85/21,95 €	+1/+31/+83/+23 %

Umfang 883 €, Alter 10 Jahre, Ausgabeaufschlag **5,75 %**, Gebühr 1,50 %, thesaurierend. Der Fonds mit hohem Ausgabeaufschlag investiert weltweit in Aktien von Immobilienfirmen mit Dominanz im asiatischen Raum. **SIMON** ist mit 5 % gewichtet.

Allianz Adiverba A	847 106	126,70 €	136,9/103,1 €	+1/+22/+82/-20 %

Umfang 292 Mio. €, Alter 53 Jahre, Ausgabeaufschlag 5,00 %, Gebühr 1,80 %, ausschüttend. Den Anlageschwerpunkt bilden Aktien von Versicherungen, Banken und anderen Finanzdienstleistern. Aber auch **SIMON** Property ist mit 3 % Anteil dabei.

Aktien der Experten von gestern in Aktienfonds von heute					
Aktienfavoriten & Aktienfonds	WKN	Kurs 21.10.16	52 Wochen Hoch/Tief	Kursverlauf 1, 3, 5, 10 Jahre
CHUBB, globaler Erst- und Rückversicherer, bei Finanzfonds beliebt			
CHUBB Limited	A0Q 636	108,00 €	118,1/95,3 €	+12/+54/+134 %
CHUBB, ein weltweit führender Erst- und Rückversicherer, zählt zu den Experten-Favoriten 2015 und erzielte mit einem Plus von 18,7 % nach American Tower (+21,3 %) und Medtronic (20,4 %) das drittbeste Ergebnis. Schwerpunkte sind das Risikomanagement, die Schadens-Steuerung und -Abwicklung in 50 Ländern. 2016 übernahm ACE den US-Konkurrenten und trägt dessen Namen. Wohl wegen damit verbundener Unsicherheit zählt CHUBB aktuell nicht zu den Experten-Favoriten.			
FTIF Fran Mutial	A0K EDF	18,45 €	18,45/14,55 €	+10/+45/+116/+71 %
Umfang 642 Mio. €, Alter 10 Jahre, Ausgabeaufschlag **0,00 %**, Gebühr **0,70 %**, thesaurierend. Der innovative Fonds mit sehr niedrigen Gebühren spezialisiert sich auf unterbewertete Aktien weltweit. **Medtronic** als Spitzenreiter und **CHUBB** sind dabei.			
TJGF Glob. Financ.	A0K EM3	13,50 €	14,35/10,95 €	+2/+24/+97/+34 %
Umfang 63 Mio. €, Alter 10 Jahre, Ausgabeaufschlag 5,00 %, Gebühr 1,50 %, thesaurierend. Das aktive Fondsmanagement legt mindestens zwei Drittel des Vermögens in internationale Finanzaktien an. Dazu zählt auch der Versicherer **CHUBB**.			
Anmerkung: Kürzlich hatte ich mehrere Aktienfonds aus dem Finanz- bzw. Versicherungssegment entdeckt, in denen CHUBB vertreten war. Vermutlich kam aber durch die ACE-Übernahme bei einigen Fondsmanagern Unsicherheit auf.			

Welche Erkenntnisse lassen sich aus dieser Untersuchung ableiten mit der Themenstellung Einzelaktien – ETF – Aktienfonds?

> **Wann wähle ich Einzelaktien?** Über die Leitindizes wie DAX und Dow Jones mit nur 30 Titeln gibt es eine Fülle von Informationen. Hier bietet es sich an, erstklassige Einzelaktien mit Blick auf große Zukunftsmärkte auszuwählen. Große Kursschwankungen eröffnen beste Chancen für günstigen Einstieg und Zukauf bzw. Teilverkauf von Siegern bei Kapitalbedarf, wenn es ein neues Jahres- oder Allzeithoch gibt. Kurz nach der US-Präsidentenwahl mit dem Überraschungssieg von Donald Trump lud die hohe Volatilität zum Handeln ein.

Stock Picking empfehle ich all jenen Privatanlegern, die über genügend übriges Kapital, Lust, Zeit, Börsenwissen, Nervenstärke, Geduld und Disziplin verfügen und das Börsengeschehen interessiert verfolgen, Marktbeobachtung eingeschlossen. Nachdem die meisten Aktienfonds im Standard- bzw. Blue Chips-Bereich gegen den Referenzindex bzw. die Benchmark vor allem wegen der oft noch hohen Gebühren verlieren, sind hier Aktienfonds nur selten die beste Wahl.

Wer auch den internationalen Markt beobachtet und sich gut auskennt, sollte sogenannte „goldgeränderte ewige" bzw. „Marathonaktien" mit langjährigem Kursplus und verlässlicher Dividende ins Depot nehmen. Einzelaktien sind spannender als ETFs, erlauben die Teilnahme an Hauptversammlungen zumindest in der Region und ermöglichen auch eine Bindung zum Unternehmen. In besonderem Maße gilt dies für Belegschaftsaktien, die den Mitarbeitern meist zu günstigen Konditionen angeboten werden und das unternehmerische Denken und Handeln fördern sollen.

> **Wann bevorzuge ich Indexfonds bzw. ETFs?** Fehlt es an Zeit, Lust, verfügbarem Vermögen für breite Streuung und entsprechendem Börsenwissen, bieten sich als Alternative die preiswerten ETFs ohne Ausgabeaufschlag und mit einer niedrigen Verwaltungsgebühr im Schnitt von 0,30 % an. Sie erlauben eine Abdeckung aller wichtigen Märkte. Ein ETF gewinnt zwar nie gegen den Vergleichsindex. Aber er verliert eben auch nicht, was vor allem beim Langzeitvergleich und prozentual hohem Einsatz das Interesse an Aktien belastet. So empfahl der Starinvestor Warren Buffett seiner Frau Astrid, nach seinem Tod einen Großteil ihres Vermögens in den S&P-500-Index zu investieren, und zwar in einen passiv gemanagten ETF. *„Passive Fonds schneiden europaweit besser ab als aktive",* erklärt die Analysefirma S&P Dow Jones Indices.

> **Wann entscheide ich mich für Aktienfonds?** Aktienfonds zu verdammen, ist bei genauer Überprüfung nicht gerechtfertigt. Es gibt hervorragende Aktienfonds, die sich auf Dividenden oder Nebenwerte in Deutschland, Europa, Amerika, Asien weltweit spezialisieren, die in Frontiermärkten tätig sind oder sich auf bestimmte Branchen und Themen in Zukunftsmärkten konzentrieren.

Dies sind nicht die Mogler, die den Vergleichsindex abbilden und nur kleine Änderungen vornehmen, um die hohen, mit aktivem Management verbundenen Gebühren einzusammeln. Innovative, sehr aktive Fondsmanager, die auf Börsenklima und Markttrends flexibel reagieren, schneiden oft besser als der Vergleichsindex ab. Dies gilt für die Konzentration auf hohe, verlässliche Dividenden. Dies bietet sich an, wenn Aktien von Unternehmen ausgewählt werden, die in den großen Zukunftsmärkten Industrie 4.0, Internet der Dinge, Cloud Computing, Digitalisierung, vernetzte Welt, Robotik, selbstfahrende Autos unterwegs sind. Es betrifft Aktienfonds im Gesundheitswesen, die den demografischen Wandel mit längerem Leben zukunftsfähig umsetzen. Einerseits sind es die forschungsintensiven, kapitalstarken Pharmariesen rund um den Globus. Andererseits begegnen wir Biotechfirmen, die neue Wirkstoffe erkunden. Hier das Geld – dort die Ideen. Ein Füllhorn für kreative Aktienfonds. Je mehr Aktien der Orientierungsindex enthält – wie Nasdaq 100, Nikkei 225, S&P 500 – umso größer ist die Herausforderung, ihn zu schlagen.

> **Fazit: Sowohl als auch. Ich nutze das komplette Trio überlegt und entscheide mich marktgerecht für Einzelaktien, ETFs und Aktienfonds.**

13 Testen Sie schnell Ihr Fondswissen

\multicolumn{4}{c}{Schnelltest Nr. ❶ zur Wissensüberprüfung}			
Nr.	Aufgabenstellung – Lösung im Anhang auf S. 226		Punkte
1	Börsenrätsel: Setzen Sie die fehlenden Buchstaben ein. Das aus elf Anfangsbuchstaben zu bildende Lösungswort gehört zur Börse.		11 [ ]
1.1	Bewerten Aktien/Firmen/Fonds		1 [ ]
1.2	Ziel Aktien- und Fondsanlagen		1 [ ]
1.3	Nebenwerte-Index		1 [ ]
1.4	Preissteigerung		1 [ ]
1.5	Aktuelles Ziel Autoindustrie		1 [ ]
1.6	Vorgänger vom TecDAX		1 [ ]
1.7	Firmenzusammenschluss		1 [ ]
1.8	Fondsrichtlinie, dt. Abkürzung		1 [ ]
1.9	Technologiebörse USA		1 [ ]
1.10	Absicherungsinstrumente		1 [ ]
1.11	Wichtig für Börsenerfolg		1 [ ]

Nr.	Aufgabenstellung	Ja	Nein	Punkte
2	Wissen: Was stimmt komplett? Was ist falsch? Kreuz!			12 [ ]
2.1	„Aus dem Bauch", emotionell handeln wird empfohlen		X	1 [ ]
2.2	Als vorsichtiger Anleger in Hedgefonds investieren		X	1 [ ]
2.3	Fundiertes Börsenwissen bietet Schutz vor Manipulation.	X		1 [ ]
2.4	Eine Infoquelle reicht für Fondskauf/-verkauf locker aus.		X	1 [ ]
2.5	Stimmt oft: Gier frisst Hirn, und Panik tötet den Verstand.	X		1 [ ]
2.6	Guter Rat: Gewinne laufen lassen, Verluste stets aussitzen.		X	1 [ ]
2.7	Bei ETFs ist Ausgabeaufschlag niedriger als bei Aktienfonds.	X	X	1 [ ]
2.8	Prime Standard: MDAX, TecDAX, SDAX und Nasdaq.			1 [ ]
2.9	Ethik-Themenfonds können bezüglich Rendite mithalten.	X		1 [ ]
2.10	Value-Aktienfonds: konjunkturunabhängig, substanzstark.	X		1 [ ]
2.11	Growth-Strategie: Versorger, Konsumgüter, Versicherungen.		X	1 [ ]
2.12	Offene Immobilienfonds sind sehr sicher und ertragreich.		X	1 [ ]

Nr.	Aufgabenstellung	Nr.	Punkte
3	Zuordnungstest: Welche Aussagen treffen völlig zu?		8 [ ]
3.1	**Risikofreudiger Typ:** 1) Nur Value-Fonds. 2) DAX-Fonds. 3) TecDAX-/Nasdaq-Aktienfonds 4) Auch Nebenwertefonds.	Nr.	4 [ ]
3.2	**Kaufsignale:** 1) Ölpreis stürzt ab. 2) Strafzins wird erhöht. 3) Fondsgebühren sinken wegen ETFs. 4. Exportquote steigt.	Nr.	4 [ ]
	30 - 31 P. = 1, 27 - 29 P. = 2, 24 - 26 P. = 3, 20 - 23 P. = 4	Ziel: 31 P. [ ]	

Schnelltest Nr. ❷ zur Wissensüberprüfung

Nr.	Aufgabenstellung – Lösung im Anhang auf S. 227		Punkte
1	**Börsenrätsel:** Setzen Sie die fehlenden Buchstaben ein. Das aus 12 Anfangsbuchstaben bestehende Lösungswort stuft Anleger ein.		12 [ ]
1.1	Wertpapierertrag		1 [ ]
1.2	Oberbegriff, Name für ETF		1 [ ]
1.3	Anlagestrategie		1 [ ]
1.4	Wachstumsmarkt		1 [ ]
1.5	Charttechnik liefert:		1 [ ]
1.6	Wachstumsregion		1 [ ]
1.7	Deutscher Finanzplatz		1 [ ]
1.8	Aktienfonds-Bewertung		1 [ ]
1.9	Bei Banken oft zu gering		1 [ ]
1.10	Engl. Abkürzung bei Fonds		1 [ ]
1.11	Bevölkerungsentwicklung		1 [ ]
1.12	Anlage mit gutem Gewissen		1 [ ]
2	**Wissenstest:** Was stimmt? Was ist falsch? Ankreuzen!	Ja Nein	12 [ ]
2.1	Finanzkennzahlen und Charttechnik schließen einander aus.		1 [ ]
2.2	Gesundheits-/Software-/Immobilienbranche chancenreich.		1 [ ]
2.3	Unverzichtbar bei Hightechfonds: Digitalisierung/Vernetzung.		1 [ ]
2.4	Rohstoffmarkt spielt langfristig weltweit keine Rolle mehr.		1 [ ]
2.5	Risikofreudige Anleger wählen nur USA-Hochzinsfonds aus.		1 [ ]
2.6	Thesaurierung: Dividende wird in weitere Anteile angelegt.		1 [ ]
2.7	Schnelles Rein/Raus bringt bei Fonds die höchste Rendite.		1 [ ]
2.8	Meide die gefährlichen Vier: Euphorie, Panik, Angst und Gier.		1 [ ]
2.9	Bei Konsumgütern ist das Risiko viel höher als bei Biotech.		1 [ ]
2.10	Immobilien-Aktienfonds Nutznießer vom Flüchtlingszustrom.		1 [ ]
2.11	Aktienfonds sind aktiv gemanagt, klassische ETFs passiv.		1 [ ]
2.12	Kleiner Ausgabeaufschlag am wichtigsten bei Fondsauswahl.		1 [ ]
3	**Welche Aussagen stimmen zur Beispielreihe Crash?**	Nr.	6 [ ]
	1) Nur im Oktober zu befürchten. 2) Nur bei Platzen von Spekulationsblasen möglich. 3) Droht bei großen Krisenherden. 4) Völlig undenkbar bei stabiler Konjunktur. 5) Beim Kernkraft-GAU. 6) Kommt kaum vor: Depot-Panikausverkauf.	Nr.	6 [ ]
4	**Welche Aussagen gelten für eine kluge Fondsanlage?**	Nr.	6 [ ]
	1) Keine Order unter 1.000 €. 2) Bei Panik alles blitzschnell verkaufen. 3) Sich für sein Tun verantwortlich fühlen. 4) Auf Stammtischtipps hören. 5) Bei Hektik Bauchgefühl vertrauen. 6) Anlegerprofil und Renditeerwartung richtig einschätzen.	Nr.	6 [ ]
	34 - 36 P. = 1, 31 - 33 P. = 2, 27 - 30 P. = 3, 23 - 26 P. = 4	36 P.	[ ]

Schnelltest Nr. ❸ zur Wissensüberprüfung

Nr.	Aufgabenstellung – Lösung im Anhang auf S. 228	Punkte
1	Börsenrätsel: Setzen Sie die fehlenden Buchstaben ein. Das aus 14 Anfangsbuchstaben bestehende Lösungswort zählt zur Strategie.	14 [ ]
1.1	Fondsart mit großem Anteil	1 [ ]
1.2	Vorn beim Kursgewinn	1 [ ]
1.3	Grund für Kursausschläge	1 [ ]
1.4	Leitet Hauptversammlung	1 [ ]
1.5	Fondsart	1 [ ]
1.6	Hauptziel vom Börsengang	1 [ ]
1.7	Beeinflusst Börsentrends	1 [ ]
1.8	Großer Aktienindex	1 [ ]
1.9	Zahlungsunfähigkeit	1 [ ]
1.10	Begriff Charttechnik	1 [ ]
1.11	Abhängig von Zinssätzen	1 [ ]
1.12	Bestandteil von Mischfonds	1 [ ]
1.13	Engl. Abkürzung bei Fonds	1 [ ]
1.14	Kleine Nebenwerte	1 [ ]
2	Nebenwerte: Was stimmt? Was ist falsch? Ankreuzen! Ja Nein	8 [ ]
2.1	Risiko ist bei Aktienfonds genauso hoch wie bei Einzelaktien.	1 [ ]
2.2	Zahlreiche Aktienfonds mit MDAX-/TecDAX-/SDAX-Werten.	1 [ ]
2.3	Seit 20 Jahren: MDAX Kursgewinn doppelt so hoch wie DAX.	1 [ ]
2.4	Anlageerfolg bei Nebenwertefonds reine Glückssache.	1 [ ]
2.5	Alle Mischfonds ohne Goldbeimischung sind hoch im Minus.	1 [ ]
2.6	Bei allen Dividendenfonds sind die Gebühren extrem hoch.	1 [ ]
2.7	Es gibt 40-/50-jährige Fonds mit über 1.000 % Kursgewinn.	1 [ ]
2.8	Auf- und Abstieg bei MDAX, TecDAX, SDAX einmal jährlich.	1 [ ]
3	A sucht B. Bilden Sie die passenden Wortpaare. A/B	13 [ ]
3.1	A1) Defensivstrategie. A2) Offensivstrategie. A3) Small-Cap-Index. A4) Klassischer Mid-Cap-Index. A5) Nasdaq. A6) Familienfirmen-Index. A7) Totalverlust droht. A8) Zukunftsmärkte. A9) Riesenfehler im Crash. A10) Mittelabfluss 2016. A11) Breite Streuung. A12) Ordergebühren. A13) Mischfonds	1 [ ] 1 [ ] 1 [ ] 1 [ ] 1 [ ] 1 [ ] 1 [ ]
3.2	B1) MDAX. B2) Besteht aus Aktien/Anleihen. B3) Ostasien/Lateinamerika. B4) Transaktionskosten. B5) Value-Fonds. B6) Technologiebörse USA. B7) Diversifikation. B8) Hedgefonds. B9) Geschlossene Schifffonds. B10) Growth-Fonds. B11) SDAX. B)12 Panik-Ausverkauf. B13) DAXplus Family.	1 [ ] 1 [ ] 1 [ ] 1 [ ] 1 [ ] 1 [ ]
	33 - 35 P. = 1, 30 - 32 P. = 2, 27 - 29 P. = 3, 23 - 26 P. = 4 35 P.	[ ]

Schnelltest Nr. ❹ zur Wissensüberprüfung

Nr.	Aufgabenstellung – Lösung im Anhang auf S. 229	Punkte
1	Börsenrätsel: Setzen Sie die fehlenden Buchstaben ein. Das 10 Anfangsbuchstaben umfassende Lösungswort nennt eine Aktienart.	10 [ ]
1.1	Technologiebörse Amerika	1 [ ]
1.2	Zukunft Autoindustrie	1 [ ]
1.3	Größter Fondsanbieter	1 [ ]
1.4	Mehr Risiko als beim ETF	1 [ ]
1.5	Börsengang/IPO	1 [ ]
1.6	Erneuerbare Energie	1 [ ]
1.7	Ausgebende Bank	1 [ ]
1.8	Abhängig von Zinssätzen	1 [ ]
1.9	Anleger fürchten sich vor	1 [ ]
1.10	Aktien-Index	1 [ ]
2	Welche zwei Aussagen passen nicht? Nummern einsetzen!	14 [ ]
2.1	**Gesundheitsbranche:** 1) Biotech, 2) Medtech, 3) Pharma, 4) Nanotechnologie, 5) Wirkstoffforschung, 6) Suchmaschine	2 [ ]
2.2	**ETF:** 1) Sondervermögen, 2) stets aktiv gemanagt, 3) kleiner Ausgabeaufschlag, 4) deckt den Index ab, 5) Indexfonds	2 [ ]
2.3	**Zukunftstrends:** 1) Industrie 4.0, 2) Cloud Computing, 3) Internet der Dinge, 4) Kosmetik, 5) Big Data, 6) Hardware	2 [ ]
2.4	**MDAX:** 1) 50 klassische Werte, 2) nur deutsche Titel, 3) Auf/Abstieg einmal jährlich, 4) Mid Caps, 5) besser als DAX	2 [ ]
2.5	**TecDAX:** 1) 50 Technologietitel, 2) auch ausländische Titel, 3) Nachfolger Neuer Markt, 4) Micro Caps, 5) viel Software	2 [ ]
2.6	**SDAX:** 1) 30 klassische Werte, 2) nur deutsche Titel, 3) Prime Standard, 4) Small Caps, 5) Industrietitel, 6) Konsumtitel	2 [ ]
2.7	**Investmentfonds:** 1) Breit gestreut, 2) viele Arten, 3) Ausgabeaufschlag üblich, 4) sehr billig, 5) weltweit 1.000 Fonds	2 [ ]
3	A sucht B. Bilden Sie die passenden Wortpaare. A/B	12 [ ]
3.1	A1) Anlage in Aktien und Anleihen. A2) Handel mit geliehenen Aktien. A3) Aktiv gemanagt. A4) Familienindex. A5) Nichts für Anfänger. A6) Fonds-Richtlinie. A7) Schlägt seit 20 Jahren den DAX. A8) Mit Mietshaus vergleichbar. A9) Offene Immobilienfonds. A10) Anlage mit Sparplänen. A11) Voraussetzung Fondsanlageerfolg. A12) Zur Absicherung.	1 [ ] 1 [ ] 1 [ ] 1 [ ] 1 [ ] 1 [ ]
3.2	B1) Dachfonds. B2) Derivate Long/Short. B3) MDAX. B4) Abkürzungen UCITS/OGAW. B5) Mehrere Projekte. B6) Investmentfonds. B7) Langfristiger Anlagehorizont. B8) Bei zahlreichen Investmentfonds möglich. B9) DAXplus Family. B10) Hedgefonds. B11) Leerverkauf. B12) Mischfonds.	1 [ ] 1 [ ] 1 [ ] 1 [ ] 1 [ ] 1 [ ]
	34 - 36 P. = 1, 31 - 33 P. = 2, 27 - 30 P. = 3, 23 - 26 P. = 4	36 P. [ ]

Schnelltest Nr. 5 zur Wissensüberprüfung

Nr.	Aufgabenstellung – Lösung im Anhang auf S. 230	Punkte
1	Börsenrätsel: Setzen Sie die fehlenden Buchstaben ein. Das aus 14 Anfangsbuchstaben bestehende Lösungswort nennt eine Branche.	14 [ ]
1.1	Fonds aus Aktien/Anleihen	1 [ ]
1.2	Basis für Wertpapierorder	1 [ ]
1.3	Absicherung bei Fonds	1 [ ]
1.4	Zukunftsmarkt	1 [ ]
1.5	Einfluss auf Geldmarkt	1 [ ]
1.6	Hier gibt es Offene Fonds	1 [ ]
1.7	Fonds soll …wirtschaften	1 [ ]
1.8	Droht z. B. bei Schifffonds	1 [ ]
1.9	Anlage für gutes Gewissen	1 [ ]
1.10	Börseninformationsquelle	1 [ ]
1.11	TecDAX-Merkmal	1 [ ]
1.12	US-Technologie-Index	1 [ ]
1.13	Oberbegriff, Name für ETF	1 [ ]
1.14	Einflussfaktor Börsentrend	1 [ ]
2	**Nebenwerte: Was stimmt? Was ist falsch? Ankreuzen!** Ja Nein	8 [ ]
2.1	Nasdaq 100: Es ist der Index für Technologieaktien weltweit.	1 [ ]
2.2	Den MDAX und SDAX gibt es schon seit über 20 Jahren.	1 [ ]
2.3	Der DAXplus Family Index besteht nur aus Nebenwerten.	1 [ ]
2.4	Themen- und Branchenfonds sind oft besser als ein ETF.	1 [ ]
2.5	Dividendenfonds: Das Management behält die Ausschüttung.	1 [ ]
2.6	Thesaurierung: Dividende wird in weitere Anteile angelegt	1 [ ]
2.7	Auch flexible Mischfonds haben keine Zukunftschancen.	1 [ ]
2.8	Biotech-Aktienfonds gewinnen im Bullenmarkt gegen ETFs.	1 [ ]
3	**Welche zwei Aussagen treffen zu? Bitte Nummern einsetzen**	8 [ ]
3.1	**Nasdaq 100:** 1) Vergleichbar mit TecDAX. 2) Etwas mehr Kursgewinn als TecDAX. 3) Biotech fehlt hier. 4) Keine Nasdaq-Fonds im Angebot. 5) Nasdaq-Fonds dividendenstark.	Nr. 2 [ ]
3.2	**Biotech:** 1) Europa-Boom. 2) Übernahmerekord Pharma und Biotech. 3) Value: Biotechfonds. 4) MDAX: auch Biotechtitel. 5) Biotech-ETF USA. 6) Verbot: Fonds mit Gentechnik-AGs.	Nr. 2 [ ]
3.3	**Rechtslage:** 1) Altbestand vor 2010 steuerfrei. 2) Keine Abgeltungsteuer bei ETF. 3) ETF: Sondervermögen. 4) Aktienfonds passiv gemanagt. 5) Kein Ausgabeaufschlag bei ETFs.	Nr. 2 [ ]
3.4	**Strategie:** 1) DAX-Aktienfonds am besten. 2) Nie Immofonds kaufen. 3) Geld/Glück/Geduld. 4) Wenig Zeit: Aktienfonds.	Nr. 2 [ ]
	29 - 30 P. = 1, 26 - 28 P. = 2, 23 - 25 P. = 3, 19 - 22 P. = 4	30 P. [ ]

14 Anhang

14.1 Das Lexikon mit Fachbegriffen und Fonds-Schwerpunkten

Aktien. Die Aktie verbrieft einen Anteil am Grundkapital. Als Aktionär sind Sie Miteigentümer dieser AG. Es gibt folgende Rechte: **a) Verwaltungsrechte** (HV-Teilnahme, Auskunfts-, Rede- und Stimmrecht) und **b) Vermögensrechte** (Dividende, wenn Gewinn ausgeschüttet wird; Bezugsrecht bei Kapitalerhöhung gegen Bareinzahlung). Nach **Art der Übertragbarkeit** werden Inhaber- und Namensaktien angeboten. Bezüglich der Rechte unterscheiden wir Stammaktien (St = Stimmrecht auf der HV) und Vorzugsaktien (Vz = keine oder begrenzte Stimmrechte, dafür oftmals eine höhere Dividende).

Aktienanalyse, Analysten. Analysten bewerten vor allem Index-Aktien und beurteilen die künftige Entwicklung. Aus Rücksicht gegenüber guten Kunden überwiegen Kauftipps. Nie sollte nur eine Analyse als Entscheidungshilfe dienen.

Aktienfonds. Zu den bekanntesten Vermögensverwaltern und Kapitalgesellschaften für Aktienfonds zählen: Allianz, AVIVA, BlackRock, Carmignac, DEKA, DJE, DWS, Fidelity, Henderson, JP Morgan, Morningstar, Schroders, Templeton, Treadneedle, Union Investment und Vanguard. Die Fondsmanager legen ihr Vermögen großteils nur in Aktien an. Je nach Strategie und Anlageschwerpunkten investieren sie in Industrie- oder Schwellenländer, in Deutschland, Europa, USA, Asien/Pazifik, Südamerika usw. oder weltweit. Sie entscheiden sich für Aktien von Großkonzernen, mittelgroßen oder kleineren Unternehmen, konzentrieren sich auf bestimmte Märkte, Branchen und Themen. Aktienfonds gewährleisten eine breite Streuung und eignen sich für alle Anlegertypen mit langfristigem Anlagehorizont, die ein Jahrzehnt und länger bei der Stange bleiben wollen. Üblich ist ein Ausgabeaufschlag bis zu 5 %, der verhandelbar ist und sogar entfallen kann. Entscheidend ist bei einer Anlage über mehrere Jahrzehnte die jährliche Verwaltungsgebühr. Da macht es sehr viel aus, ob pro Jahr 0,20 % oder 2,00 % anfallen. In zwei Jahrzehnten können beispielsweise 4 % oder 40 % vom erlösten Ertrag abhandenkommen. Geht die Anlagegesellschaft pleite, verlieren Sie nicht Ihren Einsatz; denn Investmentfonds zählen zum geschützten Sondervermögen. Bei den passiv gemanagten ETFs beträgt die Jahresgebühr im Schnitt nur 0,30 %.

Aktiengesellschaft (AG). Bei dieser Rechtsform wird das Grundkapital in Form von Aktien verbrieft. In einer AG treffen Aufsichtsrat, Vorstand und das auf der Hauptversammlung durch die Aktionäre vertretene Aktienkapital alle wichtigen Entscheidungen (pro Aktie: 1 Stimme). Soweit es sich um die 100 größten börsennotierten Gesellschaften handelt, ist in Deutschland seit 2016 im Aufsichtsrat eine Frauenquote von 30 % vorgeschrieben.

Aktives Management. Investmentfonds sind aktiv gemanagt. Von daher ist eine höhere Verwaltungsgebühr gerechtfertigt gegenüber den klassischen, passiv gemanagten börsennotierten Indexfonds, ETF (Exchange Traded Funds) genannt. Allerdings verwischen sich die Grenzen bei den ETFs zusehends. Während es bei Aktienfonds zum Geschäftsmodell gehören kann, Derivate zur Absicherung einzusetzen und bei flexibler Struktur Gewichtung und Zusammensetzung gegenüber dem Referenzindex gegebenenfalls abzuändern, sollten ETFs passiv gemanagt bleiben. Auf der Suche nach neuen Produkten lösen sich die Unterschiede zwischen etlichen Aktienfonds, ETFs und Zertifikaten auf und sind für Nichtfachleute unüberschaubar. Wäre dies anders, würden einfache, einprägsame Namen als Abgrenzung genügen anstatt des heute üblichen Gewirrs von zahlreichen Fachausdrücken und Abkürzungen, mitunter eine ganze Zeile lang. Um nicht als Mogler zu gelten, sollten sich Fonds deutlich vom Referenzindex abheben.

Altersvorsorge. Das Ungleichgewicht steigender Lebenserwartung bei niedriger Geburtenrate stellt die Finanzierung der Renten und den Arbeitsmarkt vor Probleme. Das auf 67 Jahre erhöhte Renteneintrittsalter schwächt die negativen Folgen etwas ab. Die Frühverrentung mit 63 Jahren hebelt dies teilweise aus. Eine eigenverantwortliche Altersvorsorge wird unverzichtbar. Bei einem Zinssatz nahe 0 % führt das beliebte Sparbuch zu schleichender Kapitalvernichtung. Die Betriebsrente gewinnt an Zuspruch. Sparpläne für Aktienfonds und ETFs sind interessant.

Anlagebetrug. Alljährlich landen 30 bis 40 Mrd. € in den Kassen der Anlagebetrüger. Jede Warnlampe sollte aufleuchten, wenn Berater ungebeten anrufen, Traumrenditen versprechen, Zeitdruck aufbauen, exklusive Supergeschäfte vorgaukeln, dubiose Produkte anpreisen und als Geschäftssitz exotische Länder nennen.

Anlagestrategie. Das A und O für den Erfolg ist eine maßgeschneiderte Anlagestrategie. Zur Groborientierung dienen: a) sicherheitsbewusster Typ, b) chancenorientierter Typ, c) risikofreudiger/spekulativer Typ. Eine vernünftige Strategie berücksichtigt: Einkommen, Vermögensdecke, Anlagezeitraum, Renditeziele, familiäre Lage, finanzielle Pflichten, Lebensalter, Steuern und Marktlage.

Anleihen. Sie zählen für Unternehmen seit Jahrzehnten zu den klassischen Möglichkeiten, sich kurz-, mittel- oder langfristig Fremdkapital außerhalb von Bankkrediten zu beschaffen und dafür an den Gläubiger in der Regel Zinsen zu bezahlen.

Deshalb gehören diese Bonds, Schuldverschreibungen bzw. Rentenpapiere zu den Hauptbestandteilen von Renten-, Dach- und Mischfonds. Je nach Art der Verzinsung unterscheiden wir Anleihen mit festem und mit variablem, also anzupassendem Zinssatz je nach Marktlage und den Vorgaben der Notenbanken.

Antizyklisches Handeln. Beherztes Handeln entgegen dem herrschenden Trend. Als mutiger Anleger greifen Sie in Bodenbildungsphasen bei starker Korrektur und Crash zu, während Sie nahe dem Gipfel eher Teilverkäufe vornehmen.

Ausgabeaufschlag. Ein Ausgabeaufschlag von 5 % war früher bei Investmentfonds üblich und kaum verhandelbar. Dies hat sich durch den Wettbewerbsdruck mit ETFs, den börsennotierten Indexfonds, geändert. Zwar wird meistens nach wie vor ein Ausgabeaufschlag von 5 % erhoben. Mancher Fondsmanager oder Bankanbieter aber halbiert ihn bzw. verzichtet ganz darauf. Da Investmentfonds vor allem für eine langfristige Kapitalanlage von möglichst einem Jahrzehnt und darüber hinaus empfohlen werden, ist die Höhe des Ausgabeaufschlags längst nicht so entscheidend wie die jährliche Verwaltungs- oder Managementgebühr. Da wirkt es sich schon aus, ob pro Jahr 0,2 %, 0,5 % oder 2,0 % anfallen. In zwei Jahrzehnten können dies insgesamt 4 %, 10 %, aber auch 40 % Ertragsminderung sein.

B

Baisse. Damit ist an der Börse ein länger dauernder Kursrückgang gemeint, verursacht durch konjunkturelle Abschwächung bis hin zur Rezession und Deflation.

Baukasten-/Aufbaumodell Geldanlage. Ich habe dieses Aufbaumodell nach dem Baukastensystem entwickelt, um für sicherheitsbewusste, erfolgsorientierte und risikofreudige Anleger einen chancenreichen Einstieg mit Erweiterungsmöglichkeiten anzubieten. Es geht um Orientierungs- und Entscheidungshilfen für Einzelaktien aus Referenzindizes, passenden Aktienfonds aus bestimmten Börsenbarometern, Branchen und Themen sowie zum Risikoprofil zugeschnittene ETFs.

So wie eine Einbauküche vom einfachen Grundmodell ausgeht und der Kunde je nach Geldbeutel, Geschmack, Platz und Vorlieben sein maßgeschneidertes Modell unter fachkundiger Beratung zusammenstellt, ist dies auch im Anlagesektor möglich. Bei der Einbauküche geht es um Funktionalität, Design und Qualität, bei meinem Baukasten-Aufbaumodell um den Ansatz, Einzelaktien, Investmentfonds und ETFs bestmöglich und anlegerbezogen miteinander zu verknüpfen.

Benchmark. Dies ist eine Vergleichsmarke. Fondsmanager wollen die Benchmark, beispielsweise DAX oder Dow Jones, schlagen, auch wenn dies bei großen Standardfonds selten glückt. Dagegen gelingen öfters überzeugende Ergebnisse bei Nebenwerte-, Branchen- und Themenfonds sowie bei einem Investment in Entwicklungs- und Schwellenländer.

Die passiv gemanagten, preiswerten börsennotierten Indexfonds, ETF genannt, gewinnen nie gegen den Referenzindex. Aber sie verlieren auch nicht, was bei den großen Blue Chips-Aktienfonds zu über 80 % geschieht. Aktiv gemanagte Spitzenfonds schlagen den Referenzindex und bieten geballtes Profiwissen an.

Biotechaktien. Üppige Kursgewinne winken, wenn ein Präparat zugelassen und ein „Blockbuster" wird. Weniger riskant als Einzelaktien sind wegen breiter Streuung ETFs oder Biotech-Aktienfonds, die bei boomender Börse und glücklichem Händchen bezüglich Auswahl gut und gerne 100 % und mehr in 12 Monaten oder 3 Jahren abwerfen können. Eine prall gefüllte Pipeline mit Arzneimitteln in den klinischen Phasen II und III ist entscheidend. Auch Übernahmefantasien spielen mit. Meldungen über schädliche Nebenwirkungen führen zum Kursabsturz.

Blue Chips. Dieser Begriff ist für die großen Standardwerte, für bekannte Qualitätstitel, z. B. aus dem DAX, Euro Stoxx 50, Dow Jones oder Nikkei reserviert.

Börse. Hier treffen sich Angebot und Nachfrage. Gehandelt wird in Frankfurt (elektronisches Handelssystem XETRA) und an den Regionalbörsen Berlin-Bremen, Düsseldorf, Hamburg, Hannover, München, Stuttgart. Die Deutsche Börse AG ist im DAX notiert. Mittels Börsengang stocken Firmen ihr Eigenkapital auf.

Branchenfonds. Dies kann die Zauberformel für fachlich versierte und das Marktgeschehen aufmerksam beobachtende Privatanleger sein. Mal gibt es die höchsten Kursgewinne bei Biotech und Kursabschläge bei Edelmetallen und Rohstoffen. Einige Zeit später verhält es sich genau umgekehrt. Mal springt der Ölpreis durch die Decke. Dann herrscht wegen Preisverfalls bei den großen Ölkonzernen Totengräberstimmung, während Fluglinien, Premium-Autobauer, zahlreiche Industriezweige und Privathaushalte Nutznießer sind. Momentan werden die Zukunftsmärkte von der Industrie 4.0, dem Internet der Dinge, dem Digitalisierungs- und Vernetzungsmegatrend geprägt. Internet-, Netzwerk- und Softwareunternehmen kommen ebenso groß heraus wie die darauf zugeschnittenen Branchenfonds, zusammengestellt von innovativen Fondsmanagern, die ihr Geschäft verstehen.

Branchenrotation. Je nach Konjunktur laufen zyklische oder nichtzyklische Aktien bzw. Aktienfonds gut. Mal sind Auto- und Maschinenbauer, mal Chemie, Biotech, Immobilien oder Software gefragt. Bei guter Konjunktur schwört alles auf Growth, bei Rezession auf Value. Ich empfehle Value-Aktienfonds für sicherheitsbewusste Anleger, Growth für risikofreudige Anleger. Am besten erscheint eine Mischstruktur, bei der sich ein schnelles Rein/Raus verbietet.

Buchwert, Substanzwert. Er bezieht sich auf das Eigenkapital abzüglich der Dividendensumme. Nähern sich Aktienkurs und Buchwert an, gilt die Bewertung grob über den Daumen gepeilt als fair. Für eine Kaufentscheidung reicht dies nicht aus. Sonst würde jemand nur Bank-, Versicherungs- und Auto-Aktienfonds auswählen.

Bulle und Bär. Diese Leitfiguren sind das Wahrzeichen der Frankfurter Wertpapierbörse. Der mit seinen Hörnern aufwärts stoßende Bulle steht für steigende, der mit seinen mächtigen Tatzen nach unten schlagende Bär für fallende Aktienkurse.

C

Cashflow. Diese wohl wichtigste Kennzahl zur Beurteilung der Finanz- und Ertragskraft umfasst Jahresüberschuss, Abschreibungen, Rückstellungen, Steuern auf Einkommen und Ertrag.

Chart, Charttechnik. Der Kursverlauf von Wertpapieren als Tages-, Wochen-, Jahres- und Langzeitchart wird mittels Linien, Balken, Kerzen usw. grafisch dargestellt. Aus der Kursentwicklung der Vergangenheit ziehen Charttechniker Rückschlüsse auf die Zukunft, da menschliches Verhalten zu Wiederholungen neigt.

Cloud Computing gilt als Gehirn der vernetzten Welt in den großen Zukunftsmärkten mit erheblichem Wettbewerbsdruck. Der Software- und Internetsektor lässt sich bei Ausrichtung auf Deutschland, Europa, USA oder weltweit mit spezialisierten Aktienfonds abdecken. Durch breite Streuung sinkt das Risiko erheblich.

Cost average, Cost averaging kommt bevorzugt bei Sparplänen für Aktienfonds zum Tragen, lässt sich aber auch auf Einzelaktien übertragen. Der Durchschnittspreis sinkt, indem Sie mit gleich hohem Einsatz bei fallenden Preisen mehr und bei Kursanstieg weniger Wertpapiere bekommen. Von daher empfiehlt sich auch bei Fonds ein Zukauf in zwei bis drei Tranchen, wenn kein Sparplan vereinbart wird.

Crash. Die größten Kurseinbrüche gab es 1929 und 1987. Beim Crash von Frühjahr 2000 bis März 2003 stürzte der DAX von 8.150 auf 2.200 Punkte ab. Der Neue Markt büßte über 95 % ein. Die US-Technologiebörse Nasdaq verlor zwei Drittel ihres Wertes. Im Herbst 2008 und Frühjahr 2009 kam es wegen der Weltwirtschaftskrise zum erneuten Crash. Der DAX notierte nur noch bei 3.600 Punkten. Eine Art „Salamicrash" gab es im Januar/Februar 2016, begleitet von heftigen Kursturbulenzen. Am 24./26. Juni 2016 kam es durch den Brexit, Austritt Großbritanniens aus der EU, zum Kurssturz frühmorgens. Ähnlich verlief der überraschende Wahlsieg von Donald Trump: Eröffnungskurse stark im Minus, Schlusskurse im Plus. Die Geldpolitik des EZB-Präsidenten Mario Draghi stößt bei Experten auf wenig Verständnis: Leitzinssenkung von +0,5 auf 0,0 %, Strafzinsanhebung für Bankeinlagen bei der EZB von -0,3 auf -0,4 %, Negativzins von -0,01 % bei 10-jährigen Bundesanleihen, milliardenschwere Staatsanleihenkäufe auch 2017.

D

Dachfonds. Hier legt das Management ausschließlich oder großteils in andere Fonds der entsprechenden Gattung an. Der Dachfonds erinnert an ein Mietshaus mit mehreren Wohnungen. Die Gebühren sind demzufolge meist etwas höher.

D-A-CH-Region. Diese Abkürzung wird im Wirtschaftsleben für den deutschsprachigen Raum, also Deutschland, Austria (Österreich) und die Schweiz verwendet.

DAX, Abkürzung für **D**eutscher **A**ktieninde**X**. Im DAX werden die Kurse der 30 führenden deutschen Unternehmen notiert. Für die Gewichtung ist neben dem Börsenwert der Streubesitz (Free Float), also der Anteil frei handelbarer Aktien, entscheidend. Aktienfonds auf große Standardtitel, z. B. DAX, Euro Stoxx, Dow Jones und Nikkei, verlieren zu 80 bis 90 % gegen den Referenzindex, Benchmark genannt. Dagegen gibt es zahlreiche Nebenwerte-, Branchen- und Themenfonds, die den konkurrierenden ETFs um Längen davoneilen. Deshalb mein Tipp: Einzelaktien oder ETFs bei Standardwerten, Aktienfonds überall dort, wo ein innovatives Management zeigt, was es kann. Also ein flexibles Anlagekonzept in Nebenwerte, Zukunftsmärkte, Branchen und Themen, fokussiert auf Deutschland, Europa, Asien/Pazifik, Lateinamerika und analog zum MSCI World rund um den Globus.

DAXplus Family Index. Der im Januar 2010 von der Deutschen Börse AG eingeführte Familienfirmen-Index kommt ohne die unsinnige Sperrklausel einer längeren Börsennotierung als 10 Jahre aus. So werden im Gegensatz zum GEX größere Traditionsfirmen nicht mehr ausgebremst. Der DAXplus Family 30, WKN A0Y KTN, lässt sich mit Themenfonds ideal abdecken: bestmögliche Streuung bei nur einer einzigen Transaktionsgebühr. Er enthält mit Fresenius, Henkel und SAP drei DAX-Titel. MDAX- und Tec-DAX-Aktien der 2. Börsenliga überwiegen, angereichert mit Familienfirmen aus der 3. Börsenliga SDAX. Der Familienindex entwickelte sich im 1. Quartal 2016 besser als die übrigen deutschen Börsenbarometer. Familienfirmen mit ihren Gründern erwirtschaften oft höhere Erträge als Konzerne mit Fremdmanagement, weil sie nicht auf schnelle Rendite aus sind und flexibel handeln. Sie fühlen sich gegenüber Angehörigen, Kunden, Mitarbeitern, Lieferanten und der Region verpflichtet, planen langfristig und sind mit Elan bei der Sache. Probleme machen das Nicht-Loslassen-Können und die immer öfter ungelöste Nachfolge.

Demografie. Die Lebenserwartung nimmt bei niedriger Geburtenrate weiter zu – pro Jahrzehnt um mehr als zwei Jahre. Jedes dritte heute geborene Baby dürfte seinen 100. Geburtstag feiern. Nutznießer sind das Gesundheitswesen mit Biotechnologie, Medizintechnik und Pharma. Die Pharmariesen haben das Geld, die Biotechschmieden die Innovationen. So blüht auch 2016 zwar nicht in Deutschland, aber in den USA das Geschäft mit Übernahmen und Beteiligungen.

Depot, Depotgebühren. Ohne Wertpapierdepot kein Aktienkauf! Depotauszug heißt das von der Bank fortlaufend erstellte Verzeichnis über Ihre Börsenaktivitäten. Für die Verwaltung darf die Bank Depotgebühren berechnen. Die Konditionen bei Depoteröffnung und -übertragung sind verhandelbar, im hohen Maße abhängig vom Umfang. Zugang zum Telefon- und Online-Handel sind heute unverzichtbar.

Derivate, derivative Techniken. Darunter sind Finanzinstrumente zu verstehen, deren Preisgestaltung von Kursschwankungen, den Preiserwartungen anderer Investments und dem gegenwärtigen Wettbewerb abhängen. Fondsmanager setzen Derivate ein, um Wertverluste durch Währungseinflüsse oder die Zinspolitik der Notenbanken abzusichern. Passiv gemanagte klassische ETFs dürfen damit nicht arbeiten, wohl aber die aktiv gemanagten Investmentfonds unterschiedlicher Gattungen, z. B. Aktien-, Geldmarkt-, Misch- und Immobilienfonds. Die Hedgefonds-Manager setzen Derivate zielbewusst strategisch ein.

Derivate dienen also auch zur Spekulation auf Kursgewinne oder Verluste des zugrunde liegenden Basiswerts. Je nach Einschätzung und Erwartung spekulieren risikofreudige Investoren auf steigende Kurse (Long) oder sinkende Notierungen (Short). Zu den bekanntesten Derivaten zählen Hebelzertifikate, Futures und Swaps. Zahlreiche Fonds machen sich die Swaps-Technologie zunutze.

Deutsches Aktieninstitut. Ziel ist, Aktien als Finanzierungsinstrument und Kapitalanlage zu fördern, die Rahmenbedingungen und Aktienkultur zu verbessern. Neben Service und Öffentlichkeitsarbeit ist Grundlagenforschung ein Schwerpunkt.

Digitalisierungs-Megatrend. Wir befinden uns im Zeitalter der Digitalisierung und Vernetzung, der Roboterwelt und neuartigen Maschinen. Ob selbstfahrende Autos, Drohnen oder Künstliche Intelligenz. Die Industrie 4.0 prägt Produktionsprozesse und Arbeitswelt. Digitale Technologien, die Vernetzung riesiger Datenmengen, Big Data genannt, verändern unsere Welt und stellen Hightechfirmen vor immense Herausforderungen. Im TecDAX sind Softwarefirmen mit unterschiedlichen Schwerpunkten und Geschäftsmodellen gelistet. Als Alternative zu Einzeltiteln im TecDAX und an der US-Technologiebörse Nasdaq bieten sich attraktive Branchen- und Themenfonds mit attraktiven Kursgewinnen im Mehrjahresvergleich an.

Diversifikation. Das A und O für Erfolg an der Börse ist eine breite Streuung nach Indizes, Branchen, Ländern und zeitlich. Fehlt es an Kapital, Zeit und Lust, um mit Einzelaktien zu streuen, sollten Sie auf ETFs und zukunftsträchtige Themenfonds zugreifen. Studieren Sie meine Musterdepots für sicherheitsbewusste, erfolgsorientierte und risikofreudige Anleger, das Branchen-Musterdepot sowie das von mir als neue Innovation entwickelte Baukasten-/Aufbaumodell in Kapitel 6. Zu den größten Fehlern zählt die Einwert-Strategie mit nur einem einzigen Aktienfonds oder ETF. *Breit gestreut – nie bereut* ist Grundlage für den Anlageerfolg.

Dividende. Eine verlässlich steigende Ausschüttung gilt als wichtiges Kaufargument bei Einzelaktien und ebenso bei den sehr beliebten Dividendenfonds als Ersatz für die abgeschafften Guthabenzinsen. Bei Aktienfonds bedeutet „ausschüttend", dass die Dividende ein- oder zweimal jährlich gebündelt ausgezahlt wird. „Thesaurierend" heißt, dass die Dividende in weitere Anteile angelegt wird.

Dividenden-Aktienfonds. Die Ausschüttung gilt bei Einzelaktien und Dividenden-Aktienfonds als willkommener Ersatzzins. Bei der „ausschüttenden" Form bündelt das Fondsmanagement die Dividende und zahlt sie ein- oder zweimal im Jahr aus. „Thesaurierend" ist bei vielen Fondssparern beliebter, weil die Dividende in weitere Anteile angelegt wird, sich die Stückzahl im Laufe der Jahre erhöht und bei Verkauf des Altbestands Steuern entfallen. Als Nebeneffekt werden Kosten gespart, die bei Überweisung der Ausschüttung sonst anfallen. Dividendenstarke Aktienfonds belohnen ein tüchtiges Management oft mit hohem Kursgewinn.

Dow Jones. Der an der New Yorker Börse (NYSE) gehandelte Dow Jones Industrial Average umfasst die Kurse der 30 größten US-Firmen und gibt weltweit die Marschroute vor. Institutionelle Investoren orientieren sich mehr am S&P 500.

E

Eigenkapital. Es wird vor allem von Aktionären aufgebracht und verbleibt in der AG. Gewinne vergrößern, Verluste verringern das Eigenkapital. Kapitalerhöhungen stärken die Eigenkapitalbasis und schaffen Spielraum für Investitionen.

Entry Standard. Das Freiverkehrssegment wurde 2005 gegründet, wird aber ab März 2017 durch ein neues Börsensegment für innovative kleinere, erfolgreich wirtschaftende, profitable Firmen abgelöst. Seriöse Entry Standard-AGs finden hier einen neuen Platz. Bei der Namenssuche lautete mein Vorschlag Markt 4.0.

ETF (Exchange Traded Funds). Die preiswerten, transparenten, börsennotierten Indexfonds schneiden weder besser noch schlechter als der Vergleichsindex ab. Einen Ausgabeaufschlag gibt es nicht. Die Verwaltungsgebühr liegt im Schnitt bei 0,30 %. Die passiv gemanagten ETFs sind vorteilhaft, wenn es darum geht, große globale Indizes breit gestreut abzudecken. Bei Nebenwerten, zukunftsträchtigen Branchen, Indizes mit vielen Titeln sowie Anlagen in Schwellenländern und Frontiermärkten steigt die Chance von Aktienfonds. Mit wenigen Transaktionen lassen sich wichtige Märkte abdecken. Als Lohn winken attraktive Kursgewinne.

Ethikfonds. Mit gutem Gewissen Geld anlegen, heißt: Umweltverträglichkeit (Erneuerbare Energien, Naturschutz, umweltfreundliche Bauindustrie, Recycling, Schadstoffvermeidung); Sozialverträglichkeit (keine Ausbeutung und Diskriminierung von Frauen, keine Kinderarbeit) sowie Kulturverträglichkeit. Nachhaltige Ethikfonds müssen keineswegs schlechter abschneiden als andere Aktienfonds.

Euro Stoxx 50 (WKN 965 814). Er umfasst die 50 größten Firmen mit etlichen Banken-, Versicherungs- und Öl-Titeln. Der dividendenstarke Leitindex der EU – vergleichbar mit der Champions League im Profifußball – notierte am 02.12.2016 bei 3.015 Punkten – ein Minus von 1 % seit Jahresbeginn, ein Plus von 30 % in 5 Jahren. Die Kursentwicklung beim TecDAX, MDAX, SDAX sieht besser aus.

F

Fondsmanager. Während Standardwertefonds meist schlechter abschneiden als der Index und passiv gemanagte preiswerte ETFs vorzuziehen sind, liegt die Stärke der Aktienfondsmanager im Bereich in- und ausländischer Nebenwerte, Dividenden-, Branchen- und Themenfonds. Denken Sie an Biotechnologie, Software, Internet, Digitalisierung, Vernetzung, Robotik, Immobilien, Elektronik, Konsumgüter, Elektromobilität. Hier kann das Management zeigen, was in ihm steckt. Aktien- und Sachwertefonds sind geschütztes Sondervermögen im Gegensatz zu Zertifikaten. Hier droht bei Emittentenpleite sogar Totalverlust.

Free Float, Streubesitz. Die frei handelbaren Aktien befinden sich im Streubesitz statt in festen Händen. Für die Gewichtung in den Indizes ist neben dem Börsenwert der Anteil am Streubesitz maßgebend.

Frontierfonds, Frontiermärkte. Die Emerging Markets der 2. Generation sind an einem Entwicklungspunkt angelangt, wo gängige Schwellenländer vor 20 Jahren standen. Es gibt wachstumsstarke Frontier-Nebenwertefonds für Mutige.

Fusion. Zusammenschlüsse zuvor selbstständiger Firmen durch *freundliche* oder *feindliche* Übernahmen sollen Kosten senken und die Marktstellung stärken. Meist steigt der Aktienkurs der Zielfirma, während er beim Bieterunternehmen sinkt.

G

Geldmarktfonds. Vor der Jahrtausendwende mit hohen Zinssätzen galten Geldmarktfonds als sicher und renditestark. Jetzt sind die Erträge dürftig oder werden durch Verluste abgelöst. Geldmarktfonds sind als Sondervermögen geschützte Investmentfonds, die zu 100 % oder überwiegend in Geldmarkttitel und liquide Wertpapiere mit kurzer Laufzeit bis zu einem Jahr anlegen. Dabei handelt es sich um Termineinlagen, Festgeld, Schuldscheindarlehen und kurzfristige Staats- und Unternehmensanleihen. Geldmarktfonds eignen sich nur für vorsichtige Anleger, die mit geringen Renditen zufrieden sind in den Zeiten abgeschaffter Guthaben- und eingeführter Strafzinsen. Man denke an zehnjährige Bundeswertpapiere mit Negativzinsen von 0,01 %. Ein gewisser Ausgleich ist mit ausländischen Hochzinsanleihen möglich. Dies hängt von den Fondsauflagen ab. Derivate zur Absicherung von Währungsrisiken zählen oft zum Geschäftsmodell. Die Wertschwankungen sind bei Geldmarktfonds gering, woran viele Sparer interessiert sind.

Gesundheitswesen. Die Lebenserwartung steigt weiter. Nutznießer ist Biotech mit zukunftsfähigen Wirkstoffen. Die Pharmaindustrie stellt die Weichen für medizinischen Fortschritt durch neuartige Therapien und Zusammenarbeit mit Biotech-Mittelständlern. Die Pharmagiganten haben das Geld, die Biotechpioniere die Innovation als Grundlage für erfolgreiche Forschungen im Gesundheitssektor.

Genussscheine. Darunter verstehen wir an der Börse gehandelte Wertpapiere. Dies sind meist Inhaberpapiere, die in ihrer Konstruktion eine Art Zwitterstellung zwischen Aktien und Anleihen einnehmen. Sie verbriefen ein Genussrecht in Form der jährlichen Ausschüttung aus dem Bilanzgewinn des Unternehmens, ohne dass damit ein Teilnahmerecht an der jährlichen Hauptversammlung verbunden ist.

Geschlossene Fonds. Geschlossene Fonds sind Beteiligungen an Unternehmen meist in Form von Mindestanteilen. Wenn ein Management ein solches Projekt auflegt, wird Geld für ein bestimmtes Objekt eingesammelt, z. B. Immobilien-, Schiffs-, Flugzeug- oder Filmbeteiligungen. Früher waren Verluste aus solchen Verträgen einkommensteuerrechtlich absetzbar. Dies ist jetzt nicht mehr der Fall und mit ein Grund für das nachlassende Interesse. Geschlossene Fonds haben eine Laufzeit von einem Jahrzehnt und deutlich länger. Ohne Ersatzperson ist ein vorzeitiger Ausstieg nicht möglich. Bei Verlusten wird Nachschuss eingefordert, möglicherweise auch die bislang erfolgte Ausschüttung zurückverlangt. Hier gibt es nur einen Rat: Immer Hände weg! Offene Fonds beispielsweise im Immobiliensektor sind besser und weniger riskant, aber können auch nur selten mit den erfolgreichsten Immobilien-Aktienfonds mithalten.

Gewinnwarnung. Das Unwort warnt nicht vor Gewinn, sondern negativem Ergebnis. Je schlechter die Abweichung und Prognose, umso größer der Kursabsturz!

Globalanalyse. Bei der Fundamentalanalyse überprüfen die Analysten konjunkturelle Daten. Sie untersuchen die Wirtschafts-, Sozial- und Steuerpolitik, den Ölpreis, die Währung, Wechselkurse, politische Ereignisse, Zinspolitik usw.

Growth. Längerfristig erzielen Sie mit der Kombination substanzstarker, nachhaltiger Value-Aktien und wachstumsstarker Growth-Titel bessere Renditen als mit nur einem Aktientyp. Bei Konjunkturschwäche auf Value-Titel setzen, bei anspringendem Wirtschaftswachstum konjunkturabhängige zyklische Werte übergewichten!

Grundkapital. Das Grundkapital einer AG wird in Aktien gestückelt. Sie sind als Aktionär nach Aktienanzahl Miteigentümer und zur HV-Teilnahme berechtigt.

H

Hauptversammlung (HV). Auf dem jährlichen Aktionärstreffen werden Beschlüsse über Kapitalmaßnahmen, Rückkaufprogramme usw. gefasst. Pro Aktie gibt es eine Stimme. Sie erhalten die volle Dividende, wenn Sie am HV-Tag Besitzer sind.

Hausse. Sie bildet das positive Gegenstück zur **Baisse** und steht für einen länger anhaltenden Bullenmarkt mit starkem Kursanstieg. Antizyklisch handelnde Aktionäre realisieren einen Teil ihrer Kursgewinne auf dem Höhepunkt des Bullenmarktes und kaufen in der Bodenbildungsphase einer Baisse wieder zu.

Hedgefonds. Sie sind wegen mangelnder Transparenz, hoher Gebühren, sich häufender Pleiten und zuletzt enttäuschender Kursentwicklung in Verruf geraten. Der Begriff „hedge" stammt aus dem Englischen und bedeutet so viel wie „Absicherung". Der Ansatz, bei erwarteten Kurssteigerungen auf „Long" und bei fallenden Märkten auf „Short" zu setzen, führt aktuell schon wegen des blitzschnellen Rein und Raus nicht zu den erwarteten überdurchschnittlichen Erträgen. Oft geht es den Managern auch nicht vorrangig darum, das Risiko zu verringern, sondern den Profit zu erhöhen. Derivative Techniken werden also nicht nur eingesetzt, um Währungseinflüsse abzufedern. Spekulation, das rasche Ausnutzen sich bietender Chancen an den Terminmärkten und der Leerverkauf überbewerteter Aktien mit Rückkauf zu günstigen Kursen zählen dazu.

Der erste Hedgefonds entstand 1949 in den USA. Hedgefonds-Altmeister George Soros ungarischer Herkunft wurde in den USA mit dem Global-Macro-Ansatz berühmt. Er ist der Gründer der in kurzer Zeit milliardenschweren Quantum-Fonds. Hedgefonds streben nach absolutem Return, orientieren sich also nicht an einer bestimmten Benchmark bzw. einem Referenzindex. Es gibt vielfältige Strategien, deren volles Verständnis an ein hohes Börsenwissen geknüpft ist.

Hochzinsanleihen. Ihr Wert liegt derzeit bei 40 bis 70 Mrd. €. Hochzinsanleihen, auch „High Yield Bonds" genannt, sind Schuldtitel von Unternehmen oder stammen von Schwellenländern. Die führenden Rating-Agenturen halten hier ein höheres Ausfallrisiko für wahrscheinlich. Die Verunsicherung ist groß, mit beeinflusst durch Kapriolen bei Rohstoffen und stark schwankende Währungs-Wechselkurse. Es überrascht, dass trotz Null-Zins-Politik der Kauf von Hochzinsanleihen als Ausgleich für höheres Risiko mit steigendem Zinssatz belohnt wird. Vor einem Jahr waren es im Schnitt rund 6 %; jetzt sind es üppige 9 %. Im Öl- und Energiesektor sind Risiko und Ausfallquote besonders hoch.

Als Privatanleger sollten Sie keine einzelnen Hochzinsanleihen ordern. Haben Sie Pech, ist das Geld weg. Bei Misch- und Rentenfonds ist wegen der breiten Streuung das Risiko weitaus geringer, zumal Hochzinsanleihen nicht das einzige Produkt darstellen. Die von den Unternehmen ausgegebenen Wandelanleihen mit niedrigem Zinssatz sind wesentlich sicherer. Finanziell gesunde Firmen haben es nicht nötig, einen hohen Zinskupon anzubieten und die Rückzahlung zu gefährden. Das Ergebnis nach Steuern müsste deutlich über dem Zinskupon liegen.

Hoch-/Tief-Mutstrategie. Bei einem Crash mit weltweitem Kurssturz sollten Sie unterschiedliche Kursentwicklungen klug nutzen. Nicht jede Aktie versinkt im tiefen Kellerloch. Mancher Wert notiert sogar nahe am Allzeithoch. Da bietet es sich an, mit Teilverkäufen Gewinne mitzunehmen und sich Geld für stark abgestürzte Einzeltitel oder korrigierende Aktienfonds bei guten Zukunftschancen zu beschaffen. Dies gilt für die Orientierung an Benchmark, Themen und Branchen.

I

Immobilien-Aktienfonds. Sie investieren in Wohnanlagen, Büro- und Geschäftshäuser. Während der Weltwirtschaftskrise wurde bei Offenen Immobilienfonds durch Mittelabfluss die Rückzahlung oft gesperrt. Längst haben sich die Aktienkurse der Immobilienfirmen erholt. Die Dividende bzw. die oftmals angebotene steuerfreie Ertragsgutschrift geht bei Aktienfonds nicht verloren. Sie wird entweder gebündelt ausgeschüttet oder bei Thesaurierung in weitere Anteile angelegt. Sollte die US-Notenbank FED 2017 drei Zinsschritte vornehmen, dürften Immobilien-Unternehmen Leidtragende sein. Bei den hochriskanten Geschlossenen Immobilienfonds besteht keine Rücknahme-, evtl. aber Nachschusspflicht, also eine weitere Zahlungsaufforderung. Bei Verschuldung droht Totalverlust.

Index, Aktienindex. Aktien sind nach Börsenwert und Streubesitz gewichtet. Neben der Umsatzentwicklung gilt dies bei den deutschen Indizes auch für den Auf- und Abstieg. DAX, MDAX, TecDAX, SDAX, Daxplus Family und GEX setzen eine Notierung im Prime Standard mit strengen Zulassungsbedingungen voraus.

Indexfonds (ETF). Im Gegensatz zum Indexzertifikat ist ein ETF keine Schuldverschreibung, sondern geschütztes Sondervermögen. Die Kursentwicklung entspricht beim klassischen passiven Management dem Index. ETFs können den Referenzindex zwar nicht schlagen. Aber sie verlieren auch nicht. Sie verzichten wegen des passiven Managements auf den Ausgabeaufschlag, verlangen nur geringe Gebühren im Schnitt von 0,3 %, ermöglichen auch bei kleinen Vermögen eine Abdeckung wichtiger Märke und senken das Risiko durch breite Streuung.

Industrie 4.0, Internet der Dinge. Die 4. industrielle Revolution mit Industrie 4.0, Internet der Dinge, Digitalisierungs- und Vernetzungs-Megatrend, soll bis 2025 zu einem geschätzten Mehrwert von 11 Billionen Dollar allein in Deutschland führen. 3,7 Billionen USD dürften vom Industriesektor, 1,7 Billionen USD von der Infrastruktur der Kommunen und 1,6 Billionen USD aus dem Gesundheitswesen stammen. Dazu erklärt der ISF-Wissenschaftler Dr. Tobias Kämpf: *„Die Rolle, die das Maschinensystem für die Industrie des 19. und 20. Jahrhunderts spielte, wird der Informationsraum für die Unternehmen im 21. Jahrhundert einnehmen."*

Inflation. Zum Preisanstieg mit Zinserholung kommt es, wenn die Nachfrage nach Gütern und Dienstleistungen das Angebot übertrifft. Auch Ungleichgewichte bei Währungen wie Dollar/Euro und Rohstoffe gefährden stabile Preise.

Insolvenz. Dies ist die Unfähigkeit, Zahlungsverpflichtungen fristgemäß zu erfüllen. Das Fonds-Ranking sinkt auf die unterste Stufe. Bei DDD spricht man von „Schrott" oder „Ramsch". Bei Aktien droht Kapitalherabsetzung, bei Anleihen Schuldenschnitt. Zinsen werden nicht ausgezahlt. Aktien mutieren zu Penny Stocks.

Investmentfonds. Dies ist das von Kapitalgesellschaften aktiv gemanagte angelegte und verwaltete Vermögen. Je nach Ausrichtung investiert das Fondsmanagement in Aktien, Anleihen (Schuldverschreibungen, Rententitel), Immobilien, Rohstoffe usw. Häufig werden derivative Techniken mit Swaps zur Absicherung gegen Währungseinflüsse eingesetzt. Das eingesammelte Geld bleibt Eigentum der Investoren, fällt bei einer Pleite der Fondsgesellschaft nicht in die Insolvenzmasse und bleibt als Sondervermögen geschützt. Die Erträge aus Dividenden und Zinsen können ausgeschüttet oder bei Thesaurierung in weitere Anteile angelegt werden. So steigen im Laufe der Jahre die Stückzahl und damit der Wert.

ISIN (International Securities Identification Number). Seit 2003 gilt die zwölfstellige ISIN neben der sechsstelligen WKN. Die ersten beiden Positionen nennen das Land. DE steht für Deutschland. Die drei Nullen sind für Erweiterungen geplant. Bei deutschen Aktien folgt als Kern die bisherige WKN. Danach folgt eine Prüfziffer. Die einprägsame WKN ist beliebt. Leider gibt es bei geringer Schriftgröße und fehlenden Leerschritten leicht Verwechslungen, wie: **D:0, 8:B, I:L:J, 8:6:G, S:5.** Das große O wird nicht eingesetzt. Bei einem neuen Börsengang sollten Vorstand und betreuende Bank für eine einprägsame WKN ohne Verwechslungsgefahr sorgen.

J

Junge Aktien. Bei Kapitalerhöhungen werden neue Aktien mit oder ohne Bezugsrecht für Altaktionäre ausgegeben. Dies verwässert den Wert und löst kaum Freude aus. Der Preisabschlag soll hoch sein, ist aber nicht allein entscheidend.

K

Kapitalerhöhung. Eine AG kann ihr Grundkapital aufstocken, z. B. durch Ausgabe junger Aktien. Dies geschieht bei Überschuldung, Investitionen oder Übernahmen. Die bei hohem Kursabschlag begehrten Bezugsrechte gibt es im Verhältnis von 7:2, 5:3, 4:1, 3:2, 2:1 usw. Prüfen Sie bei ungünstigem Bezugsverhältnis, ob es sich lohnt und die Ordergebühren nicht den Rabatt auffressen. Solche Sorgen haben Sie mit Aktienfonds nicht. Das Management entscheidet: mitmachen Ja/Nein.

Konjunktur. Ein Konjunkturzyklus verläuft wellenförmig. Günstig im Abwärtstrend ist der **V**-Verlauf. Die Wirtschaft erholt sich rasch. Beim „**U**" wird die Talsohle langsam durchschritten. Das „**W**" markiert den gefürchteten Double-Dip. Nach kurzem Auftrieb geht es erneut abwärts. Gefährlich ist der **L**-Verlauf. Weder Zins- noch Steuersenkung bringt die Wirtschaft bei Deflationstendenz wieder auf Trab.

Kurs-Gewinn-Verhältnis. Das KGV als wichtigste Kennziffer der Fundamentalanalyse erleichtert die Einschätzung von Aktien im Branchenvergleich. Ein möglichst niedriges KGV zeigt, mit welchem Vielfachen des Jahresertrags der Wert gehandelt wird. Hightech- und Biotechfirmen haben ein höheres KGV als Banken.

L

Leerverkauf. Spekulanten setzen auf fallende Kurse überbewerteter Titel. Der Short Seller verkauft Aktien auf attraktivem Niveau. Wie bei einer Autovermietung leiht er sich die gewünschten Aktien gegen Gebühr von einem Broker, um sie später günstig an der Börse zurückzukaufen. Bei schnellem Kursanstieg wird der Leerverkäufer möglicherweise auf dem falschen Fuß erwischt.

Leitzins EZB. Die Europäische Zentralbank mit ihrem Präsidenten Mario Draghi legt den Leitzinssatz für die EU fest. Zu diesem Zinssatz können die Banken Geld von der EZB erhalten. Am 10. März 2016 war es mit Guthabenzinsen vorbei: Senkung von +0,5 auf 0,0 %. Für Einzahlungen der Banken bei der EZB wurde der Strafzins von -0,3 % auf -0,4 % erhöht. Die Abschaffung der Guthabenzinsen, die eine schleichende Kapitalvernichtung beim Sparbuch auslöst, ist zurückzuführen auf Konjunkturschwäche mit wenig Wirtschaftswachstum. Hinzu kommen geringe Investitionsbereitschaft, Staatsüberschuldung, Flüchtlingszustrom, Terror, kriegerische Auseinandersetzungen und andere Krisenherde.

Limit, Limitierung. Um böse Überraschungen bei marktengen Aktien zu vermeiden, sollten Sie z. B. bis Monats- oder Quartalsende limitieren. Bei Kauforders ist das Limit der höchste Kurs, bei Verkauf der niedrigste akzeptierte Preis. Setzen Sie das Limit zu eng, wird Ihr Auftrag nicht ausgeführt. In unruhigen Börsenphasen denken Sie über ein tieferes „Abstauberlimit" bei geplanten Zukäufen nach.

M

Marktkapitalisierung. Börsenwert, Streubesitz und Umsatz sind wichtig für Aufnahme und Gewichtung im Index. Je geringer der Börsenwert, umso größer ist die Manipulationsgefahr bzw. bei Fonds das Risiko, aufgelöst zu werden! Kriminelle Gurus puschen den Kurs billiger Aktien aufwärts, um sie teuer zu verkaufen. Fondsmanager für Nebenwerte greifen oft erst ab 100-Mio.-Börsenwert zu.

MDAX. Er umfasst nach dem DAX die Aktien der nächst größeren 50 klassischen Titel und erinnert an die 2. Fußballbundesliga. Der MDAX feierte kürzlich sein 20-jähriges Jubiläum und hängte den DAX mit doppelt so hohem Kursgewinn ab. Der Erfolg beruht auch auf Blutauffrischung durch Börsengänge und SDAX-Nachrücker. Es gibt erstklassige MDAX-Aktienfonds auch gemischt mit TecDAX und SDAX.

Micro Caps. Niedrig kapitalisierte Werte unterhalb SDAX liegen mangels Information in nur wenigen Depots. Es wird kaum kommuniziert. Die Homepage ist oft unverständlich. Mit Darstellungen nur in Englisch wird Marktmacht vorgetäuscht. Dennoch gibt es hier für Perlenfischer und Schatzsucher wirklich gute, wachstumsstarke AGs. Sie senken Ihr Risiko erheblich, wenn Sie einen Fonds für die Aktien kleiner Unternehmen, z. B. aus Deutschland, Europa oder weltweit, aussuchen.

Mid Caps. Die Aktien mittelgroßer Konzerne sind im MDAX mit 50 klassischen Titeln und im TecDAX mit 30 Hightechwerten aus dem In- und Ausland mit halbjährigem Auf- und Abstieg notiert. Kleine MDAX-Werte bringen einen Börsenwert von knapp 1 Mrd. €, die stärksten Titel weit über 10 Mrd. € auf die Waage. Da kann der TecDAX als Nemax-Nachfolger nicht mithalten. Der Börsenwert liegt bei einigen Werten unter 500 Mio. €, kann aber auch 10,5 Mrd. € überschreiten wie Telefónica Deutschland.

Mischfonds. Sie setzen sich gewöhnlich aus Aktien und Rententitel zusammen. Bei einem festgezurrten Verhältnis 50:50 bzw. 1:1 sind kaum mehr Erträge zu erwirtschaften. Es sei denn, Hochzinsanleihen gehören zum Anlagekonzept, wodurch allerdings Schwankungsfreudigkeit und Risiko steigen. Bei einer flexiblen Fondsstrategie, bei dem das Verhältnis Aktien/Renten je nach Marktlage frei gestaltet werden kann, lässt sich durch Aktienübergewichtung die Rendite erhöhen. Ansonsten droht ein negatives Ergebnis in ein und drei Jahren. Dürfen sich andere Produkte als Ergänzung dazugesellen, z. B. Gold und Silber mit einem Anteil von 10 bis 20 %, müssen Mischfonds auch in den Zeiten abgeschaffter Guthabenzinsen keine zu Verlusten führenden Ladenhüter sein. Ein innovatives Anlagekonzept ohne starre Vorgaben kann den Weg weisen für eine gewinnbringende Mischfonds-Evolution und damit an frühere erfolgreiche Zeiten anknüpfen.

N

Nasdaq 100. An der US-Technologiebörse (WKN A0A E1X) sind Hightech-, Biotech-, Internet-, Telekom-, Software-, Netzwerk- und Medienaktien gelistet. Bis 02. Dez. 2016 schaffte der Nasdaq 100 im Ein-, Drei-, Fünf- und Zehn-Jahresvergleich +1/+37/+105/+167 %. Da konnte der DAX mit -6/+12/+73/+68 % nicht mithalten. Die US-Technologiebörse präsentiert so bekannte Titel wie Alphabet, Amazon, Amgen, Apple, Biogen, Celgene, Expedia, Electronic Arts, Facebook, Gilead, Microsoft, Netflix, Nvidia, Priceline, Regeneron, Tesla. Tüchtige Fondsmanager haben die Chance, aus 100 Titeln 20 bis 40 Spitzenwerte herauszufiltern. Tortendiagramme über die Zusammensetzung zeigen, dass genau dies geschieht und die genannten Titel bei erfolgreichen Fonds fast immer dazugehören.

Nicht jeder Privatanleger hat das Geld und den Überblick, die langfristigen Gewinnbringer zu ordern. Allein die Transaktionskosten dürften für viele Anleger unüberbrückbare Hürden bedeuten. Mit einem der besten Nasdaq-Aktienfonds lässt sich das Problem bestens lösen. Da ETFs, weil passiv gemanagt, den nachgebildeten Index nicht schlagen können, sind Aktienfonds mit einem Top-Management gegenüber Indizes mit vielen Titeln, wie Nasdaq 100, S&P 500, Nikkei 225, MDAX, SDAX klar im Vorteil. Was möglicherweise den Zuspruch ausbremst, sind hohe Verwaltungskosten. Dafür fällt das Umschichten weg.

Nebenwerte, Nebenwertefonds. Hierzulande zählen dazu MDAX, TecDAX und SDAX, der DAXplus Family, der GEX für Familienfirmen, das neue, den Entry Standard ablösende Börsensegment „Markt 4.0" und der m:access, Börse München. Es gibt substanzstarke Titel mit hoher Dividende und guter Gewinnentwicklung. Um breit zu streuen, brauchen Sie mehrere Titel. Ein tüchtiger Fondsmanager beherrscht das Stock Picking. Er darf im Gegensatz zum ETF bei deutscher Ausrichtung MDAX, TecDAX, SDAX und weitere Werte vor allem aus dem Prime Standard aufnehmen. Innovative Nebenwerte-Fondsmanager werden bei herausragender Rendite in Besten- und Siegerlisten aufgenommen und mit hohem Rating belohnt – gut für Umsatz und Ansehen.

Neuemission. Eine AG tritt ihren Börsengang (**IPO: I**nitial **P**ublic **O**ffering) an. Die Notierung im Prime Standard eröffnet die Chance, in den MDAX, TecDAX oder SDAX aufzusteigen. Der Technologieindex TecDAX ist längst nicht so begehrt wie der MDAX, da die Umsätze geringer sind und ein Aufstieg in den DAX in weite Ferne rückt. Das Bookbuilding-Verfahren nennt die Preisspanne für Zeichnungsangebote. Gut, wenn die Depotbank Konsortialführer ist! 2010 gab es mit Brenntag und Kabel Deutschland interessante Börsengänge. 2011 gefiel GSW Immobilien, 2012 Talanx. 2013 machte Telefónica Deutschland von sich reden und 2014 LEG Immobilien, Dt. Annington (jetzt Vonovia, DAX), KION und OSRAM. Von 2015 begeistern Covestro (MDAX), Ado Properties (SDAX) und neuerdings Siltronic (TecDAX). 2016 herrschte Zurückhaltung. Ein Nebenwertefonds Deutschland sollte auch in erfolgreiche Neuemissionen investieren.

Nichtzyklische Aktien. Damit sind konjunkturabhängige Aktien gemeint, Value-Titel aus der Old Economy. An Essen, Trinken, Kosmetik, Strom und Heizung wird auch in Krisen kaum gespart, aber auf den Preis geschaut. Sicherheitsbewusste Value-Liebhaber finden hier passende Fonds. Wer erfolgsorientiert Value und Growth gemischt wünscht oder sich risikofreudig mit wachstumsstarken Growth-Titeln eindecken will, findet die genau richtigen Aktienfonds.

Nikkei. Dies ist der Leitindex für 225 japanische Aktien an der Börse Tokio. Seit dem Absturz von 40.000 auf 7.000 Punkte und erfolgter Bodenbildung notierte der Nikkei (WKN 969 244) am 02. Dezember 2016 bei 18.426 Punkten mit einer Kursentwicklung im Ein-, Drei-, Fünf- und Zehn-Jahresverlauf von -8/+18/+113/+13 %. Interessant für Profis ist der breiter aufgestellte TOPIX mit 1.700 Titeln – ein wahres Füllhorn für Fondsmanager, die gern in den japanischen Aktienmarkt bzw. den Ostasien-Pazifik-Raum investieren.

O

Offene Immobilienfonds. Wer sich keine Immobilie, sei es Reihenhaus oder Eigentumswohnung, leisten kann, wählt vielleicht alternativ Offene Immobilienfonds.

Das Management investiert in mehrere Projekte. Dies können Wohn- oder Gewerbe-Immobilien für Büro, Einzelhandel, Logistik oder auch Hotels sein – je nach Ausrichtung In- oder/und Ausland. In den vergangenen 10 Jahren fiel die Rendite für Offene Immobilienfonds mit einem Schnitt von kaum +3 % recht bescheiden aus. Mitunter wurde bei starkem Mittelabfluss die Rückzahlung zeitweilig gesperrt. Umgekehrt besteht bei großem Mittelzufluss das Risiko, dass die besten Objekte ausgebucht sind und bei weiterem Zukauf die Qualität sinkt oder die Bewertung übertrieben hoch ist. Alles in allem sind gute Immobilien-Aktienfonds wegen der breiten Streuung und für Könner auch Einzelaktien meist die bessere Alternative. Bei Geschlossenen Immobilienfonds gibt es nur einen Rat: Hände weg!

OGAW/UCITS. Beide Abkürzungen bedeuten mehr Anlegerschutz für Publikumsfonds. Die mehrfach überarbeitete OGAW Richtlinie von 1985 informiert über die zu erfüllenden Rechts- und Verwaltungsvorschriften sowie die entsprechenden Vorgaben und Anforderungen für Fondsgesellschaften. OGAW ist die deutsche Abkürzung für **O**rganismus für **G**emeinsame **A**nlagen in **W**ertpapiere, auch OGAW-konform oder EU-richtlinienkonform genannt. UCITS ist die englische Abkürzung und heißt **U**ndertakings for **C**ollective **I**nvestments in **T**ransferable **S**ecurities.

Order. Dies sind die Transaktionen im Wertpapierhandel. Begrenzen Sie mittels Limit die Preisspanne. Preiswert sind Orders bei Discountbrokern. Beim Einsatz unter 1.000 Euro fressen die Gebühren leicht den Kursgewinn auf. Häufiges Umschichten und schnelles Rein/Raus lohnen sich im Allgemeinen nur für Ihre Bank. Investmentfonds erfordern einen langen Zeithorizont, am besten ein Jahrzehnt und mehr. Dann sind selbst 5 % Ausgabeaufschlag nicht mehr entscheidend für die Rendite. Vorrang hat eine niedrige Verwaltungsgebühr.

Ostasien/Pazifik. In dieser Region mit zahlreichen Schwellenländern gibt es ein reiches Betätigungsfeld für Themen- und Branchen-Aktienfonds sowie Investitionen in dividendenstarke Aktien aus Frontiermärkten unterhalb von Entwicklungsländern. Auch einige Mischfondsmanager sind hier aktiv, nachdem Hochzinsanleihen zu den Finanzinstrumenten einiger Schwellenländer zählen.

Penny Stock. Unter 1 € abgestürzte Aktien sind beliebte Spielwiesen für Zocker, jedoch kaum geeignet für eine Langzeitanlage. Penny Stocks müssen die US-Technologiebörse Nasdaq verlassen, wenn sie sich nicht in 4 Wochen erholen. In China ist es dagegen nicht ungewöhnlich, beim IPO als Penny Stock zu starten.

Performance. Sie benennt die Entwicklung des Depots und einzelner Wertpapiere, vergleicht auch gern den Kursverlauf der DAX-Familie. Eine hohe Performance verlangt Qualitätsaktien und Spitzenfonds mit Blick auch auf Dividenden.

Pfandbriefe. Dies sind langfristige festverzinsliche Schuldverschreibungen. Die Anleihen werden von privaten Hypothekenbanken, öffentlich-rechtlichen Kreditanstalten und Schiffsfondsbriefbanken aufgelegt. Pfandbriefe dienen zur Finanzierung von Hypothekenkrediten für Grundstücke, Gebäude und Schiffe. Es sind verzinsliche Wertpapiere, die an der Börse gehandelt werden können. Pfandbriefe gelten als gut besichert. Dies liegt an dem strengen Pfandbriefgesetz. Rentenfonds investieren neben Staats- und Unternehmensanleihen häufig in Pfandbriefe.

Photovoltaik, Solarstrom. Drastisch verringerte Einspeisevergütungen und riesiger Preisdruck infolge starker Konkurrenz aus China und Amerika zerstörten den früheren Boom. Eine Marktbereinigung durch Abbau überhöhter Kapazitäten war zwingend. Chancen haben nur Konzerne, die mit Alleinstellungsmerkmalen brillieren und technologisch führend sind. Gegenwärtig dominiert China den Markt.

Prime Standard. Seit der Neusegmentierung 2003 gibt es den Prime Standard mit strengen und das Auslaufmodell General Standard mit milderen Auflagen. Im Prime Standard sind DAX, TecDAX, MDAX, SDAX und DAXplus Family. Verlangt werden Halbjahresberichte, verkürzte Quartalsangaben, internationale Bilanzierung, Analystenkonferenzen und Ad-hoc-Meldungen in Deutsch/Englisch.

Publikumsfonds. Darunter sind Investmentfonds zu verstehen, die von institutionellen Investoren und Privatanlegern, also von jedermann erworben werden können. Die Nachfrage entscheidet. Spezialfonds sind dagegen einem begrenzten Anlegerkreis vorbehalten. Aktien-, Renten-, Geldmarkt-, Dach- und Mischfonds zählen zur Großgruppe Publikumsfonds. Sie werden von der Bundesanstalt für Finanzdienstleistungsaufsicht BaFin kontrolliert.

Q

Quanto. Der Zusatz bedeutet, dass der betreffende Aktienfonds oder ETF währungsgesichert ist und nicht unter Wechselkursen Euro/Dollar/Yen/Franken leidet.

Quartalsdividende. Im Gegensatz zur jährlichen Ausschüttung hierzulande am nächsten Werktag nach der Hauptversammlung bezahlen US-Gesellschaften vierteljährlich eine Dividende für das abgelaufene Quartal. Aktienfonds-Manager schütten gebündelt ein- oder zweimal pro Jahr aus oder legen die Dividende bei thesaurierenden Fonds in weitere Anteile an. Dies ist insofern vorteilhaft, weil im Laufe der Jahre die Stückzahl und damit auch der Wert Ihrer Fondsanlage steigen.

R

Rallye. Sie signalisiert starken Aufwärtstrend an der Börse. Die Rezeptur für Aktien lautet: Nachhaltigkeit, Substanzkraft, seriöse Bilanzierung, üppige Dividende, gutes Management. Gerade in Aktien, die diese Kriterien erfüllen und Wachstumstreiber für einen Bullenmarkt sind, investieren Fondsmanager bevorzugt.

Rating/Ranking Fonds. Die Rating-Skalen der großen Agenturen S&P, Moody's, Fitch und Feri Trust zeigen die Kreditwürdigkeit von Staaten an. AAA ist die höchste Bonitätsstufe. Bei DDD besteht akute Insolvenzgefahr. Solche hilfreichen Einstufungen gibt es auch für den Fondsbereich. Das Rating beurteilt Qualität, Geschäftsmodell, Management. Das Ranking bezieht sich vor allem auf die Rendite.

Realtimekurse. Online erscheinen Börsenkurse oft zeitverzögert um 15 Minuten, teilweise auch sekundengenau wie auf der Bildtafel 216 beim Fernsehsender n-tv.

Referenzindex. Bezüglich Indexangleichung greifen Investmentfonds oft zu Tauschgeschäften mit Banken und setzen auf sogenannte Swaps und andere derivative Techniken. Indexfonds mit börsennotierten ETFs bilden bei passivem Management den Referenzindex möglichst genau nach und orientieren sich deshalb an der Benchmark. Aktiv gemanagte Investmentfonds haben je nach Vorgabe und strategischem Konzept mehr Freiraum bei der Gestaltung. Während ETFs den Vergleichsindex weder schlagen noch gegen ihn verlieren, wollen die Fondsmanager von Aktien-, Renten-, Misch- und Geldmarktfonds besser abschneiden. Den Standard-Aktienfonds gelingt dies eher selten. Bei auf Dividenden, Nebenwerte, Themen, Branchen und Immobilien bezogenen Aktienfonds eilen tüchtige innovative Fondsmanager der Benchmark davon. Als Gegenleistung für die intensive Arbeit der Profis ist die Verwaltungsgebühr meist deutlich höher als bei ETFs, und oft wird zudem ein Ausgabeaufschlag erhoben.

Regenerative Energien. Bevölkerungswachstum, knapper werdende fossile Energie und Klimawandel erfordern den Einsatz Erneuerbarer Energien für Strom und Heizung. Auch Wasser als „blaues Gold" wird zum knappen lebensnotwendigen Gut. Sie sollten mit Themenfonds, ETFs und bei guter Marktkenntnis mit substanzstarken Einzeltiteln die wichtigsten Zukunftsmärkte abdecken.

Regionalbörsen. Neben der Leitbörse in Frankfurt gibt es die Regionalbörsen Berlin-Bremen, Düsseldorf, Hamburg, Hannover, München, Stuttgart. Sie sind auf Privatanleger zugeschnitten, bieten günstige Preise und einen informativen Service.

Rendite. Hier geht es um den Wertpapierertrag im Verhältnis zum eingesetzten Kapital. Langfristig versprechen substanz- und dividendenstarke Aktien die höchste Rendite. Statt Heimatliebedepot DAX Übergewichtung bester Aktienfonds!

Rentenfonds. Hier stecken die Manager ihr Fondsvermögen in Anleihen unterschiedlicher Art aus bestimmten Regionen und Sparten. Dies können Staatsanleihen sein, wie die zehnjährigen Bundeswertpapiere. Sie werden jetzt mit einem Strafzins von 0,01 % belastet. Ebenso kann es sich um Wandelanleihen handeln. Hier hat der Anleger das Recht, innerhalb eines bestimmten Zeitraums statt Geldrückgabe mit Zinsen die Aktien zum festgelegten Preis geliefert zu bekommen.

Wandelanleihen werden von Firmen angeboten und gelten wegen der Wahlmöglichkeit seitens der Anleger als fair und weniger riskant. Zu den Rentenfonds zählen auch Unternehmensanleihen unterschiedlicher Qualität, sichtbar am Rating ab AAA abwärts – also Premium bis Schrott oder Ramsch. Mittelstandsanleihen sind wegen hoher Zinskupons und damit verbundener Pleiten in Verruf geraten. Gegenwärtig werden, sofern das Anlagekonzept dies erlaubt, auch Hochzinsanleihen ausländischer Firmen und Schwellenländer zumindest beigemischt, um überhaupt noch eine Rendite im Plus zu erreichen. Früher zählten die Rentenfonds zu den sicheren und ertragreichen Investmentfonds. Seitdem die Guthabenzinsen weitgehend abgeschafft wurden, ist es mit dieser Herrlichkeit vorerst vorbei. Alteingesessene Rentenfonds zeigen nur im jahrzehntelangen Vergleich überzeugende Kursentwicklungen. In den USA bahnt sich jedoch eine Zinswende an.

Risikoneigung. Sie sollten Ihr Risikoprofil genau kennen. Nur so lässt sich die richtige Strategie aufbauen. Sicherheitsbewusste Anleger haben andere Ziele als spekulative Investoren. Das größte Risiko bei Null-Zinsen ist, kein Risiko einzugehen. Nur jeder 10. Amerikaner schätzt Aktien als „Zockerpapiere" ein und lehnt einen Kauf rigoros ab. Hierzulande beträgt die Quote laut Bankenumfrage 2016 bei den als Angsthasen verschrienen Privatanlegern rund ein Drittel.

Rohstoffmarkt. Der Experte Jim Rogers setzt für den Rohstoffzyklus ein bis zwei Jahrzehnte an. Die Preise steigen langfristig, unterbrochen von scharfer Korrektur. Am besten decken Sie diese Märkte mit ETFs, guten Themenfonds und substanzstarken Einzelaktien ab, wozu im MDAX Aurubis, K+S und Südzucker zählen.

Rote Zahlen. Wer mehr ausgibt als einnimmt, dem droht Zahlungsunfähigkeit. Bis 2000 störte es kaum, wenn eine AG im Neuen Markt Verluste erlitt, solange das Wachstum stimmte. Heute werden positive Umsatz- und Ertragszahlen erwartet.

Rückkaufprogramme. Sie sind beliebt, soweit damit nicht Aktienoptionen der Führungskräfte finanziert werden. Es kommt Freude auf, wenn die AG eigene Aktien einzieht und vernichtet. Vernünftig ist auch der Einsatz als Akquisitionswährung.

S

Sachwertfonds. Dies sind Geschlossene alternative Investmentfonds. Es handelt sich um langfristige gemeinschaftliche Kapitalanlagen in Sachwerte. Die Geschlossenen Fonds sind reguliert. Die Einhaltung der zahlreichen gesetzlichen Regeln wird von der Bundesanstalt für Finanzdienstleistungsaufsicht BaFin überwacht. Es geht um große Investitionsvorhaben über einen langfristigen Zeitraum ab einem Jahrzehnt. Dazu zählen Grundstücke und Gebäude, Wald, Forst, Agrarwirtschaft, Schiffe, Flugkörper, Schienenfahrzeuge und Container. Ein Ausstieg vor Ablauf der Laufzeit ist nur möglich, wenn ein Ersatzinvestor einspringt.

Abhängig von den vertraglichen Vereinbarungen besteht möglicherweise eine Nachschusspflicht. **Fazit:** Hände weg für jeden Privatanleger wegen hoher Ausfallrisiken. Momentan überziehen zahlreiche Klagen geschädigter Investoren den Sachwertfondssektor. Die Branche muss, will sie überleben, umdenken und digitale Kanäle und Vernetzungstechniken in ihr Geschäftsmodell einbeziehen.

Schuldverschreibungen. Sie zählen zu den Rentenwerten. Es sind Staats- und Unternehmensanleihen, auch Corporate Bonds genannt. Die Anlage in Rentenfonds soll Ruhe ins Depot bringen, was jahrzehntelang zutraf, aber in den Zeiten der Nullzinspolitik kritisch zu hinterfragen ist. Dadurch steigt das Emittentenrisiko. Es stellt sich die Frage: Werden Anleihen, z. B. aus Lateinamerika und südeuropäischen Ländern, fristgemäß und vollständig getilgt, oder droht ein Schuldenschnitt? Während Aktien aus Unternehmenssicht Eigenkapital darstellen, sind Schuldverschreibungen Fremdkapital. Anleihen hoher Schuldnerqualität galten bislang als sichere, konservative Geldanlage, Aktien dagegen als Risikopapiere. Sowohl Renten- als auch Aktien- und Mischfonds senken breit gestreut das Risiko. Die Höhe der Rendite hängt von den Anlageschwerpunkten ab.

Schwarze Zahlen. Bleiben dauerhaft Unternehmenserträge aus, ist ein Kurssturz vorprogrammiert. Nachhaltigkeit, Substanzkraft und Ertragswachstum sowie seriöse Bilanzierung sind in den Zeiten abgeschaffter Guthabenzinsen gefragt.

SDAX. Bei der Neusegmentierung 2003 wurde auch der SDAX umstrukturiert. Er umfasst nach dem MDAX die 50 größten Unternehmen klassischer Branchen. Die Indexanpassung geschieht nun halbjährlich. Es dominieren Familienfirmen. Neuemissionen sorgen für Blutauffrischung. Im Jahrzehntvergleich ist der Kursgewinn beim Small-Cap-Index, vergleichbar mit der 3. Fußballliga, doppelt so hoch wie beim DAX. Diese Chance nutzen kreative Nebenwerte-Aktienfonds mit Schwerpunkt SDAX bzw. Anlage in beste Aktien von MDAX, TecDAX, SDAX.

Sell in May and go away. Der Rat, im Mai seine Aktien zu verkaufen, fußt auf der Erfahrung, dass danach oft, aber nicht immer die Kurse sinken. Es wird ignoriert, dass von vielen Transaktionen die großen **B** profitieren: **B**örse – **B**roker – **B**anken. Gebühren schmälern die Rendite. Hinzu kommt häufig der Dividendenverzicht.

Short Seller. Leerverkäufe sind bei Hedgefonds beliebt. Der Short Seller verkauft vom Broker geliehene hoch bewertete Aktien, um sie später billig zurückzukaufen.

Software. Die IT-Branche als Hochburg von Digitalisierung, Vernetzung und Cloud, spezialisiert auf Datenschutz, Abwehr von Cyberattacken gilt als Zukunftsmarkt. Man denke an Bausoftware für Architekten und Statiker, IT für Medizin, Logistik, Zahlungsverkehr, Arbeitsmarkt und Einkommensteuer. Der TecDAX hat mit Bechtle, Cancom, CompuGroup, Nemetschek, RIB und Software AG viel zu bieten.

Auch im Prime und dem bisherigen Entry Standard sind interessante Titel, wie Adesso, Atoss, Cenit, Datagroup, InVision, KPS, USU Software notiert. Es gibt erstklassige Nebenwerte- und Branchenfonds, die Zukunftsmärkte breit gestreut abdecken und Privatanlegern mit begrenzter Vermögensdecke und wenig Lust und Zeit für Marktbeobachtung die mühsame Suche nach den besten Titeln ersparen.

Sondervermögen. Einzelaktien wie auch ETFs und deutsche Investmentfonds werden als geschütztes Sondervermögen geführt. Das Sondervermögen wird von einer Kapitalverwaltungsgesellschaft KVG treuhänderisch verwaltet und von einer unabhängigen Organisation verwahrt. Die Fondsgesellschaft verwaltet das Sondervermögen der Anleger rechtlich getrennt vom eigenen Kapital. Die Abwicklung beim Kauf und Verkauf erfolgt über die Depotbank. Bei Zahlungsunfähigkeit und drohender Pleite bleibt der Anleger vom Zugriff etwaiger Gläubiger und vor dem Verlust seiner Fondsanteile geschützt. Schuldverschreibungen, wozu auch Zertifikate und Anleihen zählen, sind kein Sondervermögen. Geht der Emittent pleite, wie die Großbank Lehman Brothers während der Weltwirtschaftskrise 2008/2009, ist selbst das in Garantiezertifikate angelegte Geld womöglich weg.

Sparpläne. Wer sich mit dem Thema Vermögensaufbau und Altersvorsorge befasst und nicht nur aus einer Laune heraus, sondern längerfristig anlegen will, kommt an Sparplänen nicht vorbei. Je nach Ausstattung gibt es Modelle, die sich auf veränderte Lebenssituationen flexibel anpassen lassen. Fast jeder erlebt Phasen, wo das Geld knapp wird, aber im Allgemeinen auch Lebensabschnitte, wo mehr Sparkapital verfügbar ist. All dies lässt sich mit Sparplänen insbesondere bei zahlreichen Investmentfonds ideal umsetzen. Jede Depotbank kann Sparpläne zu unterschiedlichen Bedingungen anbieten, sei es monatlich oder vierteljährig, sei es mit 25 € oder 100 € pro Monat oder Quartal. Bevor Sie als Privatanleger ETFs oder Investmentfonds ordern, überzeugen Sie sich, ob es dafür Sparpläne gibt, die vielleicht sogar für die Riesterrente zertifiziert, also zugelassen sind. Bei Sparplänen wirkt sich der Cost-Average-Effekt günstig aus. Bei niedrigen Börsenkursen erwerben Sie mehr, bei gestiegenen Preisen weniger Anteile. Damit verringert sich das Risiko, zum falschen Zeitpunkt eingestiegen zu sein.

Spekulationsblase. Auch die Börse ist irrational, neigt durch die Aktivitäten der Investoren zu Über- und Untertreibungen, angeheizt durch Gier, Panik, Kontrollverlust. Ein Crash ist unvermeidbar. Die Frage lautet: wann, wie lange, wie heftig?

Split(t), Aktienstückelung. Der Titel wirkt nun optisch billiger. Teure Papiere sind durch Stückelung 1:2, 1:3, 1:4 usw. besser handelbar. Der Wert ändert sich nicht. Vergleich: Ich teile eine Torte in Stücke auf. Solange ich sie nicht aufesse, bleibt die Menge gleich. Ein Split(t) signalisiert, dass gute Zahlen zu erwarten sind. Kreist der Pleitegeier über einer AG, stückelt sich der Kurs mit Wertverfall von selbst.

Stammaktien. Stämme (St) verbriefen ein volles HV-Stimmrecht. Die früher wegen höherer Dividende beliebten Vorzüge (Vz) verlieren an Zuspruch. Die Deutsche Börse AG erkennt für die Indexzugehörigkeit nur eine Aktienart an.

Stoppkurse. Stop-Loss-Orders dienen zur Gewinnabsicherung und Verlustbegrenzung. Dies kann im Abwärtstrend und bei längerer Abwesenheit günstig sein. Bei einem Minuten-Blitzcrash wie am 6. Mai 2010 wird das Depot jedoch leer gefegt. Vielleicht stürzt eine Aktie nur wegen der Gerüchteküche ab. Ärgerlich, wenn es die Aktie kurz vor der Gewinnausschüttung erwischt. Im Bullenmarkt erholen sich Qualitätstitel. Warum nicht Stoppkurse mit einer Spanne von 15 bis 25 % auf riskante Titel begrenzen? Sie garantieren für **B**örse, **B**roker, **B**anken sprudelnde Einnahmequellen! Am besten, Sie bleiben unabhängig und verkaufen dann, wenn fundamentale Daten dafür sprechen und die Charttechnik klare Ausstiegssignale liefert. Im Investmentfondssektor setzen Manager eher Swaps und andere derivative Techniken ein, um sich z. B. gegen Verluste durch Währungswechselkurse oder Preissturz bei Öl- und Minenwerten sowie Agrarrohstoffen abzusichern.

Strategie. „Für einen Seemann, der nicht weiß, welches Ufer er ansteuern soll, ist kein Wind der richtige." Wer sich über Ziele und Strategie klar ist, stochert nicht im Nebel. Dies gilt auch für eine überlegte Anlage in maßgeschneiderte Aktienfonds.

Streubesitz. Für die Gewichtung in deutschen Indizes gilt neben dem Börsenwert der nicht in festen Händen liegende Streubesitz, Free Float genannt. Fehlen verlässliche Großaktionäre, ist die Gefahr feindlicher Übernahmen durch „Heuschrecken" groß. Solche Risiken sind bei Einzelaktien viel höher als bei Aktienfonds.

Substanz- bzw. Buchwert. Er bezieht sich auf materielle Vermögenswerte, deckt also Eigenkapital wie Maschinen und Anlagen ab. Liegt der Buchwert über dem jetzigen Kurs, dürfte der Titel unterbewertet sein, sichtbar am niedrigen KGV.

S&P 500. Der bei institutionellen Investoren besonders geschätzte S&P 500 umfasst 500 der größten amerikanischen Unternehmen. Am bekanntesten ist der Kursindex, der im Gegensatz zum DAX Dividenden und Sonderausschüttungen mit einschließt. Niemand ist imstande, für sich selbst die 20 oder 30 besten Aktien aus dem riesigen Index verlässlich auszuwählen. Hier füllen innovative Aktienfonds die Lücken. Ein aktiv gemanagter Aktienfonds S&P 500 ist chancenreicher als ein ETF, der den gesamten Referenzindex genau abbildet.

Swaps. Dies sind Austauschgeschäfte der Fondsmanager mit Großbanken, also Derivat-Techniken mit dem Ziel, mögliche Verluste bei Investmentfonds auszugleichen. Es geht um Zinsen, veränderte Wechselkurse bei Währungen oder stark schwankende Rohstoffpreise. Nur bei aktiv gemanagten Fonds, nicht bei passiven ETFs, sind Derivate mit meist festgelegten prozentualen Grenzen zulässig.

Dieser Austausch von Zahlungsströmen für Derivat-Finanzinstrumente zählt zu den OTC-Geschäften. Die vertragliche Vereinbarung klärt die Einzelheiten ab, wie zu leistende Zahlungen berechnet werden und wann sie fällig sind.

T

TecDAX. 2003 wurde der skandalumwitterte Neue Markt durch den TecDAX (WN 720 327) ersetzt. Er umfasst die 30 größten Hightech-AGs nach dem DAX. Die Indexanpassung erfolgt halbjährlich. Zunächst dominierten die Solarstromtitel. 2015 schaffte der TecDAX ein Plus von 34 %, während der DAX 10 %, der MDAX 23 % und der SDAX einen Kursgewinn von 27 % erzielten. Am 02. Dez. 2016 zeigte der TecDAX (WKN 720 327) als bester deutscher Index im Ein-, Drei-, Fünf- und Zehn-Jahresvergleich folgenden Kursverlauf: -10/+46/+142/+143 %.

Technische Analyse. Die Charttechniker stellen Kursverläufe mittels Linien, Balken, Kerzen dar. Langzeitcharts erlauben Rückschlüsse auf künftige Entwicklungen von Aktien und anderen Wertpapieren; denn das menschliche Verhalten neigt zu Wiederholungen. Trend und Trendumkehr, Unterstützungs- und Widerstandslinien liefern wichtige Kauf- und Verkaufssignale auch für Laien.

Themenfonds. Sie bieten die Chance, in aktuelle Themen mit Blick auf Zukunftsmärkte zu investieren, z. B. Robotik, Digitalisierung, Internet der Dinge, vernetzte Welt, Umweltschutz und Klimawandel. Ein Blick in die Vergangenheit zeigt, dass ausgewählte Märkte nicht für alle Zeiten, sondern phasenweise boomen. Deshalb ist breite Streuung angezeigt. Fonds, die nur in Technologie, Maschinenbau, Biotech, Banken oder Konsumgüter-Aktien anlegen, spezialisieren sich auf Branchen. Fonds, die sich auf Umweltschutz, Wasserwirtschaft und Klimawandel konzentrieren, sind Themenfonds. Mitunter verwischen sich die Grenzen.

Thesaurierend. Hier zahlen Aktienfonds und ETFs keine Dividende aus, sondern investieren die Ausschüttungen nach Abzug der Abgeltungsteuer in neue Anteile. So wächst der Bestand ohne erneuten Einsatz. Im Altbestand vor 2009 bleiben Kursgewinne durch Thesaurierung solange steuerfrei, wie sich das Steuerrecht nicht ändert, womit bezüglich Fondsaltbestand ab 2018 jedoch zu rechnen ist. Für den Aktienaltbestand dürfte die bisherige Regelung weiter gelten. Sie besagt, dass Kursgewinne steuerfrei bleiben, Dividenden aber steuerpflichtig sind. Ob wie bislang mit Abgeltungsteuer oder nach persönlichem Steuersatz, ist ungeklärt.

Trend, Trendkanal. *„Der Trend ist dein Freund"* warnt davor, sich gegen die aktuelle Marschrichtung zu stemmen. Antizyklisches Handeln heißt, entgegen dem Herdentrieb im Vorfeld erkennbarer Trendwenden zu reagieren. Insofern besteht kein Widerspruch. Diese Aussage ist wichtig, wenn es darum geht, Einzelaktien oder Aktienfonds aufzustocken oder zu verkaufen.

Turnaround. Management und Analysten erwarten, dass der Boden endlich gebildet ist und das Unternehmen wieder schwarze Zahlen schreibt. Glückt dies nicht, und werden Fundamentaldaten geschönt, drohen Kursabsturz und Pleite.

Übernahmen. Feindliche Einverleibungen drohen fair bewerteten Unternehmen, die statt verlässlicher Ankeraktionäre viel Streubesitz (Free Float) haben. Die Altaktionäre hoffen auf zweistelligen Preisaufschlag. Zur freundlichen Übernahme kommt es, wenn das Zielunternehmen zur Bieterfirma passt und Analysten positiv gestimmt sind. Oft zerstören jedoch Kulturkämpfe erhoffte Synergieeffekte.

Überzeichnung. Begehrte Neuemissionen bringen Zeichnungsgewinn. Der Ausgabepreis liegt am oberen Ende der Handelsspanne. Außerbörsliche Kurse erleichtern die Einschätzung. Wer bei der Zeichnung leer ausgeht, sollte geduldig warten.

UCITS/OGAW. Beide Abkürzungen bedeuten mehr Anlegerschutz für Publikumsfonds. Die mehrfach überarbeitete OGAW-Richtlinie von 1985 informiert über die zu erfüllenden Rechts- und Verwaltungsvorschriften sowie die entsprechenden Vorgaben und Anforderungen für Fondsgesellschaften. OGAW ist die deutsche Abkürzung für **O**rganismus für **G**emeinsame **A**nlagen in **W**ertpapiere, auch OGAW-konform oder EU-richtlinienkonform genannt. UCITS ist die englische Abkürzung und heißt **U**ndertakings for **C**ollective **I**nvestments in **T**ransferable **S**ecurities.

Umkehrformation. Dies betrifft Chartformationen, die auf eine Trendumkehr hinweisen wie die M-, W-, Schulter-Kopf-Schulter- und Untertassenformation.

Unterstützungslinie. Durchbricht der Kurs sie nach unten, so ist dies ein Verkaufssignal. Hält sie, deutet der Charttechniker es positiv und rät zum Kauf.

Value. Als die Börsenkurse ab 2000 weltweit abstürzten, feierte Warren Buffett sein Comeback. Er verschmäht, was er nicht kennt und versteht. Value ist auf substanz- und dividendenstarke, nachhaltig wirtschaftende, konjunkturunabhängige Firmen und deren Aktien zugeschnitten. Ideal ist eine Mischung Value/Growth. Aktienfonds für vorsichtige Anleger konzentrieren sich auf Value. Risikofreudige Investoren bevorzugen Growth-Aktienfonds oder Value/Growth gemischt.

Verlustbegrenzung. *„Gewinne lass laufen – im Verlust nicht ersaufen!"* Bewahren Sie bei Spitzentiteln Ihre Chancen. Begnügen Sie sich mit Teilverkäufen. Aber begrenzen Sie Ihre Verluste. Bei Qualitätsaktien und -fonds ist Aussitzen nicht immer verkehrt. Sie büßen notfalls den Einsatz ein. Nach oben gibt es keine Grenze. Kleine, marktenge Nebenwerte sind schwankungsfreudig und leichter manipulierbar.

Verwaltungsgebühr. 2015 betrug die Managementgebühr bei Aktienfonds im Schnitt 1,90 %, bei ETFs 0,35 %. Nicht zuletzt wegen des starken Wettbewerbsdrucks durch börsennotierte Indexfonds senken Fondsmanager die Verwaltungsgebühr oder den Ausgabeaufschlag, mitunter auch beides. Nachdem sich Investmentfonds nur für Langzeitanleger eignen, ist eine niedrige Managementgebühr viel wichtiger als Kürzung oder Streichung des Ausgabeaufschlags. Nur wer das schnelle Rein und Raus wählt, was aber grundverkehrt wäre, ist Nutznießer, wenn der Ausgabeaufschlag entfällt, die Jahresgebühr aber bei rund 2 % liegt.

Verzinsliche Wertpapiere. Staats- und Unternehmensanleihen sind verzinsliche Wertapiere, auch als Schuldverschreibung, Rentenpapier, Bonds oder Obligation bezeichnet. Es handelt sich um Sammelbezeichnungen für alle Schuldverschreibungen mit festem oder variablem Zinssatz, vereinbarter Laufzeit und vorgegebener Tilgungsform. Gläubiger sind die Käufer von Schuldtiteln. Bei Investmentfonds bestehen Mischfonds aus Aktien und Anleihen in unterschiedlicher Gewichtung oder im Verhältnis 1:1, 50:50. Mit festgelegten Obergrenzen dürfen Fondsmanager möglicherweise auch Hochzins- und Wandelanleihen beimischen. Reine Rentenfonds, früher ein Renner, heute durch die Nullzinspolitik oft zum Ladenhüter degradiert, konzentrieren sich auf Anleihen. Gut, wenn das Fondsmanagement flexibel und innovativ genug ist, um auch Hochzins- und Wandelanleihen sowie andere Produkte beizumischen, aktuell Gold und Silber mit einem festgelegten maximalen Anteil.

Volumen/Umfang Fondsvermögen. Es gibt milliardenschwere alteingesessene Misch-, Renten- und Aktienfonds mit einem Alter von 40 oder 50 Jahren und einem Fondsvolumen im zweistelligen Milliardenbereich. Demgegenüber stehen regelrechte Winzlinge, die nicht einmal einen zweistelligen Millionenbetrag aufweisen. Verständlich und nicht beunruhigend, wenn der Fonds erst vor wenigen Monaten oder ein bis zwei Jahren aufgelegt wurde. Ansonsten aber besser Hände weg! Sie müssen als Anleger damit rechnen, dass dieser Fonds aufgelöst oder mit einem anderen Produkt zusammengelegt wird, das nicht unbedingt Ihren Wünschen entspricht. Zudem ist der Handel an nur wenigen Börsenplätzen so gering, dass Sie vielleicht einige Tage auf die Ausführung Ihrer Kauforder oder Rückgabe warten müssen und günstigste Kurse ungenutzt verstreichen lassen müssen.

Volatilität. Damit sind Kursschwankungen gemeint, die viele Anleger gar nicht mögen, bei mir aber willkommen sind. Sie bieten die Grundlage für klugen Zukauf und Teilverkauf insbesondere bei Einzelaktien mit starken Kursausschlägen. Hightech- und Biotechaktien sind volatil. Halten Sie das heftige Auf und Ab nicht aus, vertrauen Sie auf ETFs, „goldumränderte ewige Marathon-Aktien" oder Aktienfonds. Die breite Streuung verringert Kursausschläge nach oben und unten.

Vorzugsaktien. „Kastrierte" Vorzüge sind wegen fehlender HV-Stimmrechte unbeliebt. Eine höhere Dividende tröstet kaum. Vorzüge werden vielleicht in Stämme umgewandelt, weil im Index nur eine Aktiengattung zählt und der Abstieg droht.

Wachstumsmärkte und Wachstumswerte (Growth). Dazu gehören Hightech-Biotech-, Software- und Internetwerte. Wachstumsaktien sind attraktiv, wenn die Konjunktur anzieht und das Geschäftsmodell überzeugt. Der Zukunftsmarkt wird von Industrie 4.0, Internet der Dinge, Digitalisierung, Cloud und Vernetzung geprägt. Auch die Bauindustrie dürfte durch Flüchtlingszustrom, Verkehrsüberlastung, sich häufende Unwetter und höheren Flächenbedarf in Wohnungen, soweit dies finanziell zu stemmen ist, genügend Aufträge einsammeln.

Wandelanleihen. Hier ist der Emittent keine Bank, sondern die Aktiengesellschaft gibt die Wandelanleihen an ihre Aktionäre aus. Die Anteilseigner haben die Wahl, Geld und Zinsen zum vereinbarten Zeitpunkt ausgezahlt zu bekommen oder bis zu einem bestimmten Termin die ausgehandelte Anzahl von Aktien zum festgelegten Kurs ins Depot zu nehmen. Wandelanleihen sind mit einem eher niedrigen Zinskupon ausgestattet und gelten wegen des Anleger-Wandlungsrechts als fair. Misch-, Renten- und Geldmarktfonds dürfen oft bis zu einem gewissen Prozentsatz in Wandelanleihen investieren. Hierzulande sind Wandelanleihen bei den Aktionären vor allem deshalb beliebt, weil niemand über den Tisch gezogen wird.

Wertgesicherte Fonds. Damit sind die bei Privatanlegern beliebten Garantiefonds gemeint, handelt es sich doch um strukturierte Fonds mit Kapitalgarantie. 2015 investierten deutsche Anleger mehr als 4 Mrd. € in wertgesicherte Fonds – halb so viel wie zur gleichen Zeit in Aktienfonds-Flaggschiffe mit über 8 Mrd. €. Derzeit besteht bei 165 Garantiefonds die Qual der Wahl. Wertgesicherte Fonds wollen für Langzeitanleger in guten und schlechten Zeiten ansehnliche Renditen erwirtschaften und besser abschneiden als Lebensversicherungen. Deshalb mischen sie Aktien, Anleihen, sonstige Produkte und setzen Derivate zur Absicherung ein.

Wertpapier-Kenn-Nummer (WKN). Ordern Sie Aktien telefonisch oder online, wählen Sie die einprägsame sechsstellige WKN. Die zwölfstellige ISIN ist schwer zu entziffern und verleitet zu Fehlern. Nur bei deutschen Aktien entspricht der ISIN-Kern nach DE000 der alten WKN. Hüten Sie sich vor Verwechslungen bei D:0, G:6, B:8, I:J:L, 2:Z:7, 9:8:B. Zu kleine Schrift ist die Hauptursache solcher Pannen, die Zeitverlust bedeuten und eine umständliche Fehlersuche erfordern.

Widerstandslinie. Wird sie nach oben durchstoßen, steht die Ampel charttechnisch auf „Grün". Viele Anleger ordern, wenn der Weg nach oben frei zu sein scheint. Wichtige Widerstände liegen bei runden Zahlen und alten Höchstständen.

X

XETRA. Das vollelektronische Handelssystem der Deutschen Börse macht den mit Fingerzeichen und Schreien verbundenen Parketthandel überflüssig. XETRA führt Kauf- und Verkaufsorders über Computer blitzschnell zusammen.

Z

Zeichnung. So heißt die Abgabe eines Kaufangebots für neue Aktien zum Ausgabepreis. Hohe Zeichnungsgewinne am ersten Börsentag sind heutzutage nur bei überzeichneten attraktiven Titeln zu erwarten.

Zinspolitik. Seit 2014 ist Janet Yellen Notenbankchefin der US-Fed. Sie löste damit Ben Bernanke ab, der ab 2006 im Amt war. Mit der Weltwirtschaftskrise 2008/2009 wurde zur Stabilisierung des Finanzsystems eine Niedrigzinspolitik mit dem historischen Tief 0 % eingeläutet. Die Europäische Zentralbank (EZB) mit ihrem Präsidenten Mario Draghi (Vorgänger Jean-Claude Trichet) schaffte im Frühjahr 2016 den Guthabenzins durch Senkung von 0,5 auf 0,0 % ab. Der EZB-Chef erhöhte im gleichen Atemzug die Strafzinsen für Banken, die ihr Geld bei der EZB parken, von -0,3 % auf -0,4 %. Für 10-jährige Bundesanleihen besteht nun erstmals ein Negativzins von -0,01 %. Für Aktionäre und Immobilieneigentümer sind dies positive Signale. Sparer fühlen sich dagegen enteignet. So klafft die Schere zwischen arm und reich, mutigen Sparern und Angsthasen weiter auseinander.

Mitte Dez. 2016 erhöhte die US-Notenbank FED erstmals seit einem Jahr die Zinsen um 0,25 %. Chefin Janet Yellen kündigt für 2017 drei weitere Zinsschritte an.

Zukunftsmärkte. Der demografische Wandel mit ungebremst steigender Lebenserwartung führt weltweit zu gewaltigen gesellschaftlichen und wirtschaftlichen Veränderungen. Einerseits sterben Geschäftsfelder und Berufe aus. Andererseits kommt es zu neuen Höhenflügen in bestimmten Branchen und dort aktiven Unternehmen. Zu den großen Zukunftsmärkten gehören das Gesundheitswesen mit Altenpflege-Einrichtungen, Kliniken, Pharma, Biotech und Medtech. Kein Weg führt vorbei an Industrie 4.0, Internet der Dinge, Digitalisierung und Vernetzung. Siehe Robotik, Drohnen und selbstfahrende Autos. Die Werbung verführt zu neuen Produkten und Verfahren. Nicht alles, was möglich ist und angeboten wird, tut uns gut. Innovative Aktienfonds spiegeln die großen Zukunftsmärkte wider.

Zykliker, zyklische Aktien. Dies sind konjunkturabhängige Gesellschaften mit ihren Aktien, wie Maschinen- und Automobilbauer, Biotech-, Software-, Internet- und Netzwerkfirmen. Schwächt sich das Wirtschaftswachstum ab, bevorzugen vorsichtige Anleger Konsumgüter- und Industrietitel. Wer jedoch risikofreudig ist, greift bevorzugt zu zyklischen Aktien und erfolgreichen Growth-Aktienfonds.

14.2 Lösungen der fünf Leistungs-Schnelltests

\	Schnelltest-Lösung Nr. ❶ zur Wissensüberprüfung												
Nr.	**Aufgabenstellung auf Seite 193**											**Punkte**	
1	Börsenrätsel: Setzen Sie die fehlenden Buchstaben ein. Das aus elf Anfangsbuchstaben zu bildende Lösungswort gehört zur Börse.											11 [ ]	
1.1	Bewerten Aktien/Firmen/Fonds	A	N	A	L	Y	S	T	E	N		1 [ ]	
1.2	Ziel Aktien- und Fondsanlagen	K	U	R	S	G	E	W	I	N	N E	1 [ ]	
1.3	Nebenwerte-Index	T	E	C	D	A	X					1 [ ]	
1.4	Preissteigerung	I	N	F	L	A	T	I	O	N		1 [ ]	
1.5	Aktuelles Ziel Autoindustrie	E	L	E	K	T	R	O	A	U	T O	1 [ ]	
1.6	Vorgänger vom TecDAX	N	E	U	E	R		M	A	R	K T	1 [ ]	
1.7	Firmenzusammenschluss	F	U	S	I	O	N					1 [ ]	
1.8	Fondsrichtlinie, dt. Abkürzung	O	G	A	W							1 [ ]	
1.9	Technologiebörse USA	N	A	S	D	A	Q		1	0	0	1 [ ]	
1.10	Absicherungsinstrumente	D	E	R	I	V	A	T	E			1 [ ]	
1.11	Wichtig für Börsenerfolg	S	T	R	A	T	E	G	I	E		1 [ ]	
2	Wissen: Was stimmt komplett? Was ist falsch? Kreuz!							Ja		Nein		12 [ ]	
2.1	„Aus dem Bauch", emotionell handeln wird empfohlen.									X		1 [ ]	
2.2	Als vorsichtiger Anleger in Hedgefonds investieren									X		1 [ ]	
2.3	Fundiertes Börsenwissen bietet Schutz vor Manipulation.							X				1 [ ]	
2.4	Eine Infoquelle reicht für Fondskauf/-verkauf locker aus.									X		1 [ ]	
2.5	Stimmt oft: Gier frisst Hirn, und Panik tötet den Verstand.							X				1 [ ]	
2.6	Guter Rat: Gewinne laufen lassen, Verluste stets aussitzen.									X		1 [ ]	
2.7	Bei ETFs ist Ausgabeaufschlag niedriger als bei Aktienfonds.							X				1 [ ]	
2.8	Prime Standard: MDAX, TecDAX, SDAX und Nasdaq									X		1 [ ]	
2.9	Ethik-Themenfonds können bezüglich Rendite mithalten.							X				1 [ ]	
2.10	Value-Aktien-Fonds: konjunkturunabhängig, nachhaltig							X				1 [ ]	
2.11	Growth-Strategie: Versorger, Konsumgüter, Versicherungen									X		1 [ ]	
2.12	Offene Immobilienfonds sind sehr sicher und ertragreich.									X		1 [ ]	
3	Zuordnungstest: Welche Aussagen treffen völlig zu?							Nr.				8 [ ]	
3.1	**Risikofreudiger Typ:** 1) Nur Value-Fonds. 2) DAX-Fonds. 3) TecDAX-/Nasdaq-Aktienfonds 4) Auch Nebenwertefonds.							Nr. 3, 4				4 [ ]	
3.2	**Kaufsignale:** 1) Ölpreis stürzt ab. 2) Strafzins wird erhöht. 3) Fondsgebühren sinken wegen ETFs. 4. Exportquote steigt.							Nr. 3, 4				4 [ ]	
	30 - 31 P. = 1, 27 - 29 P. = 2, 24 - 26 P. = 3, 20 - 23 P. = 4							Ziel: 31 P. [ ]					

Schnelltest-Lösung Nr. ❷ zur Wissensüberprüfung

Nr.	Aufgabenstellung auf S. 194												Punkte
1	Börsenrätsel: Setzen Sie die fehlenden Buchstaben ein. Das aus 12 Anfangsbuchstaben bestehende Lösungswort stuft Anleger ein.												12 [ ]
1.1	Wertpapierertrag	**R**	E	N	D	I	T	E					1 [ ]
1.2	Oberbegriff, Name für ETF	**I**	N	D	E	X	F	O	N	D	S		1 [ ]
1.3	Anlagestrategie	**S**	T	R	E	U	U	N	G				1 [ ]
1.4	Wachstumsmarkt	**I**	N	D	O	N	E	S	I	E	N		1 [ ]
1.5	Charttechnik liefert:	**K**	A	U	F	S	I	G	N	A	L	E	1 [ ]
1.6	Wachstumsregion	**O**	S	T	A	S	I	E	N				1 [ ]
1.7	Deutscher Finanzplatz	**F**	R	A	N	K	F	U	R	T			1 [ ]
1.8	Aktienfonds-Bewertung	**R**	A	T	I	N	G						1 [ ]
1.9	Bei Banken oft zu gering	**E**	I	G	E	N	K	A	P	I	T	A	L · 1 [ ]
1.10	Engl. Abkürzung bei Fonds	**U**	C	I	T	S							1 [ ]
1.11	Bevölkerungsentwicklung	**D**	E	M	O	G	R	A	F	I	E		1 [ ]
1.12	Anlage mit gutem Gewissen	**E**	T	H	I	K	F	O	N	D	S		1 [ ]

Nr.		Ja	Nein	Punkte
2	Wissenstest: Was stimmt? Was ist falsch? Ankreuzen!			12 [ ]
2.1	Finanzkennzahlen und Charttechnik schließen einander aus.		X	1 [ ]
2.2	Gesundheits-/Software-/Immobilienbranche chancenreich	X		1 [ ]
2.3	Unverzichtbar bei Hightechfonds: Digitalisierung/Vernetzung.	X		1 [ ]
2.4	Rohstoffmarkt spielt langfristig weltweit keine Rolle mehr.		X	1 [ ]
2.5	Risikofreudige Anleger wählen nur USA-Hochzinsfonds aus.		X	1 [ ]
2.6	Thesaurierung: Dividende wird in weitere Anteile angelegt.	X		1 [ ]
2.7	Schnelles Rein/Raus bringt bei Fonds die höchste Rendite.		X	1 [ ]
2.8	Meide die gefährlichen Vier: Euphorie, Panik, Angst und Gier	X		1 [ ]
2.9	Bei Konsumgütern ist das Risiko viel höher als bei Biotech.		X	1 [ ]
2.10	Immobilien-Aktienfonds Nutznießer vom Flüchtlingszustrom	X		1 [ ]
2.11	Aktienfonds sind aktiv gemangt, klassische ETFs passiv.	X		1 [ ]
2.12	Kleiner Ausgabeaufschlag am wichtigsten bei Fondsauswahl.		X	1 [ ]

Nr.		Nr.	Punkte
3	Welche Aussagen stimmen zur Beispielreihe Crash?		6 [ ]
	1) Nur im Oktober zu befürchten. 2) Nur bei Platzen von Spekulationsblasen möglich. 3) Droht bei großen Krisenherden. 4) Völlig undenkbar bei stabiler Konjunktur. 5) Beim Kernkraft-GAU. 6) Kommt kaum vor: Depot-Panikausverkauf.	Nr. 3, 5	6 [ ]
4	Welche Aussagen gelten für eine kluge Fondsanlage?	Nr.	6 [ ]
	1) Keine Order unter 1.000 €. 2) Bei Panik alles blitzschnell verkaufen. 3) Sich für sein Tun verantwortlich fühlen. 4) Auf Stammtischtipps hören. 5) Bei Hektik Bauchgefühl vertrauen. 6) Anlegerprofil und Renditeerwartung richtig einschätzen.	Nr. 1, 3, 6	6 [ ]
	34 - 36 P. = 1, 31 - 33 P. = 2, 27 - 30 P. = 3, 23 - 26 P. = 4	36 P.	[ ]

Schnelltest-Lösung Nr. ❸ zur Wissensüberprüfung

Nr.	Aufgabenstellung auf S. 195											Punkte
1	Börsenrätsel: Setzen Sie die fehlenden Buchstaben ein. Das aus 14 Anfangsbuchstaben bestehende Lösungswort zählt zur Strategie.											14 [ ]
1.1	Fondsart mit großem Anteil	**A**	K	T	I	E	N	F	O	N	D S	1 [ ]
1.2	Vorn beim Kursgewinn	**N**	E	B	E	N	W	E	R	T	E	1 [ ]
1.3	Grund für Kursausschläge	**L**	E	E	R	V	E	R	K	A	U F	1 [ ]
1.4	Leitet Hauptversammlung	**A**	U	F	S	I	C	H	T	S	R A T	1 [ ]
1.5	Fondsart	**G**	E	L	D	M	A	R	K	T		1 [ ]
1.6	Hauptziel vom Börsengang	**E**	I	G	E	N	K	A	P	I	T A L	1 [ ]
1.7	Beeinflusst Börsentrends	**Z**	I	N	S	P	O	L	I	T	I K	1 [ ]
1.8	Großer Aktienindex	**E**	U	R	O		S	T	O	X	X	1 [ ]
1.9	Zahlungsunfähigkeit	**I**	N	S	O	L	V	E	N	Z		1 [ ]
1.10	Begriff Charttechnik	**T**	R	E	N	D	K	A	N	A	L	1 [ ]
1.11	Abhängig von Zinssätzen	**R**	E	N	T	E	N	F	O	N	D S	1 [ ]
1.12	Bestandteil von Mischfonds	**A**	N	L	E	I	H	E	N			1 [ ]
1.13	Engl. Abkürzung bei Fonds	**U**	C	I	T	S						1 [ ]
1.14	Kleine Nebenwerte	**M**	I	C	R	O		C	A	P	S	1 [ ]

Nr.	Nebenwerte: Was stimmt? Was ist falsch? Ankreuzen!	Ja	Nein	8 [ ]
2.1	Risiko ist bei Aktienfonds genauso hoch wie bei Einzelaktien		X	1 [ ]
2.2	Zahlreiche Aktienfonds mit MDAX-/TecDAX-/SDAX-Werten	X		1 [ ]
2.3	Seit 20 Jahren: MDAX Kursgewinn doppelt so hoch wie DAX.	X		1 [ ]
2.4	Anlageerfolg bei Nebenwertefonds reine Glückssache		X	1 [ ]
2.5	Alle Mischfonds ohne Goldbeimischung sind hoch im Minus.		X	1 [ ]
2.6	Bei allen Dividendenfonds sind die Gebühren extrem hoch.		X	1 [ ]
2.7	Es gibt 40-/50-jährige Fonds mit über 1.000 % Kursgewinn.	X		1 [ ]
2.8	Auf- und Abstieg bei MDAX, TecDAX, SDAX einmal jährlich.		X	1 [ ]

Nr.	A sucht B. Bilden Sie die passenden Wortpaare.	A/B	13 [ ]
3.1	A1) Defensivstrategie. A2) Offensivstrategie. A3) Small-Cap-Index. A4) Klassischer Mid-Cap-Index. A5) Nasdaq. A6) Familienfirmen-Index. A7) Totalverlust droht. A8) Zukunftsmärkte. A9) Riesenfehler im Crash. A10) Mittelabfluss 2016. A11) Breite Streuung. A12) Ordergebühren. A13) Mischfonds	A1/B5 A2/B10 A3/B11 A4/B1 A5/B6 A6/B13	1 [ ] 1 [ ] 1 [ ] 1 [ ] 1 [ ] 1 [ ]
3.2	B1) MDAX. B2) Besteht aus Aktien/Anleihen. B3) Ostasien/Lateinamerika. B4) Transaktionskosten. B5) Value-Fonds. B6) Technologiebörse USA. B7) Diversifikation. B8) Hedgefonds. B9) Geschlossene Schifffonds. B10) Growth-Fonds. B11) SDAX. B)12 Panik-Ausverkauf. B13) DAXplus Family.	A7/B9 A8/B3 A9/B12 A10/B8 A11/B7 A12/B4 A13/B2	1 [ ] 1 [ ] 1 [ ] 1 [ ] 1 [ ] 1 [ ] 1 [ ]
	33 - 35 P. = 1, 30 - 32 P. = 2, 27 - 29 P. = 3, 23 - 26 P. = 4	35 P.	[ ]

Schnelltest-Lösung Nr. ❹ zur Wissensüberprüfung

Nr.	Aufgabenstellung auf S. 196		Punkte
1	**Börsenrätsel:** Setzen Sie die fehlenden Buchstaben ein. Das 10 Anfangsbuchstaben umfassende Lösungswort nennt eine Aktienart.		10 [ ]
1.1	Technologiebörse Amerika	**N** A S D A Q 1 0 0	1 [ ]
1.2	Zukunft Autoindustrie	**E** L E K T R O A U T O S	1 [ ]
1.3	Größter Fondsanbieter	**B** L A C K R O C K	1 [ ]
1.4	Mehr Risiko als beim ETF	**E** I N Z E L A K T I E N	1 [ ]
1.5	Börsengang/IPO	**N** E U E M I S S I O N	1 [ ]
1.6	Erneuerbare Energie	**W** I N D K R A F T	1 [ ]
1.7	Ausgebende Bank	**E** M I T T E N T	1 [ ]
1.8	Abhängig von Zinssätzen	**R** E N T E N F O N D S	1 [ ]
1.9	Anleger fürchten sich vor	**T** O T A L V E R L U S T	1 [ ]
1.10	Aktien-Index	**E** U R O S T O X X	1 [ ]
2	Welche zwei Aussagen passen nicht? Nummern einsetzen!		14 [ ]
2.1	**Gesundheitsbranche:** 1) Biotech, 2) Medtech, 3) Pharma, 4) Nanotechnologie, 5) Wirkstoffforschung, 6) Suchmaschine	4) 6)	2 [ ]
2.2	**ETF:** 1) Sondervermögen, 2) stets aktiv gemanagt, 3) kleiner Ausgabeaufschlag, 4) deckt den Index ab, 5) Indexfonds	2) 3)	2 [ ]
2.3	**Zukunftstrends:** 1) Industrie 4.0, 2) Cloud Computing, 3) Internet der Dinge, 4) Kosmetik, 5) Big Data, 6) Hardware	4) 6)	2 [ ]
2.4	**MDAX:** 1) 50 klassische Werte, 2) nur deutsche Titel, 3) Auf/Abstieg einmal jährlich, 4) Mid Caps, 5) besser als DAX	2) 3)	2 [ ]
2.5	**TecDAX:** 1) 50 Technologietitel, 2) auch ausländische Titel, 3) Nachfolger Neuer Markt, 4) Micro Caps, 5) viel Software	1) 4)	2 [ ]
2.6	**SDAX:** 1) 30 klassische Werte, 2) nur deutsche Titel, 3) Prime Standard, 4) Small Caps, 5) Industrietitel, 6) Konsumtitel	1) 2)	2 [ ]
2.7	**Investmentfonds:** 1) Breit gestreut, 2) viele Arten, 3) Ausgabeaufschlag üblich, 4) sehr billig, 5) weltweit 1.000 Fonds	4) 5)	2 [ ]
3	A sucht B. Bilden Sie die passenden Wortpaare.	A/B	12 [ ]
3.1	A1) Anlage in Aktien und Anleihen. A2) Handel mit geliehenen Aktien. A3) Aktiv gemanagt. A4) Familienindex. A5) Nichts für Anfänger. A6) Fonds-Richtlinie. A7) Schlägt seit 20 Jahren den DAX. A8) Mit Mietshaus vergleichbar. A9) Offene Immobilienfonds. A10) Anlage mit Sparplänen. A11) Voraussetzung Fondsanlageerfolg. A12) Zur Absicherung.	A1/B12 A2/B11 A3/B6 A4/B9 A5/B10 A6/B4	1 [ ] 1 [ ] 1 [ ] 1 [ ] 1 [ ] 1 [ ]
3.2	B1) Dachfonds. B2) Derivate Long/Short. B3) MDAX. B4) Abkürzungen UCITS/OGAW. B5) Mehrere Projekte. B6) Investmentfonds. B7) Langfristiger Anlagehorizont. B8) Bei zahlreichen Investmentfonds möglich. B9) DAXplus Family. B10) Hedgefonds. B11) Leerverkauf. B12) Mischfonds.	A7/B3 A8/B1 A9/B5 A10/B8 A11/B7 A12/B2	1 [ ] 1 [ ] 1 [ ] 1 [ ] 1 [ ] 1 [ ]
	34 - 36 P. = 1, 31 - 33 P. = 2, 27 - 30 P. = 3, 23 - 26 P. = 4	36 P.	[ ]

Schnelltest-Lösung Nr. ⑤ zur Wissensüberprüfung

Nr.	Aufgabenstellung auf Seite 197		Punkte
1	Börsenrätsel: Setzen Sie die fehlenden Buchstaben ein. Das aus 14 Anfangsbuchstaben bestehende Lösungswort nennt eine Branche.		14 [ ]
1.1	Fonds aus Aktien/Anleihen	**M** I S C H F O N D S	1 [ ]
1.2	Basis für Wertpapierorder	**E** C H T Z E I T K U R S	1 [ ]
1.3	Absicherung bei Fonds	**D** E R I V A T E	1 [ ]
1.4	Zukunftsmarkt	**I** N D O N E S I E N	1 [ ]
1.5	Einfluss auf Geldmarkt	**Z** I N S P O L I T I K	1 [ ]
1.6	Hier gibt es Offene Fonds	**I** M M O B I L I E N	1 [ ]
1.7	Fonds soll …wirtschaften	**N** A C H H A L T I G	1 [ ]
1.8	Droht z. B. bei Schifffonds	**T** O T A L V E R L U S T	1 [ ]
1.9	Anlage für gutes Gewissen	**E** T H I K F O N D S	1 [ ]
1.10	Börseninformationsquelle	**C** H A R T T E C H N I K	1 [ ]
1.11	TecDAX-Merkmal	**H** I G H T E C H	1 [ ]
1.12	US-Technologie-Index	**N** A S D A Q 1 0 0	1 [ ]
1.13	Oberbegriff, Name für ETF	**I** N D E X F O N D S	1 [ ]
1.14	Einflussfaktor Börsentrend	**K** O N J U N K T U R	1 [ ]

Nr.		Ja	Nein	
2	Nebenwerte: Was stimmt? Was ist falsch? Ankreuzen!			8 [ ]
2.1	Nasdaq 100: Es ist der Index für Technologieaktien weltweit.		X	1 [ ]
2.2	Den MDAX und SDAX gibt es schon seit über 20 Jahren.		X	1 [ ]
2.3	Der DAXplus Family Index besteht nur aus Nebenwerten.		X	1 [ ]
2.4	Themen- und Branchenfonds sind oft besser als ein ETF.	X		1 [ ]
2.5	Dividendenfonds: Das Management behält die Ausschüttung.		X	1 [ ]
2.6	Thesaurierung: Dividende wird in weitere Anteile angelegt	X		1 [ ]
2.7	Auch flexible Mischfonds haben keine Zukunftschancen.		X	1 [ ]
2.8	Biotech-Aktienfonds gewinnen im Bullenmarkt gegen ETFs.	X		1 [ ]

Nr.	Welche zwei Aussagen treffen zu? Bitte Nummern einsetzen		8 [ ]
3.1	**Nasdaq 100:** 1) Vergleichbar mit TecDAX. 2) Etwas mehr Kursgewinn als TecDAX. 3) Biotech fehlt hier. 4) Keine Nasdaq-Fonds im Angebot. 5) Nasdaq-Fonds dividendenstark.	1, 2	2 [ ]
3.2	**Biotech:** 1) Europa-Boom. 2) Übernahmerekord Pharma und Biotech. 3) Value: Biotechfonds. 4) MDAX: auch Biotechtitel. 5) Biotech-ETF USA. 6) Verbot: Fonds mit Gentechnik-AGs.	2, 5	2 [ ]
3.3	**Rechtslage:** 1) Altbestand vor 2010 steuerfrei. 2) Keine Abgeltungsteuer bei ETF. 3) ETF: Sondervermögen. 4) Aktienfonds passiv gemanagt. 5) Kein Ausgabeaufschlag bei ETFs.	3, 5	2 [ ]
3.4	**Strategie:** 1) DAX-Aktienfonds am besten. 2) Nie Immofonds kaufen. 3) Geld/Glück/Geduld. 4) Wenig Zeit: Aktienfonds.	3, 4	2 [ ]
	29 - 30 P. = 1, 26 - 28 P. = 2, 23 - 25 P. = 3, 19 - 22 P. = 4	30 P.	[ ]

14.3 Die wichtigsten Indizes weltweit für den raschen Überblick

Internationale Indexübersicht 2016: Punkte und Kurse

Index	WKN	30.12. 2016	Kursverlauf 1, 3, 5, 10 J.	Hoch/Tief 52 Wochen
DAX Perform.	846 900	11.481 P.	+7/+20/+95/+74 %	11.481/8.699 P.
DAX Kursindex	846 744	5.588 P.	+4/+11/+68/+26 %	5.588/4.350 P.
MDAX	846 741	22.189 P.	+6/+33/+149/136 %	22.189/17.434 P.
TecDAX	720 327	1.812 P.	-1/+55/+165/+142 %	1.847/1.464 P.
SDAX	965 338	9.519 P.	+5/+40/+115/+71 %	9.540/7.504 P.
DivDAX Perform.	A0C 33D	297 P.	+12/+21/+103/+68 %	297/216 P.
DAXplus Family	A0Y KTN	5.047 P.	0/+45/+127 %	5.170/4.248 P.
GEX	A0A ER0	1.723 P.	-7/+67/+63/-5 %	1.862/1.424 P.
Entry (Auflösung)	A0G 834	408 P.	0/+9/+5/-62 %	445/365 P.
Euro Stoxx 50	965 814	3.291 P.	0/+6/+42/-20 %	3.313/2.673 P.
STOXX 50	965 816	3.011 P.	-3/+3/+27/-19 %	3.136/2.557 P.
Dow Jones	969 420	19.763 P.	+12/+20/+62/+59 %	19.988/15.451 P.
S&P 500	A0A ET0	2.243 P.	+9/+22/+78/+58 %	2.277/1.810 P.
Nasdaq 100	A0A E1X	4.864 P.	+5/+36/+114/+177 %	4.992/3.889 P.
Nikkei 225	A1R RF6	19.114 P.	+1/+17/+126/+11 %	19.593/14.864 P.
Hang Seng China	145 733	22.003 P.	+1/-5/+19/+10 %	24.112/18.319 P.
RTX Russland	965 707	1.588 P.	+52/-21/-18/-42 %	1.621/805 P.
SMI Schweiz	969 000	8.220 P.	-7/+1/+40/-6 %	9.043/7.425 P.
FTSE/London	969 378	7.143 P.	+14/+6/+28/+15 %	7.143/5.500 P.
MSCI World	969 273	1.364 P.	+6/+16/+64/+23 %	1.377/1.117 P.
KOSPI Südkorea	A0G 899	2.026 P.	+3/+1/+11/+41 %	2.067/1.835 P.

Anmerkung: Die unterstrichenen Angaben bei den Kursentwicklungen zeigen in der Ein-, Drei-, Fünf-, Zehn-Jahresübersicht die siegreichen Indizes im In- und Ausland. Bei den Angaben zum 52-Wochen-Hoch/Tief bedeuten die unterstrichenen Werte neue Höchststände. Im Deutschland-Vergleich schnitt der **TecDAX** im Mehrjahreszeitraum am besten ab. International war der **Nasdaq 100** nicht zu bezwingen.

14.4 Fondsstatistik und Siegerfonds aus Bestenlisten

Gemanagtes Vermögen 2016: deutsche Fondsanbieter; Nettokapitalzufluss und -abfluss bei wichtigen Fondsarten

Fondsgesellschaft	Vermögen in €	2015 Mrd. €	2016 Mrd. €	Fondsart mit Kapitalfluss	2016 Mrd. €
Union Investment	152 Mrd.	+12,1	+8,7	Mischfonds	+5,6
Deka	143 Mrd.	+9,7	+4,6	Offene Immofonds	+4,0
Allianz Global Inv.	119 Mrd.	+14,6	+2,1	Rentenfonds	+1,9
Deutsche Asset Management	230 Mrd.	+18,7	-4,8	Geldmarktfonds	-1,1
	Quelle: Handelsblatt 16.10.16			Aktienfonds	-1,2

Weltweite Fondsbilanz für die ersten drei Quartale 2016

Rang	Investmentfonds mit Anlageschwerpunkt; Trend: Industrie 4.0	9 Monate 2016	5 Jahre per annum
01	Aktien Goldminen	+91,1 %	-6,8 %
02	Aktien Rohstoffe & Energie	+27,0 %	-2,3 %
03	Aktien Lateinamerika	+24,8 %	-0,6 %
04	Anleihen Emerging Markets	+11,9 %	+11,9 %
05	Aktien Emerging Markets	+11,3 %	+6,5 %
06	Aktien Mittel-/Osteuropa	+11,0 %	+0,7 %
07	Aktien Asien Pazifik ohne Japan	+8,0 %	+10,2 %
08	Aktien Technologie Welt	+6,6 %	+16,8 %
09	Anleihen Euro Unternehmen High Yield	+6,2 %	+8,0 %
10	Aktien Nordamerika Nebenwerte	+5,8 %	+18,3 %
11	Anleihen Euro Unternehmen Inv. Grade	+5,6 %	+5,5 %
12	Aktien Japan Nebenwerte	+5,2 %	+13,6 %
13	Anleihen Euro	+4,2 %	+4,3 %
14	Anleihen Globale Währungen	+3,4 %	+4,6 %
15	Aktien China	+3,0 %	+11,7 %
16	Aktien Nordamerika	+2,6 %	+17,5 %

Quelle: Handelsblatt, Nr. 205/2016, am 24. Oktober 2016

Erstklassige Aktienfonds mit großteils niedrigen Kosten (faire Verwaltungsgebühr und möglichst geringer Ausgabeaufschlag)

Fonds-gesellschaft	WKN	Kurs 25.10.16	52 Wochen Hoch/Tief	Kursverlauf % 1, 3, 5, 10 Jahre
Schlussauswahl: Die besten Fonds aus den Siegerlisten				
Fondssieger nach Indizes, Kontinenten, Ländern und Sektoren				
Bakersteel Metals	HAF X4V	311,30 €	370,5/134,5 €	+105/+135/+2/+227
Edelmetallminen global: Umfang 109 Mio. €, Alter 9 J., Ausgabeaufschlag 5,00 %, Gebühr **2,40 %,** thesaurierend. Erstklassige Rendite, aber hohe Managementgebühr				
Comgest Gr. Eu	631 027	23,05 €	24,15/19,65 €	+4/+40/+128/+128
Europa, Growth, Mid Caps: Umfang 42 Mio. €, Alter 16 J., Ausgabeaufschlag 4,00 %, Gebühr 1,50 %, thesaurierend. Schwergewichte: Sartorius, Wirecard (TecDAX)				
DBK Asien Fd TNL	795 322	27,60 €	27,60/21,55 €	+5,5/+25/+55/+26 %
Asiatisch/pazifischer Raum mit Japan: Umfang 20 Mio. €, Alter 15 Jahre, Ausgabeaufschlag **0,00 %,** Gebühr 1,40 %, thesaurierend. Große und mittelgroße Titel				
DJE Asia High Div.	A0Q 5K1	221,00 €	221,0/167,0 €	+19/+46/+65/+125
Schwerpunkt Asien/Dividende: Umfang 143 Mio. €, Alter 8 Jahre, Ausgabeaufschlag **0,00 %,** Gebühr **0,30 %,** thesaurierend. Geringes Risiko: viele Titel/Dividende				
DekaLux BioTech	DK1 A3Y	356,30 €	486,7/327,1 €	-20/+53/+207/+257
Gesundheit/Biotech: Umfang 257 Mio. €, Alter 9 Jahre, Ausgabeaufschlag 3,75 %, Gebühr 1,25 %, ausschüttend. Schwergewichte: Amgen, Celgene, Gilead, Biogen				
Deka Technologie	515 262	26,50 €	26,50/20,00 €	+15/+74/+130/+119
Große Technologiekonzerne global: Umfang 365 Mio. €, Alter 17 J., Ausgabeaufschlag 3,75 %, Gebühr 1,25 %, thesaurierend. Größte Posten: Alphabet, Amazon				
Dimensional Glob.	A1J JAF	18,90 €	19,05/14,80 €	+11/+40/+113 %
Nebenwerte weltweit: Umfang keine Angaben, Alter 6 Jahre, Ausgabeaufschlag **0,00 %,** Gebühr **0,43 %,** thesaurierend. Aus dem MDAX ist dabei: LEG Immobilien				
DWS Aktien Strat.	976 986	345,30 €	364,7/281,2 €	0/+45/+141/+139 %
DAX: Umfang 2,95 Mrd. €, Alter 18 Jahre, Ausgabeaufschlag 5,00 %, Gebühr 1,45 %, thesaurierend. Schwergewichte: Fresenius, SAP, Dt. Post, Henkel, Adidas, Conti				
DWS Top Divid.	DWS 1VB	130,60 €	132,9/114,3 €	+5/+45 %
Weltweite Dividendenspitzenreiter: Umfang 17,9 Mrd. €, Alter 3 Jahre, Ausgabeaufschlag **0,00 %,** Gebühr **0,90 %,** thesaurierend. Aus Deutschland dabei: Allianz				
Fidelity FTIF Tech	A0K EDE	11,70 €	11,75/8,20 €	+19/+78/+134/+195
US-Hightechkonzerne: Umfang 928 Mio. €, Alter 10 J., Ausgabeaufschlag 5,75 %, Gebühr **1,00 %,** thesaurier. Große Posten: Facebook, Amazon, Microsoft, Alphabet				

Fonds-gesellschaft	WKN	Kurs 25.10.16	52 Wochen Hoch/Tief	Kursverlauf % 1, 3, 5, 10 Jahre
Fondssieger nach Indizes, Kontinenten, Ländern und Sektoren				
GR Dynamic	A0H 0W9	22,60 €	26,40/9,40 €	+115/+44/-35/-54 %
Rohstoffe, Beimischung weitere Bereiche, Derivate zur Absicherung: Umfang 15 Mio. €, Alter 10 Jahre, Ausgabeaufschlag 5,00 %, Gebühr **0,00 %**, thesaurierend				
KBC Eco Water	A0F 6Z0	1.219,0 €	1.224/971,0 €	+12/+40/+119/+90
Ethik, nachhaltig, sozialverträglich, Wasser: Umfang 214 Mio. €, Alter 16 Jahre, Ausgabeaufschlag **3,00 %**, Gebühr **1,40 %**, thesaurierend. Schwergewicht: Geberit				
Magna New Front.	A1H 7JG	15,20 €	15,20/11,25 €	+24/+55/+102/+24
Frontiermärkte wachstumsstark, unterhalb von Schwellenländern: Umfang 208 Mio. €, Alter 6 Jahre, Ausgabeaufschlag 5,00 %, Gebühr **1,25 %**, ausschüttend				
MainFirst German	A0R AJN	171,40 €	178,5/137,8 €	+8/+71/+154 %
Nebenwerte MDAX/SDAX, noch kleinere Titel: Umfang 205 Mio. €, Alter 7 Jahre, Ausgabeaufschlag 5,00 %, Gebühr **1,50 %**, thesaurierend. Größte Position: SIXT				
Monega Innovat.	532 102	60,00 €	61,00/47,30 €	+12/+40/+106/+101
Mittelgroße und kleine Nebenwerte Europa, USA, Japan: Umfang 25 Mio. €, Alter 16 Jahre, Ausgabeaufschlag 3,5 %, sehr niedrige Gebühr **0,08 %**, ausschüttend				
OAKS Frontier	A1W 55Q	13,80 €	13,80/10,85 €	+21/+33 %
Frontiermärkte und Schwellenländer-Aktien: Derivate zur Absicherung, Umfang 56 Mio. €, Alter 3 Jahre, Ausgabeaufschlag 3,75 %, Gebühr **1,25 %**, thesaurierend				
Quest Cleantech	A0N C68	216,15 €	218,4/178,6 €	+9/+42/+107/+117
Ethik, saubere Technologien, Energieeffizienz: Umfang 55 Mio. €, Alter 9 Jahre, Ausgabeaufschlag **0,00 %**, Gebühr **1,25 %**, thesaurierend, Produkte Industrieländer				
SEB Con. Biotech	542 164	97,55 €	123,0/89,25 €	-5/+58/+211/+266
USA-Biotechaktien: Umfang 143 Mio. €, Alter 16 Jahre, **1,0 %**, Gebühr 1,5 %, ausschüttend. Schwergewichte: Gilead, Amgen, Biogen, Celgene, Regeneron, Mylan				
SEB European S	989 941	250,10 €	295,8/229,8 €	+6/+34/+85/+36 %
Europa, Small Caps: Umfang 154 Mio. €, Alter 17 Jahre, Ausgabeaufschlag **1,0 %**, Gebühr 1,50 %, ausschüttend. Schwergewichte: GrenkeLeasing, Patrizia (SDAX)				
SISF Front Markets	A1W 2D2	138,55 €	138,55/108,1 €	+8/+35/+38 %
Frontiermärkte-Unternehmen, oft mit Zugang zu Bodenschätzen: Umfang 1,23 Mrd. €, Alter 4 Jahre, Ausgabeaufschlag **1,00 %**, Gebühr **1,00 %**, thesaurierend				
Stabilitas Silber	A0K FA1	36,85 €	45,95/12,05 €	+118/+40/-28/-65 %
Silber/Weißmetall: Umfang 67 Mio. €, Alter 10 Jahre, Ausgabeaufschlag 5,00 %, Gebühr **2,50 %**, thesaurierend. Rekordrendite in 12 Monaten, aber hohe Gebühren				

Fonds-gesellschaft	WKN	Kurs 25.10.16	52 Wochen Hoch/Tief	Kursverlauf % 1, 3, 5, 10 Jahre
Fondssieger nach Indizes, Kontinenten, Ländern und Sektoren				
StrukSol Lithium	HAF X4V	91,40 €	95,85/34,85 €	+147/+129/+40 %
Schwerpunkt: 25 größte AGs für Exploration/Abbau/Investition Lithium: Umfang 15 Mio. €, Alter 7 J., Ausgabeaufschlag 5,00 %, Gebühr **0,80 %**, thesaurierend				
TERR Assisi	984 734	25,45 €	26,50/21,70 €	+3/+41/+111/+52 %
Ethik, Nachhaltigkeitskriterien, Zusammenarbeit Franziskaner Orden: Umfang 64 Mio. €, Alter 16 Jahre, Ausgabeaufschlag 4,50 %, Gebühr **1,35 %**, ausschüttend				
Uni ASIA	971 267	62,30 €	62,30/48,10 €	+8/+28/+71/+61 %
Asien: Umfang 92 Mio. €, Alter 27 Jahre, Ausgabeaufschlag 5,0 %, Gebühr **1,20 %**, thesaurierend. Schwergewichte: Taiwan Semi., Toyota, Samsung, Tencent, Alibaba				
Uni Deutschland	975 049	132,75 €	139,1/110,3 €	0/+53/+125/+200 %
Nebenwerte MDAX/TecDAX/SDAX: Umfang 655 Mio. €, Alter 10 J., Ausgabeaufschlag 4,00 %, Gebühr **1,55 %**, thesaurierend. Größte Posten: Schaeffler, Patrizia				
Uni Favorit	847 707	119,00 €	120,8/99,45 €	+7/+45/+104/+122
Nasdaq, Dow Jones, Welt: Umfang 1,52 Mrd. €, Alter 11 J., Ausgabeaufschlag 5,0 %, Gebühr **1,20 %**, ausschüttend. Große Posten: Home Depot, Facebook, Biogen				
Uni Nordamerika	975 007	236,56 €	237,6/191,9 €	+9/+51/+111/+91 %
Nasdaq: Umfang 152 Mio. €, Alter 23 J., Ausgabeaufschlag 5,0 %, Gebühr **1,20 %**, thesaurierend. Große Posten: Apple, Microsoft, Alphabet, Facebook, Visa, Comcast				

Ein-Jahres-Rendite bei meinen 27 Aktienfonds: Schnitt +28 %

Fazit: Diese Aktienfonds aus den Siegerlisten rechtfertigen keinen Kapitalabfluss, sondern laden zum engagierten Einstieg ein. Rechne ich die Rohstoff- bzw. Edelmetallfirmen heraus, verbleibt ein Plus von 9 %.

Im Schnitt überzeugten nicht alle Aktienfonds in den ersten 9 Monaten 2016, erkennbar am Kapitalabfluss, wie die Übersicht auf S. 232 zeigt. Teilweise dürftige Renditen und Kursschwankungen bewogen zum Ausstieg. Bei meinen 28 Fonds gab es nur zweimal ein Minus binnen 12 Monaten bei sonst erfreulicher Entwicklung. Einige Edelmetall-Aktienfonds, leider mit hoher Verwaltungsgebühr belastet, brachten in einem Jahr eine Rendite von über 100 %. Dies schaffte auch der Rohstofffonds GR Dynamik, der keine Jahresgebühr berechnet, sowie der Lithiumfonds, Spitzenreiter mit +147 %, bei geringer Managementgebühr. Bei beiden Edelmetallfonds stört die hohe Managementgebühr. Ich nahm sie dennoch auf, weil ein Jahresplus von über 100 % ungewöhnlich ist. Abgesehen von diesen Ausnahmen blieben Fonds mit Jahresgebühren über 1,80 % unberücksichtigt. Der Ausgabeaufschlag ist bei langem Anlagehorizont nicht entscheidend.

14.5 Nachtrag zur Präsidentenwahl USA

Hier geht es nicht darum, wie dies geschehen konnte, sondern welche Folgen für Aktien und Fonds durch den überraschenden Wahlsieg des Populisten Donald Trump wohl zu erwarten sind.

Der unfaire Wahlkampf unterhalb der Gürtellinie, gespickt mit unwahren Behauptungen, unglaubwürdigen Prognosen und fragwürdigen Zielvorstellungen macht den künftigen amerikanischen Präsidenten unberechenbar. Dass es nach den anfangs starken Kurseinbrüchen in den Morgenstunden bei den führenden Indizes rund um den Globus nicht zum großen Crash kam, ist dem versöhnlichen präsidialen Auftritt nach seinem Wahlsieg zu verdanken

Vielfache Wut und Angst wurden von der Hoffnung *„alles nicht so schlimm – nicht nur Nachteile, sondern auch Vorteile und Chancen für die Wirtschaft"* genährt. Allerdings zogen seit Trumps Wahlsieg binnen zehn Tagen Investoren 6 Mrd. Dollar aus Aktien und Anleihen der Schwellenländer wegen Abschottungsängsten ab.

Wer sind mit großem Vorbehalt die Sieger und Verlierer von Aktien, Investmentfonds und Unternehmen wichtiger Branchen?

- **Pharma- und Biotechtitel erholen sich,** weil Donald Trump im Gegensatz zu Hillary Clinton die Preise für neue Arzneimittel nicht deckeln will. So stiegen die Pharma- und Biotechaktien und ebenso etliche Themenfonds binnen zwei Tagen im Schnitt um 6 %, einzelne Aktien sogar um mehr als ein Zehntel. Der künftige Präsident will die Gesundheitsreform „Obamacare" nun doch nicht stoppen, sondern das Krankenversicherungsprojekt sogar ausweiten.

- **Die Bauindustrie profitiert von geplanten Infrastrukturprojekten im Straßen- und Autobahnbau, in Stromnetze, Masten, Wasserleitungen und sonstige Konjunkturprogramme.** HeidelCement (DAX) legt deutlich zu.

- **Die Rüstungsindustrie wird zum Wachstumstreiber.** Donald Trump will den Verteidigungsetat aufstocken und die Waffenlobby stärken. Europa soll sich an den Militärausgaben stärker beteiligen. Rheinmetall (MDAX) profitiert davon.

- **Ob die großen Bergbau- und Ölkonzerne Nutznießer** bei Ausstieg aus dem Klimaschutzabkommen sind, bleibt unklar. Einige Rohstoffpreise z. B. Kupfer steigen. Erneuerbare Energien geraten in den Abwärtsstrudel. Russische Aktien und Aktienfonds reagieren positiv wegen guter Beziehungen Trump/Putin.

- **Die europäischen und asiatischen Technologiefirmen befürchten Schwierigkeiten wegen Abschottungsabsichten.** Die US-Großkonzerne sind beunruhigt, weil sie verstärkt am Heimatmarkt produzieren sollen.

- Die geplanten Steuersenkungen sollen wohlhabende US-Bürger zu mehr Konsum und Investitionen anregen. Die Unterschicht hat nichts davon.
- Der Goldpreis als „Angstbarometer und sicherer Hafen" legte im asiatischen Handel zeitweilig um über 5 % zu und dürfte ziemlich stabil bleiben.

Zitate: Wie Fondsmanager die US-Präsidentenwahl einstufen

Stefan Kreuzkamp, Deutsche Asset Management: „Möglich, dass am Ende eine mehr oder weniger konventionelle republikanische Politik herauskommt und man auf die Umsetzung von wirtschaftlich schädigenden Wahlversprechen etwa im Außenhandel oder bei der Zuwanderung noch lange warten wird."

Allianz Global Investors: „Europäische Aktien könnten im Vergleich zu den USA zu einem Bollwerk der Stabilität werden – Kurzfristig ist mit Risikoaversion, sinkenden Renditen und einer Abflachung der Renditekurse zu rechnen."

John Bailer, BNY Nellon: „Grundsätzlich nehmen wir an, dass viel von dem, was vor der Wahl gesagt wurde, eher rhetorischer als realistischer Natur ist."

Angel Agudo, Fidelity: „Zahlreiche Studien belegen, dass die Performance der US-Börse nur in begrenztem Maß davon beeinflusst wird, wer eine Präsidentschaftswahl gewinnt. Für Anleger ist es deshalb wichtig, den Blick weiter auf die Fundamentaldaten der Unternehmen zu richten und sich von dem Getöse und der Volatilität in Wahlkampfzeiten nicht beirren zu lassen."

Guy de Blonay, Jupiter Asset Management: „Der US-Dollar und die Aktienmärkte werden sich kurzfristig ermäßigen, während ich Gold, den japanischen Yen und den Schweizer Franken steigen sehe, weil sie von ihrer traditionellen Rolle als vermeintlich sichere Häfen in unsicheren Zeiten profitieren."

Zum Schluss der künftige Präsident Donald Trump unmittelbar nach dem feststehenden Wahlsieg mit einem Auszug aus seiner Dankesrede: „Jetzt ist es an der Zeit, dass Amerika die Wunden der Spaltung schließt. – Wir werden ein nationales Wachstums- und Erneuerungsprojekt angehen. – Wir werden unsere Straßen, Brücken, Tunnel, Flughäfen, Schulen und Krankenhäuser wieder aufbauen. – Ich will der Weltgemeinschaft sagen: Auch wenn wir Amerikas Interessen immer an erste Stelle setzen, werden wir mit allen fair umgehen, mit allen Völkern."

Wie auf solch überraschende Ereignisse als Anleger reagieren?

- Ruhe bewahren und überlegt handeln: Die Aktien und Aktienfonds mit starken Kursverlusten herausfiltern und bei guten Fundamentaldaten einsteigen oder zukaufen. Wird Geld gebraucht, die großen Kurssprünge bei Pharma und Biotech für Teilverkäufe nutzen. Aktivitäten in Krisen auf einige Tage verteilen und auf breite Streuung besonders achten.

14.6 Unsere beiden Partner stellen ihr Geschäftsmodell vor

Die DJE Kapital AG präsentiert ihre Spitzenfonds

Aktienfonds Dividende & Substanz

> **Ein Blick in die Börsenhistorie zeigt: Auf lange Sicht bieten Aktien von Qualitätsunternehmen die beste Rendite. Mit dem DJE – Dividende & Substanz investieren wir eben genau in Aktien dieser Qualitätsfirmen. Doch was heißt Qualität?**

Der Investitionsschwerpunkt des Fonds, für den mein Sohn Jan seit der Auflage im Jahr 2003 verantwortlich ist, liegt auf dividenden- und substanzstarken Aktien. Die Grundidee hinter dem Fonds ist: Qualitätsfirmen sind robust und langfristig erfolgreich. Sie leisten also meist attraktive und regelmäßige Dividendenausschüttungen. Dabei wird von Anlegern häufig die Bedeutung von Dividendenzahlungen für die Gesamtperformance unterschätzt. Diese liefern langfristig den höchsten Beitrag für den Erfolg einer Aktienanlage, weil reinvestierte Dividenden einen beachtlichen Zinseszinseffekt erzielen.

Allerdings muss man klar trennen: Entscheidend ist nicht die höchste Dividendenrendite allein, sondern vor allem eine nachhaltige und idealerweise steigende Dividendenzahlung – also quasi die Stabilität von Dividenden im Zeitablauf. Zudem haben empirische Analysen gezeigt, dass dividendenstarke Werte insbesondere in schwierigen Marktphasen eine wesentlich stabilere Anlageform sein können als dividendenschwache Papiere.

Der Dividende kommt also eine Art Pufferfunktion bei vorübergehenden Kursverlusten zu. Die Rechnung ist einfach und einleuchtend: Gute Substanz, ausgezeichnete Bilanzqualität sowie eine hohe Dividendenrendite bei möglichst abgesicherter Ertragslage erhöhen die Chance zur Erzielung eines nachhaltigen Anlageerfolges.

Natürlich gibt es auch in diesem Aktienfonds Risiken, über die sich der Anleger in unseren Verkaufsunterlagen informieren sollte, die auf unserer Internetseite www.dje.de erhältlich sind. Derzeit liegt der Schwerpunkt auf europäischen und US-Aktien. Durch seine globale Aufstellung hat der Fonds eine gewisse Robustheit, falls in einer Weltregion die Wirtschaft schwächeln sollte. Wir bevorzugen derzeit Firmen aus den Sektoren Freizeit, Industrie und Chemie. In diesen Sektoren finden sich einige interessante Unternehmen, bei denen wir langfristiges Potenzial sehen.

DJE Dividende & Substanz P (€)-	WKN	Kurs 31.10.16	Hoch/Tief 1 Jahr	Kursentwicklung 1, 3, 5, 10 Jahre (%)
	164 325	351,92 €	365,6/308,75 €	-1,4/+25,8/+60,4/+69,3
Fondsvolumen: ca. 1,21 Mrd. €, Fondsauflage: 27.01.2003, Ausgabeaufschlag: 5,00 %, Verwaltungsgebühr/Anlageberatungsvergütung 1,32 %/0,30 % p. a., thesaurierend. Der Fonds investiert international und benchmarkunabhängig in dividenden- und substanzstarke Aktien von langfristig erfolgreichen Firmen.					

Mischfonds Zins & Dividende

➢ Die Märkte haben Anlegern in den vergangenen Monaten und Jahren starke Nerven abverlangt. Gerade wenn es stürmisch wird und sich die Börse nicht zwischen Rücken- und Gegenwind entscheiden kann, sind Flexibilität und eine gewisse Ruhe unabdingbar. Das setzen wir mit unserem weltweit anlegenden Mischfonds DJE – Zins & Dividende um, der unter der Leitung meines Sohnes Jan steht.

Der Fonds verfolgt den sogenannten Absolute-Return-Gedanken. Dieser Begriff umschreibt zwei Ziele: Erstens sollen insbesondere in stürmischen Zeiten Verluste weitestgehend vermieden und damit das Vermögen der Anleger gesichert werden. Zweitens sollen langfristig regelmäßige Erträge für die Anleger erreicht werden bei möglichst geringer Schwankung. Diese beiden Ziele werden erreicht, indem je nach Marktlage die beiden Anlageklassen Anleihen und Aktien flexibel gewichtet werden.

➢ Um das Risiko von Kapitalschwankungen zu reduzieren, sind mindestens 50 Prozent des Fondsvermögens dauerhaft in Anleihen, vornehmlich von öffentlichen Emittenten und Unternehmen mit sehr guter bis guter Bonität, angelegt. Auf der Aktienseite wählen wir dividenden- und substanzstarke Werte aus. Bei Aktien dieser soliden Firmen kommt der sogenannte Zinseszinseffekt ins Spiel: Mit zunehmendem Zeithorizont werden Dividenden immer wichtiger für die Wertentwicklung eines Portfolios. So kamen seit dem Start des DAX im Jahr 1988 bis heute „nur" 60 Prozent des Gewinns durch Kurssteigerungen zustande. Hingegen sind 40 Prozent auf Dividendeneffekte zurückzuführen.

Natürlich gibt es auch in diesem Fonds Risiken, über die sich der Anleger in unseren Verkaufsunterlagen informieren sollte, die auf der Internetseite www.dje.de erhältlich sind. Die Kombination der beiden Anlageklassen bedeutet für Anleger eines: Je nach Marktbedingung werden die Aktien- und Anleihequote flexibel gesteuert bzw. gewichtet, um das Risiko möglichst breit zu streuen, zugleich aber von Wachstumschancen der globalen Aktien- und Anleihemärkte zu profitieren.

DJE Zins & Dividende PA (EUR)-	WKN	Kurs 31.10.16	Hoch/Tief 1 Jahr	1, 3, 5, 10 Jahre (%) * seit Auflage
	A1C 7Y8	137,36 €	140,5/128,3 €	+2,9/+29,1/+49,3/44,4*
Fondsvolumen: ca. 343,7 Mio. €, Fondsauflage: 10.02.2011, Ausgabeaufschlag: 4,00 %, Verwaltungsgebühr/Anlageberatungsvergütung 1,15 %/0,30 % p. a., ausschüttend. Der weltweit anlegende Mischfonds verfolgt den Absolute-Return-Gedanken. Schwerpunkt sind dividendenstarke Aktien u. attraktiv verzinste Anleihen.				

Dr. Jens Ehrhardt stellt seinen Lieblingsfonds vor: Aktienfonds Asia High Dividend

➢ **Vor rund 20 Jahren haben wir bei der DJE Kapital AG begonnen, interessante Unternehmen in Asien vor Ort zu treffen. Unsere Reisen führten uns unter anderem nach China, Hongkong, Thailand, Japan und Südkorea. Schnell zeichnete sich ab: Es gibt viele gut geführte Unternehmen, die langfristig erfolgversprechend sind, aber von Anlegern kaum beachtet werden.**

Wir haben daher frühzeitig begonnen, in attraktive und solide Unternehmen zu investieren, die langfristig Erfolg versprechen. Denn es ist klar: Wenn ein Unternehmen schon heute stark und nachhaltig aufgestellt ist, wird es von der gesamtwirtschaftlichen Entwicklung in Asien auf lange Sicht stärker profitieren. Seit nun 8 Jahren setzt mein Sohn Jan diese Grundidee im DJE – Asia High Dividend um. Der Fokus liegt auf ertragreichen, dividendenstarken Aktien beispielsweise aus dem Immobiliensektor oder dem Konsumgüterbereich. Der Zeitpunkt ist günstig: Asiens Märkte sind niedrig bewertet. Mit Blick auf die langfristige Entwicklung ist klar, dass Asien die Lokomotive der Weltwirtschaft ist. Bei der DJE Kapital AG betreiben wir einen erheblichen Aufwand und reisen mehrmals pro Jahr nach Asien, um uns vor Ort ein Bild von den Unternehmen zu machen.

Da viele Investoren rein auf die Wachstumschancen zielen, präferieren wir im ersten Schritt diejenigen Unternehmen, die schon heute stark sind und eine kontinuierliche Dividende versprechen. Im zweiten Schritt blicken wir auf die langfristigen Chancen. Die Wertentwicklung des DJE – Asia High Dividend spricht für unser Konzept.

Der Fonds ist mir deswegen besonders ans Herz gewachsen. Dies umso mehr, da ich die Entwicklungen in Asien schon seit Jahren verfolge und bei jedem Besuch aufs Neue die riesigen Fortschritte bestaune. Natürlich gibt es auch in diesem Fonds Risiken, über die sich der Anleger in unseren Verkaufsunterlagen informieren sollte, die auf unserer Internetseite www.dje.de erhältlich sind.

DJE Asia High Dividend PA (EUR)-	WKN	Kurs 31.10.16	Hoch/Tief 1 Jahr	1, 3, 5, 10 Jahre (%) * seit Auflage
	A0Q 5KZ	180,29 €	185,9/145,7 €	+13,3/+35,3/+45,9/+93,7*
Fondsvolumen: ca. 141 Mio. €, Fondsauflage: 10.08.2008, Ausgabeaufschlag: 5,00 %, Verwaltungsgebühr/Anlageberatungsvergütung 1,30 %/0,30 % p. a., ausschüttend. Der Fokus liegt auf günstig bewerteten Aktien aus dem asiatisch-pazifischen Raum. Er investiert in solide Firmen mit hoher Dividendenrendite.			

Investment

Wir verbinden Stärke mit Beständigkeit

DJE – DIVIDENDE & SUBSTANZ
Der mehrfach ausgezeichnete*, substanzorientierte Dividendenfonds

Viel wichtiger als schnelle Gewinne sind regelmäßige Erträge. Diese lassen sich bei derzeitig niedrigen Zinsen und Börsenschwankungen gut mit Dividenden erzielen.

Seit über zwölf Jahren setzt Dr. Jan Ehrhardt mit dem mehrfach ausgezeichneten* Fonds „DJE – Dividende & Substanz" (ISIN: LU0159550150) auf ertragsstarke und werthaltige Unternehmen mit hohen und vorzugsweise steigenden Dividendenzahlungen.

Unsere Stärke: Ein aktives Fondsmanagement, basierend auf einem tiefgründigen Research und unserer bewährten Analysemethode.

Bitte beachten Sie, dass Aktienkurse markt-, währungs- und einzelwertbedingt relativ stark schwanken können. Weitere Informationen erhalten Sie in den Verkaufsunterlagen auf www.dje.de

Sie haben Fragen?
Unser Team steht Ihnen gern unter
089/790453-0
oder **Info@dje.de**
zur Verfügung.

Weitere Informationen finden Sie auch unter
www.dje.de

Alle veröffentlichten Angaben dienen ausschließlich Ihrer Information und stellen keine Anlageberatung oder sonstige Empfehlung dar. Auszeichnungen, Ratings und Rankings sind keine Kauf- oder Verkaufsempfehlungen. Frühere Wertentwicklungen sind kein verlässlicher Indikator für die künftige Wertentwicklung. Weitere Informationen zu Chancen und Risiken finden Sie auf der Website www.dje.de. Der Verkaufsprospekt und weitere Informationen sind in deutscher Sprache kostenlos bei der DJE Investment S.A. oder unter www.dje.de erhältlich.

* Informationen zu den Ratings und Auszeichnungen finden Sie auf unserer Website.

Dr. Jens Ehrhardt Gruppe | Pullach | Frankfurt | Köln | Luxemburg | Zürich

Drei Aktienfonds im Blick: UniFavorit: Aktien und UniSector: HighTech A und UniSector Biopharma A

Vermögensanlage heute – Dem Auf und Ab begegnen – PrivatFonds: Kontrolliert mit abgefederten Wertschwankungen

Warum Aktienfonds auch für Privatanleger wie Sie? Auch heute können Sie Ihr Geld nicht nur werterhaltend, sondern mit Chancen auf Erträge anlegen. Etwas mehr Risiko, Flexibilität und eine breit angelegte Struktur gehören dazu. „Aktives Vermögensmanagement" heißt das Stichwort, unter dem Union Investment, der Fondspartner der Volksbank Ulm-Biberach eG, die PrivatFonds-Reihe konzipiert. Die Fonds dieser Gruppe setzen unterschiedliche Anlageinstrumente, Anlageklassen und Ertragsquellen ein. Die Experten nutzen gezielt Chancen weltweit. Sie überwachen die Vermögensanlage und passen sie flexibel an, sobald sich die Marktlage ändert. Was wichtig ist: Mit PrivatFonds lässt sich die Geldanlage genau auf Ihre Sicherheitsbedürfnisse und Renditeerwartungen abstimmen.

Was heißt: Wertschwankungen abfedern? Vielleicht zählen auch Sie zu den Anlegern, die das extreme Auf und Ab bei chancenreichen Kapitalanlagen nicht mögen. Eine solche Volatilität zu verringern, zählt zu den Zielen. In ruhigen Marktphasen baut das Fondsmanagement chancenreiche Investments auf. In stürmischen Zeiten steuert es dagegen und baut Absicherungsinstrumente ein. Für Anleger, die nur mäßige Schwankungen akzeptieren, empfiehlt sich PrivatFonds: Kontrolliert. Wer eine höhere Rendite erwartet und zu etwas mehr Risiko bereit ist, setzt auf den offensiver ausgerichteten PrivatFonds: Kontrolliert pro.

Ja zu Aktien. Bei der weltweiten Suche nach ertragreicher Langzeitanlage der Fonds UniFavorit: Aktien im Blickpunkt

Wie gelingt es dem etablierten Aktienfonds UniFavorit: Aktien, seit langem erfolgreich zu sein? Der Fonds setzt seine Anlagestrategie konsequent um und konzentriert sich auf Unternehmen mit hohen Ertragschancen und Aufwärtspotenzial. Entscheidend sind die Substanzkraft, die Rentabilität und die Nachhaltigkeit des Geschäftsmodells. Im Fokus stehen Firmen mit Alleinstellungsmerkmalen, dauerhaften Wettbewerbsvorteilen, Qualität des Managements und solider Bilanzierung. Die Aktien sollen zum Kaufzeitpunkt niedrig bewertet sein. Interessante Produkte und Verfahren, starke Marken und Zugang zu Industrie 4.0, Internet der Dinge, Digitalisierung, Robotik und Vernetzung sind weitere Auswahlkriterien.

Fachkundige Beratung: Einmalanlage, Sparplan oder beides

> Wer „Ja" zu Aktien sagt und dazu auf den Fonds UniFavorit: Aktien setzt, entscheidet sich für eine seit langem erfolgreiche Geldanlage.

So belegt dieser Fonds bei den Euro FundAwards vom Finanzen Verlag bei „Aktien weltweit" über zehn Jahre den 1. Platz (Heft 10/2015). Außerdem wurde er herausragend von der Rating-Agentur Morningstar bewertet (Stand: 29.02.2016). Lassen Sie sich fachkundig beraten – über Einzelheiten, Chancen und Risiken. Wünschen Sie eine Einmalanlage, einen Sparplan oder beides kombiniert? UniFavorit: Aktien wählt ertragsstarke Aktien weltweit aus – und beschert Investoren mit langfristigem Anlagezeithorizont deutliche Kursgewinne. Die WKN von UniFavorit:Aktien lautet: 847 707.

UniSector: HighTech A, ein Aktienfonds mit Schwerpunkt Computer-Software und Hochtechnologie

Bei der Aktienauswahl sind weniger geografische als vielmehr Einzeltitelgesichtspunkte vordergründig. Wachstumsstärke und Innovationsfähigkeit sind ebenso wichtig wie eine ausgezeichnete Wettbewerbsposition und attraktive Gewinnchancen in den von Digitalisierung und Vernetzung geprägten Zukunftsmärkten.

Wie sieht die Fondsstruktur aus? Welche Aktien werden favorisiert? Wie hoch ist die Rendite im Mehrjahresvergleich?

Die weltweite Fondsstruktur nach Ländern zeigt, wie aktiv das Fondsmanagement unterwegs ist, um für erfolgsorientierte Anleger einen Hochtechnologie-Spitzenfonds zu liefern. USA, Japan, Deutschland, Niederlande, Großbritannien, Frankreich, die Schweiz und Irland sind Hauptstationen auf dem Weg zum erstklassigen, breit gestreuten Portfolio. Schauen wir uns die größten Aktienwerte an, erkennen wir: Alles, was Rang und Namen hat, ist vertreten. Dies sind: Apple, Alphabet, Microsoft, Facebook, VISA, Oracle, Intel, SAP und MasterCard.

> ➢ Beeindruckend ist die Kursentwicklung, mag auch 2016 nicht zu den guten Aktienjahren zählen. In 3 Jahren erzielte UniSector: High Tech A, WKN 921 559, eine Rendite von 50 %, in 5 Jahren 100 %, im Jahrzehnt 110 %. Nur im laufenden Jahr (Stand: 08.11.16) gibt es ein kleines Minus von 2 %.

UniSector: Biopharma A, ein innovativer Aktienfonds mit Schwerpunkt Biotechnologie und Pharmaindustrie

Dieser Fonds investiert weltweit in die Pharma-, Gesundheits- und Biotechnologie-Branche. Wachstumsstärke und Kreativität sind ebenso wichtig wie eine starke Wettbewerbsposition und attraktive Gewinnaussichten. Der Gesundheitssektor ist Nutznießer des demografischen Wandels mit längerem Leben. In 80 Jahren steigt die Lebenserwartung um rund zwei Jahrzehnte. Es häufen sich schwere Krankheiten und Alterserscheinungen, bekämpft durch medizinischen Fortschritt, neue Therapien, Verfahren und Wirkstoffe. Die Pharmariesen bringen das Kapital und die Biotechwerte ihre zukunftsweisenden Innovationen ein.

Wie sieht die Fondsstruktur aus? Welche Aktien werden favorisiert? Wie hoch ist die Rendite im Mehrjahresvergleich?

Die Fondsstruktur konzentriert sich auf die führenden Industrienationen USA, Schweiz, Deutschland, Großbritannien, Niederlande, Schweden und Irland. Die größten Aktienwerte stammen von internationalen Großkonzernen mit Rang und Namen aus dem Pharma- und Biotechsektor. Mit einer Gewichtung von 3 bis 6 % sind dies: **Roche, Amgen, Merck & Co., GlaxoSmithKline, Merck (DAX), Novartis, Pfizer, Biogen, Johnson & Johnson und Santhera.**

> Die Kursentwicklung überzeugt, auch wenn 2015/16 eine deutliche Korrektur zu verzeichnen ist. In 3 Jahren erzielte UniSector: High Tech A, WKN 921 556, eine Rendite von 28 %, in 5 Jahren 112 %, in einem Jahrzehnt 98 %. Nur im laufenden Jahr (Stand: 08. Nov. 2016) gibt es ein Minus von 13 %.

Union Investment, eine Fondsgesellschaft mit Top-Noten als starker, verlässlicher Partner für Investmentfonds

Bei Union Investment stehen Sie als Anleger im Mittelpunkt. Die Grundlage bildet eine langjährige partnerschaftliche Zusammenarbeit in der genossenschaftlichen Finanz-Gruppe. Über 70.000 Berater in 13.600 Volksbanken und Raiffeisenbanken stehen Ihnen bei allen Fragen der Vermögensbildung zur Seite. Union Investment ist Fondspartner der Volksbank Ulm-Biberach eG. Die Fondsgesellschaft bietet mit rund 1.100 Publikums- und Spezialfonds eine breite Auswahl an Lösungen. Die Palette reicht von Aktien-, Renten- und Geldmarktfonds über Offene Immobilienfonds bis hin zu strukturierten Produkten und intelligenten Depotlösungen zu Fondssparen und Altersvorsorge.

Union Investment, 1956 gegründet, wurde 2016 zum vierten Mal Gesamtsieger im Fondskompass der Zeitschrift Capital. Nach Platz 1 im Vorjahr zeichnete der Finanzen Verlag das genossenschaftliche Fondshaus 2016 erneut mit dem Goldenen Bullen aus. „An Union Investment kommt auch 2016 kein Anbieter vorbei", loben die Experten im Sonderheft Euro extra 01/2016. Auf das genossenschaftliche Fondshaus ist Verlass.

Der Hauptsitz von Union Investment im MainTor Porta in Frankfurt am Main

Jetzt beraten lassen!

Ist Geld anlegen ohne Zinsen nicht wie Gassi gehen ohne Hund?

Finden wir gemeinsam Lösungen für ein sichtbares Wachstum Ihres Vermögens. Fair, verantwortungsvoll, nachhaltig.

Jeder Mensch hat etwas, das ihn antreibt.

Wir machen den Weg frei.

www.volksbank-ulm-biberach.de

Volksbank Ulm-Biberach eG

14.7 Sachwortverzeichnis: Wo steht was?

Schwerpunktwissen: fett gedruckt
Begriffserklärungen Lexikon/Glossar: kursiv
Alles übrige: Normalschrift

A

Abgeltungsteuer: 40
Absicherungstechnologien: **204, 221**
AHOLD in Aktienfonds: **189**
Aktien, Aktienfonds, ETF Vergleich: **170**
Aktien, Analyse: 198
Aktien, Expertenauswahl: **180-191**
Aktien, verbriefte Rechte: 198
Aktienfonds: 20-63, 102-112, 180-191, 198
Aktienfonds Autoindustrie mit ETF: **94**
Aktienfonds Banken: 95/96
Aktienfonds Bauindustrie/Immobilien: **79/80**, *189*
Aktienfonds Bausteinmodell: 114
Aktienfonds Bestenliste: **34-37, 233/234**
Aktienfonds Biotechnologie: 66/67
Aktienfonds Branchen: **64-100**
Aktienfonds DAX: **23**
Aktienfonds deutsche Indizes: **20-37**
Aktienfonds Digitalisierung: 89-91
Aktienfonds Dividende:**39/40**
Aktienfonds Edelmetall/Minen: 75-77
Aktienfonds Energieversorger: **100/101**
Aktienfonds Erneuerbare Energie: **69/70**
Aktienfonds Ethik/Umwelt: **61-63**
Aktienfonds Europa: **44/45**
Aktienfonds Familienfirmen: **32/33**

Aktienfonds Finanzdienstleister: **95/96**
Aktienfonds Forschungsprojekt: **180-192**
Aktienfonds Frontiermärkte: **56-58**
Aktienfonds Gesundheitswesen: **66/67**
Aktienfonds Hightech/Software: **86-88**
Aktienfonds Immobilien: **79/80**
Aktienfonds Infrastruktur/Logistik/Transport: **97/98**
Aktienfonds Internet der Dinge, Digitalisierung, Netzwerke: **89-91**
Aktienfonds Klimawandel, Wasser: 69-71
Aktienfonds Konsumgüter: **82/83**
Aktienfonds Logistik/Transport: 97/98
Aktienfonds Medien: 92/93
Aktienfonds Medizintechnik: **66/67, 185/186**
Aktienfonds Musterdepots: 102-112
Aktienfonds Nachhaltigkeit: 61-63
Aktienfonds Nebenwerte: **27**
Aktienfonds Ostasien: **53/54**
Aktienfonds Pharma: 66/67
Aktienfonds Rohstoffe/Bergwerke: 75-77
Aktienfonds Standardwerte: 23
Aktienfonds Technologie: **86-88**
Aktienfonds Telekommunikation, Medien, Industrie 4.0: **92/93**
Aktienfonds Themen: **64-100**
Aktienfonds USA/Welt: **49/50**
Aktienfonds Versicherungen: 95/96

Aktienfonds Werkstatt: **102-115**
Aktienfonds Zukunftsmärkte: **67-71**
Aktiengesellschaft (AG): 199
Aktionärsstruktur: **38, 113**
Aktives Management: 18, 158, *199*
Alphabet/Google in Aktienfonds: **181-184**
Altbestand steuerfrei: **176**
Alternative Fonds: 143-150
Altersvorsorge: *199*
American Tower in Aktienfonds: **188**
Analysten/Aktienanalyse: 198
André Kostolany: 134
Angst/Panikstarre: 175
Anlagebetrug: 156, *199*
Anlagestrategie: 172-174, *199*
Anlagestrategie deutsche reiche Familien: **171/173**
Anlegertypen: **11-12, 102-107, 114/115, 179**
Anleihen: **123-128, 135-139**, *199/200*
Aufbaumodell: **114/115**
Aufbaumodell, Vordruck: **115**
Aufgaben Schnelltests: **193-197**
Ausgabeaufschlag Aktienfonds: 200
Ausschüttende Fonds: 158
Ausschüttung, Dividende: 158, **205**
Auswertung Bestenliste Aktienfonds: **233-235**
Automatisierungsprozesse: 97/98
Automobilindustrie mit Fonds und ETF: **93/94**

B

BaFin: *215, 217*
Baisse/Hausse: 200, 207
Banken mit Aktienfonds: **94-96**, 99

Bauindustrie mit Aktienfonds: **77-80**
Baukasten-Aufbaumodell Geldanlage: 114/115, *200*
Belegschaftsaktionäre: 113
Benchmark: 200/201
Bergbau: 72
Bestenliste Aktienfonds: **34-37, 233-235**
Betongold-Zitat: 152
Bewertung Investmentfonds: **17**
Biosimilars: 65
Biotech, Aktienfonds: 66/67
Biotech, Biotechaktien: 99, 201
Blue Chips: 21-23, 46-50
Bonität: 173
Börsenbarometer: **20-63**
Börsenbarometer Ausland: **41-63**
Börsenbarometer deutsch: **20-37**
Börsencrash: 202
Börsensprüche: **134, 179**
Börsenwert/Marktkapitalisierung: *211*
Börsenwissen, Tests mit Lösungen: **193-197, 226-230**
Branchen-Aktienfonds: 64-100, *201*
Branchen-Aktienfonds-Musterdepot:102-112
Branchen-ETFs: **164-169**
Branchenrotation: 201
Brexit: **177**
Buchwert, Substanzwert: 201, 220
Buffett Warren: 192
Bulle und Bär: 202
Bundesanleihen: 135, 216

C

Cashflow: 202
Chancennutzung Weltwirtschaftskrise 2008/2009: **176**

Chart, Charttechnik: 202
Chemie/Pharma, Aktienfonds: 66/67
China: 52-54, 68, 72
China mit Aktienfonds: **52-54**
CHUBB in Aktienfonds: **191**
Cloud Computing: 202
Corporate Governance: 60
Cost-Average-Effekt: 14, 202
Crash und Korrektur: **175-178**
Cyberkriminalität: 82, 94

D

Dachfonds: 129-131, *203*
Dachfonds aus Siegerlisten: **130/131**
D-A-C-H-Region: 203
DAX mit Fondsauswahl: **21-23,** *203, 213*
DAXplus Family 30 mit Aktienfonds: 20, **32/33,** 203
Demografischer Wandel: 77, 81, 85, 93, 174
Derivate: 129, **204**
Deutsche Indexfamilie: **20-33**
Deutsche Indexübersicht: **22**
Deutsche Industrie, Zahlenspiegel: **84, 88/89**
Deutsches Aktieninstitut: 204
Diamantenhandel: 83
Digitalisierung, Internet der Dinge mit Fondsauswahl: **89-91,** 175
Digitalisierung Megatrend: 81, 85, 204
Disziplin/Selbstkontrolle/Geduld: 174
DivDAX: **38**
Diversifikation/Streuung: 20, 172
Dividenden-Aktienfonds: **39/40,** *205*
DJE Kapital AG: **238-242**
Donald Trump: **236/237**

Doppelsteuerabkommen: 42
Dow Jones mit Aktienfonds: **46-50,** *205*
Dreikampf Aktien/Fonds/ETFs: **170**
Dr. Jens Ehrhard, DJE: **238-242**

E

Edelmetall, Rohstoffe mit Aktienfondsauswahl: **72-77,** 98
Eigenkapital: 205
Einzelaktien: **180-191**
Elektronik, Elektrotechnik: **85**
Elektrotechnik-Aktienfonds: **84-88**
Emerging Markets mit Aktienfonds: **55-58**
Energie-Effizienz/Klimaschutz: **63,** 98
Energiewende Kostenrechnung: **101**
Enteignungsgefühl: 177
Entry Standard: 205
Erfolg an der Börse: **174**
Erfolgsorientierter Anlagetyp: 12, **104/105, 114,** 179
Erneuerbare Energie, Aktienfonds: **69/70,** *216*
ETC: 158
ETF (Exchange Traded Fonds), Indexfonds: 157-170
ETF-Auswahl Branchen: **164-169**
ETF Autoindustrie: **93/94**
ETF-/ETC-Auswahl weltweit: **159-163**
Ethik-Aktienfonds: **59-63,** *205*
Ethische Standards: **60**
Euro Stoxx 50: **41-45,** *205*
Exchange Traded Funds (ETF): 157-170
Experten-Aktienauswahl: **180-191**
EZB, Europäische Zentralbank: 211, 225

Fachbegriffe Lexikon: 198-225
Fallbeispiel Rohstoffe: **72/73**
Familienfirmen-Aktienfonds: **32/33**
Familienfirmen-Index: 20, **32/33**, *203*
FED, US-Notenbank: 145, *225*
Finanzbranche: 43
Finanzdiensleister mit Fonds: **94-96**
Finanzkrise 2008/2009: **176**
Firmenanleihen: 199, 208
Flossbach von Storch: 74
Fondsarten: 123-156, 232
Fondsauswahl Bestenliste: **34-37**
Fondsauswahl Deutschland: **20-37**
Fondsauswahl Dividende: **38-40**
Fondsauswahl international: **41-63**
Fondsbewertungen: **17**
Fonds-Grundwissen: **11-19**
Fondskosten Deutschland/USA: 13/14
Fondsmanager: 206
Fondsmanager schummelnd: 192
Fondsrangliste 2016: 122
Fondssieger: **34-37**
Fondssparpläne: 14
Fondsstatistik: 64, **232, 235**
Fondsvolumen: 158
Fondswissen, Aufgaben und Lösungen: **193-197, 226-230**
Forschungsprojekt Expertenfavoriten Aktien/Aktienfonds 180-192
Free Float/Streubesitz: 220
Frontiermärkte (Schwellenländer) mit Aktienfonds: **55-58**, *206*

Gabriel Sigmar: 37
Garantiefonds: 132-134

Garantie-Zertifikate: 132
Geduld/Selbstkontrolle/Disziplin: 174
Gefahren für Unternehmen: 95
Geldanlage, Einflussfaktoren: **13**
Geldanlage-Kriterien: **12/13**
Geldanlage Superreiche: **171-173**
Geldmarktfonds: 140-142, *206*
Genussscheine: 207
Geschlossene Fonds: 155/156, *207, 209, 218*
Geschlossene Immobilienfonds: **155/156**, *209*
Geschütztes Sondervermögen: 18
Gesundheitswesen mit Aktienfonds: **64-67**, *206*
Gewinnwarnung: 207
Globalanalyse: 207
Glossar Fachbegriffe: 198-225
Gold und Silber: 98
Goldbeimischung: 126, 139
Growth: 207
Grundkapital: 207, 210
Grundwissen Fonds: **11-19**

Handlungsablauf Order: **19**
Hauptversammlung: 207
Hausse/Baisse: 200, 207
Hedgefonds: 143-150, *208*
Hedgefonds-Anforderungen: 144
Hedgefonds-Rückzug: **149/150**
Hedgefonds-Strategien: **146**
Hedgefonds-Verhaltenstipps: 144
Hedgefonds-Vermögen: 146
„Heimatliebe"-Depot DAX: 173
Hendricks Barbara: 63
High Yield Bonds: **135/136**, *208*
Hightech mit Aktienfonds: **84-88**

Hochzinsanleihen: 135/36, *208*, *217*
Hoch-/Tief-Mutstrategie: 175-179, *208*
Holländische Tulpenzwiebel-Spekulationen: 145

I

Immobilien-Aktienfonds: 77-80, *209*
Immobilienfonds: **151-156**
Indexfonds/ETF: 157-170, *209*
Indexübersicht/Vergleich: **22, 231**
Indizes Ausland: **34-63**
Indizes Deutschland: **20-33**
Industrie 4.0: 65, 93, 175
Industrie-Statistik: **84/85**
Informationstechnologie: **88-91**
Infrastruktur/Logistik: **97/98**
Internet der Dinge mit Aktienfonds: **89-91**, 175
Investmentfonds: 15-19, *210*
Investmentfonds-Strategie: **15-19**
ISIN: 210
IT-/Software-Fonds: **88-91**

J

Japan/Pazifik: **51-54**, *214*
Junge Aktien: *210*

K

Kapitalerhöhung: 210
Kapitalvernichtung: 177
Klimawandel, Umweltschutz: 67-71, **101**
Kondratjew: 65
Konsumgüter mit Aktienfonds: **81-83**
Kosten Fondsarten: 14
Kostolany, André: 134
Kriminalität Internet: 82, 94, 97
Kriterien Geldanlage: **12/13**

Kursindex: 21, 231
Kursschwankungen, Volatilität: 180
Kursträume Aktien: 178/179
Kurzzeitanleihen: 140

L

Lebenserwartung: *206*
Lebensversicherungen: 94/95
Leerverkauf: 145, *211*
Leistungstests, Aufgaben: **193-197**
Leistungstests, Lösungen: **226-230**
Leitzins EZB: 211
Lexikon der Fachbegriffe: 198-225
Lieblingsprodukte Fondsmanager: **116-122**
Limit, Limitierung: *211*
Logistik/Transport mit Fonds: **97/98**
Long/Short Equity-Strategie Hedgefonds: 145:
Lösungen 5 Schnelltests: **226-230**
Luxusaktien mit Fonds: **83/84**
Luxusgüter: **83**

M

Management aktiv/passiv: 18, 158, ***199***
Managementgebühr: **223**
Marktkapitalisierung/Börsenwert: 211
MDAX mit Fondsauswahl: **24-27**, *211*
Medienfonds: 51-53
Medizinischer Fortschritt: 65
Medizintechnik: 36/37
Medtronic in Expertenauswahl und Aktienfonds: **187**
Menschenrechte: 60
Metallarten: 73
Micro Caps: 211
Mid-Caps: 212

Millionärsfamilien Deutschland: **171-173**

Minenaktien: 99

Mischfonds: 123-128, 212

Mischfonds-Auswahl: **126-128**

Mischfonds-Grundwissen: 124/125

Mischfonds-Trauerspielbilanz 2015: **124**

Mittelstandsanleihen: 217

Modesektor: 83

Mogler Aktienfondsmanager: 192

Musterdepots Aktienfonds: 102-112

Mutiges Handeln: **175-178**

Mut-Strategie: *208*

Nachhaltigkeitsfonds: **59-63**

Nachschusspflicht: 155/156, *218*

Nasdaq 100 mit Aktienfonds: **46-50,** *212*

Nebenwerte-Aktienfonds: **27,** *213*

Nebenwerte-ETF: **31**

Nefiodow Leo: 65

Negativzinsen: 135

Netzparität: 67

Neuemission: 213

Nichtzyklische Value-Aktien: 213

Nikkei 225 mit Fondsauswahl: **51-54,** *213*

Norwegischer Staatsfonds: 126

Nullzinspolitik: 94

Offene Immobilienfonds: 80, 151-155, *209, 213/214*

OGAW: 150, *214*

Ölpreis: 18

Onlinemarkt: 81

Order Wertpapiere: 214

Orderablauf Fonds: **19**

Ostasien/Pazifik: **51-54**

Penny Stock: 214

Pensionsfonds: 126

Performance-Index: 21, 215, ***231***

Pfandbriefe: **215**

Pharma-Aktienfonds: **66/67**

Photovoltaik, Solarstrom: 68, 215

Präsidentenwahl USA: **236/237**

Priceline.com: 48

Prime Standard: 209, 213, 215

Publikumsfonds: *214,* **215**

Quanto: 215

Quartalsdividende: 215

Rangliste Fonds 2016: **122**

Rating-Agenturen: 17

Rating/Ranking: **17,** *216*

Referenzindex: *216*

Regenerative Energien: 216

Regionalbörsen: 216

REIT: **80, 151**

Rendite: 180, 216

Rentenfonds: 135-139, *216/217*

Risikofreudiger Anlegertyp: **12, 106/107, 114,** 179

Risikominimierung: 174, 204, 221

Risikoneigung: 12, 217

ROCHE in Aktienfonds: **185/186**

Rohstoffe/Rohstoffpreise: **72/73**

Rohstoffe/Edelmetall mit Aktienfonds: **72-77,** 217

Rote Zahlen: 217
Rückkaufprogramme: *217*
Rückschlüsse Aktien und Fonds: **179**
Rückzug Hedgefonds: **149/150**
Russland: **121**

Sachwertefonds: 217
Salesforce in Aktienfonds: **188**
Schifffonds: 155/156
Schnelltests, Aufgaben: **193-197**
Schnelltests, Lösungen: **226-230**
Schuldscheindarlehen: 140
Schuldverschreibungen (Corporate Bonds): 132, 158, **218**, 223
SDAX: **30/31, 218**
Sell in May and go away: 218
Short/Long Equity-Strategie Hedgefonds: 145
Short Seller (Leerverkäufer): 145, *218*
SICAV Fonds-Rechtsform: 150
Sicherheitsbewusster Anlegertyp: **11, 179**
Siegerfonds: **34-37, 233-235**
SIMON Property in Aktienfonds: **190**
Software-Aktienfonds: 86-88, *218*
Solarstrom, Photovoltaik: 68, 71
Sondervermögen: **219**
Soros George: 144
Sparpläne: 14, **219**
Spekulationsblasen: 173/174
Spekulativer Anlegertyp: 12
Split(t), Aktienstückelung: 219
Staatsanleihen: 135, 216, 223
Staatsfonds: 126
Stammaktien: 220
Statistik Aktionärsstruktur: **113**
Statistik Cyberkriminalität: 82

Statistik Fondsarten mit Auswertung: **179, 232-235**
Statistik Industriebereich mit Industrie 4.0: **84,** *209*
Statistik Informationstechnologie/Digitalisierung: **88/89**
Statistik Windkraft: **71**
Statistik Wohnungsbau: **78**
Steuerrecht: 40, 42, 175, *207, 221*
Stoppkurse: **220**
Stoxx 50: **41-45**
Strafzinspolitik: 125, 135, 177
Strategie: **172-174,** *220*
Strategie ETF: 192
Strategie Geldanlage: **172/173,** 192
Strategie in Börsenkrisen: **176-178**
Strategie Investmentfonds: **15-19,** 192
Strategietipps: 179
Streubesitz, Free Float: 220
Streuung/Diversifikation: 99, 172, 174
Ströer-Kurssturz Leerverkauf: 147
Stufenmodell/Baukastensystem: 114/115
Substanzwert/Buchwert: 200, 220
S&P 500, Fondsauswahl: **46-50,** *220*
Swaps: *216,* **220/221**

Tausend-Prozent-Aktien: **178/179**
TecDAX: **28/29,** *221*
Technische Analyse: *221*
Technologie mit Aktienfonds: **84-88**
Teilverkauf: 21
Telekommunikationsfonds: **92/93**
Termingelder: 140
Termingeschäfte Hedgefonds: 145
Terrorakte: 178

Themenfonds: *221*
Thesaurierende Fonds: 80, 158, *221*
Transport-/Logistik-Fonds: 97/98
Traumrenditen: **178/179**
Trend/Trendkanal: 221
Turnaround: 222

Übernahmen: 222
Überzeichnung: 222
UCITS: **55**, 150, *214*
Uhren-Luxusmarken: 83
Ulmer Volksbank: **243-246**
Umfang Fondsvermögen: 223
Umfragen Ärzte/Firmen: 65, 88
Umkehrformation: 222
Unsichere Zeiten: 19
Untergangspropheten: 178
Unternehmensanleihe: 199, 208, 223
Unterstützungslinien: 222

Value-Aktien und Aktienfonds: 222
Vergleich Aktien, Fonds, ETF: **170**
Verhalten in Börsenkrisen: 172
Verhaltenstipps: **174**
Verlustbegrenzung: 222
Vermögensaufteilung Reiche: 171
Vernetzte Welt: 81, 85, 89/90, 175, 181-184
Versicherer mit Aktienfonds: 95/96
Versicherung Cyberkriminalität: 94/95
Versorger Energie: **98-101**
Verwaltungsgebühr: **223**
Verzinsliche Wertpapiere: 135, 223
VINCI in Aktienfonds: **189**
Volatilität, Kursschwankung: 180, 223
Volks- und Raiffeisenbanken: **243-246**

Volumen Fondsvermögen: 223
Vorschau ROBECO: **130**
Vorzugsaktien: 224

Wachstumsmärkte, Wachstumswerte (Growth): 224
Wachstumstreiber: 66
Wandelanleihen: 135/36, 216/17, *224*
Wasserwirtschaft Aktienfonds: 68-71
Weltwirtschaftskrise 2008/09: **175/176**
Werkstatt Aktienfonds: 102-112
Wertgesicherte Fonds: **132-134**, *224*
Wertpapier-Kenn-Nr. (WKN): *224*
Wertvollste Konzerne: 47
Widerstandslinien: 224
Windenergie mit Aktienfonds: 68-71
Wirecard-Kurssturz Leerverkauf: 147
Wissenstests Aufgaben: 193-197
Wissenstests Lösungen: 226-230
Wohnungsbau-Statistik: **78**

XETRA: 225

Zahlenspiegel Aktionärsstruktur: **113**
Zahlenspiegel Deutsche Industrie: **84**
Zahlenspiegel Firmenrisiko: 95
Zahlenspiegel Internet: **88/89**
Zahlenspiegel 10.000 €: **134**
Zauberformel: 181
Zeichnung Aktien: 225
Zeitmaschine 150 Jahre: **80**
Zinspolitik: 135, *211*, **225**
Zitate Präsidentenwahl: **238-241**
Zukunftsforschung: 65
Zukunftsmärkte: **67-71**, *225*

Der Aktien und Börsenführerschein

Beate Sander

Die 8., komplett neu bearbeitete Auflage des *Aktien- und Börsenführerscheins*

Jetzt neu mit Musterdepots für erfolgsorientierte Anleger (Aktien und EFTs) und weiterhin mit großem Frage- und Antwortteil für Selbsttest und Prüfungsvorbereitung sorgt für Spannung und Spaß in der Erlebniswelt Börse.

Denn wer sich auf die Schnellstraße der Börse begibt, muss die Regeln kennen, schnell reagieren und auf die anderen Teilnehmer achten – was gar nicht so einfach ist. Vom Portfolio-Management über unterschiedliche Anlageklassen bis hin zu ETFs, Fundamentalanalyse, Charttechnik und Börsenpsychologie deckt *Der Aktien- und Börsenführerschein* von Beate Sander alle wichtigen Bereiche für einen erfolgreichen Start als Anleger oder Trader ab.

Auch Sie sind eingeladen, Ihr Wissen zu testen und die Börsenführerscheinprüfung abzulegen. Als Lohn winkt eine attraktive Urkunde.

288 Seiten I 29,99 € (D) I Broschur I ISBN 978-3-89879-727-6

Mit Nebenwerten zum Börsenolymp

Beate Sander

Börsenanfänger konzentrieren sich bei ihren ersten Schritten an der Börse häufig auf die bekannten, im DAX gelisteten Unternehmen. Zu Unrecht, weiß Börsenexpertin Beate Sander, denn viele Aktien aus den deutschen Nebenwert-Indizes MDAX, TecDAX und SDAX schlagen den DAX hinsichtlich Wertentwicklung um Längen.

Erstmals zeigt Beate Sander in diesem Buch, wie Privatanleger von den Kursentwicklungen der Nebenwerte profitieren können. Dabei konzentriert sie sich nicht nur auf deutsche, sondern auch auf europäische, asiatische und amerikanische Nebenwert-Aktien, -Fonds und -ETFs. Mit übersichtlichen Tabellen und Musterdepots lernen sowohl Anfänger als auch Fortgeschrittene die wichtigsten Auswahlkriterien kennen.

Das erste umfassende Buch über Nebenwerte von der Autorin des Börsenbestsellers *Der Aktien- und Börsenführerschein*.

336 Seiten | Hardcover | 24,99 € (D) | ISBN 978-3-95972-002-1